JN314909

中国経済史入門

久保 亨［編］

東京大学出版会

An Introduction to China's Economic History

Toru KUBO, Editor

University of Tokyo Press, 2012
ISBN 978-4-13-022025-5

目　次

総論　中国経済のあゆみと課題 ………………………… 久保　亨　1
　　1　中国経済史をなぜ学ぶか　1
　　2　急成長の歴史的背景　2
　　3　長い歴史と近代化の遅れ　5
　　4　中国経済の特質をめぐって　9
　　5　本書の構成と利用法　12

第1部　アウトラインと研究案内

第1章　清末の沿海経済史 ……………………………… 村上　衛　15
　　1　「近代化」への関心　18
　　2　アジア交易圏論の進展　20
　　3　経済制度の研究と清末沿海経済史　22
　　おわりに　23

第2章　農畜産物貿易史 ………………………………… 吉田建一郎　25
　　1　中国の小農と世界市場との接合　28
　　2　個々の貿易品への関心　30
　　3　貿易に関わる政策について　35
　　おわりに　36

第3章　市場秩序と広域の経済秩序 …………………… 古田和子　37
　　1　近代中国をめぐる広域の経済秩序　38
　　2　市場秩序　42
　　おわりに　46

第4章　紡織業史 ………………………………………… 富澤芳亜　47
　　1　戦前・戦時中における紡織業研究　50
　　2　1970年代までの研究　52
　　3　草創期紡織業の再検討　52
　　4　戦間期紡織業の再検討　53
　　5　戦時期紡織業研究　57

  6　戦後紡織業研究　58
  おわりに　59

第5章　鉄鋼業史 ………………………………… 萩原　充　61
  1　戦前期（中華民国期）の研究動向　63
  2　分野別研究動向　67
  おわりに　71

第6章　鉄道史 …………………………………… 萩原　充　73
  1　初期の鉄道　74
  2　諸外国による鉄道建設　76
  3　中華民国期の鉄道　78
  4　日中戦争期から戦後の鉄道　79
  5　鉄道行政・経営ならびに経済効果　81
  おわりに　82

第7章　在来綿業史 ……………………………… 瀬戸林政孝　83
  1　在来綿業と外国綿製品の流入の影響　86
  2　産棉地帯における機械製綿糸の流入と農民の対応　91
  おわりに　95

第8章　農村経済史 ……………………………… 弁納才一　97
  1　日本における研究　99
  2　中国における研究　104
  おわりに　110

第9章　その他の産業・企業史 ………………… 中国企業史研究会　111
  1　軽工業　112
  2　重化学工業　113
  3　鉱業・エネルギー産業・商業　114
  4　その他の交通産業　117
  5　企業経営者研究，企業制度，会社法研究　119
  おわりに　119

第10章　通貨金融史 ……………………………… 久保　亨　121
  1　戦前の研究動向　123
  2　戦後の研究　124

第11章　財政史 ……………………………………久保　亨　127
　1　明・清時代財政史研究からの問題提起　130
　2　近代国民国家を志向した財政政策史の研究　131
　3　人民共和国財政史の研究　136

第12章　中国東北地域の社会経済史 ……………塚瀬　進　137
　1　1960年代までの代表的研究の見解　139
　2　近年の研究状況　140
　まとめにかえて　147

第13章　戦時満洲と戦後東北の経済史 ……………飯塚　靖　149
　1　経済史研究の最新成果　152
　2　重化学工業研究の成果と課題　155
　3　統治体制と民衆動員　161
　おわりに　162

第14章　戦時期日本占領地域の経済史 ……………今井就稔　163
　1　日中戦争と日本　166
　2　日本占領地の社会と経済　169
　おわりに　173

第15章　計画経済期の経済史 ………………………加島　潤　175
　1　同時代の研究　179
　2　改革開放以後の研究　180
　3　歴史的アプローチによる研究　181
　おわりに　183

第16章　水利史 ………………………………………川井　悟　185
　1　清末中華民国初期の水利灌漑事情　187
　2　中華民国期の水利建設　191
　3　中華人民共和国期のダム建設　194

第17章　海関統計に基づく貿易史 …………………木越義則　203
　1　マクロ経済学の興隆と海関統計　203
　2　国民経済分析の相対化　204
　3　地域経済分析の総合　205
　4　物価研究と海関統計　206

5　海関統計の数値をめぐる論争　206
　　おわりに　207

第18章　中国における近現代経済史研究 …………陳　争平　209
　　　　　　　　　　　　　　　　　　　　　　　　（久保　亨訳）
　　1　通貨金融史　209
　　2　近現代の「三農」問題に関する専著　213
　　3　中国社会科学院経済研究所の3種類の経済通史　218
　　4　その他の成果　226

研究文献目録 ………………………………………………………231
　　日本語文献（231）／中国語文献（256）／ハングル文献（263）／英語文献（264）

第2部　史料紹介

第1章　中国経済史関係史料の紹介Ⅰ　清末 ………村上　衛　269

第2章　中国経済史関係史料の紹介Ⅱ　民国期・
　　　　　人民共和国期 …………………………………久保　亨　274

第3章　貿易統計の紹介 …………………………………木越義則　281

第4章　戦前～1960年代半ばの文献案内 ………………編　者　285

史料文献目録 ………………………………………………………296
　　日本語文献（296）／中国語文献（297）／英語文献（298）／海関統計（298）

第3部　統計史料

3-1a　人口の推移（2-1949）（303）／3-1b　人口の推移（1949-2010）（304）／3-2　国土と土地利用（2011）（305）／3-3a　近代的鉱工業生産の推移（1912-48）（306）／3-3b　産業別生産額の推移（1949-82）（307）／3-3c　主な農産物の生産量の推移（1914-2010）（308）／3-3d　国内総生産の推移（1978-2010）（309）／3-4a　輸出入額・輸出入指数の推移（1864-1948）（310）／3-4b　貿易総額の推移（1950-2010）（313）

　あとがき　315
　索　引　317
　執筆者紹介　323

総論　中国経済のあゆみと課題

久保　亨

1　中国経済史をなぜ学ぶか

　われわれは，今，中国経済史を，なぜ学ぼうとするのか．その目的は，現在，中国と呼ばれる地域に，有史以来，近現代に至るまで展開されてきたさまざまな経済活動を歴史的に跡づけるとともに，それが現在と今後の中国経済に投げかける諸問題を整理して提示することにある．

　したがって中国経済史研究に問われるべき第1のさし迫った課題とは，近年の急成長を可能にした歴史的背景を解明するとともに，そこから導き出される諸問題と今後の課題を考える手がかりを提供することである．まずは近代的な鉱工業・交通通信・金融制度などが中国に姿をあらわし始めた19世紀末以来，21世紀初めの現在に至るまでの，それぞれの分野ごとの発展過程をたどる作業から，それは開始されるべきであろう．近年の急成長の以前には統制計画経済の時代があったし，統制と計画への傾斜が強まる以前にも，工業化を軸にした経済発展の長い道程が存在した．そうした全ての過程が，今日の中国経済の基礎を形づくっている．それは，近現代中国経済史の理解に本書の主眼が置かれる理由でもある．

　ただし近現代中国の経済発展は必ずしも順調に進んだわけではなく，隣国日本の経済発展に比べると，さまざまな面で立ち遅れていた．では，なぜ中国では，長い文明の歴史があるにもかかわらず（あるいは，あったがゆえに），近現代の経済発展が立ち遅れたのか．両者の間には，どのような関係があったのだろうか．その関係性は，もはや完全に過去のものになったのだろうか．そもそも高度な文明や経済の発展と，それらを支える環境を長期に維持することとは，両立しうるのだろうか．こうした一連の問題が中国経済史研究が答えるべき第

2の課題である．一連の問題をめぐっては，後述するように，中国ではもちろんのこと，日本や欧米でもさまざまな議論が積み重ねられてきた．本書が全ての問題に十全な解答を用意することはできないにしても，解答を探る手がかりは提示していきたいと考えている．

そして中国経済史研究の第3の課題は，以上の2つの課題とも密接に関わりあう問題，すなわち中国経済の構造的特質に関するさまざまな見方を検討することである．欧米や日本の経済，あるいは他のアジア諸国の経済に比べ，中国経済は異質であるとの見方をとる必要はない．多くの面において中国経済は他の地域の経済と共通するものを持っている．しかし同時に，長い歴史とさまざまな地理的・社会的諸条件に規定され，中国経済ならでは，という個性的なものもみてとることができる．そうした中国経済の構造的な特質を理解するためには，上述した2つの課題に関してある程度の認識を用意しておく必要があるし，また第3の課題を意識することによって，第1・第2の課題に対する考察も深めていくことができるに違いない．

第1部の各章は，中国経済史をめぐる以上の検討課題に答えていくための道案内として執筆された．それぞれの分野ごとに詳細な研究史も整理されている．好むと好まざるとにかかわらず中国経済に向きあわざるを得ない日本人にとって，短期的な変動に一喜一憂するのではなく，歴史的・構造的に中国経済を認識していくことは，今や不可欠の課題になっているといってよい．以下，この総論では，3つの課題のそれぞれの内容について，もう少し全般的な説明を加えながら，各章の位置づけを明らかにしておくことにしたい．

2　急成長の歴史的背景

中国経済は，近年，急成長している．多くの懸念材料を抱えながらも，2010年に日本を抜き世界第2の規模に達するまで，年成長率10％前後の速度で成長を維持し続けてきた．しかし，それは，何の前触れもなく，急に始まった変化ではない．近年のような経済成長が続く以前には，19世紀末以来の長い助走期間が存在した．

振り返ってみれば，近現代中国経済の発展の最初の重要な局面は，1880-1910年代半ばの対外貿易の拡大と外国資本の流入に求められる．19世紀末か

ら20世紀初めにかけ，世界中に張りめぐらされるようになった多角的な貿易決済網のもと，中国においても貿易が順調に拡大し，沿海地域の商業・金融業に新しい要素が持ち込まれた（第1・2章）．上海で大型の機械紡績工場（上海機器織布局）が始動し，武漢で東洋一の製鉄所（漢陽鉄廠）が操業を開始したのをはじめ，工業製品の国産化を企図する近代工業移植の試みも，この時期に本格化した（第4-6章）．それまで輸入に頼っていた工業製品を，新たにつくる国産の工業製品によって代替しようとするこうした動きのことを，輸入代替工業化と呼ぶ．活発化した内外の交易活動を支えるような鉄道の敷設，汽船の内陸河川航行などの近代的交通通信手段の導入や石炭増産を軸とするエネルギー産業の発展も，やはりこの時期のできごとであった（第7章）．その一方，工業製品の輸入と農産物対外輸出の増大は，商品的農業の拡大や農村手工業の展開にも大きな刺激を与えている（第8・9章）．以上のように中国と外国の民間資本を主な担い手に展開された第1の局面を通じ，中国国内における資本蓄積が進み，本格的な輸入代替工業化の展開を準備する基礎的な条件が形成されつつあった．そうした時に発生したのが第一次世界大戦（1914-18年）である．西欧諸国から中国などアジア諸地域への工業製品輸入を激減させた第一次世界大戦は，結果的に見ると，中国をはじめとするアジア諸地域の工業化をさまざまな形で刺激し，各地の経済的な自立を促進することになった．

　そして第2の局面は，軽工業を中心とする輸入代替工業化が進展し，軽工業製品の自給化がほぼ完成した1910年代半ばから1930年代にかけての時期に認められるべきである（第4・6章）．回復した関税自主権によって保護関税が設けられ，通貨の統一と安定化が実現した．第一次世界大戦以降，対外経済関係が縮小もしくは停滞状態に陥っていたのに対し，国内における交通通信網や商業・金融業の整備拡充は着実に進み（第7・11章），電力産業の発展を含めエネルギーの供給量も増大した（第6章）．第1の局面が対外経済関係主導の発展の時期だったとするならば，第2の局面は国内経済主導の発展が見られた時期だといってよい．この時期，中国の民間資本が一段と大きな役割を果たすことになった．香港上海銀行などの外国銀行や英米タバコ，日本の在華紡などの大規模な外資系製造業各社は有力な地位を保持したとはいえ，銀行業を含む中国の民間資本企業の全般的な発展と，外国の対華投資の消極化の中で，外資の相対的な比重は，明らかに低下しつつあった．唯一の重要な例外は，軍事的・政治

的な力を背景にした日系企業の東北における突出した活動であった（第14章）．ただし重化学工業の発展は，一部の分野において開始されつつあったとはいえ，国内の一般の軽工業との結びつきは希薄なものが多かった（第5章）．この時期までの工業化は，あくまで軽工業が主体だったのである．しかし日本の中国侵略が進み，やがて第二次世界大戦も始まろうとしていた1930年代後半になると，軍需工業を軸とする急速な重化学工業化の要請が，切迫したものとなってくる．

　かくして日中戦争・第二次世界大戦・朝鮮戦争・戦後冷戦という軍事的緊張が続いた1940-70年代に，軍需工業を軸とする重化学工業化へ極端に傾斜する第3の局面が訪れる．従来の経済発展において立ち遅れていた重化学工業分野が，国家の集中的な投資によって短期間のうちに高い水準にまで発展し，産業構造全体の中で鉱工業部門が占める比重も増大した（第15・16章）．1930年代から工業化政策に着手し管理通貨制度を導入した国民政府期の場合，国営軍需工業・重化学工業の確立をめざす資源委員会や，金融分野における国家統制を推進する四連総処などを設置してその機能の強化を図り，戦後はそうした国営事業体や政府の経済行政機関が旧日本資本の企業を接収して一層その事業規模を拡大させている．さらに人民共和国政府は，より徹底的な国家主導の重化学工業化を目標に据え，そのための条件を創出すべく1950年代に民間企業の国有化と農業の集団化を強行していく．そうした措置と並行し，外国資本の活動も厳しい規制の下に置かれるようになり，やがて中国経済の中からほとんど排除されていった（第16章）．こうした方向性が可能になったのは，第2の局面までの発展を通じ，軽工業や交通通信網など重化学工業以外の分野がある程度の発展水準をすでに実現していたからでもある．しかしながらこの時期，対外経済関係は一段と縮小していき，商業金融業も大きく衰退した．若干の発展が認められる農業や軽工業にしても，その相対的な発展の程度は国民経済の必要を十分に満たすものではなかった．軽工業や農業の国内市場を支える民衆の購買力はきわめて低い水準のままに据え置かれ，その分，重化学工業の設備投資のために資金が振り向けられる仕組みになっていたのである．長期的にみればこのような情況は，重化学工業の市場規模自体をも制限することになり，交通通信面やエネルギー産業への投資も必要最小限にまで切り詰められた結果，さまざまなひずみを抱えることになった（第7章）．このような第3の局面そのも

のが到達しつつあった行きづまりが，新しい経済発展の方向性の選択を迫っていく．

　1980年代以降，現在に至るまで展開しつつある第4の局面においては，重化学工業化への偏重が徐々に改められ，農業・軽工業が新しい発展を記録した．第3の局面の行きづまりを打破するため，経済発展の担い手の面においても新しい変化が必要になり，国家の肥大化した役割を削減するとともに，農業分野での小農経営や商工業分野での民間企業の蘇生を促し，外国資本を改めて中国経済に招き入れるような方向が選択された．欧米や日本などとの関係改善に伴って対外経済関係は急速に拡大し，その国民経済全体に対する比重は，中国近現代史上かつてみられなかったほどの高い水準に達した．商業・金融業に新しい活気が生まれ，1990年代から2000年代にかけ交通通信網やエネルギー産業の拡充も進んだ．社会消費品小売り総額に占める市場調節の割合は2004年に92.8％に達し，外資企業を含む非国有企業の数は，2005年に企業全体の71.5％を占めるにいたった［加藤・久保2009：13-15］．しかし商工業分野を全体としてみると，国営企業の比重はなおかなり高いものとなっており，分野によっては，むしろ高まる傾向すら生じている．企業の経営自主権の確立や株式会社制度の復活にも，依然として不確定的な要素がつきまとっている．第4の局面は，今後も新たな展開がありうるにちがいない．

3　長い歴史と近代化の遅れ

　近年の急成長が始まるまで，中国経済は非常に後進的だったと思われていることが多い．実際には上述したような19世紀末以来の発展があった．しかし同時代の日本と比較すれば，確かに発展が始まるのは遅かったし，その到達した水準も日本には及ばなかった．そこで疑問が生じる．高度な古代文明が栄え，かつては東アジアの最先進地域だったにもかかわらず，なぜ近現代の中国は工業化で遅れをとり，停滞的なイメージで語られるようになったのか．

　そもそも古代文明が栄えた後，現在，中国と呼ばれる地域の経済はどのような変遷をたどったのか，そのアウトラインを確認しておく必要がある．ユーラシア大陸東縁の大河流域では8000年以上前から農業が始まっていた．黄河流域のアワ・キビなどの畑作，そして長江流域の稲作がそれであり，やがて紀元

前5世紀頃から鉄を使った農具と牛耕の広がり，治水灌漑による農地の拡大などがあいまって，とくに黄河流域で農業生産が伸張する．鉄製の道具は農業のみならず手工業の発達も促し，各種の手工業製品と農産物を交換する商業が盛んになるとともに，そうした交換を媒介するさまざまな銅銭が使われるようになった．このような経済の発展が，斉（山東）・晋（山西）・秦（陝西）などの黄河流域諸国と，楚（湖北）・呉（江蘇）・越（浙江）など長江流域諸国の対抗関係を軸にした紀元前5-3世紀頃（戦国時代）の国際関係を形成した．その後，商鞅の変法に含まれる度量衡統一など，秦・漢の統一帝国による政策が経済の発展をさらに促したことも見逃すべきではない．紀元後の後漢時代になると，農具の多様化，牛耕・水車の普及など農業技術が格段に進歩し，淮河流域や江南の開発が進展した．この時期の人口は，国家が掌握しえた範囲だけで5000万人を超えた［西嶋1981］．

　以上のような古代の経済的繁栄が次の時代にそのまま継承されたわけではなく，統一帝国の衰亡や魏晋南北朝時代の抗争は各地の経済に打撃を与えた．しかし北方の遊牧民族系の勢力が主導した隋・唐の統一帝国時代を迎えると，黄河流域と長江流域を結びつける南北大運河が築かれて経済に再び活況がもたらされ，華北では粟・麦・豆類を組み合わせた二年三毛作が普及する一方，江南では肥培管理・牛耕除草・稲麦二毛作の導入などが進み，長江デルタでは農地の周囲を堤防で囲う囲田・圩田が拡大した．漢代から続くシルクロード経由の絹馬交易に加え，陶磁器と東南アジアの産品を交易する海上交易が，ムスリム商人を担い手としてめざましい勢いで展開されるようになった．

　その後，地域の自立が強まった五代十国と称される時代を経て，新たな統一王朝として成立した宋朝のもとでは，都市の商業が発展して国家による全国的物流システムの整備が進む一方，商人ギルドに類似した行が組織され，銅銭が大量に鋳造発行された．時期を同じくして北方では，女真族が建てた金が繁栄の時を迎えている．そして宋とはまったく異なるスケールの遊牧帝国として成立するモンゴル帝国は，さらに大規模な交通網・商業網を整備することによってユーラシア大陸から海域世界までを統合した広大な範囲の交易を促進し，交鈔という紙幣まで発行して膨張する通貨需要に応えようとした．北京駐在体験を持っていた可能性があるヴェネチア商人マルコ・ポーロの『東方見聞録』は，こうしたモンゴル統治下の経済的繁栄をヨーロッパに伝え，大航海時代が始ま

ることを刺激した（ポーロの実在を疑問視する説も含め，種々の見方がある）．『東方見聞録』に描かれた豊かな世界にあこがれコロンブスが船出したことは，よく知られている．

　大航海時代を迎えたヨーロッパと中国が接触するのは，明代のことである．16世紀に新大陸の豊富な銀に支えられ国際商業が活発化するなか，人と物資の流れが流動化し，洋の東西を問わず各地に新たな社会不安と思想的・宗教的な革新がもたらされた．中国の場合，都市部の銀不足は日本銀と新大陸の銀の流入によって解消され，地方都市の成長が顕著となった．その後，清代初めの17世紀半ばから末にかけ，国際商業が相対的に鎮静化し，経済活動が沈滞に陥った時期を経た後，18世紀後半から，中国経済は清朝統治下の盛世を迎える．管理貿易のシステムのもとで対外貿易が活発化し，海外からの銀流入によりインフレーションが進展した．農村に繁栄がもたらされ，人口が増加した．移住と開墾，新大陸からの新たな作物の伝来などにより，西南諸省，長江流域の山間地，台湾や東北地域の南部にまで開発の波が押し寄せた．

　こうして近現代を迎えるまでに，中国には相当高い水準の商品経済が発達していた．その市場構造は，一方において遠隔地間の商品流通に支えられた広域的な市場圏が存在し，他方においては，それと重なりあいながら，狭い範囲の地域的な商品流通に支えられた各地の局地市場圏が存在するというものであった［北村1972］．ただし19世紀半ば以前に広域的な市場圏が比較的大きな比重を占めたのは米穀類・手織綿布など一部商品の流通に限られ，呉承明の推計によれば，全国市場に出回っていた分は，そうした商品でも全流通量の15-20％程度にすぎない［呉承明1985］．

　以上のような展開過程をたどってみると，王朝興亡下の停滞した社会経済というイメージで中国経済史を把握することは，とうていできない．にもかかわらず，19世紀半ば以来，中国社会は停滞していたとして，その停滞の理由を説明するさまざまな理論が提起されてきた．そうした議論の背景にあるのは，同時代の観察者の目に映った中国経済の状況である．すなわち1820年代から銀の国外流失などにより経済が苦境に陥り，1840年代以降になるとアヘン戦争に敗北して香港割譲・五港開港を強いられ，太平天国，並びにそれに連動したさまざまな反乱が全国をおおうなど，清朝の統治は大きく揺らいだ．内外の危機はその後も深まり，進出してきた西欧列強の勢いとは対照的な状況が生ま

れていた．このように19世紀半ば以降中国が陥っていた苦境を，歴史をさかのぼらせて一般化したのが，中国社会停滞論にほかならない．

そもそも18世紀ヨーロッパの中国認識には，A. スミスの『諸国民の富』に代表されるように，ヨーロッパ自身を動態的に進歩していく社会とみなす一方，中国社会のことを，高度な水準にあるとはいえ静態的に持続している社会として描き出す傾向があった．ヨーロッパ社会の発展の論理を際だたせるため，アジア社会の持続的な側面を意図的に強調したのである［島恭彦1941］．そのような認識の枠組みが基礎になり，各種各様のアジア社会・中国社会停滞論が19-20世紀のヨーロッパで生み出された．たとえばK. マルクスの場合，王朝交替とは無縁に存続する自給自足的な農村共同体の広汎な存在が，アジア社会における専制統治の継続を支えてきた，との理解を示している．しかし実際の中国が早くから商品経済の発達した社会であったことは，すでに述べたとおりである．一方，宗教によって社会の特質を解明できると考えたM. ウェーバーは，キリスト教のプロテスタンティズムの倫理のみが経済発展を可能にする資本主義の精神を生み出したのであって，インドの仏教も，中国の儒教も，そうした資本主義を支える精神を生み出すことができず，ついにアジア社会は停滞に陥らざるをえなかったとの説明を試みようとした．こうしたヨーロッパ中心主義の宗教社会学的解釈も，20-21世紀のアジアが宗教に頼ることなく発展した事実によって打ち砕かれてしまっている．

1920年代から1930年代にかけ中国の学界で盛んに議論された「半植民地半封建社会」論は，以上に検討したような中国社会停滞論の亜種に位置づけられる．外国の侵略や圧迫によって主権が損なわれ「半ば植民地化された状態」に置かれた下，前近代の封建制（封建制概念の問題点については後述）が崩壊を始めながらも完全な資本主義に脱皮できず「半ば封建的な状態」に滞留し，「半植民地」と「半封建」の両者が複雑に絡み合って中国社会の発展を困難にさせた，との理論である．実際には，一部の領土喪失や中国に不利な条約の締結はあったにせよ，中国の国家主権が植民地のように失われたことはなく，まさにこの1920年代から1930年代にかけての時期（前述した第2の局面），軽工業を中心とする輸入代替工業化が進展し，関税自主権の回復や通貨の統一も実現して，中国は新たな経済的政治的発展への道をたどり始めた．前述したように，日中戦争と戦後の混乱などが発展の道程にさまざまな苦難をもたらすとはいえ，中

国経済の発展自体は第3の局面に引き継がれていく．「半植民地半封建社会」論では，このような発展の過程を捉えることができない［久保1982］．

では，なぜ，19世紀中国は同時代の日本と比較しても近代化，工業化の面で立ち遅れ，古代文明以来18世紀に至るまで独自の発展を続けていたにもかかわらず，近現代の経済発展では遅れをとってしまったのか．その発展と立ち遅れの双方の理由を解明するためには，この時期の中国経済を具体的に検討していくことが必要であり，先にも触れたように銀の対外流失がもたらした経済の緊縮と，対外関係の新たな展開とが重なり，沿海地域の経済の再編過程が進んだこと（第1章）に留意すべきなのかもしれない．また17世紀には1億人台であった人口が18世紀末には3億人にまで膨張しており，その巨大な人口圧力が社会不安と経済の混迷の大きな要因になったともいわれる［吉澤2010］．近年，各地域の歴史の比較と相互連関にかかわる考察を通じて地球全体の歴史を認識しようとするグローバル・ヒストリーの視点が重視されるなか，K. ポメランツは，大分岐という言葉を使ってアジアが西洋の発展とは異なるコースをたどった過程を考察し，学界に波紋を投げかけた［Pomeranz 2000］．その主張の細部をめぐっては議論の余地が残るにしても，「進んだ西欧と遅れたアジア」という構図を否定し，西欧社会とアジア社会の発展コースの違いという理解を示した点において，アジア社会停滞論を根本的に克服する方向に歩み出した試みといえよう．ポメランツの本と同様，ヨーロッパ中心主義を克服し，アジアにはアジアの発展の論理を見いだすべきことを強調した著作にA.G. フランクの『リオリエント』がある［フランク2000；原著Frank 1998］．

4　中国経済の特質をめぐって

古代から18世紀頃までを世界史的な観点にたって前近代と呼ぶことにすると，その前近代に中国地域に展開した経済システムは，どのようなものだったのだろうか．そして，それは近現代中国経済を支えるシステムとどのように異なり，どのように変化し，どのように引き継がれたものだったのか．近現代中国経済の発展の論理を探る作業は，前近代中国の経済発展の論理を探る作業と，まったく別のものであるはずがない．

前近代の中国経済（ただし国民国家に照応する国民経済として1つにまとまった中

国経済が存在したわけではなく,あくまでも「現在,中国と総称される地域で繰り広げられていた経済活動に対する総括的な呼称」としての中国経済である)について,以前は封建制という言葉によって語られることが多かった.封建制(フューダリズム feudalism)から資本制(キャピタリズム capitalism)へという西欧社会の発展モデルによって中国の歴史も解釈しようとする傾向が強かったからである.しかし前近代の中国には,西欧のフューダリズム時代に見られたような階層的主従関係をともなう強固な領主制は形成されず,土地に拘束された農奴と呼ばれるような農民も存在しなかった.逆に中国では,西欧社会にはなかった中央集権的官僚制が早くから整備され,皇帝専制支配が築かれていた.これほど大きな差異があるにもかかわらず,中国に封建社会が存在したかのような認識が流布したもう1つの理由は,フューダリズムの訳語として,古代中国の言葉を典拠とする封建制という言葉が使われたためであった.しかし古代中国語における「封建」(封土を分け諸侯を建てる)は,たんに皇帝や王が諸王や諸侯に地方支配を委託する意味であって,領主制や農奴制などの社会システムを意味するものではない.西欧中世のフューダリズムと中国古代の「封建」を混同してはならない.

　封建制という概念に代わるものとして,アジア的生産様式やアジア的専制支配という言葉を用いて前近代の社会経済システムを説明しようとした論者もいた.そうした概念には,いわばさまざまな変異型があり,一言で特徴づけるのは難しい.しかし,アジアの多様性を想起するならば,そのシステムが前近代のアジアに普遍的に存在したと主張するのは容易なことではない.そもそも「非ヨーロッパ社会」の全てを「アジア社会」と概括するのは,ほとんど何の意味も持たない言い換えにすぎないわけであるから,アジア的生産様式という概念は空虚な抽象物に陥るであろう.一方,アジア的生産様式やアジア的専制支配に何らかの実質的な意味あいを与える議論の場合,首長が部族共同体的諸関係をまるごと支配するような古代オリエントの専制支配を想定していることが多く,やはり中国に適用することはできないものであった.

　それでは,中国経済の個性はどのように把握すればよいのだろうか.封建制やアジア的専制支配といった概念を用いず,前近代中国の現実に即した概念で把握しようとする時,市場の秩序という角度から議論を進めた先行研究の中には,参照に値するものが含まれている.たとえば前近代中国では,土地建物の

売買，商取引の際に必ず文書による契約が交わされ，多くの場合，そこには保証人となる仲介者の名前も記録された．何人かが資金を持ち寄って企業経営を始める場合，それは合股と呼ばれ，拠出金の割合や利益の配分方法などが細かく規定された契約文書が交わされた．このようにさまざまな契約関係，なかでも請負的な関係（中国語では「包」バオと呼ぶ）とそれを規定する契約文書がきわめて重要な意味を持っていたことを理由に，中国の経済秩序を貫くのは「包」的倫理である，と喝破した柏祐賢という農業経済学者もいた［柏1948］．請負を重ねて1つの経済的行為をいくつかの段階に区分し，それぞれの段階ごとの責任者を請負契約によって決め，中国経済の不確実性にともなう危険性を分散しておけば，危険が生じた場合，特定の人が全ての責任を負う必要を回避できたからである．

一方，類似する問題意識を持った村松祐次も，自由放任の政府の下，個別主義的な社会が生まれ，それが貨殖主義と貧困と自由放任を助長し，再び個別主義的社会に帰結するという構図によって中国経済を描き出そうとした［村松1949］．ここにいう自由放任の政府とは，西欧近代に生まれた自由主義的経済秩序を支える近代国家のことではない．社会経済の展開には関心を持たず，宮廷財政を維持することのみに汲々としていた前近代の中国政府のことを指している．総じていえば，前近代の中国経済において国家が果たした役割はそれほど大きなものではなかった．国家財政も実質的には宮廷の官僚機構と軍隊を支えるための財政規模にすぎず，さまざまな社会経済活動全般を仕切るような準備はなかった．前近代の帝国は近代国民国家が掌握するほどの密度と厳格さをもって経済活動を掌握したわけではなかった．緩い統合が存在しただけである．そして国家による経済秩序維持機能が脆弱であってさまざまな障害が生じる危険性が大きいという情況の下，中国の場合，個々の経済主体の間では，その危険性を分散すべく請負を主とする契約関係が無数に張りめぐらされ，同じ分野の商工業者の間では，地域別産業別に独自に経済秩序を維持すべく多くの同業公会が設立されていたのであった．したがって20世紀半ば以降，国民国家的な機能が整備されるにつれ，個々の経済主体間の契約や同業公会の機能に依存する部分は次第に縮小してきた．とはいえ，1つの生産事業のため多くの請負契約が交わされる傾向などは，依然として他の地域に比べ中国経済の特色になっている．

柏や村松の議論は，中国経済の構造的な特質に着目したものであり，その発展の論理を追ったものではない．したがって，請負契約が大きな意味を持つことや個別主義的な社会であることを強調するだけで中国経済史が描き出せるわけではない．しかしながら，そうしたある種の市場秩序によっても支えられた発展であったことに留意するならば，対象とする時期が前近代であると近現代であるとにかかわらず，中国経済史のなかから新たなメッセージを読み取っていくことも可能になると思われる（第3章）．

5　本書の構成と利用法

本書は，さまざまな分野ごとに，その分野に関するアウトラインと研究案内を整理した第1部，中国経済史を研究するための史料集と一次史料の所在地，閲覧方法などを紹介した第2部，基本的な統計類を収録した第3部，の3つの部分から構成されている．

近現代の中国経済史を大づかみに把握したい読者は，今，読んでいただいているこの文章「中国経済のあゆみと課題」と第1部の分野別のアウトラインを読みつなぐだけで，ある程度のイメージを得ることができるであろう．詳しく調べたい問題については，分野別の研究案内と第2部が活用できるはずである．また，必要に応じ統計データを利用，参照する便宜を図るため，第3部も付した．要するに読者が求めるところに応じて，多種多様な活用方法がありうるわけである．その過程を通じて，本書が日本人の的確な中国経済認識に少しでも貢献することを願ってやまない．

第1部　アウトラインと研究案内

第1章　清末の沿海経済史

村　上　　衛

　2011年現在，人口1000万を超える中国本土第4の経済都市と聞いて，読者の皆さんはどこを思い浮かべるだろうか．上海，北京，広州に次ぐGDPを誇るその都市は，30年ほど前の1980年，人口6万人ほどの小都市にすぎなかった広東省の深圳である．この小都市は，香港に隣接し，1980年に輸出振興をめざした経済特区が設置されたことにより，珠江デルタの経済発展とともに急速に成長した．この深圳ほどのスピードではないが，改革開放政策の30年の間，中国においては沿海・沿江部を中心として都市が急成長してきた．ここ十数年の間に中国を訪れたことがある人ならば，いたるところで建設工事が行われており，都市全域がその粉塵におおわれているのを目にしただろう．かかる沿海都市の急速な成長は，むろん中国の経済発展に支えられており，またその経済発展をリードしているともいえる．そしてこうした都市の成長はグローバリゼーションと軌を一にするものであった．

　これと同じような中国沿海都市の成長は，本章がとりあげる19世紀中葉から20世紀初頭にかけてもみられた．その典型例が，この深圳を育んだ都市，すなわち広東省の一漁村から一大植民地都市となった香港である．

　次の図1は，1860年3月に，香港島側から九竜半島の方向に向けてイタリア系イギリス人のベアト（Felice Beato）が撮影したものである．1842年の南京条約による香港島割譲から20年を経ずして，香港島の海岸にはぎっしり西欧風の建物が建ち並びつつあり，イギリス領有前に香港島全体で数千人であった人口は10万人に迫っていた．そしてこの香港港を埋め尽くしているのは，アロー戦争で中国に派遣されたイギリス艦隊であり，やがてこの艦隊の輸送した軍隊が，北京を占領することになる．この東アジアでは空前絶後のイギリス大

図1 19世紀香港
出典：David Harris, *Of Battle and Beauty: Felice Beato's Photographs*

艦隊の存在は，この植民地都市が，まさにイギリスの海上覇権のために必須であったことを示している．そして，覇権国家イギリスの植民地となることによって，香港は華南から東南アジアに広がる貿易・金融ネットワークの中心として発展していくことになる．

当該期に急速に成長したのは，香港だけではない．18世紀以来国内帆船貿易の拠点であった上海は，中国随一の国際貿易都市へと変貌した．長江中流の要衝漢口，北京の外港ともいえる天津の発展もめざましかった．こうした中国沿海都市の急速な発展の背景には，イギリスの海上覇権の下で加速した第1次グローバリゼーションというべき世界的なヒト・モノ・カネの流れの拡大が存在した．

こうしてみれば，当該期は，アメリカの覇権の下で始まった20世紀末以降続いている現在のグローバリゼーションと共通性をもっているといえよう．欧米経済が停滞し，中国経済の見通しがはっきりしない現在，中国経済が紆余曲折を経ながら発展していた当該期は，現在と比較しつつ，今後を見通すのにも適切な時期であるといえるだろう．

また，上記のように近年急速に発展してきた中国沿海の都市は，現在，日本の都市とさして変わらないような外観をもつに至っている．しかし，いったん足を踏み入れてみれば，そこには日本とは全く異なる世界が広がっている．そこに住む人々と日本人とはものの考え方，行動パターンは全く異なる．観光に訪れた場合でも，面倒な料金交渉など，日本ではありえないトラブルにショックを受けるであろうし，ましてやビジネスでは，双方の誤解から，深刻な紛争

を撮影した写真
of China, Santa Barbara: Santa Barbara Museum of Art, 1999, pp. 44-45.

になることもあるだろう.

　中国において中国人と外国人の間で経済的な紛争が頻発したのは，現在だけのことではない．南京条約による五港開港（広州，福州，厦門，寧波，上海）以降，欧米人は中国人と本格的に接触することになる．そして二十数年して，日本人もそれに加わる．かれら外国人が開港場などの沿海諸都市で相対したのは自分たちと異なる常識をもつ人々であり，『伝統中国商業秩序の崩壊』[本野2004] が描くように，彼らとのビジネスはトラブルの連続であった．こうした過去の事例を学ぶことは，現在のさまざまな課題に対して示唆を与えるであろう．

　もちろん，経済史研究は，史料がなければ取り組みようがない．しかし，当該期の沿海経済を研究することは，史料の面でそれ以前の時代と比較して圧倒的に有利である．中国が欧米・日本と本格的に接触したことにともなって，中国に関する豊富な欧文・日本語史料が利用可能になり，その記述は沿海部を対象とするものが多い．また，開港場を中心としたメディアの発達によって雑誌・新聞などの定期刊行物という新たなジャンルの史料も出現し，経済情報は格段に正確・豊富になる．こうした史料には，経済的な紛争が数多く記録されている．

　さらに海関統計をはじめとする信頼できる数量データが中国史上初めて利用可能になった．特に海関統計は，鉄道などの海運以外の交通インフラの未発達もあって，当該期における内国貿易に対する補足率は高く，当該期はそのメリットを十二分に享受できる（海関統計については第1部第17章，第2部第3章）．

また，研究史的にみれば，英語圏においては，西欧中心史観にたつことなく中国と西欧の比較を行った［Wong 1997；Pomeranz 2000］以来，グローバル・ヒストリー研究のなかで比較史が，中国・日本・インドなどのアジア諸地域を対象にいれつつ進展している．しかし，我々日本人にとっては，19世紀後半以降において日本と中国の中核地域における経済発展が著しく相違していったことに興味がひかれる．こうした経済発展の差違が，［岡本2011］が描くように近代における日中の政治的な対立を導いたからなおさらである．しかし，そうした日中の差違については，グローバル・ヒストリー研究において中国と西欧の類似性や相違点に注目があつまるなかで，かえってわかりにくくなった．したがって，その比較のためにも当該期の中国経済の中心である沿海部の研究は重要である．

以上で示した清末沿海経済史の重要性を認識しつつ，日本における研究を中心に，先行研究の動向を3つに分けてみていきたい．

1 「近代化」への関心

第二次世界大戦後における中国近代史研究が「西洋の衝撃」とそれに対する反応を強く意識して進められてきたために，アヘン戦争前後の時期における中国の対西洋貿易は1つの焦点となった．英語圏においては，その最初の集大成ともいうべきものがフェアバンクの古典的名著である *Trade and Diplomacy on the China Coast*［Fairbank 1953］である．そこでフェアバンクはアヘン戦争直前期から1850年代前半までの貿易と外交を扱い，中国の近代への転換を朝貢体制から条約体制への変化ととらえ，1854年の上海における外国人税務司制度の成立をその画期とした．

日本においても開港前後の貿易が関心を集め，［衞藤1968；田中1973］は開港前の英中貿易や地方貿易商人（Country Trader）によるアヘン貿易や，開港直後のイギリスの対中国貿易の停滞を中国農民の行動から解釈したミッチェル報告書などに注目した研究を行った．しかし，その後，この時期の貿易に関しては史料的な制約もあって研究は進展せず，むしろアヘン貿易に対する清朝の政策や，それをめぐる議論に関心が移っていった［新村2000；井上2004］．

貿易史に代わって研究の中心となったのは，工業化に関する研究である．西

洋あるいは日本の近代化において工業化が注目されたこともあり，中国最初の工業化の試みである洋務運動への関心が高まった．特に［波多野 1961］は洋務運動期を中心とする清末の工業の発展を概観し，また上海機器織布局や漢陽製鉄所に関する先駆的な研究を行った．さらに［鈴木 1992］は，航運業と綿業・製糸業にわたる洋務派の工業化政策を検討した．

　各産業の研究も進展した．中国の工業化の中心である繊維産業のなかでも最重要となる綿業については［小山 1992］が 1870 年代以降における綿糸の輸入による影響を明らかにした．19 世紀末から民国期にかけての綿業については［森 2001］が計量的な検討を加えているほか，［中井 1996］が張謇の企業経営について，紡績業（大生紡）と開墾業（通海墾牧公司）から検討した．また，日中綿業の比較については日本経済史の側から［高村 1982］によって先駆的研究が行われた（近代における在来綿業の変容については，第 1 部第 7 章を参照）．

　さらに，伝統的な中国の特産品で，茶に代わり最大の輸出品となった生糸についても，［曽田 1994］が清末から民国期にかけての近代製糸業を，日本糸との競争を視野にいれつつ通時的に把握する研究を行い，［清川 2009］は日中およびインドを視野にいれて技術導入の比較を行った．もっとも，1980 年代以降になると，19 世紀末の工業化は工業化の初期として扱われるようになり，工業化を主題とする研究は，工業化が本格的に進展する第一次世界大戦以降を主たる対象としていった．

　「近代化」についての関心のなかでは，とりわけ光緒新政期に欧米・日本に倣った新たな制度が中国に導入されたことも注目された．まず［曽田 1975］が設立初期の商会について，［倉橋 1976］が商部の実業振興について注目したのが契機となり，その後［林原 1988］は実業新政のあり方を商工業者の組織化から検討した．

　当該期の商業団体については，中国においても「近代化」の中での商会が注目され，［虞和平 1993；馬敏・朱英 1993］をはじめとする清末民国期の商会研究が急速に進展してきた．日本においてもかかる潮流を意識しつつ，［陳 2001］は長江デルタの鎮・市レベルの商会の特色とその社会的役割を検討した．また，実業振興については商部・農工商部による産業振興政策を評価した［劉 2002］などの成果も生まれている．

2 アジア交易圏論の進展

1980年代の日本におけるアジア経済史の最大の転換はアジア交易圏論であり，濱下武志・川勝平太・杉原薫がそれぞれ中国経済史，日本経済史，南・東南アジア経済史の立場から，近代アジア経済を評価しつつ，アジア諸国・諸地域間の相互の関係も強調した．具体的には，『近代中国の国際的契機』［濱下1990］は朝貢貿易システムを提起して近代アジア経済における連続面を，［川勝1991］は日本の工業化とアジア間競争の関係を，『アジア間貿易の形成と構造』［杉原1996］は近代におけるアジア間貿易の高い成長率を強調した．これらの研究を契機として，アジア経済史，なかでも中国経済史研究は活性化した．

沿海経済史についてみると，すでに［宮田1986］によって開港後の中国沿岸部における商品流通の自律性を強調する研究が行われていた．そして1980年代末以降，アジア交易圏論の刺激をうけつつ，海関統計が利用可能な1860年代以降の開港場についての具体的な成果が次々と生まれた．開港後に中国最大の貿易港へと成長した上海については，［古田2000］が綿布貿易のデータをてがかりとして，上海を中心とする流通ネットワークの東アジアへの広がりと，その機能を解明した．［佐々波1991］は通過貿易のデータから商品流通を検討することによって漢口とその内地市場の関係を示し，［グローブ1999］は天津の羊毛・綿糸貿易から商業ネットワークの構築を明らかにした．［小瀬1989］は，［佐々木1958］で先駆的に扱われた営口について，開港場間貿易の全体像を視野にいれつつ貿易と中国人商人の決済のあり方を解明し，［村上2000］は厦門の貿易構造の変動を，多様な輸移出産品と台湾との関係を考慮しつつ考察した．また，広州に代わり，華南で最も重要な貿易港となった香港については，東アジア開港期について米貿易の重要性を強調した［金田2000］がある．さらに，中国海関が開港場貿易を管轄した朝鮮については，［石川2000］が海産物の生産・流通から日本人商人・華商の関係を検討した．

貿易ではヒト・モノ・カネの流れが注目されるのが当然であるが，そのなかでもモノについてはアジア間交易論以前から研究が進んでいた．とりわけ主たる輸出品であった茶については，輸出茶に関して［波多野1961］が先駆的な研究を行ったほか，［陳慈玉1982］が世界市場と関連づけて中国全体の茶貿易を

概観し，生糸については［古田 1985］が「湖糸（浙江省湖州産の上質生糸）」を取り上げ，農民と鎮の取引関係および生産と流通の世界市場への対応について，日本の上州と比較しながら検討した．また主たる輸入品であったアヘンについては［林満紅 1985］が清末の中国における生産・流通を概観したうえで，それが中国経済の統合に果たした役割に注目している．

そして［川勝 1991］が木綿・砂糖・生糸・茶に着目して開港期以降のアジア間競争を明示したことから，当該期における国際的な競争がより意識されるようになった．そのなかで，［ダニエルス 1984］は砂糖をめぐる生産技術に注目したうえで，国際的な競争と技術の関連も明らかにした重要な研究である．また，上記の開港場貿易に関する研究が各開港場における主たる貿易品に注目していることもいうまでもない．

ヒトの移動については，中国からの最大の海外移民である華南から東南アジアへの移民が注目され，中国から東南アジアへの移民の数量的な検討が行われてきた［杉原 1996；藤村 1995］．沿海部ではこのほか，［荒武 2008］が清代中期以降〜20世紀前半における華北から満洲への移民現象を移民の送出側・受容側双方から検討した．

また，開港以後に本格化する，外国人商人によって行われた労働者移民である苦力（クーリー）貿易については，［可児 1979］が苦力貿易全体を概観しつつ，それにともなう婦女子の人身売買について，その救済団体の史料を用いた研究を行った．その後，苦力貿易への関心は低下したが，近年になって［園田 2009］は南北アメリカ大陸における移民先の「官」と「商」の関係に注目し，［村上 2009］は厦門における苦力貿易の盛衰を社会経済的な文脈から再検討した．

カネについては，まず［濱下 1990］が伝統や連続性を意識しつつ，近代における銀流通や開港後の植民地銀行や華僑送金の役割について検討を加えた．その後，銀については［Lin 2006］は世界の銀供給を視野にいれつつ，銀の流入・流出とその影響について社会経済史と経済思想史の両面から検討している．また銀行については，中国開港後の香港における外国銀行と外国商社の関係に注目した［金田 1998］がある（通貨・金融については第1部第10章参照）．

ヒト・モノ・カネを動かす華商ネットワークについては，華人商人の残した文書の使用により研究が進展した．なかでも長崎華商泰益号の文書は利用が進み，［山岡 1995］が帳簿の分析から中国在来の簿記法の特色を明らかにし，［朱

1997］は華商の貿易網と国際的な貿易活動，［廖2000］は華人商人の経営とネットワークを解明した．また，日本経済史の側からも，日本華僑の通商ネットワークと，それに対抗する日本側の対応については［籠谷2000］が注目した．朝鮮についても，［石川2004・2005］によって朝鮮華商同順泰の文書を用いて東アジアに広がる華商の交易網を具体的に解明する研究が進んでいる．また外国人商人の側については，［石井1998］がイギリスの代表的な商社であるジャーディン・マセソン商会について，その文書を用いつつ，19世紀後半における中国での経営のあり方とその変容について明らかにした．

　一方，ヒト・モノ・カネの移動を支えるインフラについての研究も進められた．航運に関しては，日本の汽船会社の中国沿海・沿江航路への進出について，日本史側から［小風1995；片山1996］，中国史側から［松浦2005］の研究が行われている．また，伝統的な帆船による海運については［松浦2004］が清代中期から近代における平底の帆船である沙船の貿易を扱った．鉄道・電信についてはこうしたインフラを中国の国家統合との関係から考察した［千葉2006］の貢献が大きいが，やはり研究は少なく，多くの課題が残されている分野といえる（鉄道史については第1部第6章参照）．

3　経済制度の研究と清末沿海経済史

　近年は，アジア交易圏論の成果や明清史研究の成果をうけつつ，長期的に持続する常識・慣習・秩序・ルールなどといった広義の制度に関する研究が進展してきている．

　経済的な制度については，戦前の現地調査などをもとにした研究の蓄積がすでに存在していた．特に［仁井田1951；根岸1951・1953；今堀1953・1991］がヨーロッパとの比較の視点から「前近代的」な商人団体であるギルドに注目し，自ら現地で集めた史料に基づき，中国社会の特色について検討していたのもその始まりであろう．

　こうした研究に基づき，西欧を基準としないで中国の経済制度に着目した研究を進めたのが，取引の不確定性を第三者に請け負わせて確定化する「包」に注目した［柏1947-48］や，めまぐるしい政治変動を経ても変化しない中国経済・社会の態制を検討した［村松1949］である．

しかしながら，上記の研究を受けて制度史を探求したのは，近代史研究ではなく，むしろ明清史研究であり，明末から清代後期にかけての中国の市場構造のモデルを示した［岸本1997］はその代表である．また，［岩井2004］は「原額主義」という表現で歴代王朝の財政の特徴を明らかにし，さらには太平天国以降から現代までを視野にいれた（財政については本書第11章参照）．また，貨幣史研究では［黒田1997］が清代中期以降における銀・銅銭という2つの貨幣からなる制度の特徴とその近代における変容を明らかにし，［黒田2003］はより世界的な視野の貨幣史のなかに，中国の事象を位置づけ，その特徴を明確にしている．

　かかる制度史的な研究は，清末の沿海経済史においても進められた．アジア交易圏論で注目された朝貢や海上貿易については，『近代中国と海関』［岡本1999］が海上貿易の管理・徴税にあたる海関に注目し，多様な漢文・中国語史料やイギリス外交文書などの英文史料を駆使しつつ，明末から民国期にわたる長期的な検討を行った．そして，徴税＝取引という原理のもとでの清代の海関の機能とその変容をふまえたうえで，外国人税務司制度成立や清末における海関の財政的な意義を示した．また，［村上2003］も開港前のアヘン貿易拡大の原因について，清朝の貿易管理制度がもつ特徴から説明した．

　取引の点についてみると，［本野2004］は徴税請負によって地方政府と有力商人団体が結びついて形成される中国の商業秩序に着目した．そして，イギリス外交文書や *North-China Herald* などを駆使し，上海を中心とする商業紛争の記録から，中国人商人と外国人商人の間を仲介する買辦などに注目しつつ，不平等条約特権を利用する中国人達による既存の秩序の崩壊を描いた．これは，清末の工業化や光緒新政における経済政策に対する新たな見方を提示している（市場秩序については第1部第3章参照）．

　お わ り に

　以上をふまえ，今後の課題としては以下のようなものが考えられる．まず，研究の空白となっている部分であるが，［吉澤2009］が指摘するように，経済の基礎となる人口史研究は日本において乏しいし，手工業史，技術史は［Daniels & Menzies 1996］などを除けば研究は少ない．沿海に関しても，農業史に

ついては現在は極めて手薄である．さらに経済に大きな影響を与える環境史についても，前近代についての研究はあるが，近代についての研究は少ない．また，海関統計のような信頼できる統計資料がない19世紀前半についてはアジア間貿易の推計を行った［杉原2007］といった試みはあるが，実証面では検討すべき課題が多い．

　比較史もより野心的に進められるべきであろう．日本においても，日中を比較した［足立1998］，貨幣制度の比較を行っている［黒田1997・2003］，経済指標の比較を行っている［斎藤2008］によって日本あるいはインドやその他の諸地域との比較は進められてきたが，研究者個々人の能力には限りがある．今後はアジア諸地域の経済制度を比較した［三浦・岸本・関本編2004］のように，他地域，他の時代を専攻する研究者と協力して行っていくのがよいと思われる．その点で史料に恵まれている近代の中国沿海経済史研究の貢献は大きいであろう．

　前近代史と近代史（20世紀史）の接続，あるいは商業史と工業史の接続は依然として課題であり，19世紀後半から民国初期を見通した研究が求められている．

　また，従来の研究を新たな視点から再検討することも有効な手法だろう．2のアジア交易圏論の成果を生かし，また精度を高めつつ3の制度史の視点から1で扱われた工業化の問題や光緒新政期の制度導入を再検討する必要性がある．

第 2 章　農畜産物貿易史

吉田建一郎

　2007年12月から2008年1月にかけて，中国河北省の天洋食品が製造した冷凍ギョーザを食べた千葉と兵庫両県の計10人が中毒になる事件が起きた．商品から有機リン系殺虫剤が検出され，中国でも被害者が出た．この事件は中国産食品に対する日本人の不信感を大きく高めた．2008年3月に容疑者が拘束され，事件の真相究明が進んだが，事件からおよそ2年を経ても，中国製食品に対する日本の消費者の不信は根強く残っている（「ギョーザ中毒事件 冷凍市場に影響なお」『日本経済新聞』2010年3月28日）．

　しかしながら現在，「食」をめぐる日本と中国との関係は決して疎遠にはなっておらず非常に密接である．例を挙げると，中国は日本が輸入する野菜の最大の供給地であり，2009年，中国から日本への生鮮野菜と冷凍野菜の輸出額は約3億7200万ドルにのぼった（河原壽・小峯厚「中国における野菜輸出企業の動向」『野菜情報』Vol. 80, 2010年）．畜産物の輸出も盛んで，2010年，中国の鶏肉調製品の輸出量は約21万4000t，うち約8割は日本向けである（平石康久・木下瞬「中国およびタイにおける鶏肉・鶏肉調製品の生産・輸出状況とわが国鶏肉需給への影響」『畜産の情報』Vol. 262, 2011年）．このように現在の日本の「食」は，中国の農畜産物と深い関わりをもつ．ただこの状況が今後も長期的に続くとは言い切れない．中国の人件費，日本における中国産品への信頼度など日中両国の経済や社会の動向のほか，中国産品に依存している国々の農畜産物の需給動向をはじめ，より広い世界の経済や社会の情勢によって日中間の「食」をめぐる関係は左右されるであろう．

　中国の農畜産物貿易が世界の経済や社会の動向と深い関係にあることを知りうる事例は多い．1990年代から今世紀初頭にかけて中国では大豆の輸入量が

図 1　鶏卵の選別作業（上海茂昌公司）
出典：『中国実業雑誌』1935 年より．

急増した．1995 年に約 29 万 t であった輸入量は，2008 年に約 3743 万 t にのぼった．10 年あまりで 130 倍近い伸びである（池上彰英「農業生産と農産物輸出入」『日中経協ジャーナル』No. 182，2009 年）．2011 年 9 月 20 日付『日本経済新聞』の「ニュースがわかる」のコーナーは，2011 年に入り穀物や原油といった国際商品の価格高騰が続いていることに焦点をあて，中国やインドなどの新興国で経済成長が続き，エネルギーや食料の需要が拡大していることをその要因に挙げている．そして具体例として，中国が基礎的な食料を国内でまかないきれず，大豆やトウモロコシの輸入を本格化させていることを紹介している．

　中国と世界との間で，さまざまな農畜産物を介した密接な関係がみられるのは最近に始まったことではない．それは 19 世紀後半から 20 世紀前半，清朝末期や中華民国の時期にはかなりはっきりと姿を現していた．1935 年の『中国実業雑誌』に掲載された図 1 は，複数の女性が鶏卵の検査をしている場面である．これは茂昌公司という企業の工場である．茂昌公司は 20 世紀前半に上海や青島に工場を設け，農村から買付けた鶏卵を原料として主に冷凍卵を製造した．女性作業員が鶏卵を検査・割卵し，中身をブリキにつめた冷凍卵は主にイギリスをはじめとする欧米諸国へ輸出され，人々の「食」を支えた．

　図 2 は 1925 年に東京市商工課が作成した『東京市ニ於ケル鶏卵ノ消費状況』に掲載されたもので，東京築地で鶏卵の荷揚げを行っている場面である．これ

図 2　鶏卵運搬船
出典：『東京市ニ於ケル鶏卵ノ消費状況』1925 年より．

らの鶏卵は横浜港経由で運ばれてきた輸入卵で，ほとんどが中国産であった．1920 年代前半，日本の鶏卵消費量の約 3 分の 1 を中国産が占めたとされる（大阪鶏卵販売（株）『卵業百年』1982 年）．1910 年代半ばから 1930 年代にかけて，鶏卵とその加工品（主に鶏卵の中身から水分を除いてつくる乾燥卵や，鶏卵の中身をブリキにつめて凍らせた冷凍卵）の輸出額は，中国の輸出貿易品全体の中で常に上位を占めた．この例をはじめ，清朝末期・中華民国期の中国では多様な農畜産物が世界各地へ輸出された．

　中国と世界との農畜産物のやり取りは，中国や世界の経済・社会・政治・食文化にどのような影響を与えたのか，逆にそれらからどのような影響を受けたのか．これについてさまざまな研究者が関心を寄せてきた．農畜産物の生産は個々の農家の経営や農村経済と深い関係がある．モノの輸出入は流通機構との関わりが欠かせない．農畜産物加工品の製造は企業・工場の経営と関係がある．このように農畜産物の輸出入に関する研究は，流通の歴史，産業の歴史，農家経済の歴史など経済史のさまざまな研究領域と接点をもち，それらの発展に貢献できる可能性に満ちている．また，現在の中国と世界との関係をどう認識したらいいのかを考えるための座標軸も示してくれるはずである．

　本章では，19 世紀後半から 20 世紀前半中国における農畜産物貿易に関する主な研究成果を日本で出されたものを中心にふり返り，この分野の研究が中国近現代経済史の多様な領域と関わる"広がり"をもつことを紹介したい．

管見の限り，これまで同様のテーマによる整理はなされていないが，［秦 1992］の第4節「輸出貿易の動向と世界市場への統合」で，1880年代までの茶と生糸に特化した中国の輸出貿易の構造がその後大きく転換するものの，1890年代以降については［石田（興）1961a・1961b］が東北地域の大豆三品（大豆・大豆粕・大豆油）を扱ってから専論があまり出ていないことなどが論じられ，「今後，どんな農産品の生産と流通機構を通じて中国農民が世界市場と結びつけられたのかを具体的に明らかにする作業が要請される」という課題が示されている．この課題が出されてから現在に至るおよそ20年の間に具体的な研究の進展がみられたことを紹介することも本章の目的の1つである．

以下第1節で，近代中国の小農経済[1]と世界市場との接合の契機・実態・特徴を考える上で有効であることが農畜産物貿易に着目する意義の1つであることを，［黒田 1984・1994；秦 1992］などによりながら述べる．第2節では個々の農畜産物の貿易に関連する成果を，そして第3節では農畜産物の貿易に関わる政策に言及した代表的な成果を概観する．

1 中国の小農と世界市場との接合

19世紀後半，天津条約（1858年）・北京条約（1860年）が結ばれ，中国の対外貿易は，従来に比べ著しい発展をみせた．この時期の代表的な輸出品には生糸と茶があり，これらの輸出貿易の展開に関する1980年代までの主要な研究については［古田 1985；秦 1981・1985］などを紹介した［秦 1992］の整理が有用である．最近では［吉澤 2009］が，清朝後期の社会経済の変容を論じるなかで，国際的環境に適合しつつ発展の機会を見出していった清末の蚕糸業の変容や五港開港[2]後の主要な茶産地がたどった変化の違いについて，また［村上（衛）2009b］が，19世紀以降の中国の沿海社会と経済秩序の変容を長期的視野にたって描くなかで，清末の生糸や茶の輸出貿易を支えた体制や経済秩序の変容についてわかりやすく論を展開している．2つの論考では，清末蚕糸業が主要な考察対象の1つである［鈴木（智）1992］，清末湖州の生糸生産に着目した［古田 1990］，近代製糸業の発展過程を主題とする［曾田 1994］，湖南の茶業の展開を扱った［重田 1975］，近代中国の茶の生産や対外貿易を主題とした［陳慈玉 1982］，清末における中国人商人の経済秩序に考察を加えた［本野 2004］

など，清末の生糸や茶の生産・流通・市場などに関する貴重な成果が紹介されており，これらの併読を通じて理解がより深まるであろう．生糸や茶の流通については，19世紀後半の中国商人によるギルド（同業者の組合）の形成過程や機能を扱った［宮田 2006：35-74］も重要である．

1890年代以降，茶と生糸を軸とする中国の輸出貿易の構造が変化し，多様な農産物の輸出の増加が顕著になった．［黒田 1984］は，19世紀末にみられたこの変動が，中国の小農経済と世界市場との関わりを理解する上で重要であることを指摘した．第1節「世界市場包摂と実質的開港」は以下のようなことを述べている．

金本位制の世界的成立にともなう多角的貿易網の形成と関連して，1890年代以降，世界貿易は全般的に拡大期に入り，中国はこの時期に輸出を急増させながら，その内容構成を多様化させていった．中国と日本では19世紀中葉の開港が与えた影響にかなりの違いがあり，中国は1890年代まで基本的に貿易無反応型に近かった．この違いを説明する上で見逃せないのが市場構造の問題である．領主制商品流通と交錯しながら展開する日本の農民的商品経済と比べて，中国の市場は求心性に乏しい重層的な構造であったと考えられ，1890年代からの茶や生糸といった特定の素材ではない農産物一般の需要増こそが開港場への輸出吸引を引きおこし，はじめて中国の小農経済を世界市場に連結させることになった．中国にとって1890年代は実質上の開港であった．

［秦 1992］は，帝国主義成立期における中国の世界市場への統合の画期とその特質に関する従来の研究が，綿糸の輸入が増加する1880年代に関心を寄せ，そこから綿業の生産関係転換，農民層分解の特質如何を求めることが多かった中，中国の世界市場への統合の画期を1880年代より後に設定することを提起した［黒田 1984］に着目し，「どんな農産物の生産と流通機構を通じて中国農民が世界市場と結びつけられたのかを具体的に明らかにする作業」の必要性を説いた．その後［黒田 1994：228-59］は，1890年代の歴史的意義をはじめ，中国の小農と世界経済との関係について議論を深め，中国の小農経済が農産物を介して世界経済に吸引され，さらに世界経済が小農経済社会の規定を受けるようになった過程を論じた．本章の目的と関わりの深い論点は以下の通りである．

1870年代から成立してくる国際金本位制の下で貿易が拡大し，一次産品の価格が上昇するなか，中国の小農経済は一次産品の輸出を介して世界経済へ引

き込まれていった．19世紀末から20世紀初頭にかけて，世界で農産物輸出を拡大した諸国は輸出構成が少数の品目に特化していく傾向にあったが，中国は棉花・大豆・胡麻・牛皮・桐油（アブラギリの種子からとった油）など原料的な一次産品の輸出が伸び，全体として多様化が進んだ．銀を決済通貨とする幣制にとどまっていた中国は，農産物輸出の条件が顕著に好転した．中国の在来の小農経済を世界経済に引き込んだのはドイツの油脂化学工業に代表される化学工業の勃興であり，19世紀末から第一次世界大戦勃発前にかけて長江中流域から胡麻が大量に買付けられた．第一次世界大戦後，中国産胡麻に対するドイツの需要は大きく減ったが，自律的経営を営む広範な小農層を擁した中国経済は，大経営中心の農業を展開し一次産品輸出中心の経済をつくってきたアルゼンチンに比べて国際市場の変化に柔軟に対応できた．

　非穀商品作物の輸出の進展は，中国国内の穀物の生産と流通に影響を及ぼした．また歴史的に形成された全国規模での各地の商業的農業ネットワークが解体・再編され，各地域が開港場を中心に別々に世界市場に対して口を開く形になった．伝統的な小農の生産物が世界経済の中枢に吸引されるにともない，在来の地域経済の自律性を体現してきた現地通貨が，より広域の通貨に代替されていった．ただ，現地通貨の消滅は逆に世界経済を規制することになった．

2　個々の貿易品への関心

　前節で挙げた［秦1992］の課題が提起されてからおよそ20年になるが，この間に進展が目立ったのは大豆三品（大豆・大豆粕・大豆油）の貿易に関する研究である．［塚瀬1993：23-41］が指摘するように，日露戦争後の中国東北地域では，鉄道の本格的な運行が始まり，関内から流入する移民の増加，彼らの開拓による農業生産の増加，商業取引の増大といった変動が生じた．そうしたなかで大豆の生産・輸出が東北経済発展の牽引役となっていくが，［塚瀬1999］は大豆がどのような商品化の過程を経て輸出・移出されたのかを検討するため，1913年に大豆取引の制度化を目的に関東都督府が設立した大連取引所の大豆取引の実態解明を，満洲事変前までを時間軸として行った．そして大連取引所による大豆取引の監督や先物市場の育成は，大連からの大豆の輸出・移出を増やす一因となり，また満鉄沿線市場の取引所よりも有利な条件にあったこと，

大連取引所が大連市場での大豆取引の全てを支配し日本にとって有利な取引を行う機関ではないという限界性も含んでいたことを指摘した．

また［塚瀬 2005］は，19 世紀末から 1910 年代前半までを時間軸として，東北地域における大豆の輸出・移出の増加や積出港の多様化が大豆取引にどのような変化をもたらし，そうした市場動向のなかで三井物産がどのような大豆取引をしたのかを分析した．そして三井物産が大豆の生産・輸出を基軸とした東北経済の成長過程で重要な役割を果たしたのは事実だが，東北地域経済の状況に規定され，優位に立てる局面に活動を制限する方針をとったことを指摘した．

［安冨 2009a］は，大豆をめぐる満洲とそれ以外の地域との相互関係について清代中期以降を時間軸として論じ，鉄道・馬車・県城経済・独自の通貨金融機構など近代の満洲社会を成立させた諸要因と大豆の国際商品化が相互強化の関係にあったと論じた．また主に［石田（興）1964；安冨 1997］に依拠しながら，大豆取引に関係する資金の流れについても紹介している．［上田 2009］は奉天における大豆流通の広がりと奉天経済界の変容，そして地方政府の動向との関連性をとりあげている．

大豆関連品の貿易については，上記の中国史研究者による論考のほか，［坂口 2003；柳沢 2008a；岡部 2008a］といった日本近代史を専門とする研究者による成果の蓄積も進んだ．大豆関連品が，東北地域から輸出される貿易品としての性格が強まる 19 世紀末よりも前に中国沿岸部に流通する重要商品であったことは［宮田 2006：75-109, 111-37］が丁寧に論じている．なお時期はさかのぼるが，大豆を加工する油坊業の実態を扱ったものに［石田（武）1971］がある．大豆の取引に関しては，本書の第 1 部第 12 章も参照されたい．

大豆三品のほかに近年関心が寄せられることが多い商品として畜産物がある．［藤田（泉）1993］が述べるように，近代中国の家畜飼養は農家による庭先飼養を軸に展開した．清末民国期の中国で輸出品となった畜産物は多岐にわたるが，［吉田 2002］は，鶏卵と鶏卵加工品の貿易の概況と関連する邦文資料について解説し，これを基礎に［吉田 2005a］は，両大戦間期に両品の輸出が欧米諸国の品質制限をはじめとするさまざまな逆風を受ける中，農村で広く行われていた養鶏をめぐりどのような議論が展開され，いかなる発展の方向がめざされたのかを論じた．清末民国期にさまざまな畜産物の輸出が盛んになるなか，畜産業についてどのような発展の方向がめざされたのかということは今後さらに検

討が深められてよい課題であろう．［吉田 2006a］は，日本占領期（1914-22年）の青島における鶏卵と鶏卵加工品の輸出の実態を落花生関連品の貿易と比較しながら明らかにすることを試み，戦後恐慌[3]や山東還付[4]の歴史的位置の多様性や，地域に即して畜産物貿易の実態を追うことの有効性を指摘した．そして［吉田 2005b］は，戦前期に刊行された養鶏を専門とする邦文雑誌の記事が，20世紀前半の世界の鶏卵貿易網における中国産鶏卵の位置などを知りうる上で有効であることを指摘した．

鶏卵と鶏卵加工品の貿易については，張寧の一連の研究も重要である．［Chang 1998］は，イギリス資本和記洋行の中国進出，そして冷凍卵製造開始に至る過程を漢口に焦点をあてて論じ，［張寧 2002；Chang 2005］は，鄭源興が中心となって創設した中国資本の冷凍卵製造企業である茂昌公司と，イギリス資本の冷凍卵製造企業である和記洋行を中心とする欧米資本とが，農村部での原料卵の買付け，製品の販売などをめぐり競争と協調の関係を構築したことを明らかにした．また［張寧 2003］は，乾燥技術の発展と，清末から民国初期における鶏卵加工品製造業や製品輸出の進展との関連を論じている．

鶏卵と鶏卵加工品以外では，満鉄が作成した資料の紹介を通じて獣骨の生産・加工・流通，そして輸出の動向を概観した［吉田 2006b］，20世紀前半に大連に設けられた日系骨粉製造企業の経営の推移を追った［吉田 2011a］，第一次世界大戦前後の青島における獣骨や骨粉の貿易の展開に考察を加えた［吉田 2011b］，同時期の山東牛輸出貿易の実態解明や戦前期の山東牛関連資料の整理を行った［河端 2007・2008］がある．牛をはじめ日本の青島占領期に日本向け輸出品となるものが少なくなかった山東省の各種物産に関する資料については［弁納 2005a］の緻密な整理と分析がある．また［柳沢 1985］は，日本の青島占領期前後に山東省の物産を扱った日本人商人の動向に言及している．

農産物やその加工品を介した近代中国と世界との関係について理解を深めるには，輸出貿易だけでなく，輸入貿易の動向や，輸出貿易と輸入貿易との関係などにも留意が必要である．［黒田 1994：282-319］は，20世紀初期の中国において，農産物の在庫は小農とさまざまな中間商人に分散されて組織されず，そうした構造のもとでは現金での買付けが不可避となり，また個々の商人は小額通貨の保持が必要で，遠隔地間の交易を形成するために売りと買いの一致を優先する傾向がみられたことを，棉花・綿糸・桐油などの流通を例に論じている．

［グローブ1999］は，20世紀初頭までに天津貿易の基幹をなすに至った羊毛の輸出貿易の発展過程を検討するなかで，商人が羊毛を買付ける際に綿布などの商品とのバーター取引が行われるという，輸出貿易と輸入貿易のシステムの重複の存在を指摘している．天津を中心とする羊毛貿易については［吉澤2006中］も焦点をあてており，貿易の推移，主要集散地，輸出市場の状況，貿易がチベット人とムスリムという信仰の異なるグループの相互交流を進めた可能性，天津における毛織物業の発展と貿易との関係などに言及し，［吉澤2011］では，複数のエスニック・グループの関係が経済活動でどう機能しているのかという問題意識の必要性や，羊毛の商品化が自然環境にいかなる負荷を与えたかという問いが未解明であることが指摘されている．

　［ダニエルス1984］は，1890年代以降，欧米のアジア植民地で生産された機械製砂糖の輸入によって急速に砂糖輸出国から砂糖輸入国へと変化した中国が，どのような条件のもとで世界市場から後退したのかを品質・技術の側面から検討し，19世紀末以降に列強資本主義諸国の中国貿易・投資への進出・拡大が深化する中で，中国の農村手工業がどのような方向に進展していったのかを具体的に示そうとした．そして19世紀後半以降の中国製糖業が，基本的に国内市場の品質・技術・流通条件を基盤に進展したと結論づけている．

　砂糖については精製糖市場としての中国を主題とした成果もあり，［杉山1999］は，20世紀前期に香港のイギリス商社スワイア商会系列の精糖会社である太古糖房が，中国精糖市場をめぐる日本糖との競争のなかで，地方の中国商人を組織化する地方販売代理店制度を拡大していった過程を論じ，［平井2010］は，1910・20年代における東アジアの精白糖市場の動向をとりあげ，1920年代半ばにジャワ白糖が中国へ大量に輸入されて日本精製糖がジャワ糖に対抗できなくなった背景として，日本の精製糖販売で活用された「糖行」が日本精製糖の販路を奪う局面があったことに言及している．

　砂糖のほかに，輸出・輸入貿易の両方との関わりが深い商品として米が挙げられる．［堀地2011：421-77］は，主に日清戦争から辛亥革命の時期に焦点をあてて，米穀輸出を禁止した清朝の規定や米穀輸出を部分的に解禁するという張之洞の意図に反して，中国米が日本や北米などへ流出し続けた過程を明らかにし，開港によりもたらされた中国米流通の構造的転換の実態を示した．また光緒24（1898）年の広州・江蘇の搶米[5]と中国米密輸との関連も指摘している．

アジア間貿易の歴史の文脈から米貿易に関心を寄せた［角山 1985］や［金田 2000］では，香港が米の集散地として重要であり，中国へ向かう外国米や外国へ向かう中国米が流通したことが指摘され，［菊池（道）1993］は前近代の動向を視野にいれて近代の東南アジアと中国の関係を考察するという問題意識のもと，19世紀後半におけるベトナム南部から中国への米の輸出の歴史的位置づけを試みた．また［石川（亮）2004a］は，1894年に朝鮮の仁川でブームを呈した清国米貿易に着目し，日清戦争前における朝鮮華商の貿易活動の特徴を明らかにした．

　日本近代史の展開と関連づけて中国の米貿易に焦点をあてた成果も少なくない．たとえば［野沢 1981］は，米騒動（1918年）を契機とする日本の中国米購入策と中国の社会経済の変動との密接な関わりについて考察を加え，［馬場（明）1983：38-66］は主に日本の外交文書に依拠しながら1918-19年の中国米輸入をめぐる日中間のやりとりの実態を明らかにした．［北野 2010］は，1910・20年代を中心に，満洲米輸出の禁止と解禁をめぐる問題が，日本の食糧政策や対外政策，そして満洲の事情とどのような関わりをもちながら解決されていったのかを検討している．上記の成果は主に20世紀初期までの時期に焦点をあてているが，［今井 2009］は抗日戦争という特殊な環境下で中国人資本家がどのように活路を見出していったのかという問題意識のもと，虞洽卿（ぐこうけい）によるサイゴン米の買付けと中国での販売の実態を追った．

　個々の輸入品に即した研究で関心が多く寄せられてきたアヘンをめぐっては，［秦 1992］が1980年代までの日本の代表的な研究について整理を行っているほか，［杉原 1996：55-68］が，19世紀後半に中国がインド産アヘンの輸入と輸入代替を通じて，綿業を基軸とする国際分業体制に巻き込まれる条件が形成される過程を論じている．19世紀後半以降におけるアヘンの輸入代替の実態や背景については［林満紅 2007 日］も詳細な検討を行った．［新村 2000］は，アヘン貿易に対するイギリスの認識や，19世紀に中国のアヘン生産が拡大する中でのアヘン貿易をめぐる清朝政府の議論や政策の変化に言及している．

　畜産物については，先述のとおり輸出貿易に関する研究の蓄積が多いが，［吉田 2009］は，清末から1930年代初期の上海における製革業の発展が，外国からの皮革関連品の輸入の推移に一定の影響を及ぼしたことを指摘している．

3 貿易に関わる政策について

　中国の農畜産物やその加工品の貿易の展開に影響を及ぼす，あるいは貿易の展開から影響を受ける要素は多岐にわたるが，その主要なものの１つに中国の中央・地方政府の政策がある．［久保1999］からは，米・小麦・砂糖・鶏卵加工品などの農畜産物やその加工品が，南京国民政府の関税政策に関わりをもつさまざまな主体が高い関心を寄せる対象であったことを理解できる．［久保1999］はまた，［姜1996］などを挙げながら，南京政府の関税政策の中で行われた1930年代の砂糖の輸入税率の引き上げが，長期的にみれば近代的製糖工業が発展する端緒を切り開くことになったことや，幣制改革後の農畜産業関連品の貿易額増加などにも言及している．［奥村2004：81-118, 141-80］は，世界恐慌の影響を受けた江蘇・浙江の蚕糸業の再編に政府がどのように関わろうとし，その試みがどのような結果をもたらしたのかについて民間資本の動向を視野に入れながら論じている．

　このほか世界恐慌期に関する研究として，［川井(悟) 1985a］は，恐慌の影響で茶の輸出が困難になる中，茶業復興を事業計画に取り入れた全国経済委員会から補助を受けた祁門茶業改良場（安徽）の技術者と安徽省政府が提案・実施した茶の運輸販売統制策の性格を検討し，茶流通において長い歴史をもつ茶桟（茶の問屋）に対して1930年代に成長してきた技術専門家たちが試みた変革の一局面として祁門紅茶統制策を位置づけた．さらに［川井(悟) 1988］は，1930年代の祁門茶業改良場を中心とする生産合作社育成策を取り上げ，発足した合作社は「茶号」が行ってきた精茶生産の技術的基礎を変えることはなく，また毛茶（製品になる前の原料茶）の売買慣習や製茶労働者の雇用慣習も変えなかったと結論づけた．抗日戦争期の研究の例としては［鄭2004日］があり，重慶国民政府が推進した輸出農畜産物の統一買付け・統一販売政策に代表される貿易統制策が直面した困難や，輸出物資によって得た外貨で買付けた輸入物資を国内メーカーへ転売することで利益を獲得したという国営貿易機関の経営上の特徴などを論じた．

おわりに

　農畜産物貿易史の研究は，モノの生産・流通・消費の概況を静態的に描くことでは不十分である．本章で紹介した成果が示すように，清末民国期の農畜産物の貿易史に関する研究は，中国小農経済の世界経済への包摂の時期や特質，農畜産業や加工品製造業の発展過程，企業経営，流通システム，貿易の動向と政府の政策との相互作用，輸出入相手である国や地域の経済・政治・社会の動向など，近現代中国経済史の多様な研究領域，あるいは日本史や西洋史の研究領域と密接に関わる問題意識に基づいて成果が蓄積されてきた．［久保2006b］が言及するように，農畜産物は1950年代においても中国の主要輸出品として重視されたのであり，中華人民共和国史研究とも議論を絡めることのできる可能性も開かれた研究対象である．［南満洲鉄道株式会社1939］をはじめ，具体的な農畜産物を主題とし，本格的な研究を進める手がかりになると推察される史料は多数残されている．時間軸を広げながら清末民国期の農畜産物貿易の歴史的位置を考える，あるいは個々の農畜産物に焦点をあてた史料の開拓・分析を通して，近現代中国やより広域の産業史・企業史・流通史・社会史などに新たな知見を加える可能性を探る余地はまだ少なからず残されている．

注
1) 基本的に自家の労働力のみで独立した農業経営を行う小農が圧倒的比重を占めた社会における経済活動の様式．
2) 1842年に調印されたアヘン戦争の講和条約である南京条約で広州，福州，厦門，寧波，上海の5つの港が開かれたこと．
3) 第一次世界大戦後の1920年に主要な資本主義国を襲った深刻な恐慌．
4) 1922年に日中間で結ばれた条約により，山東における中国の主権が基本的に回復したこと．
5) 他人の米穀を承諾なく自らのものにしようとする行いとそこから派生した騒擾や紛争．

第3章　市場秩序と広域の経済秩序

古田和子

　本章では，近代中国の市場秩序と広域の経済秩序に関する研究史の整理を行う．市場秩序論と広域経済秩序論は中国史のなかでそれぞれ重要な研究領域を構成してきたが，本章は，近代中国をめぐる広域の経済秩序に関する近年の研究を中国の市場秩序論と関連づけて紹介・整理することを課題としたい．
　19世紀後半から20世紀初期にかけて，中国を取り巻く東アジア・東南アジア地域は政治経済的に大きな構造変動の時期を迎えていた．同時に，中国経済は中華帝国経済から国民経済への移行という困難な課題にも遭遇していた．これら2つの構造変化が交錯する領域の研究成果に焦点をあてながら，今後に残された課題を考えてみることにしたい．
　市場を支える秩序には，国家による法整備や政府による統治などのように，市場の外から市場の働き方を規制する秩序と，市場の中にあって市場に影響を与えその働き方を規定する秩序とがある．前者が集権的な秩序形成であるのに対して，後者は市場参加者の行動に規定される分権的な秩序形成ということもできる．しかし，分権的であるにもかかわらず，そこに自ずと秩序が形成されるのは，市場での競争の仕方や危険回避の仕方，あるいは市場に参加する不安を和らげるための用意の仕方などが，人々にある程度予想され共有されていることによるところが大きい．それは人々が経済活動を行うときにその行い方を規定するものであり，個々の人々がなぜかしら拘束されるものである．また，外からの強制ではないという意味で内生的である［古田編 近刊］．
　本章で後に検討するように，中華帝国経済の市場秩序は，比較的自由な競争が外からの規制ではなく内生的に自ずと形づくる秩序のあり方に1つの特徴があった．自ずと形づくられる秩序は，人々の経済活動がたどってきた経路に依

図　上海の茶館
出典：上海市檔案館編・史定梅主編『追憶：近代上海図史』上海古籍出版社，1996年，78頁．

存的であるので変化しにくいという特徴をもつ．そうした特徴をもつ中華帝国経済の市場秩序は，国民経済への移行期にどのような変化の仕方を呈したのか．変容する部分とそうでない部分はどのような関係にあったのか．

また，華商通商網や中国商人の私的・人的な市場秩序形成は，中国を取り巻く東アジアや東南アジアにおける広域経済秩序のあり方を決める重要な一要素であった．その広域経済秩序のあり方は，19世紀に進展するイギリス帝国による国際秩序形成や20世紀転換期に進められる日本による秩序構築の試みとの間でどのような展開を示すのか．

以下では，これらの問題を念頭におきながら，研究史の整理を行っていきたい．

1　近代中国をめぐる広域の経済秩序

近代東アジアにおける中国商人の経済活動については，近年多くの研究成果

が出されてきた［斯波 1981；濱下 1990；Sugiyama 1988；宮田 1981；小瀬 1989；籠谷 1990・2000；古田 1992・2000；廖 1994・2000］．これらの研究は，中国商人が開港後の東アジアで展開した経済活動を東アジア近代史の重要な側面として位置づける作業を行うものであった．従来の研究は，近代以降のアジア経済は主に欧米のプレゼンスを契機として変化したことを暗黙の前提としており，したがってアジア域内の経済関係や国際分業体制を分析する重要性は必ずしも明確に意識されていなかった．後に「アジア交易圏」論と呼ばれる一連の研究［濱下 1985；杉原 1985 など］の最も重要な貢献は，それぞれの研究を通してアジア域内の経済関係を検討するための分析枠組を提出したことであろう．

たとえば，［籠谷 1990・2000：第1章］は，近代日本における中国人貿易商をアジアからの「衝撃」の担い手として捉え，中国商人と日本商人との取引実態に踏み込んで両者の対抗を解明，従来の華僑史研究の枠を越える視点と実証を提示した．後にこの論文も所収した［籠谷 2000：前編］は，華僑通商網への対抗を通して「国民経済」を立ち上げる明治期日本の通商秩序形成のあり方を，同業組合や直輸出入態勢形成の模索から検討したものである．

［古田 2000］は，1870-90年代半ばに上海を中心に中国・日本・朝鮮の開港場に延びていった中国商人の流通網を「上海ネットワーク」と呼び，この空間の経済秩序がどのようなものであったのかを問うことを課題の1つとしている．中華帝国の経済では内地間の交易も為替関係で結ばれる状況を呈しており，中国商人はそのような経済秩序のなかで地域間交易を拡大させてきた．ネットワークの存在を具体的な数字で示すために用いられた外国製綿布の上海からの再輸出統計は，国民経済の下で作られた2国間貿易統計では明らかにできない，地域間交易の実態を表すのに適したものであった．たとえば，日清戦争前の1890年代初頭には，在朝中国商人と在朝日本商人による韓銭の授受を通して，上海・仁川・大阪間に商品（イギリス製綿布，米，大豆等）と金・銀を媒介とする密接な連関が存在したことが指摘される［同上：第4章］．

中国商人の個別経営史料を駆使した研究が進展したことも，近年の重要な成果である．長崎を拠点にアジア全域に商業ネットワークを展開した泰益号（福建省金門島出身陳氏の経営）については，［翁其銀ほか 1994；山岡 1995；朱 1997；翁・和田・市川 1997；廖 2000；翁其銀 2001；和田・翁 2004］がある．［山岡 1995］は帳簿に焦点をあてて分析し，［朱 1997］は1901から40年までの泰益

号の家族史・企業史の復元を行ったのに対し，［廖2000］は長崎・下関・門司・神戸・函館・小樽・釜山・仁川・上海・厦門・基隆（キールン）・淡水・香港・シンガポールまで広がる東・東南アジアの地域間商業ネットワークを分析，華商ネットワークの市場秩序維持の基盤としての「人倫秩序」とネットワークの開放性に言及した．［翁其銀2001］は陳世望が植民地下台湾で中国大陸産漢方薬を販売するために開拓した上海・長崎・台湾間の三角形販路を詳述し，上海の東洋荘の一員であった寧波幇の鼎記号が泰益号の貿易ネットワークにおける上海・台湾方面の取引経費決算の代行者として機能していたことを指摘した［同上：18-19］．［和田・翁2004］は，上記の諸研究も利用しながら，上海の鼎記号と泰益号との交易活動（1910-30年代初頭）を商業書簡及び附属書類から分析した．

朝鮮における中国商人の活動については，［李2000；松浦2009］や石川亮太の一連の研究がある［石川2004a・2004b・2005・2009］．石川は，［濱下1999；古田2000：第3・4章］と関心を共有しつつ，これまで利用されてこなかった同順泰（広東省肇慶府高要県出身譚傑生の経営）の経営資料を用いることによって，1880年代後半から日清戦争期の朝鮮華商の活動を東アジアの開港場間に構築された華商ネットワークのなかに位置づけた．同順泰と密接な取引関係にあった上海の同泰号との間で絹織物・綿織物と金銀地金・人参との取引があったことや，第3の取引先を媒介とした多角決済は，同順泰との貸借を二者間で決済するよりも，取引出合が集中する上海の同泰号との貸借と相殺することの合理性を示したものであり，「そうした上海を中心とする多角的決済網が存在することを前提に，朝鮮のような新規開港場の華商とも相対的に安全に取引できた」とする［石川2005：54］．［石川2004a］は，1894年の仁川で一時的なブームを呈した清国米の大阪への中継貿易の実態を解明し，同貿易が広範な取引網と多角的市場情報に支えられていたことを示した．また，中国米については，［堀地2002］が清末の密輸問題を東アジア米穀市場のなかに位置づける作業を行っている．同順泰については，韓国でも［姜抮亜2011］のような研究が進められるようになった．

さて，中国・朝鮮・日本にまたがる空間は20世紀への転換期に世界史的な意味での大きな構造変化を経験する．新版の『岩波講座世界歴史』では，1969-72年に刊行された旧講座との違いとして，時代別の各巻に「境域」と「局所」という章を入れる構成をとった．［古田1999］はその20世紀初期にお

ける「境域」を担当した論考で,在朝中国商人による第一銀行券・日銀券・金貨の兌換とその上海への流出や,あとあとまで引きずることになった金融決済地としての上海との対抗等をとりあげて,世紀転換期に日本が対応を迫られた相手は,清朝という国家というよりも中国商人による国境を越えた「境域を支配する経済秩序」のあり方であったことを指摘した［同上：74-79］.上海ネットワークと日本の国家的主導で構築された黄海交易圏とのせめぎあいのなかで,排他的「勢力圏」の構築が日本の大陸進出の次の課題とならざるをえなかったのである.中国商人のネットワークは在地性をともなわないという点で,ある一定の領域内で傾斜的に移出産業を育成する国民経済的発展の方向性とは両立しないが,他方で,個々人の債権債務関係は領域的な地域経済の制約から解放され,「超地域的」な展開を容易にした［同上：77］.黒田が「中華帝国」と呼ぶのはこの構造である［黒田1994：13-14］.

　東アジアを対象とした広域の経済秩序に関する研究に対して,東南アジアについては,杉原・籠谷らの一連の研究がある.［杉原1996］は,1880年代から1920年代のアジアに綿業を基軸とした国際分業体制が形成・展開したこと,華僑の移民（労働力移動）と送金のネットワークを描いて,東南アジアの対欧米輸出が拡大すると,プランテーションや錫鉱山などでの華僑労働力の流入にともなって生活必需品需要が拡大するメカニズムを示し,最終需要連関効果の大部分がアジアに落ちる仕組みが存在したことを明らかにした.なお,華僑の移民統計については,藤村による一連の研究が詳しい［藤村1995a・1995b・1999・2010］.

　古田が20世紀転換期以降の東アジアを日本の国家的な秩序構築と中国商人による秩序形成とのせめぎあいと見るのに対して,［籠谷2003；籠谷・脇村2009］や［杉原2003］は,東南アジアにおける華僑・印僑[1]のネットワークと,イギリス帝国の国際地域秩序形成との間には相互依存の関係が形成されたと見る.たとえば,19世紀の東南アジアを対象とした［籠谷・脇村2009］は,「イギリス近代的帝国主義と華僑ネットワークの相互依存関係が成立した」とする［同上：159］.

　さらに1930年代から40年代初頭の綿業国際通商摩擦とアジア通商網を分析した［籠谷2000：後編］は,日本が華僑と印僑の通商網を対抗の対象ではなく利用する対象として認識したことを指摘,日本綿布の輸出拡大が華僑通商網へ

の依存を通して支えられていたとする．1930年代の日本製品輸出は東南アジアや南アジア市場では決定的な縮小は見られず，「むしろ，30年代のヨーロッパ本国の対アジア経済『ブロック』化政策の適用という，制度の肥大化と動揺に対応して，国家の後援をうけない非公式的な華僑と印僑の通商網が敏感に反応し，日本とアジアとの通商的相互依存関係は弱まるのではなく，強まる方向にあった」［同上：41］と考える．

以上の研究ではいずれの場合にも，華商通商網や中国商人のもつ私的な市場秩序形成が広域の経済秩序のあり方を決める要素の1つとなっていたことに注目している．つまり，近代中国を取り巻く広域の経済秩序の議論は，中華帝国経済における市場秩序をどのようなものとしてとらえるのかという議論と密接に関係しているのである．とりわけ前近代以降の市場秩序が近代においてどう変化したのか変化しなかったのかが，問われているのである．

2 市場秩序

中華帝国の市場秩序については，研究者の間に，国家や共同体規制による秩序維持の相対的な弱さ，私的な秩序維持の比重の高さについて一応の共通理解がある［岸本2002］．D.C.ノースは西欧世界の勃興の要因を領域国家による第1次的取引費用の低減にあったことを指摘しているが，中華帝国経済ではそうした状況がないなかできわめて競争的で不安定な市場がなぜ社会的に維持されていたのか，という点に市場秩序論を議論する醍醐味のようなものがあった．

黒田明伸は中華帝国世界を「請求権に互換性をつけていく空間がその行政的空間で閉じられない世界であり，華僑の間の二者間の双務的信用関係を編みあげた強いネットワークにみられるように，債権債務関係が行政的境界を越えて成立することを前提とする社会」と見る．「債権債務関係を空間的に閉じさせないことにより，逆に，地域経済と不可分な地域権力の登場を抑止してきた体制である．その意味から，現地通貨と地域間決済を全く分離して，両者を他律的に調整する機構が出現するのを予防した清代銀銭二貨制[2]の形成は，その帝国の本質を全うしたものなのである．その結果が自由な銀の流出入や華僑ネットワークとして現れてくる」という［黒田1994：324-25］．

地域経済（「支払協同体」）で使われる現地通貨とは，農産物買い付けのため

に調達される貨幣である．そこでは商人の発行する銭票が自ずと信任されて流通する「自己組織的」秩序が形成されている．現地通貨と地域間通貨の間に互換性がないとする点については異論もあるが，このような秩序は通貨の信任という現象以外の領域，たとえば管業来歴慣行[3]に代表される清代の民間秩序は，多数の個々の家々がその生存と生業確保をめぐって激しい競争を繰り広げている「押し合いへし合い」の状態のなかで，その都度探られる適切な均衡点として存在したとする［寺田1997：66-67］の議論とも関連する秩序認識である．

　こうした私的な秩序維持は近代中国ではどうなったのだろうか．国民経済への移行が課題として浮上したときの市場秩序を議論する研究は実は多くない．［本野2004］は，近代中国における伝統的な商業秩序にどのような変化が生じたのかを論じた数少ない研究の1つである．本野は近代中国が受けたウエスタン・インパクトの中身を排他的所有権，有限責任制に基づく株式会社制度などの西欧の法的制度ととらえ，それによって中国の伝統的商業秩序は崩壊したとする．市場秩序を支える経済法などの公的法整備は西欧では政府による市場秩序の維持であったが，中国において伝統的秩序を崩壊に導いた主体は商人（不平等条約特権を利用する英語を話す）であって，公的政府ではないという点も興味深い．

　民国期における中国経済を対象に市場秩序を正面から論じたのが，［柏1947-48］と［村松1949］である．柏祐賢は中国の経済秩序はその本質において自由であるという．職業の選択，居住の移転，営業取引，契約等はいずれも自由であった［柏1947-48：386-87］．しかし，「治者は権力を以てその自由を保證しているのではない」．「我々はここに中国に於て長く自由が存し乍ら資本主義的発達の招来せられざりし一理由を見るのである」［同上：394・400］．華僑は中国の経済秩序のそのままの再現であって，「何等の権力的な保護の下に立つこともなく，自衛的な自由秩序と，『包』的な主体的規律とに據つて居り，而も南方諸地域経済を動かすものとなつている」［同上：568-69］．中国の自然・社会環境の不安定さ・不確実性を人的道程を引き伸ばす請負の連鎖で確定するのが，柏のいう「包」的倫理的規律である．議論の仕方は強引だが，柏の議論の前提には自然的・社会的・歴史的環境を重視する方法論と，経済秩序を人の主体的な社会秩序として把握したいという欲求とがあるように思われる［同上：166, 183］．

村松祐次は，民国期中国の市場秩序を徹底した「自由競争」と一見古風なまでの「私人的保証」の併存とみる．この2つが併存しうるのは，私人的保証が「自由な経済的意思の決定を抑圧する経済外的な『伝統』や，身分的な制約によって課されたものでないという事情に基づく」からだという［村松 1975（復刊）：178-79］．経済を外から規制する秩序が，政府の統治・身分・伝統のいずれによっても与えられておらず，そのことのなかに極度に自由な価格競争が行われる理由があるし，同時にそのような市場を少しでも秩序づける保証を私人的な保証に求めざるをえない不安があるということなのである．

1940年代末に提起された柏や村松の市場秩序論に対して，現在の研究史はどのような位置づけを与えるべきなのかについては［岸本 1997a・2002・2006］の周到な整理が示唆的である．また，［古田 2004］は，村松のいう「自由競争」と「私人的保証」の併存について，近年の経済学では市場において取引や交換を支える秩序として私的な秩序統治（the private-ordered governance of markets）の重要性を評価するようになっていることを指摘し，中国における私人的保証を代表するものとされてきた仲介をとりあげて，近年の市場概念の広がりのなかであらためて仲介の機能について考察した．中国経済「個性」論の相対化の1つの試みとして位置づけられる．

［加藤・久保 2009］は，柏や村松の市場秩序論に言及しつつ，国民経済の形成という観点から近現代中国の資本主義の特徴を議論した研究である．中華民国期の経済史は現在，村松らが1940年代末に上記の議論を展開したときに比べて，はるかに充実した実証研究が蓄積されている．したがって，村松が経済を外から規制する秩序が政府の統治によっても与えられておらず，と書いた部分については何らかの修正が必要かもしれない．会社法・民法・民事訴訟法の制定や管理通貨の発行，度量衡の統一（1930年実施の度量衡法）など，国民政府による国民経済の基礎固めは重要な改革であった．有限責任による近代的な株式会社制度も整備され，こうした制度に依拠して綿紡績業・汽船業などで大企業が誕生していることも明らかにされている［久保 2005］．［加藤・久保 2009］では，市場の秩序を支えるための法制整備に促されつつ，有限責任制の株式会社や近代的な銀行など市場経済を担う主体が形成されていったことが指摘されると同時に，それは短期間に成し遂げられたものではないという．「在来の企業経営を可能とする枠組みも残し，近代的な経営と在来の経営が併存し，両者

があるいは相互に競争し，あるいは相互に協力するという状況の下，徐々に進展していた過程であった」とされる［同上：164］．

　統治や政府による公的な制度整備がどの程度進展していたのかという事実の解明とともに，市場に参加する人々（企業や商人，そして農民も含めて）が公的制度整備を市場の不安定さを縮減するものとしてどの程度認識していたのかも問われるべき課題である．集権的公的な制度の秩序維持に問題があると認識されれば，人々の間で分権的な秩序維持の方法が模索されて私人的保証の役割は大きくなる．人々に予想され共有された競争の仕方や不安を削減する仕方が意味を持ち続けることになる．「共有予測」は事実というよりも認知の問題であり，人々が経済活動を行う際に外からの強制ではなく内生的に拘束されるものである．2009年に開催された The World Economic History Congress で組織された「中国市場秩序再考」というセッションはこのような観点から，中国の歴史的市場の秩序を考察しようとする試みである［Session L4: Market Order in China Reconsidered 2009；古田編 近刊］．

　最後に，先に見た黒田の中華帝国の特徴は 20 世紀にどのように変化したと捉えられているのかを見ておきたい．黒田は，国際金本位制によって地域間決済通貨が均質化したことを契機に，国制としての中華帝国は瓦解し，銀銭二貨制もやや遅れて消滅するが，「地域経済間の有機的連関を殺いできた構造は解消されずに現在にまで遺されている」とする［黒田 1994：323］．国民経済の基礎となる法幣統一後も，紙幣の受領性の不安定さはしばしば私票への回帰をもたらしたし，現地通貨の需給の季節性にも対応しきれていなかった．政治システムとしての中華帝国が 20 世紀初頭に消滅したあとも，中華帝国経済の市場秩序は「消滅」せずに「溶解」しているという理解である．

　本節で言及した研究はそれぞれが掲げる個別の研究テーマによって具体的な分析対象は異なるが，比較的自由な競争が外からの規制ではなく内生的に自ずと形づくる秩序のあり方に，中華帝国経済の市場秩序の特徴を見いだしていた．また，その特徴は 20 世紀前半の国民経済への移行期に制度整備などによって新たな秩序維持機構を加えつつも，基本的には長期にわたって存続していたといってよい．

おわりに

最後に，今後に残された課題を2点提起しておきたい．第1は，この中華帝国経済の市場秩序がどのように変わっていくのか，その過程を明らかにすることは，国民経済への移行期を対象とする諸研究に残された課題であろう．第2は，中国の市場秩序を市場秩序論一般のなかでどのように捉えるべきなのかという問題である．中国の市場秩序の問題は現代中国経済を理解するときにも依然として大きな問題であるとすれば，類型化と同時にその相対化の視点を持つことは今後とも必要な課題であろう．

注
1) インド系移民・出稼ぎ労働者．
2) 銀と銅銭の2つの貨幣を中心とした制度で，銀は納税のほかに，主として高額取引，遠隔地交易に用いられ，銅銭は主として日常の小額取引や一定の地域内での取引に用いられた．
3) 「管業」とは税糧負担付きの土地を自由に経営し収益行為をすること，「来歴」とは前経営主体から正当にそれを引き継いだという経緯のこと．清代中国には土地そのものに対する排他的所有権観念はなく，土地の上に成立するさまざまな収益行為が契約文書を通じて売買されていた．したがって，「土地を所有している」とは，ある土地を管業できる地位を，前経営主体から正当に引き継いだ「来歴」という形で社会に対して示すことができる状態ということになる［寺田1997：10］．

第 4 章　紡織業史

富澤芳亜

　現在，中国製繊維製品は私たちの生活に不可欠のものとなっている．いわゆるファストファッションの隆盛も，中国製品なしには語れない．これを裏づけるように，2010年の日本の繊維製品輸入額のなかで，中国は約2兆2415億円で実に78%を占め，2位のベトナムの約1241億円とは，文字通りにケタ違いの存在感を持っている（日本繊維輸入組合ホームページ〔http://www.jtia.or.jp/toukei/toukei.htm〕）．次頁の表1のように2010年の中国の生産量は，天然繊維の代表格である綿糸で2717万t，各種布で800億mに達し（国家統計局『中国統計年鑑2011』中国統計出版社，2011年，541頁），日中戦争前のピークだった1936年の生産量の51倍にも達する．こうした膨大な繊維製品は，13億人の衣料などをまかなうだけではなく，日本をはじめとする世界各国へと輸出されており，その付加価値額から見た世界的なシェアは，2009年において紡織業で47.4%，衣類で44.5%に達し（矢野恒太記念会『世界国勢図会2011/2012年版』2011年，276頁），まさに世界の繊維工場となっている．

　しかし，現状からすれば信じられないかもしれないが，表のように100年ほど前の中国は，日本やインドから多くの綿製品を輸入していたのであり，その契機となったのは，19世紀半ば以降の世界市場への包摂だった．特に1880年代以降，急速に中国市場へと浸透したインドの機械製綿糸は，中国棉花の価格と変わらないほど廉価で，しかも中国農村での在来織布業の原料に適した太糸だったため，1899年には16.6万tにも達した．こうした機械製綿糸の流入が，中国の在来織布業の再編を促し，膨大な綿糸の消費市場を生み出したのである．

　本章において論ずるのは，こうした輸入を代替すべく生まれた中国の近代的綿紡織工業の研究史である．イギリス産業革命の中軸となったのは紡織業だっ

表1 綿糸の生産・輸出・輸入量　　　（単位：1,000 t）

	生産量	1936を100とした指数	輸入量	輸出量
1890	4.00	0.8	65.35	
1900	57.93	10.9	89.95	
1914	108.60	20.5	163.95	0.24
1921	259.14	48.9	76.96	1.57
1922	323.79	61.1	73.69	2.36
1925	422.40	79.7	39.11	3.93
1934	504.85	95.2	1.33	27.02
1936	530.27	100.0	0.60	9.01
1937	426.09	80.4	1.15	3.81
1938	321.92	60.7	1.69	13.18
1945	74.68	14.1		
1946	280.21	52.8	0.18	0.12
1947	358.48	67.6		3.51
1950	437.00	82.4		1.83
1952	656.00	123.7		0.11
1953	745.00	140.5		0.18
1954	834.00	157.3		0.87
1959	1,531.00	288.7		18.92
1969	1,805.00	340.4		21.57
1989	4,767.00	898.9		183.66
1999	5,670.00	1,069.2		173.99
2010	27,170.00	5,123.6		525.10

出典：生産量1890-1900年は久保亨・関権・牧野文夫「中華民国期の工業生産額推計」『中華民国期の経済統計：評価と推計』一橋大学経済研究所，2000年．1914-47年は本書第3部統計史料306頁を換算（1梱＝0.1812トン）．1950-2010年は中華人民共和国国家統計局『中国統計年鑑』各巻．

たが，これをキャッチアップした日本をはじめとする各国においても，紡織業を起点として輸入代替を目的に近代工業は成立したのであり，それと同様に中国においても紡織業は近代工業の主要部門となったのである．

しかし，こうした近代中国の紡織業には，他国と異なる特徴があった．それは，図1のように日本資本在華紡織企業（以下，在華紡と略称する）をはじめとする外国資本企業が大きな存在をもった点である．これらの外資企業は，現代の多国籍企業とは単純に比較できない．中国とはいっても，外国が得ていた治

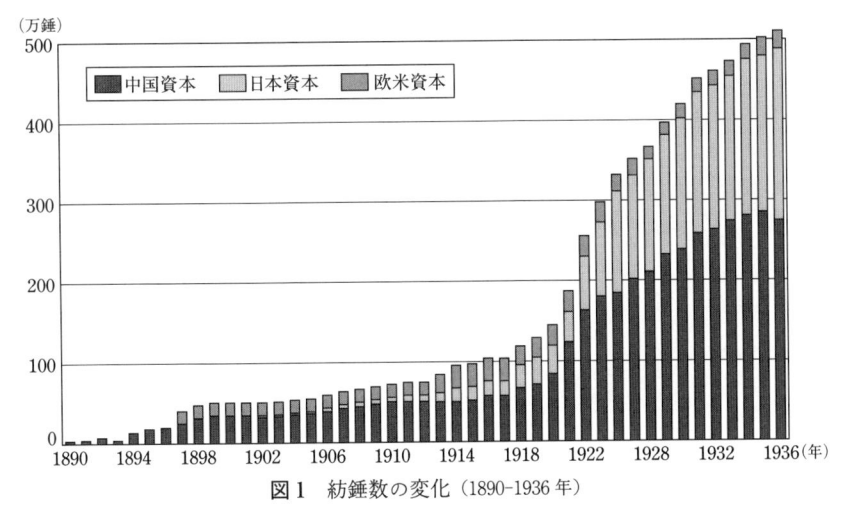

図1　紡錘数の変化（1890-1936年）

出典：丁昶賢「中国近代機器綿紡工業設備，資本，産量，産値的統計和估量」『中国近代経済史研究資料』(6) 上海社会科学院出版社（上海），1987年，87-89頁．

外法権により中国の法律の及ばない開港地に，本国法などを基礎に設立された法人企業だったためであり，紡織業史研究における大きな焦点は，こうした外資企業の果たした役割の評価をめぐるものとなった．

　しかも日本の近代綿業にとって，中国は重要な存在であり続けた．1878年に発起された中国最初の近代紡織工場である上海機器織布局の操業が，技術的な困難などから1890年まで遅れる間に，日本では1883年開業の大阪紡績会社の成功によって紡織工業は本格的形成期を迎えていた．そして1890年から開始された中国向け綿糸輸出が日清戦争後に本格化すると，1898年には紡錘数が100万錘に達するなど，対中国輸出が初期の成長を牽引した．そして第一次世界大戦期の中国資本紡織業（以下，中国紡と略称し，中国紡織業とした場合には中国紡と外国資本紡を包括するものとする）の急成長などにより，日本綿糸が輸出競争力を失うと，下関条約の開港場での外国人製造工場設置権を基礎とした直接事業投資，すなわち在華紡の進出が本格化した．そして図1のように，1930年代に在華紡の設備は，中国紡と拮抗するほどの急成長を遂げ，1936年の日本の満洲を除く中国への直接事業投資額8億4000万円のうち3億円を占める中心的な存在となった．そのため日本においては，戦前から中国紡織業に関す

る多くの研究や調査がなされてきたのである．

　しかし戦後の1970年代までの中国近代史研究では，1949年の中華人民共和国の成立につながる「変革主体」の形成と成長をとらえようとした「革命史」が主流となった．菊池敏夫が鋭く指摘したように［菊池1985］，その枠組みでは，中国経済を構成した諸資本は，外国・帝国主義資本，「官僚資本」，「民族資本」とに3分割され，後者は近代史の過程において前2者への従属を深めるものとされた．なかでも中国紡は「民族資本」の典型とされたことから，草創期から第一次世界大戦までは，外国・帝国主義資本と「官僚資本」の圧迫下での成長を余儀なくされ，1920年代の戦後恐慌から1930年代の世界恐慌下にかけて，帝国主義＝在華紡の圧迫により「衰退・没落」し，「官僚資本」への従属を深める存在としてイメージされることになった．また日本史側から進められた在華紡研究においても，在華紡を日本の帝国主義的対中国侵略の中心としてとらえ，中国紡は先進的な技術を持つ在華紡により圧迫され，停滞し，危機に陥る存在としてとらえられてきた［井上ほか1951；守屋1968など］．こうした中で戦前の諸研究は，日本紡織業の中国市場進出という現実的問題関心と深く関係したがゆえに，この時期において，充分な再検討をされることは少なかった．しかし奥村哲があきらかにしたように［奥村1976］，日本の戦前の研究においても1930年代における中国紡の恐慌からの復活はすでに指摘されていた．こうして1970年代の半ばから，日本ではさまざまなアプローチから再検討が進められ，近代中国紡織業の実態が次第にあきらかにされてきた．

　本章では，戦前の重要な研究・調査にふれるとともに，近年までの研究動向を整理し，残された課題をあきらかにする．これまでの研究史整理としては，清末民初時期［中井1980b］，1930年代［菊池1985］，中華民国期全般［金丸1995；中国企業史研究会2007；富澤2009］を対象としたものがあり，本章では，出来る限り重複を避ける形で記述を行う．また紙幅の関係から，労務管理などに重要な関係を有する労働運動史研究には触れることはできない[1]．

1　戦前・戦時中における紡織業研究

　日本における本格的な研究は，橋本奇策により端緒がつけられた［橋本1905］．同書は，当時，中国の輸入総額の4割を占めた綿製品市場への日本製

品の参入という関心から記されており，棉花の生産と取引，中国紡と外国紡の生産と取引を概観する内容となっている．橋本は同書の冒頭で「清国においては統計的の調査をなすは甚だ困難なる事業にて何人と雖も到底完全なる諸般の統計を知得」できないが，「全然統計なるものを不問に附し去りては何事をも論述するの根拠」を失うため，海関統計や実地調査に拠る数字によって本書を記したという．紡織業史のみならず，中国経済史研究はいかに信頼に足る数字を導きだすかという史料批判の繰り返しであり，出発点からその点が踏まえられていたことは，留意されるべきであろう．

　第一次世界大戦期に中国紡が急速に成長し，これによる日本製輸出綿製品市場の喪失が現実化するなかで，日本の中国紡織業研究は本格化した［加藤 1917；絹川 1919；安原 1919］．特に加藤と安原の研究は，各種綿製品の市場と取引，各紡織企業の概要，原棉の需給と生産の丹念な調査をしている．そして在華紡の進出が本格化した 1920 年代には，上海在住の東亜同文書院の教員などにより精力的な調査・研究が進められた［浜田 1923；馬場 1924；西川 1924；井村 1926；山崎 1927］．そのいずれにも独自の調査による内容が含まれており，今日から見ても貴重な成果となっている．また五三十運動期（1925 年 5 月に起きた反帝国主義運動）には，労働問題研究も本格化した［内藤 1925；宇高 1925］．なかでも宇高の研究は 1920 年代の労働者の状況に関する貴重なものである．そして 1930 年代には，中国紡織業の国内自給の達成と輸出の拡大を受け，海外市場における日中の綿製品の競争が指摘される［東亜経済調査局 1932］．この輸出の担い手は在華紡だったのであり，当時の急速な華北への進出ともあいまって，生産費を主とする在華紡の経営条件分析が行われた［岡部 1937］．戦後には，こうした生産費分析［守屋 1947］のみならず，分析視角を紡績労働論に拡げた戦前の研究［戸田 1950；岡部 1992］も公刊されており，いまなお価値を有している．なお，そのいずれもが労働能率において日本本土，在華紡，中国紡の順にあり，中国紡の劣位を指摘している．また後述のように，中国側による調査の本格化は 1930 年代以降であり，それ以前の日本の研究は，史料としても貴重である．

　一方，中国でも国民政府成立後の 1930 年代に，重要な研究や調査が出版された．方顕廷の研究は，最初の中国人による専著となるもので，それまでの各国語文献での成果や天津の紡織工場への独自の調査が反映されている［Fong

1932]．方は中国紡の発展を阻む経済的な要因として，労働能率の低さのほかに，資本の欠乏と，専門技術者不足による管理の不良を挙げている［Fong 中国語訳 1934：375-79］．王子建による調査[2]は，戦前の中国紡に関する最も体系的な調査であり［王子建ほか 1935］，日本の研究［守屋 1949］にも大きな影響を与えた．こうした戦前の研究の集大成が厳中平『中国棉業之発展』であり，その精緻で系統だった史料収集と分析は，今なお重要である［厳中平 1943］．しかし中華人民共和国成立後に，同書はマルクス・レーニン主義理論，毛沢東の著作にそって，資本の3分割論にもとづく改訂を加えられることで［厳中平 1955］，1930 年代の中国紡のイメージを「衰退」論へと導く余地を作り出した．そして，これが邦訳されることで，中国史のみならず日本史研究にも多大な影響を及ぼすことになったのである［菊池 1985］．

2　1970 年代までの研究

中国紡研究では，全面的な没落を強調するもの［島 1966］，衰退論の再検討をめざしながらも，資本の3分割論から脱却できなかったもの［中嶌 1969］など，戦間期についての実証的研究は不十分だった．しかし清末については，外国綿製品流入による中国社会の変質［小山 1960］や，上海機器織布局［波多野 1961］に関する先駆的な研究があり，後の研究にも大きな影響を与えている．

一方，在華紡研究では，日本帝国主義史の視角から検討が加えられた．そこでは日本の資本が対中進出のための国内基盤をいかに用意し，そして中国の資源をいかに利用して，中国紡を圧倒したのか，という対外的搾取と競争の問題に関心は集中していた［泉 1972；西川(博) 1977 など］．また技術移転の面からも，在華紡は中国紡の発展を著しく阻害する存在とされた［清川 1974］．

3　草創期紡織業の再検討

1970 年代半ばから中国紡研究・在華紡研究ともに衰退論や帝国主義論とは，異なるアプローチからの研究が蓄積されることになる．

草創期紡織業においては，鈴木智夫による洋務運動研究の一環としての上海機器織布局の研究が重要である［鈴木 1992］．ここでは，19 世紀後半のさまざ

まな紡織工場設立構想の特徴を確認した上で，上海機器織布局の設立過程と経営とが詳細に検討された．これにより，従来は伝統的官僚組織の非合理性のためとされた保護措置や開業遅延の要因が，中国棉花の使用による技術的制約にあったことや，洋務派の限界は，1893年の上海機器織布局焼失後における「官」の規制下での再建策にあったこと，などがあきらかにされた．

つぎにふれるべきは，「企業者史学」アプローチを使用し，張謇による大生紡などの諸事業の実態を解明した中井英基『張謇と中国近代企業』であろう [中井1996]．ここでは，丁寧な研究史整理がなされるとともに，営業報告書を用いた経営史研究の方法が採り入れられた．それは，中国紡の営業報告書を読み解く際には必読のものとなっている [中井1978]．そして大生紡の資金調達にあたりプラスに働いた密接な人的関係や大生紡自身の合股[3]的性格が，張謇による大生紡の利益の地方事業への流用を可能とし，1922年以降の市場環境の変化による経営破綻を招いたことがあきらかにされた．

また第一次世界大戦前における日中英の紡織企業間の競争については，日系在華紡の成功の要因が買収による経営コストの抑制にあったことを指摘した研究もある [張忠民2011]．

4 戦間期紡織業の再検討

この時期の研究では，まず「利益率」からのアプローチに触れるべきであろう．高村直助や山崎広明は日本紡績協会史料を使用し，利益率の推移に注目しつつ在華紡各社の経営動向をあきらかにするとともに [高村1976・1980；山崎1977]，在華紡の形成から崩壊に至る全体像も高村直助『近代日本綿業と中国』によって提示された [高村1982]．しかし中国紡については，衰退論を踏襲するにとどまったのであり，こうしたアプローチに，中国史から応えたのが久保亨だった [久保1986b]．ここでは，中国紡各社の利益率の分析から経営類型がなされ，永安紡や青島華新紡などの「発展の論理」を持つ中国紡が，沿岸部でしかも在華紡との厳しい競争を強いられた地域に存在したことがあきらかにされた．その後，各地域の企業の実証を深化させた成果は『戦間期中国の綿業と企業経営』として公刊された [久保2005]．利益率を指標としたことにより，中国紡の「発展の論理」を確認できたにとどまらず，在華紡・中国紡双方で各

社に経営の好不調のあったことが明確となり，その原因を企業別に分析する視角，すなわち企業史研究の確立が促されることになった．

もう1つの新たな展開は，森時彦の市場構造論による中国綿業分析である［森1983］．その特徴は，為替変動を織り込みながら，それまで国際商品として普遍的とされた原棉価格を再考し，中国のそれが国際市場から離れた独自の動きをしたことに，近代中国綿業の特徴を見出した点にある．その後の清末から1920年代へといたる諸研究をまとめた『中国近代綿業史の研究』において，機械製綿糸の織布部門での消費を平均番手[4]を視点に「在来セクター」（20番手以下の太糸）と「近代セクター」（20番手超過の細糸）とに分け，「近代セクター」形成の契機を在来織布業向けの太糸の生産過剰による1923年恐慌に求めた［森2001b］．すなわち在華紡の恐慌対応策である細糸生産シフトを契機とする「近代セクター」の形成が，1930年代にかけて本格化し，その過程で上海在華紡→英国紡→青島在華紡→上海中国紡→地方中国紡という典型的な雁行発展モデルが形成されたとしたのである［森2004・2005a・2005bほか］．

一方，在華紡研究からも桑原哲也が，各企業のもつ製品市場構造と，市場環境の変化への対応という企業者の性能を分析の主要視角とし，鐘紡の分析を皮切りに［桑原1975］，在華紡各社の対中国進出の経緯を『企業国際化の史的分析』において解明した［桑原1990］．すなわち，第一次世界大戦前に内外綿のみは国内での後発太糸企業の地位克服のために移転したが，有力企業の進出は第一次世界大戦期に太糸，厚地綿布の対中国輸出が不可能になるまで本格化しなかった．そして大日本紡が太糸市場防衛のために対中国進出を開始すると，これに脅威を抱いた鐘紡・東洋紡などが対抗のために追随した．また日清紡・富士紡は中国の太糸市場への新規参入のため，大阪合同紡は中国の中糸市場を先取りするための進出だったことがあきらかとなった．その後の内外綿に関する研究では，その高利潤の要因として，1920年代以降の高付加価値製品生産へのシフト，若年女子労働者への切り替えによるコストダウンを指摘し，これらが中国の現地工場への技術移転，多数の日本人職員の配置による労働者の直接管理，五三十事件以降の大幅な労務管理の改善などにより可能となったこと，1930年代には日中関係の悪化の中で事業が不安定となり，戦時中には軍の力が不可欠となったことを示した［桑原1990・2007；桑原・阿部2000aほか］．

このように1980年代以降に中国紡・在華紡研究ともに新たなアプローチが

提示され，しかもそれは企業者史学（経営者能力）・利益率・市場構造と，近似した枠組みだったことにより，具体的な比較検討が可能となった．また，利益率と市場構造論アプローチがともに，在華紡と中国紡を包括しながら中国紡織業の「発展」「成長」を示したことにより，紡織業研究は衰退論を脱却した新たな段階を迎えた．

当然，つぎには中国紡がいかなる対応によって在華紡を追跡したのかとの分析が重要になるが，まずは中国紡の企業組織がもった問題を申新紡の研究から確認しておこう．創業者の栄氏兄弟は，株式会社組織の無錫振新紡における経営主導権をめぐる対立の経験から，申新紡では合名会社組織を選択した［中井 2001］．これによる所有と経営の高度な統一と地縁・血縁に拠る経営組織は，長期的視点にたった企業経営を可能としたが，資本調達では限られた対人信用に依存せざるをえず，巨大化した生産現場では問題をはらむものとなった［鈴木 1989］．1930 年代には生産現場では合理化がはかられたものの［王 2006］，合名会社組織の弊害により重大な危機を迎えることになる［菊池 2000］．こうして株式会社化が課題となるが，その実現は人民共和国期まで持ち越された［黄漢民 2006］．

このように，清末から第一次世界大戦直後までの市場環境であれば，大生紡・申新紡あるいは天津華新紡［浜口 1990］のような経営が有効だったことが確認できる．具体的には，会社法や証券市場の整備が不十分ななかで，資本調達では地縁・血縁などの人的関係に依拠し，その結果として利益金処分では「官利」[5]支払いを容認し，製品として低番手糸を生産する経営形態である．しかし 1923 年恐慌を契機とした市場環境の変化は，在華紡に細糸生産シフトを促したように，中国紡にも新たな発展への対応を迫るものとなった．

方顕廷は先述のように発展を阻害する原因として，資本と専門技術者の欠如を挙げていたが，これに対して各企業では以下のような対応が採られたことがあきらかにされた．永安紡・青島華新紡・常州大成紡・済南成通紡などでは，経営者が合理的な経営に理解を示し，経営内部において技術者が大きな役割を果たし，高配当を求める株主の影響を抑えて，株式会社組織の有効な運営がはかられた［菊池 1988；久保 1991；富澤 1997；張楓 2008］．また金融機関による代理経営についても，1920 年代の大生紡［富澤 1994］，1930 年代の中国銀行による河南・河北・山西省の各工場［久保 1997a；富澤 2006］や新裕紡［久保

2003］（中国語文献）における経営再建の実態解明がなされた．こうした対応をなした各企業は，1936年以降の大幅な景気回復などの外的条件の変化と相まって，大きな成果をあげることになった．

　また産業技術史の面からは，第一次世界大戦期における中国紡と在華紡の技術選択の相違が，その後の細糸生産への対応を分けたこと［富澤1997］，両大戦間期の中国における専門技術者の蓄積や日本から中国紡への技術移転の経路［富澤2001］，1930年代における日本製紡織機械の対中輸出急増の背景［富澤2011b］が解明された．

　在華紡研究においては，さらなる実態解明を基礎に，在華紡の日中綿業史における位置づけが問い直されている．阿部武司は，在華紡を戦間期における日本綿業の国際競争力強化の戦略の一環としてとらえなおし，在華紡が生産技術面の革新を内地の親会社以上に推進したことを指摘し［阿部1995］，山村睦夫は，1930年代に東洋棉花が他の棉花商社（日綿・江商）とは異なる安定した経営を実現した要因として，鐘紡公大紡との共生関係の持続と，傘下企業の上海紡との支配的・有機的関係の存在を指摘した［山村2002］．欒玉璽は，青島の在華紡での労務管理の形成とそれへの日本からの技術移転を分析し，青島の工業発展における在華紡の意義を高く評価した［欒玉璽1998・2001］．また近年では，中国史と日本経済・経営史などの研究者の共同作業による在華紡の歴史的意義の再検討が進められ［森編2005；富澤ほか編2011］，そのなかでは日本からの一方向的な影響力行使という従来の帝国主義史研究の視角が再検討され，双方向性が強く意識されている［籠谷2005］．個別企業の経営分析においても，内外綿の競争力が，中国の現地工場における，日本人駐在員による技術移転，労務管理の現地化，製品高付加価値化により創成されたことが解明されるとともに［桑原2011］，労務管理の現地化により形成された中国人中間管理者層の実態解明もなされ，内外綿が中国人高級技術者を育成・確保することができず，不完全な現地化にとどまったこともあきらかにされた［芦沢2011］．福利厚生の分野でも，社宅建設などの進展を，日中間の福利施設の受容のあり方の異なりから［芦沢2007］，あるいは建築学の視点から［大里ほか2010］論じたものがあり，貴重な成果となっている．

　日中双方の同業団体である在華日本紡績同業会と華商紗廠連合会については，富澤芳亜の国民政府期の綿紗統税政策に関する一連の研究があり［富澤1991・

1995・2000・2002]．このような両国政府と同業団体の政策をめぐる対抗関係という視角は，その後の研究にも継承されている［金志煥 2006b］．在華日本紡績同業会については，同会が情報収集，インド棉花の共同輸入組織（印棉運華聯益会）の設立，カルテル活動などを通して在華紡各社の組織化と，中国社会との協調も図っていた事実があきらかにされた［阿部 2011］．また在華紡の視点から，中国の財政政策が産業育成に果たした役割を論じた研究［岩井 2005］もある．

こうした日本における研究の進展の背景に，1980 年代以降，『申報』などの新聞類，『紡織周刊』『紡織時報』などの業界誌，『栄家企業史料』[6]［上海社会科学院経済研究所 1962］などの企業史資料集が，国内で利用可能になるなど，史料状況の大幅な改善があったことはいうまでもない．なお，企業史資料集使用の際の注意を喚起した指摘［久保 1985a；川井 1985］は，今なお参照されるべきである．そして 1990 年代以降には，中国各地の檔案館所蔵の一次史料も利用されるようになった．

一方，中国においても，1990 年前後からの社史編纂ブームによって，中華人民共和国成立前に起源をもつ企業の社史も刊行された［重慶第一棉紡織廠廠史編輯委員会 1989（同社の前身は鄭州豫豊紡）など］．また 1990 年代後半に刊行された多くの地方志には，独立した紡織工業志［《上海紡織工業志》編纂委員会 1998 など］が編まれており，これらのなかでは人民共和国成立以前にもかなりの記述が割かれている．こうした中国における研究の進展の集大成が『中国近代紡織史』であり［同書編輯委員会 1997］，1949 年までの紡織業のみならず繊維産業を研究する上で必読の書となっている．同書において，戦間期は「民族資本紡織業の困難ななかでの調整（1923-1931 年）」と，「民族資本紡織業の競争のなかでの復活（1932-1936 年）」とされ，中国においても衰退論の足場がすでに消滅したことが明示されている．

5 戦時期紡織業研究

戦時期研究においても，近年，史料的な制約を打破しようとする意欲的な研究が現れている．在華紡研究では，高村直助『近代日本綿業と中国』が各社や日本軍関係の一次史料を駆使して，戦時期における中国市場の制覇と，末期の

統制の破綻と原綿不足による操業不能状況をあきらかにしており，いまなお重要である［高村1982］．また，紡織業以外の部門への多角化が，原綿不足による本業の利益率低下後における利益確保の手段だったことも解明された［柴田2004］．

アジア・太平洋戦争開戦まで「孤島の繁栄」を謳歌した上海租界の中国紡については，王子建が日本語史料を使用して，その過程をあきらかにしており［王子建1990］，こうした紡織業の急激な回復が，機械工業などへ及ぼした効果を論じた研究［張賽群2007］とともに参照されるべきである．1941年12月の日本軍による租界占領以降については，中国紡と在華紡の経営者に日本軍の関係者も交えて展開された中国紡の返還交渉と，中国紡の棉花収買における対日協力という事例から，中国紡の経営者が戦時下にあってもしたたかに行動したことが解明された［今井2005・2006］．

国民政府統治地域については，当初，移転に消極的だった紡織業者が，1939年の成功により事業の拡大をはじめるが，1942年以降の統制の強化により再び消極的な態度へと転化したことがあきらかにされた［久保2008］．古厩忠夫は，戦時期の中国人資本家の行動原理を「資本性」と「民族性」から理解すべきことを示唆したが［古厩1983］，これらの研究においても，この視角の有効性が示されている．

6　戦後紡織業研究

在華紡の各工場を接収した国営中国紡織建設公司については，川井伸一による，従来の国家による紡織企業の独占という視点を排し，当時の中国の政治，経済状況や企業史の視点から同社を具体的に分析した一連の研究がある［川井1987・1992・2001］．川井により提示された行政機関による同社への統制の強化という視角は，その後の専著にも継承されている［金志煥2006a］．また戦後の民間紡織企業については，中紡公司との競争と政府の財政・統制政策から論じた研究がある［王菊2004］．

中紡公司などに留用[7]された旧在華紡の日本人技術者については，留用政策全般があきらかにされつつあるとともに［山村2009］，これまで民国期全般を対象とした先駆的な成果［清川1983］のみだった紡織機械工業の分野でも，戦

時中の在華紡による紡織用品工業の中国への移転過程［富澤2011］と，戦後の豊田関係の技術者による紡織機械製造技術の移転過程が解明され［富澤2005；王穎琳2009］，こうした技術が，中華人民共和国初期の外貨獲得手段としての綿製品輸出に重要だったこともあきらかになった［久保2011a］．しかし，戦中・戦後の租界回収や日本の敗戦などの大きな環境変化のなかで，在華紡の技術が中紡公司や人民共和国に，どの程度まで継承されたのかは必ずしも解明されていない．

おわりに

いままで見てきたように，紡織業研究は，1980年代以降，新たなアプローチを用いた具体的な実証研究の進展により，市場の変化に各企業がいかに対応し発展したのかをあきらかにするまでになった．とくに，在華紡などの日本紡織業と中国紡との関係については，「協調と競争」や雁行発展モデルの形成，あるいは具体的経路の解明などにより，技術移転の側面が確認された．また，こうした理解の背景には，戦後の東アジアにおける経済発展を解明した開発経済学の諸成果や「後発性の優位」仮説を提示したガーシェンクロン・モデルがあったことはいうまでもない．

日本においては，近年，アジア歴史資料センター（http://www.jacar.go.jp/）や神戸大学新聞記事文庫（http://www.lib.kobe-u.ac.jp/sinbun/index.html）のインターネット上での史料公開により，調査の利便性が飛躍的に高まった．また日本紡績協会・在華日本紡績同業会資料がDVD化（『日本紡績協会・在華日本紡績同業会資料［大正6-昭和35年］』雄松堂書店，2012年）されるとともに，神戸大学経済経営研究所附属企業資料総合センター所蔵の内外綿文書の整理も進んでいる．紡織業研究でもこうした史料を利用した，多角的で実証性の高い研究の進展が求められている．

中国における史料状況も，各地の檔案館の公開などにより大幅に改善された．しかし上海などにみられるように，戦後の接収過程や公私合営化などの影響から，ここでも中国紡よりも在華紡関連の史料が豊富に遺されていたという皮肉な事象も存在する．

そのため多くの中国紡，とくに雁行発展の波に乗れずに挫折した多くの紡織

企業の経営実態は，まだ充分にあきらかにされたとは言い難い．近年の中国においては，科学管理法やコーポレートガバナンス（「公司治理」）の浸透，会社法などの経済関連法の整備といった観点からの研究が進められている．こうした動向を注視し，内外の研究者とともに情報共有と史料発掘をはかりつつ，これまで蓄積の少なかった労務管理や戦時期の研究をも進める必要がある．これにより中国紡のさまざまな姿があきらかになろう．

また，現代の中国企業が抱える技術革新の軽視や長期的な生命力の欠如などの課題（大橋英夫・丸川知雄 2009『中国企業のルネサンス』岩波書店，5 章）は，近代の中国紡から通底するものであり，製品自体の優位性を自ら育成するのではなく，外資企業からの技術移転に依存する姿も酷似している．紡織業研究は，中国企業の歴史的なあり方を理解するために，いまだに重要な意味をもっている．

注
1) 在華紡関係については，とりあえず［江田 2005］を参照のこと．
2) 同書の調査対象工場名は，［久保 2005：144］を参照のこと．
3) 合股とは，地縁・血縁・知友からなる数人以上の出資者が，等額に分割された株を一定額ずつ持ち合い，一定年限（1 年または 3 年）を限り事業を営む法人格を持たない伝統的な組合組織であり，英米法系の国・地域におけるパートナーシップ企業にあたるものとされる．
4) 番手とは，綿糸の太さを表す単位であり，重さ 1 ポンド（約 454 g）で長さ 840 ヤード（約 768 m）のものを一番手とする．長さが 2 倍，3 倍のものを 2 番手，3 番手とし，数が大きくなるほど糸は細くなる．
5) 官利とは，出資金に対する利息であり，毎営業期の利益の有無にかかわらず確実な支払いを保証され，近代中国の株式会社でも広く行われていた．これに対して一般的な利益配当にあたるものは，「紅利」「余利」と呼ばれた．
6) 同書のなりたちについては［中井 2002］を参照のこと．
7) 留用とは，中国語で「以前の職に留めて雇用する」の意味である．1945 年の日本の敗戦により中国政府に接収された旧日系企業における日本人技術者の留用は，事実上の徴用といえるものだった．

第5章　鉄鋼業史

萩原　充

　1894年，アジア最初の近代的製鉄所（銑鉄・製鋼の全工程を有する製鉄所）が中国で操業を開始した．官辦漢陽鉄廠がそれである．次頁の写真（図1）は創業期の全景であり，右に立っている人物は張之洞（湖広総督）である．自ら設立した製鉄所を眺めている彼の胸中はどうであっただろうか．製造したレールに乗って北京に参じようと夢みていたのか，あるいは宿敵日本に先んじたという自負心に酔っていたのだろうか．しかし，その多難な前途を案ずることはなかっただろう．彼ら洋務派官僚（西洋文明の導入を推進した官僚）にとって，鉄の重要性は認識しつつも，その生産に付随する技術とか経営にまで思いが及ぶことはなかったのだろう．

　実際に，漢陽鉄廠は当初から赤字続きであった．製鋼炉の選択ミスによりレール用鋼材が生産できず，付近の炭鉱もコークス用炭を産出しなかったからである．当初，赤字分は清朝政府が補填していたが，やがて同廠の経営は官僚資本家の盛宣懐に委ねられ，1908年には原料部門を統合して漢冶萍公司という民間企業に再編成される．しかし，それでも赤字体質は変わることはなく，鉄価格が下落する1920年代初頭，ついに停業に追い込まれる．漢陽鉄廠ひいては中国鉄鋼業は，わずか30年で消え去ったわけである．

　図2のグラフをみてみよう．これは中国（関内）の鉄鋼生産量（土法生産を含まず）を日本および中国東北と比較したものである．一見して明らかなように，日系資本によって発展を続ける東北（旧満洲）とは対照的に，中国（関内）では1920年代以降，地域的需要を満たす土法製鉄を除けば，わずか数万トンのレベルまで落ち込んでいる．

　軽工業部門の輸入代替が進むなかで，鉄鋼業が衰退する状況は，経済発展の

図1　漢陽鉄廠と張之洞

ネックとなる．仮に日本と戦争になった場合，鉄鋼業がなければ致命的だ．やがて，このように考えた政府によって鉄鋼業の復興計画が始まり，日中戦争期には多数の製鉄所が建設される．しかし，その製鉄所といえば，不便な奥地に立地された小型設備が大半を占めていた．

　鉄鋼業の確立は中華人民共和国にとっても重要な課題であった．独立した経済体系を打ち立てるうえで，鉄鋼自給は不可欠であったからである．農業・軽工業の犠牲のもとで，現存する製鉄所の復旧・拡充を急ぎ，内陸に新たな製鉄所を建設し，それでも足りない分は，民衆を動員した土法生産によって，過大な目標を達成しようとした（大躍進政策）．こうした増産政策はさまざまな社会的混乱をもたらす結果となったが，そうまでして鉄鋼増産を強行せざるをえなかった背景には，やはり東西冷戦という時代状況があったのだろう．

　今日，中国は年間5億トン，世界生産の4割の粗鋼生産量を有する鉄鋼大国となった．トップ企業の宝鋼集団が日本からの円借款と技術協力によって設立されたように，外資導入がそうした発展を支えていることはいうまでもない．その意味で，良好な国際環境が中国鉄鋼業の前提となっている．しかし，大手のなかには鞍山鋼鉄や首都鋼鉄といった中華民国初期からの歴史を有する企業も存在する．すなわち，他国がそうであるように，現在の中国鉄鋼業もまた歴史的土壌のうえに発展しており，同時にさまざまな歴史的要因を引き継いでい

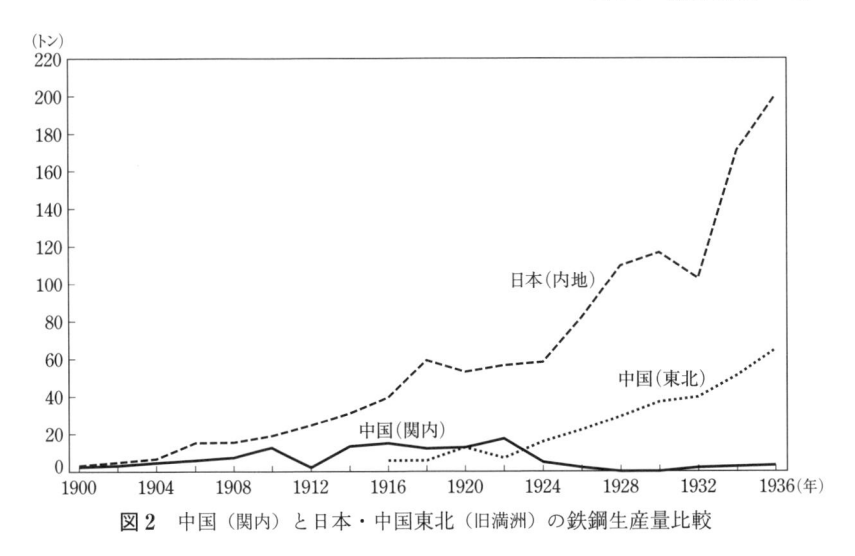

図2 中国（関内）と日本・中国東北（旧満洲）の鉄鋼生産量比較

るということである．そう考えるならば，現在の中国鉄鋼業に内在する問題を析出するうえでも，過去を顧みることには一定の意義があるだろう．

以下では，戦前期・革命以前からの研究動向を概観したうえで，中国鉄鋼業史研究の5つのテーマごとに，それぞれの成果と課題を紹介していこう．

1 戦前期（中華民国期）の研究動向

戦前期の日本

戦前期の中国鉄鋼業に関する文献・論文は，『支那鉱工業に関する主要文献目録　邦文の部』（支那経済慣行調査部，1940年）・『支那工業関係文献目録』（満鉄産業部，1937年）といった目録によって確認できる．それによれば，『支那鉱業時報』・『鉄と鋼』・『経済資料』などの雑誌に多くの関連記事が掲載されている．とは言え，その大半は翻訳を除けば，断片的な情報の域を出ていない．また，鉄鋼業に触れた文献として東亜研究所『支那の鉄鉱と製鉄業』（1941年）および手塚正夫『支那重工業発達史』（大雅堂，1944年）があるが，どちらも鉱業部門（石炭・鉄鉱）に記述の大半があてられている．

こうした研究状況は，当時の中国鉄鋼業の実態を反映したものであると同時

に，研究者の有する中国認識を反映したものでもあった．たとえば，中国工業に関する古典的業績とされる尾崎五郎『支那の工業機構』(白楊社，1939年)は，近代的鉄鋼業の停滞の要因として，①農村における過小農的零細飢餓耕作を基礎として，都市の苦汁的・肉体消磨的・生計補充的・植民地的労働が生み出されること，②そうした労働の性格のため，人間が機械・家畜を圧迫・駆逐する一方，都市工業の大規模機械経営化を妨げ，それをギルド手工業的，マニュ的段階に停滞させること，を指摘する．また，中国統一化論争における論客のひとりである大上末廣もまた，「近代的生産要点の生産部門をもっていない」ことが，中国資本主義の独自的発展を不可能にしており，「その唯一の発達の道は，停滞的マニュファクチュア(工場制手工業——引用者)の発達の道」であるとする(大上末廣「支那資本主義と南京政府の統一政策(上)」『満洲評論』12-12，1937年)．両者ともに，①鉄鋼業の未確立，②マニュ段階での停滞，のどちらを前提に置くかの違いはあるにせよ，中国では近代的鉄鋼業の自律的発展は不可能であり，残された発展のパターンは，半封建性のもとでの家計補充的な土法生産か，あるいは半植民地化のもとでの外国資本による資源収奪型生産のどちらかとなるとする(この点については[奥村1976]を参照)．

ちなみに，上述の研究はいずれも日中戦争期に出されたものであり，そこには，中国の自立的発展を否定することにより，日本占領下での建設を合理化しようという時局上の意図が込められていた．しかし，日本占領下での建設を跡付ける文献は，東亜研究所『支那占領地経済の発展』(1944年)などに限られている．同様に，重慶政権下における鉄鋼業についても，その実態を紹介する記述は稀であった．

中華民国期の中国

中華民国期の中国においても，関連文献の多くは担当部局の刊行物である．その主なものとして，地質調査所『中国鉱業紀要』(1次—7次)・国民政府軍事委員会委員長行営『中国戦時経済』(餘慶鉛印書館〈重慶〉，1936年)・中央党部国民経済計画委員会主編『十年来之中国経済建設』(南京扶輪日報社，1937年)が挙げられる．

論文についても，鉄鋼業の発展を概観した[徐守楨1930；谷源田1934；蔣天化1934]を除けば，担当部局者による政策提言的な内容が中心である．それ

第5章　鉄鋼業史──65

らを大別すれば，漢冶萍公司の国有化と操業再開を唱える［胡博淵1930；諶湛渓1928；劉基磐1930；何熙曾1929］，長江一帯での新設を主張する［黄金濤1933・1934］，湖南・四川などの奥地諸省での新設を訴える［胡庶華1934・1936］となる．

　その後，日中戦争により西南諸省での鉄鋼業の建設が急務となるにつれ，現状報告および政策提言は増加する．そうした論文は主として建設担当部局が刊行する『資源委員会月刊』(1939.4-41.6)・『資源委員会季刊』(1941.9-48.9)に掲載されており，その代表的なものに［程義法1939；朱玉崙1941；王子祐1946］がある．

　やがて，日中戦争も後期になると，戦後を展望する論文が多くなる．それらを大別すれば，第1に，戦時建設，すなわち国防的観点を重視した建設の継続を主張する論調，第2に，来るべき自由経済および開放体制に即応した建設を唱える論調であり，その論点は，鉄鋼業をどこに立地すべきかという点にあった．前者では戦時期と同様に西南・西北諸省での立地が望ましいとされ，後者は華中とりわけ長江下流域を最適地とする．なお，前者を代表するものに，［胡庶華1942；胡博淵1944；朱玉崙1942］，後者については［劉大鈞1944；朱伯康1944；翁文灝1944］がある（こうした立地をめぐる論調については［萩原2010；李学通2005］を参照されたい）．

　以上のように，戦時期には中国鉄鋼業の将来をめぐる議論が活発に展開され，戦後にも行政院新聞局『鋼鉄』(1947年)にみられる政府系刊行物も出されるが，東北・華北に偏在した鉄鋼設備が早期に中国共産党の支配下に陥るなかで，国民党政権の崩壊を迎える．

戦後（1970年代まで）

　戦後，1970年代までの当該分野の研究は，ほとんど空白ともいうべき状況が続いた．その理由として挙げられる点は以下の3点である．

　第1に，中華人民共和国の成立以来，「半植民地・半封建性」の歴史認識のもとで，清末からの鉄鋼業の自立的な発展が否定されるとともに，国民党政権下の建設への動きについても，その反動的な性格が強調された点である．たとえば，ドイツ資本により建設が計画された中央鋼鉄廠については，「ファシスト・ドイツと中国大買辦の傑作」(陳伯達『中国四大家族』)といった政治的評価

が先行し，その実態が不明のまま残されてきた．その一方で，『中国近代工業史資料』などの資料集の編集が進められたが，そこに収集された資料をみる限り，中国鉄鋼業は官僚の腐敗した経営，および外国資本の圧迫のもとで，正常な発展が阻害される存在であった．

こうした研究状況は日本においても同様であった．戦後中国の「革命史観」は日本にも一定の影響を与えたが，その史観は戦前日本の中国認識と一致する部分を有していた．このことは中国民族工業を正面から論じた［島1978］にも窺うことができる．同書では，中国における「生産財生産部門の顕著な未発達」(30頁) が強調され，分析対象も重化学工業が欠如した，軽工業中心の民族工業に限定されていた．

第2に，人民共和国における鉄鋼業の発展に多くの研究者の目が注がれたことが，それ以前の発展史への軽視につながったことである．とりわけ，第1次五ヵ年計画期 (1953-57年) には鉄鋼業を中心とした重化学工業の建設に力点が置かれた．その発展を支えたものは資金の重点配分と民衆の動員であったが，同時に鞍山・石景山といった戦時期からの鉄鋼設備と，残留日本人を含む旧来の技術者の存在によるものでもあった．しかし，国家統計局編『偉大的十年』(1959年) などの政府刊行物をみる限り，革命以後の発展が一方的に強調される反面，前史への目配りはみられない．

当時の日本でも中国鉄鋼業に関する関心は高く，内閣総理大臣官房調査室監修『中共鉄鋼業調査報告書』(1956年) といった調査報告が出されたほか，大躍進期以後も［日本鐵鋼連盟調査局1959；外務省経済局東西通商課1959；岡崎編1962；明野1964；アジア経済研究所1964］などの刊行が相次いだ．しかし，戦前・戦時の中国鉄鋼業に関しては，［満洲製鐵鉄友会編1957；大冶会編1973］といった回想録を除けば，本格的な研究はみられない．欧米・香港においても，[Chen 1955；Wu 1965] などの革命以後の発展を扱った研究がある反面，革命前に関しては国民党政権の元財政顧問が鉄鋼業を含めた経済建設を回想した [Young 1971] を除き，目立った論考は見当たらない．研究者の関心が同時代の鉄鋼業に向けられていた点では日本・中国と同様であった．

これに対し，論考の蓄積がみられた地域が台湾である．それらは，元政策担当者による叙述［厳恩棫1954；胡博淵1967］，および国民政府による諸建設の成果を強調する叙述 (一例として，薛光前主編『艱苦建国的十年』正中書局，1971

年)に大別される.しかし,前者については,鉄鋼業の政策担当者の多くが大陸に残留したことに加え,台湾での鉄鋼業建設が当面の課題とされなかったため,量的に限られたものであり,後者についても台湾当局(中華民国政府)の歴史的正統性を主張する立場上,純粋な学問研究とは言い難い内容であった.

　しかし,1970年代に入ると,文化大革命によって混乱した中国認識からの脱却を図ろうという風潮のなかで,従来の枠を越えた新たな視点が出された.[中嶋1970]および中嶋が翻訳・紹介した[メリクセトフ1975]がそれである.そこでは,国民党政権を戦後の発展途上国にみられる国家資本主義の原型ととらえる視点から,1930年代の経済政策とその成果に一定の評価を与えており,鉄鋼業については実業部・資源委員会および山西省政府の計画に触れている.ただし,同研究の主眼が国民党政権の反動的性格を強調する通説の再検討に置かれている関係上,政策をめぐる史実の指摘に止まっていることも事実である.

　その実証性をより高めた研究が[石島1978a・1978b]であった.石島の研究は,1930年代の経済建設について,その国防建設としての意義を積極的に評価したものであり,その政策主体である資源委員会の鉄鋼業建設の実態にも触れている.日本ではこの時期を契機として,国民党政権期の経済史に関する研究が活発となる.同様に,改革開放政策に転換した中国でも,この時期以降,「文革期」の空白を埋めるべく研究が進められていく.次節ではこうした研究動向をテーマ別にみていこう.

2　分野別研究動向

中国鉄鋼業の展開過程に関する研究

　中国鉄鋼業の低位性を反映してか,その発展過程を扱った研究は少ない.日本では[萩原2000]が中国鉄鋼業に内在する諸問題を,製造品目・原料供給・製銑コスト・製品価格推移などの側面から析出する.一方,中国では北京鋼鉄学院他編『中国冶金簡史』(科学出版社,1973年)などの概説書を除けば,旧来の通説に依拠する[黄逸平1981]を数えるにすぎない.なお,日中戦争期から人民共和国初期までの発展過程を概観したものに[萩原1995]がある.

　次に,政策史については,建設計画が具体化する南京国民政府期を中心にいくつかの研究がみられる.[萩原1987a]は南京国民政府の鉄鋼業建設計画がし

だいに対日戦争を想定した国防建設の性格を強めていく点を指摘し，[萩原1994] ではその重点事業である中央鋼鉄廠に関し，建設地点が沿岸から奥地へ変更されていく政策変遷過程を明らかにした．同廠については [杜平1989；林建英2009] の研究もある．また，建設担当機関である資源委員会を対象とした [鄭友揆他1991；薜毅2005；戚如高・周媛1996] においても建設計画に触れており，山西省の建設計画については [内田1997b]，第二次世界大戦後の建設計画については [張維縝2009；萩原2010] が参考となる．

日中戦争期の「抗戦力」に関する研究

日本では [石島1978b] にみられるように，中国側の「対日抗戦力」形成という要因が日中戦争の展開に果たした役割の重要性が指摘されてきた．同様に中国にとっても，抗日戦争勝利に国民党政権が果たした役割が評価されるにつれ，「大後方」経済にも目が向けられるようになった．1980年代以降，日中両国で奥地諸省の鉄鋼業に関する研究が出されたのはこうした理由による．その研究を列記すれば，[初明1988；張有高1992；志賀1995] のほか，担当者との関連を扱った [荘焜明1996]，大渡口鋼鉄廠の管理制度を分析した [Bian 2002] がある．また，資料集に重慶市檔案館他編『抗戦後方冶金工業史料』（重慶出版社，1988年）がある．

しかし，この分野の研究動向には次の特徴がある．第1に，当該地域在住者による地域史研究としての側面が強い点である．西部大開発の開始にともない，かつての奥地建設の経験が着目されるようになったことも一因であろう．第2に，その結果として「抗戦力」形成の観点が希薄となっている点である．もちろん，[張燕萍2008] のように経済建設を抗日戦争の関連のもとで明らかにした研究もあるが，そうした研究が重視する工業部門は軍事工業であり，その基礎資材部門である鉄鋼業への論及は少ない．第3に，近年の日本においてこの分野の研究がみられない点である．戦時期の経済史研究は一定の蓄積があるが，その多くは政策史に傾斜しており，当時の実態を解明する研究は少ない．

漢冶萍公司をめぐる研究

漢陽鉄廠または漢冶萍公司に関しては中国国外での研究が先行した．これらの研究に内在する視点は，アジア最初の近代的製鉄所である同廠が，ほどなく

操業中止に至ったのはなぜかという点である．その要因を洋務派官僚による放漫経営に求めた研究に，［全漢昇 1972；Feuerwerker 1966；楊 1967］がある．また，公司が経営不振に陥るもう１つの要因に日本との借款関係がある．つまり，経営資金を補うための対日借款に際し，現物（鉄鉱・銑鉄）での償還が条件とされたことが，自らの原料確保を困難としたのである．裏を返せば，日本の八幡製鉄所は公司からの安価な原料供給を安定的に確保することにより，経営を拡大していく．そうした関係を日本側からみた研究はここでは省略するが，公司との関係にも触れた研究として［安藤 1967；奈倉 1984］がある．また，［萩原 1997］は 1930 年代の日本との関係を公司の側から明らかにしている．

　一方，中国では 1980 年代に入り研究が活発化した．それは宝山鋼鉄総廠の設立と関連がある．すなわち，日本の円借款と新日鉄の技術により設立された点において，漢冶萍公司と重なる経歴を有する同廠であるが，こうした過去の経験を負の教訓とすることにより，また過去と現在との間に決定的な相違点があることを「証明」することにより，外資に依存した改革開放政策の正当性を理由づける必要が生じたことによる．こうした立場からの研究に［汪熙 1979；夏冬 1986］がある．また，洋務派官僚の経営面の分析に重点を置く研究として，［趙曉雷 1986；車維漢 1990；紀大元 1998；彭 1998；代魯 1995・1999］，日本との関係に重点を置く研究に，［代魯 1988；車維漢 1989；李培徳 1989；張国輝 1991］，公司と鉄鋼市場との関連を分析したものに［代魯 2005］がある．

　その他，鉄鋼業には直接関係はないが，漢冶萍公司を対象とした関連研究のいくつかをあげておく．まず，清末の鉄道建設と関連づけた研究に［波多野 1961b；方一兵・潜偉 2005］がある．また，借款関係をめぐる対日関係については［彭澤周 1978a］，さらに日中合弁化の動きについては［彭澤周 1978b；黄徳発 1988；孫立田 1998］がある．他方，［謝国興 1986］は辛亥革命以後の国有化をめぐる動きを明らかにしている．同様に，公司の経営体制の変遷を扱った近年の研究に［李玉勤 2009］，建設立地の選択過程をめぐる研究として［袁為鵬 2004］がある．

　最後に，公司に関する史料集として，陳旭麓他主編『漢冶萍公司（盛宣懐檔案資料選輯）』（全 3 冊，上海人民出版社，1984-2004 年）・武漢大学経済学系編『旧中国漢冶萍公司與日本関係史料選輯』（上海人民出版社，1985 年）・湖北省冶金誌編纂委員会編『漢冶萍公司誌』（華中理工大学出版社，1990 年）・湖北省檔案館編

『漢冶萍公司檔案史料選編』（上下冊，中国社会科学出版社，1992・1994年）がある．

在華日系鉄鋼業に関する研究

　戦前期の在華日系鉄鋼業の研究は，地域的に東北（「旧満洲」）と戦時期日本占領地区に大別される．そのうち，東北については全中国の鉄鋼生産量の大半を占めている関係上，研究蓄積は多い．［奈倉1984］は1930年代初頭までの各廠の経営実態，［大竹1978］は戦時初期，［松本1993］は戦時後期の増産計画を扱うほか，［村上1982］は本渓湖煤鉄公司と大倉財閥との関連について分析している．中国でも［解学詩・張克良編1984］のほか，『鞍鋼史（1919-1985)』（上・下巻，人民出版社，1991・1995年）・『本鋼史（1905-1980）』（遼寧人民出版社，1985年）といった通史がある．また，研究動向を整理した［松本1999a・1999b］のほか，［石川監修1979・1980］は当該時期の関連文献目録として有用である（東北の日系鉄鋼業については本書第13章も参照）．

　次に戦時期日本占領地区については，資源開発とともに現地製銑計画が展開された華北を対象とする研究が中心である．その代表的なものに，［君島1981；中村1983；居之芬・張利民1997］があるが，いずれの研究においても原料（石炭・鉄鉱）開発に重点が置かれており，銑鉄生産はその関連で触れられるにすぎない．なお，山西省については［内田1997a］がある（戦時期日本占領地区については本書第14章も参照）．

戦後の中国鉄鋼業に関する研究

　戦後鉄鋼業に関しては多くの論考が出されているが，ここでは歴史的視点に立脚するものを中心に，以下の3分野に分けて述べていく．

　第1に，人民共和国成立初期の研究である．この時期は鞍山鋼鉄廠の復興が急務とされたこともあり，研究も同廠に集中している．そのうち，［松本2000］は戦前からの設備と留用日本人が人民共和国成立以後の復興に及ぼした意義を明らかにした．これに対し，［Gardner 1973］は鞍鋼の復興に対しソ連の技術支援が果たした役割を強調している．

　第2に，1950年代末期から1970年代，すなわち大躍進政策から文化大革命期に至る時期である．この時期は鉄鋼生産の重要性が叫ばれつつも，政策の失敗により生産が打撃を蒙った時期である．そのためか，当時は宣伝的意味を有

する論考が多く出されたものの,その後の研究は他の時期に比べ遅れている.日本では［小島 1971;田島 1978］のほか,三線建設（戦時に備えた内陸部での軍需工業・重化学工業建設）により建設された攀枝花鋼鉄廠については,［呉 2002;劉 2008］が触れている.また,［Wagner 1997］は大躍進政策における土法高炉建設を従来の土法生産との関連のもとで分析している.

第3に,改革開放以後（1980年代以降）である.この時期は鉄鋼生産が本格化したこともあり,速報記事の類を含めるならば枚挙にいとまがない.しかし,歴史的視点に立つ研究はほとんどみられない.ここでは,全体像把握に有用な研究として,［松崎編 1996;葉剛 2000;田島 1990a;Hogan 1999］をあげるにとどめる.中国でも,前述の『鞍鋼史（1919-1985）』『本鋼史（1905-1980）』のほか,『武鋼史（1952-1985）』（武漢出版社,1988年）などの通史文献が出版されているほか,政府（冶金工業部）が編纂する『中国鋼鉄工業年鑑』および各鋼鉄公司の刊行する年鑑が刊行されている.

おわりに

以上の研究動向から明らかな点は,第1に,時代の風潮によって研究動向が左右されてきたこと,第2に,鉄鋼業を専門に扱った研究よりも,他分野にまたがる関連研究が多いこと,第3に,史料上の制約から,研究が進展していない時期がなお存在すること,最後に,現状研究と歴史研究に乖離がみられること,である.

中国鉄鋼業はあとしばらく発展することは間違いなく,それにともない現状研究はさらに進展するであろう.しかし,前述したように,現代と過去とをつなぐ歴史的視点がなければ,正しい現状把握は困難となろう.たとえば,中国において国際的に通用する企業といえば宝鋼集団をはじめとする数社だけであり,他の企業は高コスト体質を抱えている点が指摘されている.その背景には,全中国に1000を超える鉄鋼メーカーが存在するといった生産の分散性,多くの鉄鋼メーカーが内陸地域に立地することによる非効率性,そして,その立地が政治的に決められてきた経緯がある.こうした要因が歴史的に形成されたものである以上,その把握なしには中国鉄鋼業の将来を展望することは不可能であろう.今,改めて中国鉄鋼業の史的分析が求められている所以である.

第6章 鉄 道 史

萩 原　充

　次頁の図1をみてほしい．これは1948年当時，上海—南京間を運行していた列車である．そのスマートな車体は現代の列車と見紛うくらいである．当時の新型列車といえば満鉄「あじあ号」を思い浮かべるが，中国の国有鉄道でも同様の列車を運行させていたのである．

　とはいえ，中国のどこでもこうした車両が走っていたわけではない．それどころか，鉄道輸送の恩恵を受けていたのはごく限られた地域であり，大半の地域では，ジャンクなどの小型船舶か，畜力や人力が主要な輸送手段であった．

　このように，近代的輸送手段と伝統的輸送手段という両者が同じ時代に併存していたのが中国であった．欧米や日本の場合，近代部門の増大につれて，伝統部門は淘汰されていく．しかし，中国では近代部門（鉄道・汽船）が導入されても，伝統部門（ジャンク・人力輸送など）は全体に占めるウェイトは減らしつつも，輸送量では増加している．紡織などの鉱工業部門にみられる特徴が，交通部門でも顕著に示されていたのである．

　中国のもう1つの特徴は，とりわけ初期において鉄道投資の主体が欧米諸国であった点である．港湾を租借し，そこから奥地に向けて鉄道を敷設し，沿線を勢力圏とする．こうした3点セットの進出により中国経済は変容を余儀なくされる．すなわち，各鉄道沿線が投資国の市場圏に組み込まれる結果，国内統一市場の形成が妨げられたのである．また，投資国ごとのさまざまな鉄道規格（レール幅・信号系統など）が持ち込まれた結果，全国を結びつける鉄道網の形成が遅れることになった．もちろん，他方では中国側の主体的な建設の動きもあり，後には政府による統一的な鉄道政策も展開されたが，地域間の市場分断的傾向が解消されるには至らなかった．

図1 1940年代の新鋭客車

いうまでもなく，その理由の一端は中国自身にもあった．清朝もその後の中華民国も，近代的な国民統合に向かう途上の国家であった．それだけに，財政からの建設費の捻出は限られており，民間にも投資主体は形成されていなかった．さらに，中国人の近代的事物に対する受容のあり方も，関係しているだろう．導入期の鉄道は，大地を揺るがし祖先の眠りを妨げる存在として，人々の忌み嫌う対象であったのである．

先進諸国にとって鉄道が斜陽産業と化してから久しいが，中国では現在なお諸外国の資金・技術を導入しながら，国家プロジェクトとして建設されている．チベットや新疆に路線を伸ばし，主要都市を結ぶ高速鉄道網を計画している中国にとって，鉄道建設は今なお国民統合の手段として，多大な意味を有しているのである．

今後，鉄道が地域格差是正や民族和解の手段となるのか，それとも新たな社会の摩擦要因となるのか，その答えは歴史のなかに見出せるかもしれない．今日なお列車事故が頻発する背景には，過去と同じような諸外国の技術・規格の混在があるのではないだろうか．発展が著しい中国であるが，旧来の側面を引きずっている部分も多いのである．

以上に鑑みるならば，中国の鉄道史を学ぶ意義は明らかであろう．それでは，中国の鉄道史研究をたどる旅を始めるとしよう．

1 初期の鉄道

中国の鉄道建設はアジア各国に比べても遅れが目立つ．たとえば，1930年時点の路線距離は，インドの6万8000 km，日本の2万1000 kmに対し，中国は1万3000 kmである．これを単位面積当たりで換算すると，中国はインドの1割，日本の2.5%にすぎない．

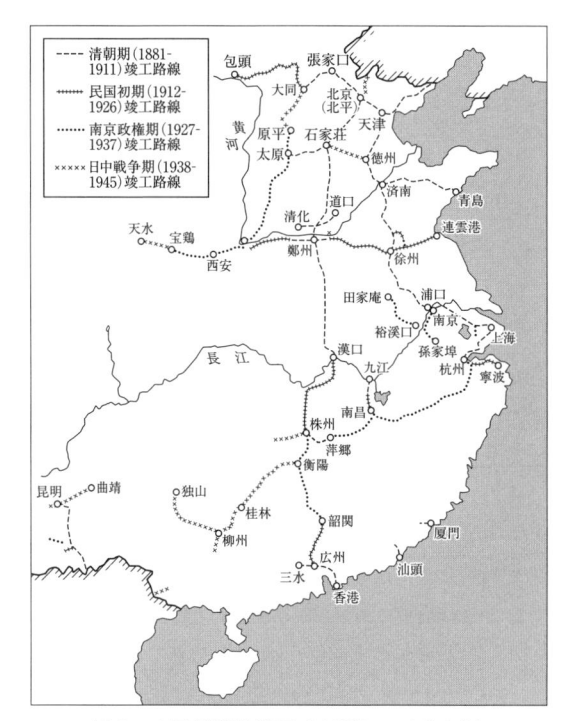

図2 中国鉄道路線図（清朝期〜日中戦争期）

　こうした鉄道建設の遅れは最初の鉄道開通年にも示されている．つまり，インドの1853年，日本の1872年に対し，中国では1876年に淞滬鉄道（上海—呉淞）が開通したものの，1ヵ月後に撤去されており，実際の開通年は唐胥鉄道（唐山—胥各庄）の1881年とされる．淞滬鉄道については［野村1983］があるが，清朝内部には鉄道に対し，西洋の「奇技淫巧」として忌避したり，在来交通手段への打撃を危惧する声が多かったのである．

　一方，国防や経済発展に果たす鉄道の有用性に着目した官僚がいたことも事実である．そのうち，馬建忠に焦点をあてたものに［坂野1974］，李鴻章を中心に描いたものに［朱従兵2006］がある．［千葉2002・2005a］も指摘するように，多くの官僚にとって鉄道は，清朝による国家統合を維持する手段であった．ちなみに，鉄道をめぐる官僚間の受容の差異を述べたものに［江2008］がある．

　しかし，こうした鉄道建設に資金を供給したのが，欧米を中心とした外国資

本であった．後述するように，日清戦争以後，諸外国が鉄道敷設権の獲得に乗り出し，各地で鉄道建設が進められていく．他方，そのなかで外国に譲渡した鉄道利権を回収し，中国自らが鉄道（自辦鉄路）の建設にあたろうという運動も展開される．そうした商人や地域住民の動きを分析したものに［内田1954；藤井1955；曽田1979］，地方と中央との関係に焦点をあてた研究に［易恵莉2006］，運動のなかで設立された鉄路公司を扱った研究に［閔傑1987；栗林2004］がある．

やがて，自辦鉄路の運動が資金不足により頓挫するなかで，清朝政府はこれを国有化し，再び外国からの借款によって建設しようとする．その過程については［波多野1957；崔志海1993；尹鉄2005；千葉2005b］が明らかにしている．なお，辛亥革命の発端がこの鉄道国有化に反対する運動であったことは周知の事実であるが，こうした運動が外国との借款契約を中国に有利なものに変えていく契機となったこともいくつかの研究が述べるところである．たとえば［馬陵合2004］が指摘するように，津浦鉄道（天津―浦口）借款契約（1908年）の場合，担保をそれまでの鉄道収入から地方税収に代えることにより，外国資本の介入を最小限に抑える方策がとられた．［佐野2008］もまた滬杭甬鉄道（上海―寧波）借款契約（1908年）について同様の指摘をしている．

一方，建設に至った数少ない自辦鉄路に京張鉄道（北京―張家口）がある．同鉄道は自国の資本・技術によって建設された最初の鉄道として，［永田1967］をはじめとする多くの研究が触れている．また，総工程師として同鉄道の建設にあたった詹天佑に関しても［謝放2008］などの紹介がある．

2 諸外国による鉄道建設

こうした自辦鉄路の動きがあったにせよ，清末から民国初期にかけて建設された鉄道の大半は，外国経営鉄道（表向き中国との合弁鉄道）か，外国借款鉄道であった．一部の外国経営鉄道では鉄道付属地や鉱山採掘権などの付帯権利が設定される一方，列国間の条約により鉄道沿線を勢力範囲として承認し合う場合もあった．その結果，中国の鉄道をめぐりさまざまな国際関係が展開されていくが，こうした研究については［井上1989・1990］を挙げるにとどめ，ここでは鉄道自体を対象とした研究に限定しよう．

まず，帝国主義との関連のもとで中国の鉄道を分析した代表的著作に［宓 (Fu) 汝成 1980］（邦訳は［宓 1987］）がある．同書は，路線ごとに帝国主義諸国の進出を述べる一方，それが鉄道輸送・鉄道経営および沿線経済に与えた影響，さらに民衆の抵抗などを幅広くふまえており，一読に値する文献である．その他，鉄道借款を対象とした［王致中 2003；馬陵合 2004］のほか，外国人による同時期の文献に［Kent 1907］（中国語訳は［肯徳 1958］）がある．

次に，諸外国との関係を個々の鉄道別に扱った研究として，まずドイツとの関係については，［浅田 2008］が山東鉄道（済南―青島，膠済鉄道）に関し，ドイツ側の政策意図と地域社会との対抗関係を描いている．次に，「満洲」に南下したロシアの東清鉄道（中東鉄道）に関しては［麻田 2008a・2008b］が港湾との関係，［麻田 2010］がその植民計画を論じている．また，イギリスについては，［佐野 2009］が，滬杭甬鉄道の建設過程について，仮に外国と借款契約を締結しても，地方勢力の台頭のなかで，その実効性はともなっていなかった点を指摘している．さらに，フランスについては，［篠永 1992］が仏領インドシナから雲南に延びる雲南鉄道（滇越鉄道）について，フランス側の史料により建設過程を明らかにした．雲南鉄道に関しては［段錫 2002］の概説もある．また，その他の借款鉄道についても［篠永 2003・2005・2006］が扱っている．

最後に，日本の関与した鉄道をみていこう．日本が最初に進出を図った地域は福建省であり，1898 年には鉄道敷設要求を清国に提出するが，実際に建設・経営に関与したのは，隣接する広東省の潮汕鉄道（潮州―汕頭）である．この点については［中村 1988；徐 2004］がある．一方，同鉄道を華僑など中国側からとらえた研究に［堤 2000］がある．

その後，日本の進出先の重点は「満洲」へと移る．日露戦争後に東清鉄道南満洲支線の南半分を継承した日本は，その経営体として南満洲鉄道株式会社（満鉄）を設立し，鉄道とその関連事業を幅広く展開していく．その満鉄を扱った研究は多いが，ここでは最近の共同研究である［岡部編 2008］のほか，概説的研究として［安藤編 1965；石田 1979；原田 1981；高 1999；加藤 2006］，研究整理として［高橋 1985］を挙げるにとどめる（満鉄などについては本書第 13 章も参照）．

辛亥革命以後，日本は二十一ヵ条要求にみるように福建省から江西省への鉄道進出を狙う．その一環である南潯鉄道（南昌―九江）への借款と中国側の反

応については［明石1995］がある．また，日本は第一次世界大戦後，ドイツの有する山東権益を継承し，ワシントン会議による中国返還以後も膠済鉄道を中心に多くの権益を保持した．その権益が1920-30年代に形骸化する過程については［萩原1994a］が明らかにしている．さらに，同鉄道がドイツ・日本の各支配期を通じさまざまな延長線計画を有していたことは［瀧下2006］に詳しい．その他，「満洲」と朝鮮の国境付近（間島）の天図軽便鉄道については［黒瀬2005］がある．

3 中華民国期の鉄道

前述のように，清末の利権回収運動は清朝の鉄道国有化政策との衝突を招き，辛亥革命の遠因となる．しかし，臨時大総統の孫文もまた鉄道国有論者であり，その地位を袁世凱に譲った後は「全国鉄路総弁」として全国にまたがる鉄道建設計画にあたった．その鉄道計画については［岸田1992；林家有1991；朱馥生1995］がある．

しかし，実際に鉄道建設が進展するのは，南京国民政府のもとで新たに鉄道部が設置される1928年以後のことである．初代部長の孫科（孫文の長男）に関しては［王啓華・朱利2002；王啓華2005］，銀行家から部長に転じた張嘉璈（公権）については［楊斌1991］，張自身による報告書に［Chang 1943］がある．また，建設にあたった工程師の回想に［凌鴻勛1968］，『凌鴻勛先生訪問記録』（中央研究院近代史研究所，1982年），彼による概説書に［凌鴻勛1981］がある．

この時期に鉄道建設が進んだ理由として，元利償還が滞っていた鉄道債権を整理したことにより，諸外国の鉄道投資が再び活発化したことがあげられる（債権整理に関しては［王暁華1992；鄭會欣1993］を参照）．その際，政府と国内資本によって設立された「連合公司」が建設の主体となり，外国資本はその一構成員である国内銀行団を通じて投資された．こうして建設された鉄道の代表例が華中を横断する浙贛鉄道（杭州―株州）であり（同鉄道については［尹承国1983］），中国にとっては利権を喪失せずに外資を利用する一方策であった．しかし，こうした方式を通じて欧米資本が再び投資を活発化させていた現状に対し，日本が強い懸念を示したことはいうまでもない．この点については［萩原1985・1999］が触れている．なお，［内田1988］はこの時期の建設を概観して

いる．

　当時のもう1つの建設主体は地方政権であった．奉天派は満鉄に対抗した鉄道建設を進める一方［尾形1977］，山西省の閻錫山は省内を縦貫する狭軌鉄道（同蒲鉄道）を建設していた［郭学旺1988；劉建生1996］．同様の建設は浙江省でも進められた［簡笙簧1986］．また，民族資本の炭鉱会社（中興公司）による建設については［袁2009］がある．

　なお，同時期の中国でも，謝彬『中国鉄道史』（上海中華書局，1929年）などの概説書が多数出版されていることが，麦健会・李応兆編『中国鉄道問題参考資料索引』（国立交通大学研究所北平分所，1936年）から明らかである．また，当時の建設の進展に対し同時期の日本も着目していたことが，多くの関連文献の刊行からも確認しうる．その一例をあげるならば，鉄道省運輸局『支那之鉄道』（1937年）・日本銀行調査課『支那における鉄道並に鉄道借款』（1937年）がある．

4　日中戦争期から戦後の鉄道

　日中戦争期（1937-45年）の中国は大きく沿岸諸省の日本占領地区と，奥地の重慶政権支配地域に区分される．以下ではその両地域における研究をみていこう．

　まず，日本占領地区は，満洲国を除けば，華北占領地区，華中・華南占領地区に大別される．満洲国では，旧来の鉄道が満鉄による一元的管理のもとに置かれた．その実態については［高橋1986］が参考となる．

　次に，華北については，［萩原1987］が指摘している通り，戦前期から資源（鉄鉱・石炭）の輸送を目的として，日本による建設計画が進められていた．やがて開戦にともない，日本占領地区の鉄道は日本が接収する．その実態は［高橋1981］が明らかにしている．また，華北での経営体の華北交通株式会社については［福田編1983］のほか［林2007］がある．その他，山西省に関しては［内田2003］，海南島での鉄道計画については［許2004］がある．なお，同時代の日本では吾孫子豊『満支鉄道発達史』（内外書房，1944年）などの概説書が出されている．

　一方，奥地に拠点を置く重慶政権にとって，外国との交易が対日抗戦にとっ

て不可欠であり，鉄道は道路・航空路線と並び，対外連絡の重要な手段とされた．そうした対外連絡鉄道は，ビルマと雲南を結ぶ路線および仏領インドシナと雲南を結ぶ路線であり，前者に関しては［彭荊風2005］，後者については［鄭會欣1996］の研究がある．また，開戦前後に開通した粤漢鉄道（武漢―広州）・浙贛鉄道もまた外国との輸送の一翼を担った．両鉄道が抗戦に果たした役割については［簡笙簧1980・1985］が明らかにしている．

やがて戦争が終結すると，中国の鉄道は混乱期を迎える．［王1993］が述べるように，ソ連の占領下に置かれた東北（「旧満洲」）では鉄道レールの撤去が相次いだ．しかし，満鉄技術者の留用によって復興が進んだこと，中国側にそうした技術を受容しうる基盤がすでに準備されていたことは［長見2003］から明らかである．一方，他地域でも国共内戦の影響を受けたと予想されるが，その実態解明は今後の研究において待たれるところである．

同様に，中華人民共和国建国初期については，［川井1987b］が東北においてソ連式の管理制度が導入されたことを明らかにしたほかは研究が少なく，東亜事情調査会『中共鉄道の現状』（1954年）といった概説書がみられる程度である．1950年代末以降も，内陸を結ぶ川黔（重慶―貴陽）・貴昆（貴陽―昆明）・成昆（成都―昆明）などの各鉄道の建設が活発化するが，この時期を対象とする研究は少ない．また，現在の中国にとっても鉄道建設は重要な政策課題であり，高速鉄道には多くの関心が集まっているが，現状紹介の類を除き本格的な研究はみられない．

最後に，清末から現代に至る通史的な文献を列記すれば，年表形式のものに［馬里千・陸逸志・王開済編1983；中国鉄路史編輯研究中心編1996］，中華人民共和国以前を対象とする通史文献として，［金士宣・徐文述1986；王暁華・李占才1993；李占才主編1994；楊勇剛編1997；張雨才編1997］，中華人民共和国以後の通史として『当代中国的鉄道事業（上・下）』（中国社会科学出版社，1990年）のほか，［庄正主編1990；山田1985］がある．資料集には宓汝成編『中国近代鉄路史資料（1863-1911）』（全3冊，中華書局，1963年）・同『中華民国鉄路史資料（1912-1949）』（社会科学文献出版社，2002年）・姜明清編『鉄路史料』（国史館，1992年）がある．

5 鉄道行政・経営ならびに経済効果

　以上，対象時期ごとの研究史をみてきたが，ここでは経営および経済効果の側面からの研究をとりあげる．まず，初期の中国国有鉄道の特徴としては，路線ごとに設置された管理局が，それぞれ運行・人事・投資などにおいて比較的強い独立性を維持していたことがあり，そのことが経営面において多くの弊害を生み出してきたことは，[陳暉 1936]（邦訳 [陳 1940]）をはじめ，外国人の調査報告の [漢猛徳 1970] からも明らかである．とはいえ，こうした管理システムが南京国民政府のもとで統一への方向へ進んだこともまた [張瑞徳 1991] が指摘するところである．ちなみに，中国鉄道を路線選択の点から特徴づけた研究に [于治民 1993]，鉄道技術者の育成に関する研究に [張毅・易紫編 1996] がある．

　一方，戦前期の鉄道輸送の実態は，当時の鉄道部が編集した『中華国有鉄路会計統計総報』（年により名称が多少異なる）・『鉄道年鑑』（1-3 巻，1933-35 年）のほか，各鉄道管理局の発行する年鑑・統計年報・報告書などからうかがうことができる．日本でも，満鉄調査部『支那交通統計集成　鉄道編』（1939 年）・鉄道省監察官『支那鉄道研究資料（其ノ 1-6）』（1938 年）といった輸送統計が出されている．

　次に，研究については，国有鉄道の人件費・生産所得を長期的に推計した [郭 2005] のほか，南京政権期の収支動向を分析した [徐衛国 2003] がある．鉄道別では，満鉄に関し [桜井 1979；金子 1980]，山東鉄道に関し [赤川 2005] がそれぞれ資金調達面を中心に述べているほか，[麻田 2009] は中東鉄道が燃料不足の問題を抱えていた点を指摘する．

　最後に，鉄道の経済効果に関しては，外国投資の一部門としての中国鉄道が有した経済効果を分析した労作に [Huenemann 1984] がある．また，鉄道建設は沿線の商品経済化を促進する効果を有するが，その点を農業面からみた研究として [Liang 1982] がある．

　地域・路線別にみた研究として，[塚瀬 1993] が東北の路線ごとに，通商ルート・農業生産・金融などの変化を分析している．東北については [石方 1995；戴五三 1992] などの研究もある．華北については，[張瑞徳 1987] が，

平漢鉄道（北平―武漢）の経済的効果として，商品作物の普及とその交易条件の改善，移民の増加，鉱業の発展などのプラス面を強調する．また，鉄道開通により新たに発展した沿線都市に関する研究として，［江沛・熊亜平 2005；王先明・熊亜平 2006；江沛・李麗娜 2007］がある．

このように，都市の盛衰や商品経済化の進展といった側面に経済効果が示される東北・華北に対し，華中・華南では戦時下の対外交易ルートの確保とそれを通じた物資調達が指摘されている．そうした研究に，広西省（現広西壮族自治区）の鉄道を分析した［朱従兵 1999］のほか，粤漢・浙贛両鉄道については，前述の［簡笙簧 1980・1985］および［萩原 1985］がある．

おわりに

以上では中国鉄道に関する研究成果をテーマごとに位置づけてきた．ここに掲げた以外にも，紙数の関係で省略した研究は多く，また労働運動や民族運動，対外関係などの関連分野の研究はとりあげていない．それでも他部門に比べ研究蓄積の多さが際立っており，今日においても若い研究者の参入が続いている．

それは，単に鉄道マニアが多いためではないだろう．むしろ，鉄道建設が今もなお中国の重要な政策課題である点，さらには残存する資料が比較的多い点が，研究の動機を形成しているといえる．そして，最大の理由は，鉄道の有する影響力の大きさであろう．長らく中国の鉄道は列国による「中国分割」の道具として位置づけられ，研究もまた鉄道を舞台とした「侵略」と「抵抗」に重点が置かれてきた．しかし，そうした視点とは別に，今日，鉄道のもつ影響力の大きさに改めて目が向けられている．わずか2本のレールからなる鉄道であるが，さまざまな社会的影響力を有する手段として，その効用は多大なものである．まして中国のような広い領域を有する国にあっては，なおさらである．

今後に残された課題としては，中国の鉄道をマクロ的にとらえる視点であろう．たとえば，他国と比較したうえで，中国鉄道が有する特殊性を析出する視点である．交通体系のなかで鉄道の有する位置を確定する作業もまた十分になされているとはいえない．国際的かつ学際的な学術交流がそうした研究の契機となることを期待したい．

第7章　在来綿業史

瀬戸林政孝

　現在（2012年），中国には約13.5億の人々が生活をしている．このことは中国の人口が世界人口の約5分の1を占めていることを示している．しかし，こうした状況は近年突如生じたものではない．この2000年もの間，中国の人口は常に世界人口の5分の1程度を占めてきた．では，こうした膨大な人口に誰が衣料を提供してきたのであろうか．

　現在では，多くの衣料は工場の機械によって生産され，多くの人は機械製の均質な衣料を身に着けている．こうした衣料の生産は18世紀末のイギリス産業革命を契機として始まった．これ以降，世界の多くの地域で機械製の綿製品が衣料として消費されるようになり，19世紀中葉には中国や日本にも流入した．

　しかし，機械製綿製品の流入以前より，中国では綿布が国内で生産されていた．宋代の終わり頃（12世紀末）に綿布の原料となる棉花と綿布を生産するための紡織の技術が中国に伝来すると，中国国内に瞬く間に広がり，綿織物業が発達した．その要因は，木綿が絹や麻などよりも品質上優れており，大衆衣料として受け入れられやすかったことにある．特に，農村では労働着として用いられ，吸湿性がよく保温性の高い木綿は多くの農民に好まれた．当然，農民が好んだ木綿は工場で生産されたものではなく，人の手によって生産されたものであった．農民は自ら棉花を生産し，それを原料として糸を紡ぎ，また，それを原料として布を織り，衣料等に用いた．余った棉花や綿布は定期市等に持って行って売り，生活の費えとした．また，市場で棉花を購入し，綿布を生産する農家もあった．こうした手工業は清の時代，特に17世紀から18世紀に，中国の各地域で展開するようになった．つまり，以上のような農民を生産の担い

手とする手工業が，少なくとも19世紀中葉まで中国の膨大な人口が必要とする衣料を供給し続けてきたのであった．

こうした状況のなか，イギリスなどの工場で作られた品質のよい綿製品が中国に流入した．そのため，19世紀中葉以降の中国の国内市場には在来の手織綿布と近代の機械製綿布という2種類の綿布が混在することとなり，ここに約4億人強（1850年の人口推計値）という世界人口の20％以上の市場をめぐる競争が生じることとなった．一般的に，手工業で生産された商品より機械製の商品の方が品質がよく，また，価格も安価であり，さらに機械の方が大量に均質な商品を生産できると考えられるので，機械製の商品が市場に流入してくると，旧来の商品は新商品に取って代わられる．このことは，機械製綿布の流入が手織綿布を駆逐し，手工業を衰退させていったことを想定させる．しかし，結果として，この時期の中国市場ではこうした一般常識は通用しなかった．そして，変容を遂げながらも，膨大な人口に対して衣料を供給し続ける仕組みは20世紀中葉まで強固に存在し続けていた．こうしたところに大きな人口を抱える経済の特徴が浮き彫りになってくるのである．

本章でとりあげる在来綿業とは，明清期以来，連綿と営まれてきた農民による副業としての在来綿業である．つまり，農閑期に家族労働を用いて，自給した（もしくは購入した）原料から綿布を生産するという一連の過程を在来綿業と呼んでいるのである．

在来という言葉が示すように，在来綿業は近代部門に相当する紡績機等の機械生産による綿業に対峙される概念である．イギリス産業革命以降，欧米では，綿業は紡績機や蒸気機関等の機械を用いた生産に移行し，アジアでも1870年代のインド紡績業の勃興以降，日本や中国で紡績業が発展し，織布業における機械化も進展することとなった．

日本では近代産業の発展とともに，在来織物業において「在来的発展」と呼ばれる固有の発展パターンが存在したことが確認されている［谷本1998］．そこでは，生産形態における「問屋制家内工業」への移行が見られ，市場が求める商品の品質の変化に対する「問屋制」が持っていた市場対応力が利点として強調される．在来部門における組織化は中国でも20世紀に入ると見られるようになる．しかしながら，同時に組織化されない副業としての綿布生産もまた

第 7 章　在来綿業史

存続しており，さらに，量的拡大に転じた時期もあったのである．

　よく知られているように，中国では在来綿業は明清期に江南で進展した．江南在来綿業の進展以降，江南綿布の移入代替化を通じて手織綿布生産が広範に展開した地域も形成され，在来綿業は飛躍的な発展を遂げていた．しかし，19世紀中葉以降，在来綿業の置かれた環境は大きく変容した．本章ではこの変容期の在来綿業を中心に述べていきたい．

　近代中国の在来綿業史研究には，評価軸として逆向きの2つのベクトルが存在した．在来綿業衰退説と成長説である．この点について，[中井1996]の第2部第1章に詳細な研究整理があるので，ここでは詳述しないが，衰退説では，19世紀中葉以降の機械製綿製品の流入によって農村の在来綿業が衰退したことが指摘されてきた．一方，手織綿布の生産量を推計した[Chao 1977：181；Feuerwerker 1970：348-72]では，後述する綿布素材の転換を無視すれば，1930年代の生産量は1900年代のそれを上回っていたことが数量的に明らかにされている．[中井1996：172]は，「もとより近代技術と伝統技術の格差は明らかなので，経済的諸条件が整備されれば，後者は前者によって駆逐される運命にある」ため，理論的には在来綿業は確実に衰退する方向に向かうことを前提としながら，衰退説を批判している．1980年代以降の研究の多くも成長説（もしくは再編説）を支持し，成長説では，近代部門が成長していくなかで在来綿業は1930年代まで量的に衰退しなかったことが評価され，そして，強調されているのである．

　こうした評価がされた要因は，在来綿業の盛衰が19世紀中葉の開港以降の変化の中に位置づけられていたことにある．つまり，ウエスタンインパクトの代名詞であった機械製綿製品の流入や近代紡績業の勃興が明清期以来の在来綿業に与えた影響を検討することは，近代中国の変容過程を考察する上で最も適した分析方法であると考えられたからである．

　しかし，そもそも農民による副業としての在来綿業は成長を求められる産業であろうか．つまり，在来綿業の展開過程は成長・衰退のプロセスとして描く必要があるのであろうか．本章では，こうした観点を踏まえ，在来綿業の変化を発展，衰退の数直線上に位置づけるのではなく，在来綿業の盛衰を農民の市場環境の変化に対する対応としてとらえてみたい．

1 在来綿業と外国綿製品の流入の影響

明清期の中国綿業史

在来綿業は商品経済の進展とともに明代の長江下流域の江南で始まった［西嶋1966：第3章］．在来綿業等の農村手工業が盛んになり，江南を中心とする全国的な商品市場が形成された［山本2002a：237］．その背景には，明代中期以降の中国産品（生糸等）の海外需要，すなわち欧米諸地域との海外貿易の増大にともなう海外からの銀の流入があった［北村1972：第1章］．それにともない商品経済化が進展し［岸本1997：262-63］，手織綿布（土布と呼ばれる）もまた市場向け商品として全国に普及した．こうした在来綿業が商品経済の中心的地位を獲得した理由は，品質や生産性を無視すれば，手織綿布は比較的容易に生産できたこと，日用品衣料として需要が大きかったことである［山本2002a：16］．

その後，江南綿布の移入代替を推し進めた長江中流域の湖北省や華北の山東省でも清初に在来綿業が勃興した．湖北省の在来綿業は米作に適した湖南省と結び付き，棉花と綿布を湖南に移出し，湖南から米穀を移入するというローカルな分業関係が形成された［山本2002a：47，2002b：7］．また，山東省の在来綿業勃興後，奉天・直隷等に綿布を移出して米穀を移入するという分業関係が形成された［山本2002a：182-84］．

華北は一部地域を除いて極度に乾燥しているため手紡糸による織布条件が悪く，綿布生産は限定的であった［天野1962：540-41］．しかし，棉花生産には適していた．明代には華北は棉花生産の中心地，華中は高度の紡織技術の保有地であったといわれ［西嶋1966：794］，華北は江南綿布の需要地であると同時に原料供給地であった．

18世紀末に「南京木綿」と呼ばれる江南綿布の海外輸出が進展し，1820年代にピークを迎えた後，急速に減少に転じたが，綿布生産は衰退しなかった［李伏明2006：72］．各地域に江南の紡糸や紡織の技術が伝播することで江南の比較優位は徐々に失われるとともに生産地が多様化し，綿布市場は19世紀中葉まで拡大傾向にあった．さらに織機・繰綿機・紡車の技術的な変化を通じて生産性とともに綿布の品質も向上し，生産される綿布も多様化し，1850年頃には72種類の綿布が生産されていた［劉秀生1990；李伯重2000：46，54］．

このような在来綿業の発展の中で，江南産の棉花や綿布は長江中流域や華北に移出され，さらに漢口等の中心的な集散地を経由して遠隔地に再移出された．また，移入代替に成功した地域は棉花や綿布を周辺の非産棉地帯に移出することで地域間の関係を強めた．19世紀初頭の中国には江南を頂点として在来綿業の分業体制が成立していたのである．

機械製綿布の流入

1842年南京条約による五港開港以降，イギリス製等の機械製綿製品の中国社会への流入が見られた．初期の綿製品の流入に関して2つの異なる見解が存在していた［小山1992］．当時の中国側史料は，在来綿業は機械製綿布流入によって急速に衰退したと指摘する一方で，イギリス側史料は，ランカシャーの産業資本家たちの大きな期待にもかかわらず，中国の機械製綿布市場は拡大しなかったことを指摘する．後者について示したのが1852年に書かれた有名なミッチェル報告書である．香港領事館に勤務していたミッチェルが主に華南の実地の見聞にもとづいて作成したミッチェル報告書［衞藤2004：193-210］は，中国への綿製品輸出が増加しなかった要因として，イギリス製品が中国人の好む保温力と耐久力という品質を有していなかったこと，手織綿布が農民によって安価に生産されていたことを挙げている［田中1973：第3章］．

［小山1992：435-531］は，ミッチェル報告書を踏まえ，機械製綿布流入の影響を地域ごとに分析し，機械製綿布は高級絹布に代替して奢侈品として都市部の富裕層に消費されたが，大衆衣料として定着しなかったこと，農村市場に流入しなかったことを明らかにした．

さらに，ミッチェル報告書の内容に対して，間接的にではあるが，合理的な解釈を加えているのが［川勝2001］である．川勝は19世紀までの世界経済における木綿市場には，「長繊維棉花―細糸―薄地布」のイギリス型市場圏と「短繊維棉花―太糸―厚地布」の東アジア型市場圏が併存しており，両地域の綿布に対する使用価値の体系が異なっていたことを指摘する［川勝1981・1984・1985］．つまり，イギリス製綿布が需要されにくい構造が中国国内には形成されていたのである．この点に関して，［高村1995：第2章，第4章］は機械製綿布と手織綿布の内外価格差が大きい場合，両者に代替関係があったことを指摘しているが，機械製綿布の使用が農村で一般化しなかったことは明らかで

あろう．確かに［Myers 1965：616-17］が指摘するように，域内向けに特化した綿布生産を展開していた厦門，広東の在来綿業は機械製綿布の流入後に衰退したが，多くの場合，機械製綿布の流入が中国在来綿業に与えた影響は限定的であったのである．

機械製綿糸の流入と在来綿業

こうした綿布の流入に対して，機械製綿糸は異なる展開を迎えていた．機械製綿糸は農村市場に流入し，新土布（しんどふ）と呼ばれる手織綿布の原料に使用されるようになったのである．

［森 2001：11-12，図表 1-3A，1-3B］は，機械製綿糸の流入と国内産綿糸への代替過程を分析し，中国市場に供給された機械製綿糸の普及過程について，1889 年から 1899 年の第 1 次急増期，1899 年から 1919 年の停滞期，1919 年から 1929 年までの第 2 次急増期に区分した．各期の綿糸消費量は，第 1 期に 400 万担にまで拡大したが，第 2 期は 400 万担台を推移し，第 3 期に入ると再び急上昇し，1930 年には 700 万担に達した．また，機械製綿糸の輸入量は，第 1 期に 200 万担にまで拡大したが，第 2 期には 200 万担を推移し，第 3 期以降，国内産綿糸に代替され，1927 年には自給率が 100％ を超えた．

以上のような機械製綿糸の流入によって，中国では多様な綿布生産が展開し始めた．［森 2001：304，図表 4-1］によれば，近代中国における綿布は原料・生産用具・生産形態によって，大きく「在来セクター」と「近代セクター」に分類される．前者は農村で手紡糸や低番手の機械製綿糸（太糸（ふといと））を原料とし，旧式の木織機を用いて小幅で厚手の綿布（土布・新土布）を生産し，後者は都市（一部農村も含む）で機械製綿糸（細糸）を原料とし，新式の足踏機（鉄輪機）や自動織機を用いて広幅（ひろはば）で薄手の綿布（改良土布と呼ばれる）を生産する．

本章の在来綿業は「在来セクター」に相当する．「近代セクター」と異なる点は綿布の品質にある．「在来」の品質は小幅で厚手であったのに対し，「近代」は広幅で薄手であった．このことは綿布の原料の品質が異なることを示す．実際，［森 2001］も「在来」は 20 番手以下の綿糸，「近代」では 20 番手超過の綿糸を原料としていたことを指摘する．

この点に加えて，長江中上流域に流入した各種綿糸の番手と流入先を検討した［瀬戸林 2008b］は，20 番手以上の綿糸は都市部の織布工場で生産される綿

布（改良土布）向けに，そして，20番手より低番手の綿糸は農村部で生産される綿布（新土布）向けに流入したことを明らかにしている．都市部の近代織布業は工場内に数十台から数百台程度の織機を備え，1910年代初頭には，全国に約42万戸の織布工場が建設されていた．また，高陽・南通などの近代織布業の先進地域では，20から42番手の綿糸を原料とする高品質な綿布（愛国布・提花布等）が生産されていた．こうした綿布は都市部の富裕層に消費され，農村で生産され消費されていた綿布とは，消費先・品質共に異なっていた．

　上述の綿糸の推定値は近代織布業向けの綿糸を含んでいる．全国的な番手ごとの綿糸流入量，消費量に関するデータは史料的な制約から明らかではないが，1917年上半期の上海での綿糸番手別売上高によれば，総売上高の82%が16番手以下，18%が20番手綿糸であった［森2001：149］．さらに，1920年の中国全体の綿布生産に対する手織綿布（土布・新土布）の割合は65%，改良土布は6%弱，国内産の機械製綿布は4%強であった［徐新吾1992：223-24］．そのため，消費された綿糸の多くは低番手であったと想定される．

　以上のような機械製綿糸の消費動向のなかで，先行研究は機械製綿糸が流入した地域とその影響について明らかしている．中国綿業史の先駆的な研究である［厳中平1955］によれば，機械製綿糸の流入もイギリス製品から始まったが，綿布と同様に品質の違いや割高な価格を要因として，その流入は限定的であった．それに対し，中国市場への流入に成功した綿糸はインド綿糸であった．インドでは1870年代に短繊維棉花を原棉とする紡績業の進展が見られ，インド綿糸は中国在来綿業に適した綿糸であった．さらに，1890年代には日本綿糸の中国向け輸出が始まり，また，同時期に上海で紡績業が本格的に勃興し，輸入代替が開始された．

　こうした機械製綿糸は全ての地域に均等に流入したのではなく，地域差が見られた．機械製綿糸流入の影響を地域ごとに分析した［小山1992：514］によれば，当初，機械製綿糸は華南で用いられたが，続いて，華北・東北・四川等の綿布を移入していた地域に流入し，その後，江南や湖北省等の旧来からの棉花生産地に流入した．特に，インド綿糸は従来棉花等を移入していた非産棉地帯に流入し，新土布生産の拡大発展を促した．また，華北のように紡糸条件の悪い地域では，手紡糸より強度の強い機械製綿糸を用いて新土布生産を展開することが可能になった．明清期までの在来綿業の発展の程度によって，土布生

産から新土布生産への移行の程度は異なっていたが［馬俊亜 2006：100-02］，機械製綿糸の流入は中国における手織綿布生産の拡大を促したのである．

しかし，手紡糸から機械製綿糸への転換は一気に起こったのではなかった．綿布は経糸と緯糸で構成されるが，機械製綿糸への転換は経糸から緯糸の順で生じ［森 2001：35］，綿布の構成は「土経土緯」→「洋経土緯」→「洋経洋緯」の順で変化した．華北省定県の手織綿布生産を詳細に検討した［張世文 1936：71-119］によると，20世紀初頭の定県では，大粗布（経緯ともに手紡糸），粗布（経糸に機械製綿糸，緯糸に手紡糸），細布（経緯ともに機械製綿糸）と呼ばれる手織綿布が生産され，1915年まで増加傾向にあった．

こうした機械製綿糸の転換時期は地域固有の問題によって地域差を伴い［小山 1992：506・514］，特に，江南に関しては［Chao 1977］で詳述されている．さらに，機械製綿糸は非産棉地帯から産棉地帯の順で流入し，1つの省（湖南省）の中でも非産棉地帯から産棉地帯への順で機械製綿糸が流入したことが確認されている［森 2001：13-14］．

また，綿糸流入後の江南地域の在来綿業を分析した［弁納 2004：第2編］によると，江南各地域の綿布の生産パターンは多様であり，江南の各地域が相互に連関しながら展開していたことが指摘されている．

加えて，各地域に流入した綿糸は生産国に違いが見られた．綿糸流入の地域的偏差を指摘した研究として，［浜下 1989：288］が挙げられるが，特に，長江流域では，湖北省産棉地帯には日本綿糸，四川省等の非産棉地帯にはインド綿糸，江南産棉地帯には上海綿糸が流入するという市場占有状況が第一次世界大戦まで維持されたという［黒田 1994：285-86］．こうした状態は地域的分割現象と呼ばれる．

1880年代以降の綿糸輸入拡大の背後では，洋務運動期の近代綿業移植計画を経て，1890年代以降，上海紡績業が急速に拡大していた．［中国近代紡織史編纂委員会 1997：444］によると，錘数は1894年の数万錘から1919年の88.6万錘へと急激に拡大し，江南の産棉地帯の棉花は上海紡績業に供給され，同時に上海綿糸は輸入綿糸に代替し，産棉地帯に流入した［徐新吾 1981］．また，湖北省等の産棉地帯等に流入していたインド綿糸，日本綿糸も，第一次世界大戦期以降，一気に国内産の太糸に代替された［小山 1992；副島 1972］．そのため，地域的分割現象は1920年代には消滅してしまうこととなる．

以上の点を踏まえると，在来綿業に対する機械製綿糸流入の影響は織布の制約条件を克服したことにあったといえる．もちろん，機械製綿布の流入によって在来綿業が衰退した地域もあったが，機械製綿糸を使用すれば，棉花生産地は当然であるが，棉花を有さない地域でも綿布生産が行えるようになった．在来綿業の量的拡大とともに手織綿布の市場が拡大に転じた可能性もあり，実際，先述の［Chao 1977：181；Feuerwerker 1970：348-72］等の数量的検討によれば，生産量自体は拡大していたようである．

　では，そもそも機械製綿糸の流入を促した要因は何であったのであろうか．新生産地では，他地域から移入していた棉花に代替して機械製綿糸が流入したことが知られる．一方，既存の生産地では，機械製綿糸を用いた在来綿業の展開によって新生産地との競合関係が成立し，価格や品質の差を埋めるために既存の生産地でも機械製綿糸が用いられるようになったことが指摘される．また，紡糸工程の排除による織布の効率性の上昇［Chao 1977：185］，機械製綿糸の相対的な低廉さ等が挙げられる．しかし，こうした説明では，綿糸の地域的分割現象が生じた要因を明らかにすることができない．各地域に異なる綿糸が流入したことは，綿糸流入は供給サイドではなく，需要サイドの問題であったことを想起する．つまり，機械製綿糸の流入が変化を引き起こしたのではなく，何らかの変化が機械製綿糸の流入を促し，在来綿業もまた変容していたのであろう．そうであるならば，地域的分割現象が生じた要因を明らかにすることが，機械製綿糸流入の要因を明らかにし，さらに，在来綿業の盛衰の経済史的意義を明らかにすることに通じると考えられる．

2　産棉地帯における機械製綿糸の流入と農民の対応

市場の変動と在来綿業

　［黒田1994］は，機械製綿糸の流入の要因が先行研究の指摘する綿糸の価格や素材性質というよりはむしろ在来綿業の構造に規定されていたことに注目した．日本綿糸はインド綿糸等より割高であったが，長江中流域の産棉地帯に流入した．同時期に，長江中流域最大の商品集散地であった漢口から上海方面への棉花輸移出が開始された．この2つの事実は，棉花市場の価格高騰が棉花輸出を促し，その補完物として綿糸が流入したという因果関係にある．つまり，

機械製綿糸の普及は産棉地帯・非産棉地帯共に棉花を市場で代替していく過程であり，特に，産棉地帯では紡績業向けの棉花輸出の拡大によって綿布素材である棉花を喪失したために，機械製綿糸の流入が促進されたのであった．

このような構造が形成された背景には，中国で棉花買付を行った日本商社による買付戦略があったことも指摘されている．日本商社は特定の紡績会社と特約関係を結び，紡績会社の生産する機械製綿糸を売込むと同時に原料となる棉花を買い入れた．つまり，棉花の買付と綿糸の販売が抱き合わせで行われていたのであった［黒田 1994：290］．これによって，産棉地帯では，棉花を輸出し，綿糸を購入するという体制が 1900 年代には成立し始めたとされる［副島 1972：127］．これについては［高村 1982］でも言及されている．

こうした状況を促進したのが日本商社による産地買付であった．産地買付とは，棉花生産地に出向き，直接生産者や棉花商と取引をして棉花を買い付ける方法である．産棉地帯を後背地にもつ漢口などに進出した日本商社は開港場での棉花買付だけでなく，後背地の産地にまで進出し，産地買付を行うと同時に綿糸を売り込んだ．このような関係が示すのは次の点である．つまり，［厳 1955］以降の研究では，機械製綿糸の流入は中国固有の紡糸による手織綿布生産を衰退させたことが指摘されるが，機械製綿糸の普及を原因として先に措定し，それが農村の手織綿布生産の破壊を促し，その結果として，棉花輸出が拡大したという一方的な因果関係は妥当ではないということである［黒田 1994：294］．

機械製綿糸の流入は，また，在来綿業における原料の転換を一方的に促進したのではなかった．［Chao 1977：181］によると，地域差は存在するが，機械製綿糸への転換は一応 1910 年頃までに中国全体に広まったとされる．しかし，市場条件が変化すれば，つまり，市場における棉花・綿糸の価格比が変動すれば，相対的に安価な原料が綿布素材として選択された．棉花価格が相対的に高価であれば，機械製綿糸が原料に選択され，棉花価格が相対的に安価であれば，棉花が原料に選択された［黒田 1994：318］．たとえ機械製綿糸を採用していた農家であっても，棉花価格が下落し，相対的に機械製綿糸が割高になると，棉花を自家消費もしくは購買して綿布生産の原料にあてることが可能であった．実際に，1930 年代末から 1940 年代においても，「土経土緯」である土布生産への回帰が生じていたことが指摘されている［矢澤 1961：79-80；上野 1987：

70；星野1992：28-31]．すなわち，機械製綿糸の流入は，手織綿布生産に従事する中国農民に綿布素材の選択肢を増やし，市場が変動する中で棉花と機械製綿糸を選択することが可能になったのである．

このように見てくると，機械製綿糸の流入もまた在来綿業の構造に与えた影響は相対的に大きくなく，在来綿業は棉花市場の動向に強く規定されていたことがわかる．そこで，次に，棉花市場との関係から在来綿業の動向について見ていこう．

棉花市場の変動と農民の対応

棉花市場と在来綿業の関係という視点は必ずしも新しい視点ではない．明清期の在来綿業を扱った研究では，在来綿業の進展とともに棉花生産の展開過程が明らかにされている．[天野1962]は元代以降の棉花生産の展開過程を詳細に考察し，明清代に棉花生産は全国的に拡大したことを指摘する．また，後述する清末以降の棉花生産の多様化についても言及している．天野は市場との関係を強く意識していないが，[西嶋1966]は明清期には棉花生産が市場価格の変動の影響を強く受けていたことを指摘し，[川勝1992]では江南の棉花生産と市場経済との関係が強く意識されている．以上の点を踏まえれば，明清代以降，市場の拡大に対して農民は棉花生産の拡大によって対応したことは明らかである．

では，機械製綿糸の流入以降，棉花生産はいかなる傾向を示したのであろうか．多くの研究は1880年代以降の棉花生産の拡大を支持する．棉花需要に関して，紡績業向けは急増し，手織綿布向けも残存し，中入れ綿や詰め綿としての需要も存在していた．そのため，棉花生産は減少傾向になく，1910年代末には約1000万担が生産されていた［森2001：209］．

しかし，19世紀末以降，市場の拡大と棉花生産の展開は決して一様なものではなく，市場が求める棉花の種類は多様化していた．1890年代末頃より始まる日本紡績業における生産綿糸の高番手化によって，従来の短繊維種に加えて長繊維種の需要が発生し，高番手向けの長繊維棉花と低番手向けの短繊維棉花，それぞれの市場が形成されていた．また，20世紀初頭の欧米棉花市場では，アメリカ産の長繊維棉花には不向きな中入れ綿や混綿向けの短繊維棉花の市場が形成されていた．20世紀初頭の中国の産棉地帯の在来綿業と棉花市場

との関係を分析した研究は，それぞれの市場に対して中国の各産棉地帯の農民がそれぞれ対応したことを明らかにする［瀬戸林2006・2008a・2008b・2008c］．長江中流域の産棉地帯では，日本市場で需要の拡大した長繊維棉花の生産が開始され，たとえば，湖北省の主要な産棉地帯であった沙市では19世紀中葉に生産量の50%以上を長繊維種の棉花が占めるようになり，こうした棉花輸出に対して機械製綿糸が流入していた．また，上述の日本商社による産地買付の目的は長繊維棉花を買い付けることにあった［瀬戸林2006：8-9］．長江下流域の江南では，上海紡績業の拡大による短繊維棉花需要の拡大に対して棉花生産が増大し，江南の産棉地帯には上海綿糸が流入した．また，華北の産棉地帯では，長繊維種の棉花生産に転じた地域や欧米の短繊維棉花市場向けに棉花生産が展開した地域があった．生産地では，棉花生産はその地域固有の要因に規定されながら各市場における棉花価格の高騰をインセンティヴとして棉花生産が展開していた．

また，こうした観点から棉花生産と機械製綿糸の流入の関係を見ると，機械製綿糸の流入以降，長江中流域の棉花は綿布素材の選択肢の1つとなったのに対し，華北の棉花は，機械製綿糸を獲得するための輸出商品となっていたことがわかる［瀬戸林2008c：42-44］．

さらに，先行研究は1920年代以降の長繊維棉花生産の展開過程を明らかにするが［飯塚1989・1992a・1992b・1993・2001；弁納2004；Pomeranz 1993］，1910年以前に言及した研究は長繊維種の生産が失敗したと評価する［郭文韜1989；倪金柱1993；徐凱希1999］．しかし，上述のように，長繊維種の棉花生産は拡大していた．こうした展開を可能にしたのは農民による市場の変動に対する対応であって，各農民は棉花生産地の拡大や他の農産物を生産していた農地を棉花生産に転換する作付転換という方法によって対応した．もちろん，インセンティヴが消滅すれば，真逆の転換が生じていた［瀬戸林2009］．

こうした対応に関して，棉花市場と農民の棉花生産とを結びつけた農村市場における市場情報の役割について言及した研究も現れている［瀬戸林2010］．農民は情報探索の場であった定期市等を通じてさまざまな商品情報を獲得しており［古田2004：215］，こうした「場」で得た市場情報を通じて，各種の棉花生産に反映していたのである．

以上の研究では，1910年代まで機械製綿糸の流入を促進した要因は，棉花

市場の変動であり，棉花市場の変動が明清期以来の各地域の在来綿業を大きく変容させた要因であったことが全体として指摘される．19世紀後半から始まる機械製綿製品の流入によって再編された中国在来綿業ではなく，農民の市場の変動に対する対応による在来綿業の変容という新しい視点が提示されているのである．

おわりに

　本章では，1910年代までの在来綿業について述べたが，この時期の在来綿業史研究には2つの潮流が存在する．第1に，在来綿業の再編過程を近代への移行過程としてとらえる視角，第2に，在来綿業の変容過程を市場変動に対する農民の対応としてとらえる視角である．

　前者の特徴は紡績業との関係のなかで在来綿業がとらえられていることである．そのため，在来綿業に変化を促す要因は機械製綿糸である．しかし，それは間接的な要因であり，変化を促す直接的な要因が棉花市場にあったのだとすれば，近代部門と在来部門との間には，先行研究が指摘するような機械製綿糸の流入と在来綿業の再編（衰退・発展）という単純な関係ではなく，より複雑な関係が形成されていたと思われる．この関係を複雑にしていたのが棉花市場の動向である．そのため，在来綿業は，紡績業との直接的な関係ではなく，その間に棉花市場を仲介させ，市場の変動と農民の対応の関係に注目しながらとらえる必要があるのではないであろうか．

　そこで，後者について，いくつかの研究上の課題を加えたい．明清期の在来綿業史研究では，その展開は市場経済の進展の中に位置づけられている．特に，産棉地帯の生産者は鎮市・定期市等における市場の変動に対応して棉花生産を展開していたことが指摘されていた．また，在来綿業は農民の副業であり，地域によって展開されるさまざまな副業の1つとして位置づけられていた．そのため，農民を取り巻く環境が変化すれば，選択される副業もまた転換する．その意味で，在来綿業も市場経済が進展していく過程での農民による対応の1つであったと考えられるのである．

　このような視角は［弁納2004］で指摘されている．つまり，在来綿業を他の産業から切り離して分析するのではなく，農村経済構造全体のなかでとらえ，

在来綿業の発展や衰退の経済的意義を農村経済構造に着目して考察するということである．［弁納2004］の第2部の第6章によれば，20世紀前半の江南の農村にはさまざまな副業が勃興し，在来綿業に従事していた農民は新しい手工業（レース編み業・靴下作り業・タオル製造業・藁帽子作り業等）に従事し始め，在来綿業が衰退した地域があった．このことをふまえれば，在来綿業の衰退とは，［中井1996］が指摘する近代部門との関係のなかでの衰退というよりはむしろ，農民の副業転換という対応による結果であったと想定される．

　もし，こうした想定が妥当であるとすれば，［弁納2004］が指摘する農村経済構造とともに，その構造の変化を促した要因もまた求められるであろう．なぜなら，新しい手工業が登場するだけでは，それへの移行は生じないからである．ただし，明清期以来，農民の対応は市場経済が進展していくなかで行われてきたものであることは明白であるから，構造変化の要因を解明する鍵は農民と市場とのかかわり合いの中にこそ存在する．つまり，市場の変動と農民の対応とを連動させる動機である．こうした動機は農民に変化を促す正と負のインセンティヴであったと考えられるが，本章との関係で言えば，在来綿業の盛衰を強く規定していた棉花市場のなかにそのインセンティヴが存在すると考えられる．

　また，明清期以来，市場経済の発展を支えてきた経済秩序や制度は静態的なものではなく，変化し，作り変えられてきたものである．そのため，農民と市場とのかかわり合いの中で，商品取引が円滑に行われるための仕組みやルール，市場における商品情報が流れる仕掛け等の市場を上手く機能する仕組みがどのように変化し，形成されてきたのかを明らかにする必要があるであろう．

　ここでは，主に1910年代までの在来綿業史研究についての整理を行ってきた．周知の通り，中国綿業は1910年代末に黄金期を迎え，それ以降，在来綿業は，海外からの輸入綿製品に加えて，国内紡績業等の近代部門との関係をより深めていくこととなる．ここで示した視点は，1920年代以降の在来綿業を検討していくうえでも有効であろう．

第8章　農村経済史

弁納才一

　現在，中国経済の近代化を理解し直すために最も求められていることは，近代的な産業やインフラ・諸制度の整備の動向を広義の工業化の進展としてとらえることではなく，広大な農村地域の経済動向をとらえ直すことである．近年，世界の工場として注目されている中国では，その工場の多くはもともとは農村に立地していた郷鎮企業だった．このようなことに関連して，以下では3つの点を提起したい．

　まず第1に，経済発展に対する評価の基準を再検討するべきである．ヨーロッパを近代化の基準としてアジアの遅れを指摘するヨーロッパ中心史観に対する批判が繰り返し唱えられ，中国についても南京国民政府見直し論に代表されるように再検討が行われてきた．ただし，近現代中国経済史研究では，工業化が進展したのに対して，資本主義的農業は展開せず，小農経営の発展も不十分だったという認識が一般化している．しかし，最も問題視するべき点は，日本の農業に比して中国の農業が遅れているととらえられていることにある．これは結果として日本との違いを遅れと見なすという点で，かつてのヨーロッパ中心史観の過ちを再び繰り返していることになる．よって，日本の農業の展開や農村社会の在り方を基準として中国の農業や農村を評価するべきではない．

　第2に，分析の枠組みを農業経済から農業・手工業・商業などを主要な構成要素とする農村経済へ拡大するべきである．中国の農村ではすでに近代以前にさまざまな手工業が発展し，近代においても在来手工業が持続的に展開したばかりでなく，新たに手工業が勃興することもあった．また，米や小麦などの穀物も商品として生産され，広範な地域間分業が展開してきた．このため，中国では農業ばかりでなく，手工業や商業なども農村経済の主要な構成要素となっ

図1 華東沿海部の消えゆく農村
上海市嘉定区馬陸鎮石崗村，2010年12月．

図2 華北内陸部山西省の新農村
永済市蒲洲鎮北文学村，2010年12月．

ていた．

　第3に，歴史的変化（断絶性）よりも歴史的連続性を重視するべきである．近現代中国農村に見いだしうる変化の方向性は，農村の脱農化・工業化と都市化である．1979年の改革・開放政策の始動を1952年段階への回帰であるとするとらえ方がある．すなわち，市場経済の展開という流れの中で1953-78年を社会主義経済という異質な時代と見なし，歴史的断続性を見出すものである．しかし，農村経済について見てみると，1979年前後は農村の工業化という点では連続していたいえる．すなわち，1979年以前の人民公社の社隊企業が1979年以降は郷鎮企業へと転換（表面上は単なる名称変更）していったが，公有制の企業であったという点において両者は連続している．また，1979年の農村経済政策の変更は調整政策期（1963-65年）の「三自一包」政策の復活であった．

　以上，近現代中国農村経済の発展に対する再検討は，近現代中国経済の発展に対して根本的な再検討をせまることになり，さらに，従来の欧米モデルに代わる新たな近現代経済史モデル構築への第一歩となるはずである．

　現在，中国経済の動向と無関係ではいられなくなった日本にとって，中国のめざましい経済発展とその矛盾を精確に把握するためには，中国社会の基底をなす農村経済を精確に理解し，しかも，その特質を歴史的にとらえ直す必要がある．

　筆者は，かつて南京国民政府見直し論の視点に立って，東アジアにおける「農業生産の発展は労働集約的であり，小農民経営の発達，その商品生産化，

多角化,農業外の商工業や賃労働との兼業の発達というかたちをとる」という[中村1994]の指摘に留意しつつ,民国期中国農業に関する日本の研究動向をまとめた［弁納1995］．一方,近年,中国でも,従来の革命史を主軸に据えた通説的理解を超える実証研究が盛んになり,民国期の中国農村経済に対する再評価の動きが加速している．

そこで,本章では,日本と中国における過去10年間の民国期中国農村経済史研究を振り返り,今後の研究の在り方について筆者なりの提案をしたい．なお,ここでは,上述したような理由から,農業だけでなく,農業・手工業・商業などを含む農村経済へ検討対象を広げることにした．また,中国の研究は厖大な数に及んでいるので,代表的学術雑誌である『中国農史』誌上に掲載された論文に着目し,研究全体の傾向性を探ることにした．

1 日本における研究

中国農村経済発展論の停滞

まず,三品の「小ブルジョワ的発展論」に関する整理［三品2000a］を見ておきたい．足立啓二の「中農標準化」は「一旦小経営のもとで高度に集約された農業を出発点として,富農的経営の出現とその経営拡大,すなわち農業のブルジョワ的発展を主張した」ものであるのに対して,吉田浤一の「小農標準化論」は「大規模粗放経営から小規模集約的経営(具体的には10-20畝層)への移行を」内容とするものであるが,両者の実証研究によって,「近代中国において雇用労働力を使用する大経営は,粗放な農業を行なわざるを得ない相対的に『遅れた』地域に展開していた．そして,農業の集約化・商品化に伴ってそうした大経営が解体し,小規模の小経営が農業生産の主体になっていくという傾向が確認された」としている．さらに,足立が「零細経営の存在こそが農業生産発展の結果でありまた基礎であった」という見方を示している点に注目し,「農業生産力の発展が大経営の解体から小経営への移行に結びついていたことを,生産力的分析を通して指摘した」「小ブルジョワ的発展論」の成果を「継承し発展させるためには,小経営の新たなる位置づけを踏まえ,零細化の構造を中国固有の社会構造との関連で捉えなおす視点が必要」であると結んでいる．なお,零細兼業農家については「多就業」の視点を組み込むことを提言し,ま

た，中国固有の社会構造に関連して「流通・市場構造が『樹枝状』ではなく『網の目状』であったと言われる中国社会」［黒田1994］では，「農村部における商品の売買も局地的にならざるを得ず，一般的には比較的広域的需要を基盤とする商品生産は困難であった」としている点は議論が必要であろう．

［三品2000b］は，以上の研究史整理を基礎として，「多就業」の視点から河北省定県を例に農家経営の展開について実証分析を行い，歴史的には「綿業経営」が副業から主業へ移行していったが，綿業を主業とする経営は「農業経営の重要性が相対的に低下したことを背景に所有面積を零細化させ，経営展開の選択肢を次第に狭めてい」った，とした．また，江南農村を例に挙げて，「個別経営を超えた社会の論理」として「農業生産力の向上，商品経済の発展，あるいは都市経済への包摂は，家族総収入を増加させ生存に必要な限界面積を押し下げる．このような条件の下で，均分相続などの社会慣行によって一層の零細化が進行する」という見方［奥村1993］を受けて，零細兼業農家の成立過程を構造的・論理的に明らかにするために，河北省定県を例に実証分析を行い，「兼業条件などに規定されて」「特に商品化が進む地域において零細兼業農家を広範に生みだした」としている［三品2001］．

以上のように，三品は，零細兼業農家の存在を重視し，農村経済が発展する中で零細農化が進行する事情を説明しているが，「小ブルジョワ的発展論」をめぐる議論における零細農化の歴史的意義の説明は未完のままになっている．

［柳澤2000］は，「地主階層の土地集積と農民の窮乏化」（「下降分解論」）と「地主階層の脆弱性と土地集散の恒常的反復」（「小ブルジョワ的発展」論および「過小農化」論）という「二つの対立的現象」を，「戸別農家がライフ・サイクルと出稼ぎや副業などの農外収入の多寡に応じて土地所有規模（農業経営規模）を変化」「伸縮させていた」「同時期同地域における農家経営の両側面として」解釈した．小農経営の発展という先行研究の成果を否定し，「土地所有規模（農業経営規模）」が環境によって拡大・縮小のサイクルを繰り返すという独自の見方を提起することが可能か否か，さらに議論が必要であろう．

作付状況に着目して華東地域の農業を分析した［寳劔2010］は，従来の研究成果を次のようにまとめた．1930年代の農村経済は「商品的な市場経済のなかで農業の大規模経営が自生的に出現し」「地主階層による農地の集積が存在する一方，農村部も農産品や手工業の生産を通じて国内・国際市場との関連を

深め」「とくに江蘇省や浙江省，上海を含む華東地域の農村では商品経済が浸透し，農村工業化も広く進展し，市場販売を目的とした商品作物の栽培も盛ん行われていた」．「地主階層による土地集積は必ずしも強固なものではなく，地主階層の土地集積と並行して地権分散化も発生していた」．寶劔は，作付体系に「小麦・水稲といった穀物の表作と豆類・油料作物などの副食物・商品作物を裏作として栽培するという」特徴が窺え，また，農業経営の特徴として，「総作付面積を利用して推計したジニ係数によると，県内の農家間で比較的大きな格差が存在していること，各地で栽培されている作物は穀物を中心であるが，地域によっては商品作物の栽培も盛んであったこと，作付品目数は作付面積と強い正の相関があること」などを指摘している．だが，「商業的農業の浸透とそれに伴う農地の集約化」すなわち「農業の大規模経営」と「地主階層による農地の集積」とが混同され，「大規模農業経営」に「零細規模による農業経営」すなわち「零細自作農」を対置しているようにも読める．これは，商業的農業の展開によって発展してきた小農経営を無視した結果である．また，農業経営分析はなされておらず，民国期農村経済に関する限りは新たな知見が示されたように見えない．さらに，農作物を穀物と商品作物に2分している点も米や小麦などの穀物が商品化しているという実態と乖離しているといわざるをえない．

また，［中林2010］は，湖北省における「都市と農村，富裕層と貧困層という二つの対立項の組み合わせからなる四つの日常食のパターン」は，「富裕・貧困という経済的な階層性，都市・農村という生活環境の差異，そして農民の合理性を例とするような食事をとる主体の心性などの要素が絡み合って構築された」「極めて複雑な現象である」としている．たんに複雑さを指摘するだけではなく，自らも今後の課題としているように，農家経営の分析を含め「当時の社会的・経済的状況との関わりから」考察を深める必要がある．

なお，厳善平は「総移動人口の大半（57.6%）が農村地域内で行われ，近代的な都市への移動が比較的少ない」が，上海市では「農村と都市の間で行き来する流動人口がかなりの規模に達した」としている［厳2010］．

筆者の研究について

筆者は，2000年代初頭に1990年代までの研究成果を専著で総括している．

まず，第一次国共内戦の主要な舞台となった1930年代の江西省における農村経済復興政策を論じる中で，農村経済の実態については副業や手工業を含む小農経営の展開が見られたことを力説した［弁納2003］．

また，20世紀前半華中の東部を中心とする中国農村における品種改良事業と在来綿業（土布業）の動向を分析することによって，商品経済と地域間分業の発展を基礎とする農村の工業化が中国農村経済の近代化の特徴であることを明らかにした［弁納2004］．すなわち，品種改良に対する地域差が生じた主因は，商品経済の発展に基づく社会的分業と地域間分業によって形成された農村経済構造の地域差に求められる．たとえば，浙江省では改良稲麦種が積極的に受容されたが，改良棉花種は在来綿業が発展していた東部で，また，改良蚕種は蚕糸業が発展していた西部で受容を拒否された．これは，稲麦作では工程分業が成り立たなかったのに対して，製糸や織布では多くの作業工程が介在しているという差異があったためである．一方，土布業はすでに前近代において多様な生産パターンが発生し，その生産地も拡大していたが，近代になって機械製綿糸（洋糸）が流入すると，旧来の土布業構造は手紡糸（土糸）の生産が駆逐されるなど，部分的に解体されるとともに，新たに洋糸を用いた新土布という手織綿布の生産がされるなどして再編され，土布の生産パターンはより一層多様で複雑なものになった．なお，後に華北の山東省でもほぼ同様の構造的変化が起こったことも論じた［弁納2006a］．

ところで，過去10年間の筆者の主要な問題関心は，民国期中国における食糧事情（食糧の生産・流通・消費の複合的動向）の分析によって農村経済構造の特質を探ることにあった［弁納2006d］．

まず，戦後の国民党政府統治下の台湾において米不足とそれによって引き起こされた米価の高騰が米の売り惜しみや密売を促すという悪循環を生み出していた実態を明らかにした［弁納2002a］．また，日本軍占領下の華中においても戦争が生産と流通の両面にわたって二重に破壊したことによって米不足と米価高騰は深刻さを増していき，日本軍が占領当初から華中の米をほとんど掌握することができなかったことを明らかにした［弁納2002b］．さらに，抗日戦争前の江蘇省における稲作を例として米の生産と流通の両面から分析し，また，農村経済における先進地域の蘇南と後進地域の蘇北という区分を再検討することによって農村経済の発展の経済史的意味を明らかにした［弁納2005］．すなわ

ち蘇北と蘇南の農村経済は後進地域と先進地域として並存していたのではなく，表裏一体に連動して展開する面がより一層強くなり，特に農業の再生産が相互に支え合いながら成り立っていた面が多かった．たとえば，蘇南におけるジャポニカ種米の生産と販売は蘇北からの大量で安価なインディカ種米と肥料となる大豆粕の供給があってはじめて成り立っていたのであり，逆に，蘇北におけるインディカ種米の生産と販売は蘇南における大量で安定的なインディカ種米に対する需要があってはじめて可能となっていた．

民国前期（1912-27年）中国における米事情を概観した［弁納2006c］は，中心的な米の生産地・供給地となっていた長江中流域の湖北省・湖南省・江西省や長江下流域の安徽省でさえも，必ずしも安定的に米を移出することができず，米不足の状況を引き起こしていたことを明らかにした．

また，［弁納2007］は，山東特産の1つだった粉条（太めのはるさめ）について論じ，原料の緑豆の生産地（東北）・加工地（山東省）・消費地（華中・華南・東南アジア）が分離し，粉条をめぐる経済関係が広域化し1つの経済構造が形成されていたことを指摘した．

汪精衛政権下の中国では，日本の侵略が農業生産過程を破壊して食糧生産量を減少させ，また，その経済統制政策によって流通過程を混乱させると同時に，極めて深刻な食糧不足と食糧価格の暴騰を引き起こすなど，広範な地域間分業の展開の上に成り立っていた中国農村経済構造を二重に破壊したことを明らかにした［弁納2008］．

抗日戦争以前に山東省では貧富の格差に基づく多段階かつ多層的な食糧消費構造が形成され，穀物や甘藷までもが販売目的で生産されていたことから，自給自足的な穀物生産から商品作物生産への変化が起こったという見方や農民・農村の貧困化は農村経済の衰退ないし後進性を反映していたという捉え方を批判した［弁納2011］．

そして，日本の侵略が山東省農村社会経済構造に大きな変化を生じさせたことを明らかにした．すなわち，日本の侵略によって流通ルートが遮断され，また，生産過程の破壊と自然災害によって穀物生産量が減少していた上に，日本による小麦の低価強制買付によって小麦の出廻量も減少した．このため，雑穀への需要が急増して雑穀価格の高騰をもたらし，もともと高価な小麦を販売して安価な雑穀を自家消費用として購入していた農家は生産した小麦を自家消費

に充当したことから小麦の出廻量がより一層減少した．しかも，出稼ぎ者の帰村者や都市から農村への避難民の増加による食糧需要量の増加に対処するために，単位面積当たりの生産量の多い甘藷への転作を促した．このように，日本の侵略が農村経済発展の流れを逆行させ，自給自足的な傾向を促した［弁納2010］．

2 中国における研究

農家経営と商品経済

　農民層分解論を含む農家経営の議論はかつて日本でも盛んになされたが，近年，中国においても農家経済に関する議論が活発になっている．ただし中国では，農民の生活水準が改善したか悪化したか，あるいは貧困化の有無に関心が集まっている．もっとも，2001年以降も旧説的見解がなくなったわけではない．たとえば，晋綏辺区では封建地主経済が根強く残存していたという旧来の通説的なとらえ方を説く研究がある［王先明2003］．また，均分相続などによって江南の農民は狭小な土地所有と経営規模という条件下で家庭内の余剰労働力について農業外での就業や兼業化の機会を探さざるをえず，それによって家計の不足を補わざるをえなかったとする研究もある［張佩国2002］．

　他方，東北では清末民初に一定程度の専業化・集約化・企業化という特徴をもつ富農・経営地主や農墾公司の大規模農場経営が勃興し，東北の近代農業の発展を促進したとして大農のスケールメリットを強調し，人民公社解体後の小農経営の復活は農業の機械化を阻害し，労働生産性と収益率を低減させたとして小農経営を否定的に捉える研究があるが［衣保中2006］，大農経営の発展が東北のみに生じたのか，また，中国全体の中で東北がいかに位置づけられるのかは明らかにされていない．

　一方，［黄敏・慈鴻飛2006］は，江南の城居地主の中には商業で成功し民族資本家になった者もおり，その工業原料となる農産物の品種改良に尽力し，農村における商品経済の発展と農民の収入増加や生活水準の向上に寄与するとともに，農業墾殖公司を設立して資本主義的な農業経営を行い，伝統的な農業生産方式を改造した，と評価している．

　これに対して，陝西省関中地区高陵県では地主や小作人が少なく，自小作・

小自作が多数を占めており，抗日戦争期には小農経営が発展したとし，小農経営が大農経営よりも優位性を持っていたとする研究もある［鄭磊2003］.

さて，黄宗智の"内巻化"理論に対する中国の学界における反応・研究の特徴は農家の収入と農民の生活水準を指標として議論を展開している点にあると指摘する論考がある［馮小紅2004］. すなわち，"内巻化"理論を"停滞"論であると見なして批判し，小農経済の発展を力説して中国農村に資本主義的発展の趨勢を見いだそうとする見方［慈鴻飛1998；鄭起東2000］に対して，これに批判的な見方［劉克祥2000；夏明芳2002］があると整理している．

この他に，満鉄や国立北京大学附設農村経済研究所などの日本語文献資料を多数利用して，華北農村における生産活動と生活の相関性と周期について分析した研究［王建革2003］や，河北省中部農村における農家の手工業・副業と収入から算出された農家の労働生産性の相対的な高さは，農業生産力の発展水準を反映したものであるとする研究［侯建新2001］も，問題意識から見て農民の生活水準改善の有無に関連する研究といえる．

寧夏や甘粛などの西北農村における農家経済の貧困の主因は，土地所有の不均等や地主・小作間の矛盾ではなく，地方政府や軍閥による苛捐雑税だったとする研究もある［黄正林2006・2009］．

以上のような論争をもふまえながら，非農業部分も含む農家収入が増加したことなどを根拠とする民国期中国農村経済発展論の立場から，［李金錚2010］は1927-36年の河北省定県農村の農家の生活水準を定量分析した．これは新たな研究動向の1つの到達点であり，また，注目すべき点もいくつか含んでいるので，やや詳細に紹介したい．

利用された資料の対象農家は，1927年翟城村と付近の400戸，1928-29年翟城村と付近の34戸，1931-32年の123戸（調査村不明），1932年大西漲村の274戸，1936年大羊平10戸・大陳村5戸・小陳村2戸・寺羊平2戸の計19戸であり，前者の4調査は中華平民教育促進会，また，最後の調査は国民政府中央農業実験所によって行われた［Sidney 1954；李景漢1933；何延錚1983；張世文1936；杜修昌1985］．同じ県内とはいえ，異なる農村における調査であること，1928-29年と1936年の調査戸数は少なく農村内の一部だったと予想されること，調査対象農家の選択基準が全く不明であることなど，統計資料に不備，ないし限界があるのは明らかである．ただし，農村経済が好転した1936年の

状況に基づき，中国農村社会経済の停滞・衰退・没落論は，世界恐慌が中国にも波及した1931年直後の数値を根拠とした過大評価であると批判した点は的を射ている．だが，定県の農民の生活水準は依然として低いままだったとしている．なお，1936年定県5村20戸の経営面積別農家収支比較の統計資料は，注目すべき資料であるが，20戸全てで欠損がなかったとするのみで，経営規模別の特徴を探り農村経済の発展傾向を明らかにする作業はなされていない．ちなみに，最も収入が少ないのが383.58元の20-25畝の階層で，これに388.8元の15-20畝の階層と500.44元の10-15畝の階層が次いでいる．これは，零細農化するほど農外収入の割合が高まり，全収入は20-25畝の階層を底として上昇していることを示している．

しかし，以上に紹介した中国における議論は大きな問題を抱えているように思われる．農家の収入が時期によって増減するのは，基本的には景気変動の反映と捉えるべきであり，農村経済の発展の有無を判断する根拠にはならない．すなわち，農村経済の発展と個別農家の収入の減少は必ずしも矛盾した（「不均衡な」）現象ではない．農業の発展と農村経済の発展あるいは農民の貧困化と農業・農村経済の衰退は必ずしも一致しない．

ところで，対外貿易商品構造の変動と貿易量の急激な拡大が江蘇省農村の商業的農業を発展させ農村経済の発展を促進したと同時に，江蘇省における民族工業の発展にとって必要な農業面での条件を提供したと見なす［羅暁春2001］は，外国の商品や資本の中国への流入が否定的に捉えられてきた従来の見方とは大きく異なっている．ただし，農産物商品化の展開は，列強の対中国ダンピング輸出や原料略奪の結果ではなく，農村産業構造の変化と農村経済の発展を促進し，農民の収入と生活水準を若干引き上げたとする研究においても，アヘン戦争以前の「封建性的小農経済」という把握が示すように，小農経営を前近代的ないし非資本主義的経営と見なしている［盛邦躍2002］．

また，華北におけるアメリカ棉の普及が在来棉と土布業の密接な結合（農工未分離）を打破し，華北農村社会の閉鎖的状態に変化を生じさせたとする［王加華2003］があるが，土布業の展開を農工未分離で遅れた経済状況と見なすのは，従来の研究の成果から見て適切ではない．なお，［楊文生2006］は沿線地区の農産品市場の拡大を促進した平綏鉄道の開通が農産品の商品化を促進すると同時に，商品化された農産品が鉄道収入の主要な部分を占めることにより鉄

道経営自体の発展も促進したという.

その他

筆者の近年の研究と関連する食糧事情から農村経済状況に言及した研究も比較的多い.

陝西省関中地区における作付作物は，1928-30年の干害後にアヘンがピークを迎えた後は政策的誘導によって良質な棉花へ転換し，抗日戦期には食糧価格の上昇によって小麦が拡大し，棉花と小麦が並存する状況になったとしている［鄭磊2001］．また，山西省太原地区ではアヘン栽培の拡大や自然災害などによって穀物の生産が減少し，食糧価格が高騰したという［任吉東2003］．そもそも，華北の作付率は，抗日戦争前に棉花が上昇傾向にあったのに対して食糧作物は減少傾向にあったが，抗日戦期は主に日本軍の侵略による生産・流通面の破壊と食糧不足が食糧価格の高騰をもたらして収益性の高さが逆転したことから全く逆の傾向を示すようになったという［王加華2004］．

抗日戦争前，華北では小麦の栽培面積と生産量が増加し，農民は高価な小麦を販売して安価な雑穀を購入して食糧としていたので，小麦の商品化率は高かったが，伝統的な栽培技術と後進的な生産条件によって単位面積当たりの生産量は低く，小麦の販売，草帽緶の生産，麦藁を牛の飼料とするなどして家計の維持をはかったが，農村経済を根本的に好転させることはできず，農民の生活は依然として困窮していたという［恵富平・闕国坤2009］．

［于春英2009］は，満洲国時期に世界恐慌の波及と日本の植民地政策によって大豆・小麦などの商品作物の生産が減少したのに対し，水稲作が奇形的に発展し高粱・玉蜀黍などの食糧穀物の生産も増加したとし，商品作物は南部より北部で多く栽培され，零細農家が支配的な南部では高粱などの自給穀物の栽培が多かったという．清末民初に東北で資本主義的大農経営の展開が見られたという前掲の研究と付き合わせると，大農経営は主に東北の北部で展開し，東北農村経済は南部よりも北部で発展したことになる．この点は小農経営に関する議論との関わりから非常に重要な論点となる．

他方，［肖良武2006］によれば，貴州省では抗日戦争前に米などの食糧栽培面積と生産量がピークに達したが，一般の農民は生活が苦しかったので，大部分の米を四川省や湖南省へ販売して雑穀を購入し主食としており，しかも，抗

日戦期には省内で商工業や交通運輸業が急速に発展し，その従事者も急増するなど，非農業人口が増加したことによって食糧に対する需要が拡大したために，食糧の商品化が進展した．なお，貴州省屯堡地区における米価変動の主因には季節的変動，アヘン栽培，通貨制度の変動，人口増加による食糧需要の増大などがあり，特に抗日戦期に米価が上昇し，食糧作物の作付が拡大したという［曽芸・王思明 2008］．

広東商人が大量の米を買付けた広西省では，米の栽培面積と生産量の増加にともない，その商品化も進展した．［陳嵩 2007］は，米の商品化率が高かったことから小作料率も相対的に高く，農民は貧困の故に貧しい食生活を強いられたとする．こうして商品経済の繁栄と農民の貧窮化が並存する一方，農民の貧困を補うべく広東商人が関わる副業や手工業が奇形的に発展した．なお，主要な米生産県の 1937-39 年米生産量の増加を表す資料が示されているが，抗日戦争との関係には言及していない．

また，土地改革後の農業合作化において金融・資金面の手当が欠如していたことや農村経済にとって金融が重要な意味をもつことが再認識されてきたことから，伝統的農村金融を積極的に評価する研究も数多く発表されている．たとえば［馬俊亜 2002］は，従来強調されてきた典当の高利性を否定し，典当は都市金融市場と農村の生産を連結する紐帯になり，農村金融を調整し，農業・副業の生産を保障し，社会を安定させたとし，通説的理解を多面的かつ全面的に批判している．また，［李金錚 2003］は，長江中下流域を中心に展開した近代的農村金融が，さまざまな問題を抱えながらも農村の金融枯渇をある程度緩和し，伝統的な高利貸に対して一定程度打撃を与えたばかりでなく，農業生産を刺激し，農民の収入を増加させたという．さらに，［楊琪 2003］は，農業倉庫が農民に資金を提供することによって農業生産を発展させ，農産物流通の合理化を促進し，食糧の過不足を調節して，農村の発展に重要な役割を果たしたとした．［徐畅 2003］は，抗日戦争前の江蘇省農民銀行による農村への貸付について，合作社の貸付が高利貸になり，農業倉庫が地主や商人に利用される弊害があったとの通説を肯定しながらも，当時，深刻だった農村金融の枯渇した状況をある程度緩和したと評価している．ただし，江南の農村信用合作社資金は単純再生産や拡大再生産を保障するなどして農村経済の復興に一定程度貢献したが，高利貸を駆逐しえず，また，農村金融の枯渇状況を根本的には解決す

ることもできなかったと限界性を指摘する［咎金生2003］もある．なお，江西省では長年の戦乱によって典当や銭荘などの伝統的な金融組織が破壊され，銀行や農村信用合作社などの新式金融組織が囲剿戦の機に乗じて農村の奥深くまで入り込み，全省をカバーする金融ネットワークが樹立されたと見る研究もある［楊勇2005］．

さらに，労働力移動と農村経済の関連を論じた研究もある．たとえば，蘇南農村における労働力の非農業部門への移転が拡大再生産の阻止や農村労働力の流出などさまざまな問題をはらみながら，農業生産と農村経済の発展を促進したとする研究に対して［周中建2001］，農民の離村は主に農村経済衰退の産物であると同時に，労働力の流出は生産力を減退させ，人材の喪失が農村経済に打撃を与えたとする研究［池子華2002］や無錫農村では人口圧力の高さ故に生み出された多くの余剰労働力を工業と都市経済が未発達だったために十分には吸収しえなかったとする研究もある［張麗2007］．また，満洲国時期の東北では日本帝国主義によって大量の農家が破産して雇農となった一方で，山東省などの華北からも農民が雇農として東北に流入し，雇農の数が激増したため，雇農の手間賃が引き下がるなどして生活水準を低下させたという［于張英・王鳳烈2008］．さらに，農村の余剰労働力が都市へ移転する主因を先進的な工業と後進的な農業が並存する二重経済構造に求める研究がある［畢艶峰2009］．

最後に，牧畜業はその中心が内蒙古と西北地域であることから，検討対象地域も限定されている．モンゴル高原を4つの地域に分けて馬・牛・駱駝・羊の主要な4種類の家畜について市場と農業との結合程度によって遊牧経済の構造的特徴を比較検討している研究［王建革2001］や，牧畜業が農村経済のなかで重要な地位を占めていた寧夏では1940年代に牧畜業近代化のための措置がとられたために，各種の家畜数が増加するなど，牧畜業の発展が見られたとする研究［張天政2004］がある．

以上，近年，中国でも従来の革命史観とは異なる観点から分析が行われている．また，地方檔案資料や日本語文献資料を積極的に利用し，実証分析の緻密さは高まっている．が，日本の研究動向を無視した研究も多く，研究史の整理は不十分である．

おわりに

　現在，中国政府が最も重視している社会問題の1つが「三農問題」として提起されている農村社会経済の矛盾である．民国期中国農村経済史に関する中国の研究は，大部分がこの現代的課題を意識したものとなっている．よって，本章ではとりあげなかったが，農村社会経済政策に関する分析とその課題解決策の提言を含む研究が多かった．

　一方，日本では歴史研究離れとともに，中国に対する関心も急速に薄れているともいわれているなかで，近代中国農村経済史を研究する意義や目的あるいは魅力について，改めて考える時期にあるのかもしれない．

　従来の近現代中国農村経済史に対するとらえ方や枠組は工業と農業あるいは都市と農村という二分法的なものであり，農村の農業と都市の工業が対比されてきた．だが，近現代中国において進行してきたのは，農村における脱農化と都市における脱工業化の動きである．郷鎮企業や経済開発区の設立地点を含めて，手工業と近代工業の中心は農村地域となっている．こうして，都市経済の拡大・発展は都市近郊農村の都市化すなわち農村経済の発展・消滅と密接不可分な表裏一体の関係にあった．このようなことをふまえて，冒頭において今後は分析の枠組を農業経済史から農村経済史へ拡大していく必要があると提言した次第である．

　また，その分析は個別農家単位の経営，個別村落単位の経済，農村地域のみの経済などを対象としてきたが，上記のように，農村部と都市部は経済的に極めて密接な関係にあり，しかも，その農村部では商品経済の発展を基礎とした地域間分業が展開していたことからすれば，今後は従来の分析の枠組を越えて超域的に分析するべきであろう．各地域ごとの詳細な実態分析は必要だが，地域的な特徴と全国との共通性および全国における位置づけをする必要がある．農村経済の発展は各地域によって差が見られたとともに，一定の共通する現象も見られたからである．

　以上のような分析作業の蓄積によって，今後，新たな近現代中国農村経済史像が構築されていくことを期待したい．

第9章　その他の産業・企業史

中国企業史研究会

　カンパニー Company を，日本では会社と訳し，中国では「公司」（ゴンス）と訳す．利益を得ることを目的に，何らかの商行為を行う団体という点だけに着目すれば，その歴史は古い．しかし，出資方法・利益配分・損失責任などに関する法的な規定を満たし，近代的な装いをまとう「公司」の形をとった企業経営が中国に成立してくるのは，近代産業が勃興した19世紀後半のことであった．ここでは，日本における中国近代産業史・企業経営史研究について，とくに中華民国時期（1912-49年）の中国資本企業に関する研究を主な対象に検討を加える．

　概括的にいえば，20世紀中国における近代的国民経済の形成過程を中国経済自体の発展と中国をめぐる国際情勢の関連において照射する試みは，1980年代を迎える頃から本格化し，それにともなって中国の産業史・企業経営史研究に関わる論著も大幅に増加した．それらの研究は，内外のどのような歴史的条件の下，20世紀中国の近代産業と企業経営が成立・発展してきたのか，そこには，どのような限界や問題点が存在し，それを克服するためにどのような努力がなされたのか，在来産業と近代産業の企業経営の間には，どのような関係が生じていたのか，といった一連の課題を考察している．以下，産業分野別に紹介していくことにしたい．ただし綿紡織業・鉄鋼業・鉄道業については，すでに本書の第4-6章に専論が準備されているので，詳細はそちらに譲ることにし，以下の叙述では，その他の産業分野・経済分野における企業経営史の研究状況を，簡潔に紹介する．

　なお本章は，中国企業史研究会『中国企業史研究の成果と課題』（汲古書院，2007年）に掲載された文章を増訂したものである．

1 軽工業

まずは中国で最初に勃興した近代産業の1つである器械製糸業について触れなければならない．江浙蚕糸業を軸に大著をまとめた［曽田1994］は，①1860年の上海における近代的製糸工場設立から安定的に増加し始める直前の1904-05年頃まで，②フランス市場を意識しつつイタリア式技術を定着せんとした1906-07年頃から第一次世界大戦まで，③アメリカ市場への転換が課題になった第一次世界大戦後から国民政府成立・世界恐慌まで，との時期区分を提示するとともに，②から③の時期に，小資本を初期投資から解放した租廠制度（工場のレンタル制）の普及，製糸金融の外国商から銭荘（地場の金融機関）への移行，労働者管理と技術指導システムの成立，乾繭取引の開始など原料取引制度の確立がみられ，近代中国の蚕糸業の発展に貢献したことを指摘した．

1930年代になると，世界恐慌を契機とした海外市場の伸び悩みと国内農村経済の落込みによって，中国製糸業は新たな展開を迫られる．［奥村1978・1979］（［奥村2004］再録）は，無錫など繭産地に設立された製糸業が，上海製糸業の前期的・買辦的性格を克服する民族的・近代的要素をもち，恐慌前夜には器械製糸業の主力に成長したこと，さらに国民政府の蚕糸改良や統制によって「早熟的な独占」を形成し，中小資本・直接生産者に矛盾を転嫁しながら発展したことを明らかにした．その後，10年を経て発表された論考において［奥村1989］（［奥村2004］再録）は，器械製糸業の実態を新出史料に基づいて再吟味し，①民間資本がなお弱体なまま世界恐慌を迎えた中国の特殊性が一時的・局地的に政府の経営介入を不可避としたが，その現象は本来的に可逆性をもっていたこと，②短期間に成立し解体した興業公司は恐慌離脱過程の産物であり，薛家永泰系資本の事例と同じく，巨額な利潤は繭行（繭取引の問屋）掌握を通じた「繭独占」に依拠していたこと，③「独占体」の内実は合股に近い性格と租廠制に支えられたものであったこと，などを確認し，「早熟的な独占」というかつての評価を訂正している．奥村は民間資本の復興・再編による新たな発展の可能性を見いだしつつも，日中戦争における統制によって再び「官」が登場し，そうした可能性は現実化しなかった，との展望を示した．

その他，製糸業関連では，［津久井1990］が日本に留学した蚕糸技術者を追

跡する作業を進めており，技術移転の経緯が具体的に明らかにされることが期待される．また，日中戦争期に華中蚕糸に勤務した経験を持つ池田憲司は，『蚕糸科学と技術』誌に日中の蚕糸技術の交流に関わる多くの論考を発表し，[池田 1999・2002・2005] のような小冊子と [池田 2012] の大著にまとめた（東洋文庫，国会図書館などで一部は閲覧可能）．

一方，製糸業の後を追うようにして，さらに大きな広がりをもって勃興した近代的繊維産業が綿紡織業であった．その発展過程と綿業経営をめぐる諸問題については，先にも述べたように本書第4章が集中的に論じている．

また，軽工業部門で繊維産業と並ぶ重要な位置を占めたのは食品産業であったが，それに関する企業史研究は意外に少ない．最も大きな存在だった製粉企業については中井英基が精力的に研究を進め，[中井 2003] において，栄家兄弟（栄宗敬・栄徳生）による茂新麺粉廠と福新麺粉廠の設立の背景を検討する前提として，清末から民国初期の中国製粉業の全般的な概況を整理した．また [中井 2004] は，孫多森およびその一族が1900年に上海に設立した阜豊麺粉廠の経営に焦点をあて，同廠が，栄家企業とは対照的な経営方針，他地域での新工場設立，機械設備の更新，「封建的」な人事管理などにより上海の近代的機械製粉企業のなかで安定的な経営を展開したことを，二次史料の批判的検討を通して明らかにしている．

製粉業の他に目立った発展が見られた食品産業として，鶏卵を長期保存できるように加工する鶏卵加工品（卵粉・液卵・冷凍卵）製造業が挙げられる．これに関して [吉田 2006] は，中国および欧米資本の鶏卵加工品製造企業の経営が1910-20年代の山東省の鶏卵流通に与えた影響について論じ，[吉田 2005] は，戦間期中国における鶏卵加工品輸出の推移と養鶏業の改良を目指す動きとの密接な関わりを指摘した．また醸造業については，20世紀初めから北京や青島で発展したビール工業を対象に，その生産技術や市場を考察した [一ノ瀬 2007・2008] に代表される一連の研究がある．

2 重化学工業

軽工業史に比較した場合，重化学工業の歴史に関する論著の数は，きわめて少なかった．民国前期は生産財部門の成長が不十分であったため，ある意味で

は，研究の少なさは当然の結果だったといえるかもしれない．ただし，民国後期には対日抗戦の必要に迫られ，重化学工業の発展に力が入れられるようになり，東北（満洲国）および華北の日本占領地区においても一定の発展がみられた．そのため，数少ない研究もまたこの時期に集中している．

比較的研究が蓄積された分野である製鉄業については本書第5章を参照されたい．その他の重化学工業部門の研究として，繊維機械工業の技術水準に着目した［清川1983］が挙げられる．清川は在華紡の有する製造機械の技術が中国資本紡に移転したか否かという角度から分析を進め，これに否定的な見解を示した．本来は中国紡の活発な設備更新需要を通じ急速に成長して然るべきであった中国の繊維機械工業は，在華紡による経営圧迫ゆえに，十分な機械需要のみならず，自己の設備近代化や技術水準向上の最小限の機会すらも容易には与えられなかったとしたのである．しかし近年の研究は，日中戦争期から戦後にかけ，日本資本が持っていた紡織機器製造技術の中国側への技術移転が進展し，戦後の中国紡織業発展の基礎が築かれていったことを明らかにした［王穎琳2009；富澤2011；久保2011a］．同じく機械工業の関連では，東北（満洲）の自動車工業を考察した［老川1997］が執筆されている．

［田島2005］は永利化学・天原電化などを中心に20世紀中国の化学工業を総合的に考察した画期的な研究成果である．同書には，民国期に関する各論として中国化学工業の技術的発展水準を考察した［峰2005］，永利化学の資金調達過程を分析した［王京濱2005］，第二次世界大戦後から中華人民共和国時期に至る上海化学工業の再編過程を論じた［加島2005］などが収録されており，民国期における中国化学工業の発展水準を評価しつつ，技術や産業立地・産業組織における1950年代以降との連続性が示唆されている．

重化学工業の一部に位置づけられることもあるセメント産業については，19世紀から21世紀の現在に至る長い見通しを示した共同研究の成果として［田島・朱・加島編2010］が刊行された．

3　鉱業・エネルギー産業・商業

鉱業において注意すべきは，すでにライトが炭鉱業研究で指摘したように，近代中国において，外資・中外合辦鉱山の生産量が一貫して大きな割合を占め

た点にある［Wright 1984：117-18］．それは，当時の中国には近代的な大規模鉱山の運営に不可欠な資本・技術・人材が欠如しており，民国期の鉱業法においても外資の五割未満の出資による中外合辦企業の設立を認めたためだった．民国期の会社法には，1946年の「修正公司法」まで外国企業や外国人投資の条項は存在せず，中国の主権下における中外合辦企業の存在は鉱業の特徴でもあった［富澤 2012］．

鉱業の基礎となる地質調査については，満鉄傘下の地質調査所などの地質調査組織が，中国東北地域および本土の多岐・多方面にわたる調査報告を残している．しか

図1　撫順炭鉱
満鉄が開発した近代的な大規模鉱山.

し現地調査としては不十分なものが多く，調査報告も，既存の成果の引き写しにとどまるものが多いことも指摘されている［山本(裕) 2008］．一方，中国側については，中央地質研究所を中心とする地質調査組織の中国社会に与えた影響が，科学史の視角から明らかにされている［張九辰 2005］．

まず炭鉱業についてであるが，上述のライトの研究がいまなお重要である［Wright 1984］．同書は，膨大な日・中・欧文の史料を駆使しつつ，近代中国の石炭産業（Coal industry）の発展と，政治と社会のなかにおける炭鉱業（Coal mining）について解明している．中国語によるものとしては，近代炭鉱業を包括的に論じた［《中国近代煤礦史》編写組 1990］と，満鉄の撫順炭鉱など日本の在華炭鉱業投資を体系的に論じた［陳慈玉 2004］が参照されるべきである．

日本語の中国本土の炭鉱業に関する研究は，戦時における華北の石炭資源獲得の目的から，日中戦争期に多くが公刊されている．そのなかで，中国炭鉱業の自律的発展を否定的に論じた［木村 1941］，華北の主要炭鉱について論じた

［久保山 1943］，炭鉱業と製鉄業の2部門に限って「重工業」を論じた［手塚 1944］などが代表的なものとして挙げられる．

その一方で，戦後の日本における炭鉱業史研究の成果は限定的なものとなっている．［陳慈玉 2002］は，日本の在華炭鉱業投資の特色を時期ごとに明らかにしている．また中国最大の炭鉱である開灤炭鉱については，1922年の労働争議を中心に［高綱 1981］が論じている．日本と密接な関係を有した山東省の炭鉱について，［桂川 1989］は第一次世界大戦中に日本の青島守備軍の占領下にあった山東の淄川炭鉱などの経営を分析し，「経済的にのみ判断すれば，日本にとってあまりうまみのある権益ではなかった」と結論づけた．これに対して［富澤 2006c］は，青島守備軍が淄川炭鉱自体の採算を度外視し，淄川炭を使って鉄道や滄口・四方地区での急速な工場建設などの広範な事業を支え続けさせたことを解明し，同炭鉱の継承企業だった魯大公司の経営に問題が噴出したのも当然の帰結だったことを示した．また［富澤 2006b］は，同時期の博山炭鉱における日本資本の進出についても分析し，日本商と現地炭鉱との契約は鉱業権全般の掌握に至らず，折からの石炭市場の縮小と中国側の鉱業関連諸法規の適用によって，日本商の勢力は急速に減少し，残留したわずかな日本商も中国側諸法規を遵守する形で事業存続を余儀なくされたことを解明した．

一方，［塚瀬 1989］は，上海における石炭需要の変遷を分析し，上海の工業発展が増産を開始した中国炭を吸収し，価格的に不利であった日本炭のシェアが縮小して行く過程を，満洲事変へと向かう日中関係の中で跡づけている．

次に電力産業については，［金丸 1993］が，インフラとしての電力産業史の開拓を意図し，抗戦前中国における出力の約55％を占めた上海市・江蘇省の個別資本を通観した後，次の点を指摘した．1920年代半ばに至る成長の大部分が，工部局電気処によって支えられていた．上海華界および江蘇各地の発電所は小資本かつ経営不安定なものが大半を占めた．よって紡績・製粉工場の公共租界集中現象は必然であった．エネルギーの需要と供給をめぐって，外国資本と土着資本の間には生産力構造内部における「共生」が確認され，外資の電力は民族系工業（特に近代部門）の発展を支えていたのである．また［金丸 1994］は南通の電力産業の状況を素描しており，張謇という優れた企業者の手によっても改善されなかった同地の電力事情が，30年代半ばの行政指導と政府系銀行の投資を契機に，漸く成長の兆しを見せた事実を指摘した．さらに金

丸は，日中戦争期の上海・江蘇における電力産業の破壊と「復興」をめぐる問題［金丸1997・2005a］，日独戦後青島発電所をめぐる日中両国企業家の行動［金丸2006］，また日本語による中国電力産業史に対する分析を継続している［金丸2002・2003・2005b］．清末から民国期にかけての上海電力産業の発展過程の全容は，［王樹槐2010］によって詳細に論じられている．

一方，［王京濱2006］は，計量経済学的仮説により中国における電力産業発展の特質を解明しようとした．この他，戦前と戦後，さらに中華人民共和国初期に至る連続面を意識したものとして，［加島2006］による上海電力業再編の概論，［峰2006］による東北電力網形成史の鳥瞰がある．そして，そうした新たな研究も含め，一連の成果をまとめたのが［田島編2008］である．

なお，鉱工業部門の企業経営に関する経営の進展に比して，流通産業・商業部門の企業経営史に関しては，見るべきものが非常に少ないというほかない．百貨店経営に関する［菊池2005・2012］が日本における代表的な研究であり，［島1995］も上海デパート業を概観した．また［久保1994］（［久保2005］再録）は戦時期における綿布販売商などの動向を追ったモノグラフである．

4　その他の交通産業

ここでは鉄道（本書第1部第6章）を除く交通産業について，水運・航空・道路（公路）の順にみていく．

まず，水運については，清代からの沿海航路に関する研究に一定の蓄積がみられるが，本書第1部第1章で触れているのでここでは省略し，主に，輪船招商局を中心とした企業史研究をとりあげる．輪船招商局とは清末の洋務期に設立された半官半民会社であり，政府からの保護政策を受け，外資系汽船会社と対抗しつつ業務を拡大していく．同社については，古くは［北村1961］が旗昌公司（アメリカ資本）の買収をめぐる経営者間の対立を描いており，近年では［泉谷1997］が1930年代の経営状況を明らかにしている．すなわち，同社は1930年代初頭に国有化されるが，その背景には外国銀行からの借款に依存する経営体質があったこと，国有化後は経営改善がなされるものの，債務整理が進展しないまま日中戦争を迎えたとする．同じく［泉谷2000］は戦後国共内戦期の水運業界に焦点をあて，航行権擁護運動などのナショナリズムの高揚が，

戦後復興を遅らせる要因となった点を指摘する．その他の会社については，[久保1995]が民生公司を扱っている．民生公司は四川省を拠点とした長江の水運により1930年代に急成長した企業であり，その成長の要因として，内部蓄積を重視する一方，他企業の併合，沿岸への航路拡大により経営効率化と収益増を図った盧作孚の経営手法があったとする．

一方，中国では近年，水運史に関する出版が相次いでいる．代表的なものを列記すれば，資料集として，聶宝璋他編『中国近代航運史資料』（第1・2輯，各上下冊，1983・2002年），陳旭麓他主編『輪船招商局（盛宣懐檔案資料選輯之八）』（上海人民出版社，2002年），胡政主編『招商局珍檔』（中国社会科学出版社，2009年）があるほか，輪船招商局の通史に，[胡政主編2007；張后銓2007]，論文集に［招商局史研究会編2005；虞和平・胡政2008；朱蔭貴2008］がある．

次に，航空に移る．中国では1930年代初頭に2社の外資合弁企業が設立され，それに国内企業を含めた3社が上海を起点に1万1500キロの路線を経営していた．また，日中戦争直前期には，欧米諸国との国際航路が開設される一方，華北では日本との合弁企業が満洲国との連絡輸送にあたっていた．こうした路線開設をめぐる多国間関係については，［萩原2002］が明らかにしている．同様に，沿岸部を日本に占領される日中戦争期には，奥地諸省と外国とを結ぶ航空路線が抗戦を維持する重要な輸送ルートとなる．そのうちソ連との新疆を結ぶ航空路線の実態について［簡笙簧1984］が明らかにしたほか，［萩原2004］も当時の輸送実態のトータルな把握に努めている．その他，中国の航空発達史を概観したものに［姚峻主編1998］，資料集として民航総局史志編輯部『中国航空公司・欧亜：中央航空公司史料彙編』（1997年）・瞿韶華主編『航空史料』（国史館，1991年）がある．

最後に，道路（公路）をみていこう．1908年に初めて龍州（広西省）に建設された近代的道路は，南京国民政府成立以後に急速に進展し，総延長は1928年の3万キロ弱から1936年の12万キロへと増大した．また，各道路には輸送会社が設立され，主に乗客輸送にあたった．こうした建設過程・輸送業務については地域ごとの通史を別とすれば，マクロ的に分析した研究は少ない．なお，日中戦争期の道路は，西南・西北諸省からビルマ・インド・ソ連などの近隣諸国に結ばれ，外国からの物資搬入ルートとしての役割を果たしたほか，国内では人力・畜力を利用した伝統的輸送形態ともいうべき駅運が，戦時輸送の一翼

を担った．前者については［施曼華 1983］，後者については［陳紅民 1997］の研究がある．

5　企業経営者研究，企業制度，会社法研究

　産業史一般と関連しつつも，それとは区別される独自の研究分野である資本家・企業者史研究が進展したことも貴重な成果である．中井英基の［中井 1982・1988］（［中井 1996］再録）をはじめとする一連の張謇研究に加え，上海経済界の有力な指導者虞洽卿の実像に迫った［陳来幸 1983］，天津における国産品愛用運動に深く関わった宋則久の半生をたどった［林原 1983］，天津に永利化学を創設した范旭東について論じた［貴志 1997］，恐慌期に急速な拡大を遂げた大成紗廠の劉国鈞について論じた［富澤 1997］などの業績をあげておきたい．また［久保 2002b］（［久保 2005］再録）は華僑および留学生出身の企業経営者が重要な役割を果たしたことを指摘している．

　製糸業経営において工場の所有者と経営者を分離する租廠制が果たした役割に関しては［曽田 1994；奥村 2004］が，また紡績業経営における利益処分の方法に関しては［中井 1996；久保 2005］が，それぞれ議論を展開した．また 1930 年代に中国へも導入された「科学的労務管理」をめぐる事例分析が［岩間 2005］で示され，そうした企業経営を担った職員層に関する考察も［岩間 2006・2011］などで進められている．

　民国初期の会社法である公司条例について論じた［浜口 1992］は，法令の内容に即して吟味しても，払込資本の下限や利益処分，株主の保護等に不備が多かったとし，電気事業取締条例を検討した［金丸 1993］は，電力の種類・周波数・相に何らの統一的規格を示さなかったなど未整備な点が少なくなかったことを指摘した．会社法全般の変遷過程については［川井 1998］が整理しており，それが企業経営の発展とどのように相互に関わりあっていたかという問題は，［富澤 2009］が検討している．

おわりに

　日本における近年の中国企業史研究を通じ，第一次世界大戦後から 1930 年

代までの中国経済を"衰退・没落期"ととらえていたかつての枠組みは否定され，この時期が外資をも交えた資本間競争が激化する下，企業淘汰をともなう新たな発展の時期であったという見方がほぼ定着した．製造コスト・流通コスト引下げのためのさまざまな経営努力，可能な限り企業内部に利益を留保する利益配分方針，すぐれた生産技術の導入と設備改善などが，この時期の中国資本企業の発展を支えた要因として具体的に明らかにされた．郷紳主導型・商人主導型，あるいは経済官僚主導型の経営から，しだいに専門経営者・技術者主導型の経営が優勢を占めるようになったという綿紡績業における変化の趨勢は，多かれ少なかれ，他の産業分野においても見いだされつつある．中国資本企業に対する抑圧的作用のみが強調された外国資本企業についても，対抗と協調の微妙な並存が指摘されるようになった．一方，政府による経済政策の展開に関しては，通貨金融制度の整備，各種の産業振興策の推進，会社法の制定・改訂など，全体として中国資本企業の発展を促進する方向に働いた事実が確認された．

　こうした過程を通じて工業発展全体の様子がどのようなものであったかという点については，1912-49年における工業生産指数の改訂作業を試みた［久保2009a］があり，戦時の日本軍占領下の華北地域や重慶国民政府支配地域でもある程度の発展がみられたことが統計によって示されている［久保1998・2004・2010（中国語）］．

　今後の課題の1つは，地域の面でも，産業分野の面でも，時期の面でも研究対象を拡大することである．近年の研究対象は明らかに偏りを示しており，主に長江下流域，軽工業の事例を中心に，1910-30年代の鉱工業史に力が入れられてきた．またもう1つの重要な課題は，専門経営者・技術者主導型の経営が優勢を占めるようになったという場合，それを可能にした専門経営者や技術者がどのように養成されてきたのか，教育制度や社会文化的な背景を含めた総合的な理解を深めることである．

第10章　通貨金融史

久保　亨

　20世紀初め，中国国内には100種類を超える通貨が流通しており，日々，その交換レートが変動するという錯綜した状況が生まれていた．遠隔地間の送金を専門的に担う金融機関の発展もみられたとはいえ，通貨の不統一が経済の発展を妨げる要因の1つになっていたことは否定できない．当時の通貨には，馬の蹄の形をした銀塊（馬蹄銀）を使う秤量通貨の「銀両」，コインの形状をして計量通貨的に用いられた「銀元」（新大陸から中国国内に大量に流入していたメキシコ・ドル，スペイン・ドルなどの銀貨について，各銀貨の純銀含有量に応じて「銀両」表示の貨幣価値を算出し，それを国内取引用の通貨として用いたもの．1890年以降，清朝の地方政府も龍洋と称された独自の銀元通貨を発行），庶民が日常生活に用いた「銅銭」（制銭とも呼ばれた方形の穴あき銅コイン），内外の銀行が発行した各種の紙幣などがあった．

　しかし国内の交易と生産が拡大するにつれ，広い市場圏で共通の貨幣を用いる傾向が強まり，中華民国成立後に北京政府が発行した新銀元（袁世凱像の刻印にちなみ袁頭と俗称）も通貨統一を促す役割を果たした．国民政府期になると一段と通貨発行権の集中が進み，1933年の廃両改元政策によって秤量貨幣としての銀両が廃止され，銀元のみが通貨として認められるようになった．そして1935年には，その銀元も廃止して管理通貨制に移行する幣制改革が実施される．この結果，政府系銀行の発行する紙幣である法幣に中国の幣制はほぼ統一された（図1は法幣）．

　一方，経済の発展にとって，遠隔地間交易の決済や低利多額の資金調達を可能にする金融機関の整備は，きわめて重要な意味をもつ．19世紀初めの中国では，近代的銀行業の確立に先行して「票号」「銭荘」などの独特な性格を備

図1 幣制改革後の新札（法幣）

えた金融機関が発達し，商工業全体の発展を支えていた．票号は，福建の茶の取引やロシアとの交易に活躍していた山西出身の商人が，自分たちの商取引用の送金ルートを生かして創設した金融機関である．銭荘は，上海・広州・北京などで19世紀に発展してくる金融業者であって，両替と周辺市場圏における取引決済に加え，独自の約束手形に相当する荘票を発行し，対人信用を担保とする都市商工業者向けの資金貸付も行っていた．

さらに19世紀半ば頃からの外国貿易の拡大にともない，外国為替業務を取り扱う外国銀行が中国に進出する．中国資本による最初の近代的銀行は，1897年設立の中国通商銀行（上海）であった．相前後して官営の金融機関である官銭局や官銀号が各地に設立されるとともに，1905年，戸部（清朝政府財政部門）の名を冠した戸部銀行が北京に設立され，国家銀行としての役割がめざされることになった．同行は1908年に大清銀行，1912年に中国銀行と改称改組を重ねる．この頃から1907年設立の浙江興業銀行，1908年設立の四明銀行，1915

表1 貨幣流通概況の変遷

単位：％

	銀貨	銅貨	紙幣	外国銀行券	中国資本銀行券	
					政府系銀行	民間銀行
20世紀初め（1910年頃）	60.4	14.6	25.0	12.4	12.6	
幣制改革直前（1935.10）	42.2	4.7	53.1	14.1	21.4	17.6
幣制改革以降（1936.6）	…	…	…	…	60-80*	…

注：*60-80％は全国的概況を示すものであって，流通状況は地域により相当異なっていた．
　上海80％，江蘇80％，浙江74％，湖北84％，山東84％，北京64％，湖南59％，広東23％等．
出典：[久保 1995：117]．

年設立の上海商業儲蓄銀行，1917年設立の金城銀行など，民間資本による近代的な銀行も続々と誕生した．

　民間銀行の主要業務の1つは，中国政府が発行する公債を引受け，その売買収益や配当金収入を獲得することにあった．しかし同時に1930年代の各行の民間商工業に対する貸付金は総額の4-5割という高い比重を示すようになり，従来の銭荘に代わって近代的な民間銀行が，一般の商工業に対する主要な金融機関の位置を占めつつあった．

　人民共和国の成立後,「社会主義」化が急がれるようになった1952年に，他の諸分野に先駆けて真っ先に国有化されたのが，金融業であった．悪性インフレの終息と統制経済の「管制高地」掌握がめざされたのである．民間銀行は消滅し，中国人民・中国（外国為替取扱銀行）・中国農業（ただし1957年に撤廃）・中国人民建設の政府系4行が残され，民間の資金を吸収し政府の経済政策を忠実に実行する金融行政機構としての役割のみを果たすようになった．自立的な金融業の展開は，この時期に一度断ち切られたといってよい．以上のような状態が長く続いた後，1970年代の末以降，一部に在外中国人からの投資も受け入れながら，金融機関の多様化や活性化が試みられるようになった．

1　戦前の研究動向

　通貨金融史に関して注意すべきことの1つは，戦前に相当の同時代史的考察

が蓄積されていたことである．おそらく当時の日本の商社マンや銀行員・中小商人にとって切実な関心事であったためだと思われるが，当時の中国の複雑な通貨金融事情について，［濱田 1936］のような実用を兼ねた現状分析の書が多数刊行されていた．上海で発行されていた金融・商業専門の英字週刊誌 Finance & Commerce の常連執筆者エドワード・カーンの論説を翻訳編纂した［カン 1938・1940］が出版されているのも，そのような情報に対し強い需要が存在したことを窺わせる．中国の通貨金融史上，画期的な意味をもった 1935 年の幣制改革については，［満鉄上海事務所 1936］が詳細な分析を行っており，通貨金融制度の体系的な分析を進めた［宮下 1941・1943・1953］も，戦前来，継続されてきた研究の成果にほかならない．

2　戦後の研究

しかし戦後になると中国近代の金融史に対する関心が薄れ，ほとんど研究がなされない状況に陥った．そうしたなかにあって，『上海銭荘史料』を丹念に読み込み，近代工業勃興期に銭荘が果たした役割を検討した［横山 1961］は，貴重な作業であった．また外国銀行の役割を多面的に考察した［濱下 1990］は，1865 年設立の香港上海（匯豊）銀行のように，銀通貨圏に本店を置き資本金も銀建て制とした諸銀行が業務の拡大に成功し，清朝の借款業務，公債引受け，通貨発行，政財界要人の預金受入れ，関税塩税の保管業務などを通じ，中国経済全体に大きな影響力をもつようになったことを明らかにしている．前近代中国の通貨制度に対する考察を深めた［黒田 1994］は，湖北省を例に，広域的な経済圏の成立と，それを基礎に進展した広域的な通貨統合過程とを鮮やかに提示した．

国民政府が 1935 年に実施した幣制改革については，中国史・日本史・英米史の研究者による共同研究が進められ，［野沢編 1981］が刊行されている．これは，当時利用可能になっていた日本側・イギリス側・アメリカ側の文書史料を使って幣制改革の準備過程・実施過程を多面的に分析するとともに，中国側の主体的な動きも可能な限り実証的に明らかにし，幣制改革の歴史的な意義を評価しようとした共同研究であった．幣制改革とその後の一連の措置によって，外国為替レートが低位で安定化し，経済活動全般にも好影響が現れたことも確

認されている．幣制改革に対するこのような評価は，国民政府の経済政策全般の再評価にもつながる動きであり，中国においても，そのような方向を支持する諸研究が現れていたことが，［久保1986a］によって紹介されたことがある．その後，国民党政権下の動きだけではなく，満洲国における幣制改革や共産党支配地域における通貨政策にも目を配った［岩武1990］，香港上海銀行と幣制改革との関係について論じた［蕭文嫻2009］，中国経済全般の展開の中で幣制改革を考察した［城山2011］などが公刊された．なお日本軍占領地における状況も含めた戦時の通貨問題に関しては，当時の体験もふまえて戦後にまとめられた［桑野1965］が，的確に経緯を考察している．

一方，近代中国の銀行業に関する研究は，［中鴜1968・1969］による1936年前後の中国銀行の産業投資に関する研究によって先鞭がつけられた．しかし中鴜の場合，中国銀行による産業投資を「産業資本への確立指向を持った転型過程」とみなしつつも，同時にそれを「官僚資本化の進展」と位置づけ，否定的評価にとどまる傾向があった．その後，幣制改革をはじめとする国民政府の経済政策全般に対する再評価が進むにつれて，民間銀行が中国の経済発展全体に対して与えた肯定的な影響を認める中田昭一らの研究も発表されるようになる．1922年の「北四行」（塩業・金城・中南・大陸銀行）による連合営業形成の過程を分析した［中田1999］は，「北四行」が連合営業により信用力を高めて，預金業務と貸付業務の強化をはかり，工業貸付額を増大させたことを明らかにした．また［中田2001］は，1920年代における金城銀行の商工業貸付業務の特質を，対日貿易の増加と天津銀号との関係から分析し，30年代と比較して無担保貸付の比率が高かったことを示すとともに，「北四行」による中南銀行券の共同発行が貿易との結びつきを強めて商工業貸付を拡大したとした．

1930年代については，華北における綿花改良に銀行が関わった過程や綿花流通・金融構造の再編を解明した［中田1995・1996・1998；岡崎2001］，金城銀行を例に工業金融の実態を整理した［久保2003］（［久保2005］再録）などが発表された．1930年代の恐慌前後における中国経済を広い視野で概観しながら，内外の諸条件の下，どのように通貨金融政策が展開されていったかを総合的に考察したのが［城山2011］である．

ただし1940年代の金融業に関する分析は少なく，最近，［林2005・2009］が発表された程度であり，この時期の金融に関する経営史研究の本格的展開は，

今後の課題である．

　東北地域の金融・通貨問題については，本書第12章に紹介されているとおり，日本の植民地経済史研究者らによる多くの研究成果を参照することができ，外国銀行のなかでも抜きんでた存在であったイギリス系の香港上海銀行については，きわめて充実した社史が編纂公刊された［King 1987・1988・1991］．また近年，上海市檔案館で公開された膨大な量の金融機関関係の文書史料を用いて，多くの成果が発表されている．そのなかには，たんなる制度史的な整理にとどまらず，近代上海の金融の歴史的な性格を解明する貴重な作業も含まれている．そうした実証的な研究も含め，中国における金融史研究全般の進展については，本書第17章が詳しく紹介している．

　一方，欧米でも，天津の銀行家に関するシーハンの個別研究［Sheehan 2003］のように，金融史に関わる成果が徐々に発表されるようになっており，その代表的な成果については，前述した［城山 2011］による研究文献整理を参照することができる．

　1970年代の末以来，在外中国人からの投資も受け入れながら金融機関の多様化や活性化が試みられるようになり，1979年には半官半民の形式をとって中国国際信託投資公司が設立され，外国からの技術や資金の受け入れを仲介する金融機関として，非常に重要な存在となった．しかしながら政府の経済政策に対する金融機関の自立性はなおきわめて薄弱であり，銀行の貸付金焦付率が1985年には52％に達したという事実に示されるように，地方政府や国営企業の無謀な資金調達要請に対しほとんど制御が効かないような状態を脱しなかった［上原 1987］．その後，次第に広がった都市商業銀行の経営実態に関しては，［門闖 2011］が考察している．

第11章 財 政 史

久 保　亨

　中国民衆の大半は個人所得税を払っていない．そういうと，日本人は皆びっくりし，中国人は日本人がびっくりすることに対し，びっくりする．実際，21世紀初頭の現在，日本の国税収入のなかで所得税は約30％を占めるのに対し，中国は約7％程度にすぎない．全国民1人当たりの負担額を単純平均で求めれば，日本人が払っている所得税額は年間11万9277円，中国人は年間2868円である（いずれも2005-07年の平均）．なぜ，そのような違いが生まれるのか．その背後には，両国財政の歴史的な相異が横たわっている．

　19世紀末から20世紀半ばにかけ，中国の国家財政は非常に窮乏した．税収面でいえば，王朝時代の主な税源であった土地税の徴収率が低下する一方，所得税のように，直接，国民から税を集める近代国家の徴税システムを確立できなかったからである．1930年代にようやく中央政府としての権威を確立した国民政府にしても，その主な税源は関税・塩税・統一消費税の三大間接税であって，直接税ではなかった．

　人民共和国が成立した後，1950年代に社会主義化が強行され，国有企業などからの上納金が政府収入の主要部分を占めるようになった．これは，1980年代から企業所得税（日本の法人税に近い）に形を変え，現在に至っている．一方，1990年代半ば以降，ようやく個人所得税の徴収が実施されるようになったが，その徴収額が日本などに比べきわめて低い水準にとどまっていることは先に述べたとおりである．そして，付加価値税（「増値税」日本の消費税に相当）・消費税（高級品・贅沢品などへの特別課税）などの間接税収入が，依然として税収の7割以上を占めている．

　なぜ，中国では個人所得税などの直接税が少なく，間接税に依存しているの

か．2つの事情が考慮されなければならない．1つは，個人所得税の徴税システムの問題であり，もう1つは国家の財政規模の問題である．

所得税の徴税システムの問題とは，要するに全国で規定どおり適確に所得税を徴収するためのシステムが十分に整っているかどうか，という問題に帰着する．所得税をひとりひとりの国民から規定どおり徴収するためには，ひとりひとりの国民の経済活動の実態と，そこから得られる所得を国家が掌握していなければならない．そして人口13億人の経済活動を各個人レベルで掌握するためには，あらゆる経済分野において相当厳密な国家機構が整備されている必要がある．中国の場合，それが存在していない．国家が実態を掌握できていない経済活動がさまざまな領域に広がっており，そこから得られる収入が国民の所得のかなりの部分を支えている．そうであれば，所得税を漏れなく徴収することは不可能であり，たとえ所得税を設置していても，その免税点を高いところに置き，限られた範囲の高額所得者（2011年時点では月収3500元，日本円換算で4万2000円以上）からだけ徴税するシステムが採用されることになる．現代中国の税収の中で個人所得税の占める比重が小さいのは，そのためである．

そしてもう1つ，そもそも中国において国家財政が経済活動全体のなかで占める位置はどれほどのものなのか，という問題がある．初めて，ある程度信頼のおける国民経済計算がなされた1930年代の数字によれば，国家財政が経済活動全体のなかで占める比率は，6％程度にすぎなかった．その後，日中戦争・朝鮮戦争などに対応する戦時経済体制が形成され，とくに1950年代半ばから社会主義化が強行されるなかで，その比率は3割以上に高まったが，1980年代から急速に資本主義的な発展をとげるなか，民間の経済活動の比重が大きく膨らみ，国家財政の占める比率は20％弱（中央政府だけに限定すれば5％程度）に低下している．これも3割以上を維持している日本の状況（地方財政を除くと15％台）に比べ，大きく異なるものといわざるをえない（表1参照）．

以上のような徴税システムと財政規模の実情をみてくると，中国における国家財政と経済社会の関係は，日本などの場合と非常に相違していることが理解されよう．日本のきめ細かい掌握とは対照的に，中国における国家の掌握は粗い．そしてそうした実態が形成されてきた過程は，財政史の検討からも浮かびあがってくるのである．

財政は国家の統治の在り方を規定する基本的な要素であるとともに，人々の

表1　近現代中国の国家財政と経済規模の比較

$$\left(\begin{array}{l}\text{単位：1913-36；百万元，1953-2008；億元}\\ \text{日本2005-07；10億円}\end{array}\right)$$

時　期	国家財政(1)	経済規模(2)	%(3)
1913-1919	492	…	…
1931-1936	973	16,948	5.7
1953-1980	619	1,784	34.7
1981-2000	5,204	33,809	15.4
2001-2008	35,102	184,851	19.0
(日本2005-2007)	171,278	525,196	32.6

注：(1) 中央地方の財政支出合計．年度平均．ただし1910年代は予算額．
　　(2) 国内総生産額．暦年平均．ただし1931-36年は国民所得．
　　(3) (1)の数値を(2)で除した100分率．
出典：『中国統計年鑑』『日本統計年鑑』など．

図1　上海税関（海関）のビル

1930年代に政府財政を支えたのは関税などの間接税であった．写真中央の時計台のあるビルが上海税関．

経済活動とさまざまな領域で密接に関わりあっている．中国においても事情は同様であり，近現代中国における財政史の探求は，近現代中国の政治史と経済史が重なり合う領域にあって，両者を総合的に考察する意味をもつことになった．以下，本章では，前近代中国の王朝時代の財政から近現代中国の国民国家形成を担う財政への転換過程はいかなるものであり，そうした過程は中央・地方関係の再編過程や社会経済の変遷過程とどのように関係していたのかをめぐり，日本における近年の研究成果を整理するとともに，今後の研究課題を考えてみることにしたい．

1 明・清時代財政史研究からの問題提起

　近現代中国の財政史は，前近代中国の財政史からの連続と断絶を意識して語られなければならない．その点で検討に値する問題を提起したのが岩井茂樹の一連の研究であった．

　［岩井 2004b］は，明・清時代の中国に成立していた中央集権的な財政制度とその周辺に展開していた地方財政や私的贈与の体系とを相互関連的に考察した．すなわち前者の硬直性を帯びた制度とその外側に成長する後者の柔軟な部分との相補的関係には，明・清時代を通じ類型上の一致が見られる，というのが岩井の理解であり，そうした構造は現代中国の財政にも通底するとの興味深い見通しが提起されている．

　議論の出発点になった［岩井 1983, 後に岩井 2004b：第2章］は，清代に地方から中央への税収送金制度（「酌撥」）が確立した過程を明らかにするとともに，その在り方が太平天国の一撃によって根本的に変化し，中央・地方を問わず，本来の税以外の種々の負担金（「攤派」）に依存するようになる過程を論じたもの．そして，中央政府財政の外側に成長した，地方政府独自の財政について検討を加えたのが［岩井 2004a・2004b：第4章］であった．新たに設置された徴税機構などの人事権は地方政府が掌握しており，大部分の租税は地方政府機関によって徴収され，地方政府の必要経費を控除した後に中央政府に送金される仕組みになっていたため，地方政府が必要経費と主張する額が増大すれば，中央政府への送金額は減少する．結果的に，地方政府は地方行政機関と地域的統治権力の両面を合わせもつ強大な存在になっていった．清末から辛亥革

命期にかけ，地方財政の自立化が重要な意味をもったことは，すでに［黒田1983・1994］が湖北省を例に丹念に明らかにしている．

　岩井は議論をさらに進め，［岩井1994］によって明代の種々の労役制度（「徭役」）が伸縮性のある収入確保策という機能をもっていたことを確認するとともに，それに類似した機能を現代中国の義務労働に見いだすことができると主張した［岩井1994の4本の論文は岩井2004b：第5-8章に収録］．

　以上のように明・清時代の財政と現代の財政とを同一線上に並べて論じるのは，岩井自身が「五百年間の歴史を越えて等質性を見いだそうとする『反歴史』的考察」と自認するように［岩井2004b：392］，歴史的な発展過程に対する評価を弱める傾向をもつことには十分注意を払っておくべきであろう．にもかかわらず，国民国家的な規模をはるかに上回る広大な領域を1つの中央政府権力が統治する際，中央・地方関係の財政構造に多くの共通性が生じる可能性は否定できない．それは国民国家建設への志向という近現代中国のあゆみと，どのような関係にあったのだろうか．次にその点に関する研究を見ていきたい．

2　近代国民国家を志向した財政政策史の研究

　岩井の理解においては，専制王朝の財政と共産党政権の財政に通底する性格が強調されていた．それに対し金子肇は，清末から民国期にかけ，伝統的な行財政構造を改変すべく国家財政と地方財政を明確に区分しようとする試みが執拗に追求され続けていた事実に注目する．

　中華民国北京政府の時代には，すでに清末の新政期に提起されていた方針を継承し，国税と地方税を明確に分け（「国地画分」，なお当時の史料や金子の論著では「劃分」だが，本章では常用漢字を用いて記しておく），前者を統轄する官庁として国税庁を新設することが計画された．この試みは地方政府の根強い反対に直面し，あえなく頓挫するとはいえ，1920年代にも，そうした議論は繰り返されていく［金子1999・2008：第2章］．袁世凱政権の財政政策が集権的な国家統一を支える企図をもっていたことは，［渡辺1987・1995］でも強調されている．そして，多額にのぼる土地税収を地方政府の取り分にするという譲歩を切り札に，とにもかくにも国地画分方針を確立したのが成立期の南京国民政府であり［金子1988］，その下で予算の集権的編成機構も整えられていった［金子

1989].

　［金子 1988］は，国家財政と地方財政が合理的に区分され相互に連関しあう近代財政の確立にとって，国家財政と地方財政の区分を前提とした財政の統一・集権化，すなわち「国地画分」が要に位置する課題であったという認識の下，1923 年の中華民国憲法（曹錕憲法）や 1925 年の善後会議を中心に北京政府期の試みと失敗を整理した後，1920 年代末から 30 年代にかけての南京国民政府による財政統一の進展を考察した．金子は南京国民政府期に関税・塩税・統税を軸に国家税制の整備が進んだことを確認するとともに，田賦と呼ばれる伝統的土地税の地方移管と釐金(りきん)と総称される通行税の撤廃が実施されたことを重視している．後者は，すでに北京政府も曹錕憲法の規定や善後会議への提案に出してはいたが実施には至らなかったものであり，財政の統一を進める上で大きな意味をもった．さらに重要だったのは，限られた史料からであるとはいえ，中央から地方への補助金（「各省協款」）の増加傾向と国税の地方滞留の減少傾向が確認できることだという．南京国民政府の財政状況は，「明らかに改変されつつあった」と金子は結論づけた［金子 1988：39］．なお北京政府期の国内通行税政策については，その減免策の産業保護政策的な側面に着目した［林原 2000・2001］もある．

　一方，［金子 1989］は，北京政府期から南京国民政府期にかけ，予算編成機構が徐々に整備されていく過程を丹念に整理し，それを「半封建的」といった形容詞で総括することは不適切であることを明確にした．

　多額の土地税収を地方政府に引き渡しながらも，南京国民政府が中央集権化政策を推進できた財政的な基礎は，激増した関税収入を軸に，塩税・統税などを含め中央政府直轄の間接税収入を確保し，その増収に成功したところにあった．このうち関税収入に関しては，［久保 1980・1981a・1983a・1983b・1985b・1986c・1997b（以上は 1999 に改稿し収録）・2001］の一連の研究があり，関税増収が可能になったのは，中国が関税自主権を回復できたからであり，それは国民政府の成立に結実する中国民族運動の展開と当時の中国をめぐる国際環境を背景にした動きであったことが明らかにされている．すなわち，国民革命を経て政権を掌握した国民党政権との間に良好な関係を築くべく，1928 年にまずアメリカが，ついでイギリス・フランスなどの西欧諸国が中国の関税自主権を認める新条約に調印し，最後まで躊躇していた日本も 1930 年に一部品目の税

率暫時据え置きなどを条件に中国の関税自主権を承認する協定を結んだ．こうした過程を通じ，［岡本 1999b］が考察したように明末以来民国期に至るまで財政本位に展開されてきた関税政策のなかにも，次第に国内産業保護的な要素が認められるようになっていった．その傾向は 1933 年関税に顕著に現れている．

　工場出荷時に徴収された消費税である「統税」については，綿糸統税に関する富澤芳亜の研究がその税率や課税区分に関する政策決定過程を考察している．［富澤 1991］は，1929 年から 31 年にかけての綿糸に対する統税の政策決定過程を分析した成果，国家財政の確立と国内産業の保護という 2 つの課題を抱えた国民政府に対し，中国国内の綿紡績業経営者，中国国内に多くの工場を設けていた日本資本の在華紡経営者，彼らの意を受けた日本政府などがさまざまな働きかけを行っていたことを明らかにするとともに，それぞれの利害を反映し調整する形で綿糸統税の内容が決定されていたことを確認した．その綿糸統税の改訂問題を取り扱ったのが［富澤 1995］であり，財政難打開のため 1934 年秋に国民政府が画策した税率引上げ計画が，主に中国側紡績業者の反対によって挫折した過程を考察している．それによれば，財政部の当初原案は，高級品である細糸に対する引き上げ幅が小さく，日本の在華紡が受け入れやすいものであったのに対し，中国の紡績業者，なかんずく太糸生産が中心の内陸の業者にとっては認めがたいものであった．そのため強力な反対運動が起こり，折から深刻さを増しつつあった経済恐慌への対策も求められていた国民政府としては，税率引き上げを見送らざるをえなかったのである．綿糸統税の引き上げ問題は 1937 年に再燃した．この時は，綿紡績業が活況を呈していたこともあって，業者側からそれほど強い反対を受けることもなく，税率の引き上げと課税区分の改訂が実施されている．しかし［富澤 2000］によれば，その 1937 年の政策決定過程を子細に考察すると，やはり従来同様，関係業者団体がさまざまな動きを見せており，日本の在華紡は国民政府に近い将来の再改訂を約束させていたし，中国の業者団体は国民政府から産業支援策検討の動きを引き出すことに成功していた．もっとも実際には，日中全面戦争が勃発したため，どちらも実現しなかったのであるが．

　なお，統税が制定される以前の 1927 年に導入が試みられ，結局，内外の反対によって頓挫した「出廠税」（工場出荷時に課税）に関する研究が［富澤 2002］である．南京国民政府の統治体制が未だに固まっていなかったこの時期，新税

の導入には多くの障害があったことが明らかにされている.

また清末からの塩税制度の変遷を概観した研究に［岡本1999a］があり,塩税制度改革の過程は［渡辺2001］が追っている.南京国民政府の税収が関税・塩税・統税の三大間接税によって支えられていたことを想起するならば,そして塩税制度の改革に際しても,外債償還基金を確保する必要性から外国側の援助があったことを重視するならば,塩税をめぐる諸問題の解明は今後の重要な研究課題の1つであろう.

一方,笹川裕史は「政府の積極的側面が比較的容易かつ明瞭に検証し得る分野に研究が集中していた」ことをふまえ,「結果的に顕著な成果をあげるには至らなかった分野」の1つである農村土地行政を研究し,その成果を［笹川2002］に体系的にまとめた（引用は同書6頁）.笹川は,土地・地税制度の近代化が意味する内容として,宮嶋博史の整理を参照して4つの分野における制度的確立（近代的土地所有制度・地籍制度・土地登記制度・近代的地税制度）を挙げ,そのなかで地税の問題を扱っている［笹川2002：17］.笹川の分析は,土地税が中央政府の税収ではなく地方政府の税収に区分された段階における政策決定過程分析であり,土地税の税収としての側面よりも,徴税システムとしての側面に着目し,国家と社会の関係に関する考察を深めたものであった.［笹川1992,後に改稿され笹川2002：第7章］は江西省の,［笹川1993,後に改稿され笹川2002：第4章］は浙江省の,［笹川1995,後に改稿され笹川2002：第5章］は江蘇省の土地・地税制度を個別研究の対象とし,国民党政権が合理的な土地税制を確立すべく航空測量も含めた土地調査事業に着手していたことを明らかにした.

以上の諸研究が示すとおり,近代国民国家の形成を志向する財政政策が展開されていた事実を否定することはできない.しかし,だからといって明・清時代の財政構造が一朝一夕に変わるわけではなかった.1930年代の広東省における税制改革の実態を考察した［姜2003］（ハングルの著書に［姜2005］）は,請負徴税が支配的な慣行であったことを明らかにしている.

財政政策全般に関し,［久保1983a］は,収支の平衡を重視した1933年までの宋子文財政に対し,1934年以降の孔祥熙財政は,軍事費や経済関連の支出を支えるため積極的な公債増発策に踏み切っていたことを指摘し,同じ国民党政権の下でも異なった政策志向が存在したことに注意を喚起したが,こうした

方面に関する議論は，その後，必ずしも深められていない．また［久保2006・2007］（中国語文献）は，張寿鏞・張福運などの財務官僚が果たした役割と彼らの財政思想に対する考察を試みた初歩的な作業である．清末から民国時代にかけての地方財政に精通していた非国民党員の張寿鏞を財政部の副責任者に抜擢した人事は，国民党政権が「国地画分」の徹底をきわめて重視していたことを物語っている．また財政部長宋子文の米ハーバード大学留学以来の友人である国際経済の専門家張福運は，成立期の国民党政権にとって死活的な意義を持った関税政策に責任を負う関務署署長に就任していた．

中国・欧米における研究状況を一瞥しておく．中華民国期の税制と財政政策に関しては，当時財政部に在職していた賈士毅自身が整理した［賈1917・1932-34］によって1910年代から1930年代初めまでの大勢を概観することができ，1964年に高等教育用の教科書として執筆された［楊1985］も，人民共和国成立後の政治的評価が前面に押し出されているとはいえ，中華民国時代に活躍した金融専門家がまとめたものだけに資料的根拠はしっかりしている．また，とくに国民政府期の財政の実態と政策決定過程についていえば，1929-47年に中国国民政府の財政顧問を務めたA. N. ヤングの著書［Young 1963・1965・1971］が第一級の重要性をもつほか，戦後，台湾に移った国民党政権が刊行した史料集『革命文献』のなかにも財政政策関係の基本史料が入っており，有益である［中国国民党党史委員会1977］．なお同時代の日本における調査研究の場合，［小林1938］に代表されるように，中国の財政が「いかに非近代的であるか，またいかに大衆の生活が財政の犠牲に供せられてゐるか」を論じ，国民政府財政の「不健全性」を批判することに重点が置かれていた．例外的に国民政府期の財政近代化を評価した［柏井1942］は，ドイツ語で出版された中国人研究者の著作に多くを拠っている．

抗日戦争時期になると，総力戦体制を構築する必要性から財政の中央集権化に一段と力が入れられるようになり，軍隊を維持するための食糧確保も切迫した課題になった．戦時財政に関しては，［天野2004；笹川2004］らの土地税現物徴収をめぐる考察をはじめとして論じるべき課題は多い．

3　人民共和国財政史の研究

　人民共和国期の財政史については，［宮下1968］や［南部1981］のように人民共和国政府が公表した資料に基づく同時代的観察が試みられていたのを除き，実証的に独自の研究を試みることは困難な状況に置かれていた．本格的な財政史研究が進められるようになったのは近年のことである．その1つ，戦後上海財政の変転を論じた［加島2007］は，①戦後国民政府時期には戦前来の「国地画分」方針が基本的に守られ，中央・地方の税収がそれぞれ確保されていたこと，②1949年革命によって人民共和国が成立すると，中央政府の財源確保が優先されるようになったこと，③その結果，従来の税収のうちの相当部分を失った上海市政府は，自らが管理する企業からの収入に依存するようになったこと，を明らかにした．

　このように整理してみると，人民共和国が成立した1950年代，中央政府が正規の税収を確保していた反面，財政的に困窮した地方政府は中央政府の規定した税収以外の収入に頼る傾向を強めていたことになり，岩井が指摘した明・清時代の財政構造に類似した情景が広がっていたことに気づかされる．しかし，金子も指摘するとおり，財政面からみた人民共和国期の中央・地方関係は，国民政府期の「国地画分」方針に逆行する部分をもっていたのであり，それは戦時に備え地方の自立性を意図的に強化するという狙いに重なっていた．したがって冷戦が終結した1980年代末以降，人民共和国の財政は，改めて中央・地方関係を整理する方向に向かった．このような過程を歴史的にどのように位置づけ，今後を展望していくべきか，［梶谷2011］のような新たな研究の進展が期待されるところである．

第12章　中国東北地域の社会経済史

塚瀬　進

　現在中華人民共和国の東北部に位置する地域は，かつて満洲とも呼ばれ，さまざまな人間集団が暮らした場所であった．筆者は満洲の定義について，以下のように考えている．満洲とは，北はアムール川河口，南は長城，東は鴨緑江・豆満江，西は大興安嶺に囲まれた場所を指す語句である．19世紀後半に結ばれたアイグン条約，北京条約により，アムール川とウスリー川が清朝とロシアの国境になった．西では，モンゴルとの国境画定がすすめられた．こうした結果，満洲のなかで中国領となった場所は中国東北地域（以下，東北），東三省などと称されるようになった．満洲＝東北ではなく，満洲＝満洲国でもない．ここでは本書の主旨を勘案して，東北という語句を用いる．

　「赤い夕日が沈む大平原，そのなかを疾走する満鉄（南満洲鉄道）」「モーゼル銃を持って馬に乗り，荒野を走り回る馬賊が跳梁する場所」などの情景は，日本人の東北イメージとして浸透している．しかしながら，そうした場所が，いかなる歴史的経過のなかで形成されたのか，どのような歴史的特徴を持つ場所であったのかという側面には，あまり関心が払われていない．「赤い夕日の沈む大平原」は無人の原野ではない．そこには日々を暮らす人々がいたはずである．では，そうした人々はいつから，どういう理由からそこで生きてきたのか，かつての日本人の東北イメージは答えてくれない．

　また，「せまい日本には住み飽きた．広い満洲で一旗挙げよう」といううたい文句も流布している．だが，東北にやって来て，何を，どのようにして一旗挙げるのかは不明瞭である．日本人は東北でどういう仕事をしたのか，商売なのか，工場経営なのか，はたまた現地の人と一緒に仕事をしたのか，日本人だけでしたのか，そのあたりの具体的な事柄についてはあいまいである．

表 1 在満日本人の居住地別人口推移

年次	関東州	満鉄付属地	開放地 その他	総計
1908	29,773（50.9％）	11,842（20.2％）	16,818（28.7％）	58,433（100％）
1914	48,990（48.5％）	31,790（31.5％）	20,055（19.9％）	100,835（100％）
1917	55,516（46.2％）	40,316（33.5％）	24,328（20.2％）	120,160（100％）
1923	86,300（49.2％）	72,213（41.1％）	16,835（9.6％）	175,348（100％）
1929	107,364（49.6％）	93,158（43.0％）	15,645（7.2％）	216,167（100％）

出典：副島昭一「戦前期中国在留日本人人口統計（稿）」『和歌山大学教育学部紀要（人文科学）』33号，1984年より作成．

　かつての日本人が抱いたイメージは，その時代の固有性として尊重したいが，日本人のイメージに引き付けて東北の歴史を書くことは問題である．東北の歴史はそこに住む漢人・朝鮮人・満洲人・モンゴル人などの人々により作られた部分が大きく，日本人はその一部に関与したにすぎない．

　日本人が東北と大きく関わるのは日露戦争（1904-05年）後である．関東州の租借権，満鉄の経営権を手に入れたことから，大連や奉天などの満鉄付属地に日本人は暮らしはじめた．1908年に関東州には約3万人，満鉄付属地（満鉄がその沿線に所有した土地．満鉄が行政権を持っていた）には約1万2000人が住んでいた．しかし，その後日本人の居住範囲は東北各地に拡大しなかった．1929年に東北の日本人は約22万人に達したが，その内の92％は関東州と満鉄付属地に暮らしていた．つまり，「赤い夕日の沈む大平原」に暮らしていた日本人はほとんどいなかったのである．また「せまい日本に住み飽き」てやって来た日本人は，せまい大連や満鉄付属地に住んでいたのであった．

　こうした日本人の動向とは異なり，日露戦争後に山東や河北から移動して来る人々は急増していた．東北の人口は日露戦争後では約1000万人であったが，1930年には約3000万人に達した．移民の増加は耕地面積の拡大をうながし，農業生産が増えた．農産物の流通も増え，商業取引は盛んになった．人口の急増により経済活動は活況化していた．にもかかわらず，日本人の活動範囲が拡大しなかった事実は，そうした動向に日本人がコミットできた部分は大きくなかったことを推測させる．

　かつての東北がどのような社会構造であり，いかなる経済システムが機能する場所であったのかを，日本人の抱いたイメージから類推することはできない．

「赤い夕日の沈む大平原」のもとでの具体的な人々の状況，活動の考察が必要である．日本人が持っていた固定観念を相対化し，そうした固定観念の一面性を明らかにすることは，過去の日本人の問題点を指摘することに通じる．この点にこそ，東北社会経済史を研究する意義は存在する．

以下，この章では19世紀（清朝後期）から満洲事変までの期間をあつかった，日本における東北の社会経済史に関する研究を整理し，その研究史上の到達点を確認し，今後の展望を述べる．この期間の研究は大別すると，①清朝史研究者，②中国近代史研究者（清末〜中華民国），③日本植民地研究者（日露戦争〜満洲事変）によりおこなわれてきた．各自の問題意識から課題を探求することはかまわないが，相互認識が不十分であり，同じ論点の繰り返し，関係論文についての無理解など，等閑視できない状況も存在する．

19世紀から満洲事変を対象とするのは，前近代と近代とに区切るのではなく，東北固有の連続性と断絶性を総合的に考察する観点を主張したいからである．近代史研究にあたっても，それ以前との関係性のなかで考察していく視点は重要である．前近代史研究の成果をできるだけ近代史研究に盛り込み，近代史研究の豊富化をはかる基礎作業として本章を執筆した．

1　1960年代までの代表的研究の見解

東北経済の成長・変容過程を総合的に把握しようとした最初の日本人研究者は，大上末広であったと筆者は指摘したい．大上末広以前でも，天野元之助［1932］は東北経済の発展について検証しているが，そうした発達がどのように生じていたかについては論及しておらず，やや羅列的な叙述になっている．

［大上1934］は土地の払い下げと商業資本の流入を重視して，東北経済の変容過程について考察した．清朝はロシアへの辺防・財政改善を目的に，土地の払い下げをはじめた．土地払い下げ後，地主になったのは移民ではなく官僚・郷紳であり，それゆえ農業生産関係の変革は不徹底であったとする．こうした動きと並行して，中国関内（以下，関内．山海関を境にして，その北を関外，南を関内と呼んだ）から渡来する商業資本が増え，官僚・地主と結びつき，官僚・地主・商人高利貸資本の三位一体をなす封建的組織を形成した．関内からの移民は労働者であり，新たに登場した官僚・地主・商人高利貸資本の搾取の対象

でしかなかったとする．

確かに［大上1933］は，「満洲経済は中国経済とは独立した，一個の国民経済であった」と満洲国建国の正当化につながる見解も述べている．しかしながら，中国経済と分離した東北経済の独立性を強調する叙述はしていない．執筆時の時代的制約から東北経済の独立性を指摘する必要があったと考えられる．だが，東北経済の独自性を意識したがゆえに，「無主の荒地」を移民が開墾するという単純な認識ではなく，土地払い下げの歴史的役割，大豆輸出による経済成長が農民の自立化には結びつかなかった点などを組み込んだ東北経済史像を叙述したと，筆者は評価したい．

戦後，東北経済に関する総合的な見解を最初に主張したのは［石田1964］であった．石田興平は，「満洲経済は，移住植民地と投資植民地との相互媒介的な二重構造を持つ特殊な植民地経済」であり，漢人の植民地であるとともに，ロシア・日本による帝国主義的な投資植民地であったと捉えた．また，植民地での宗主国の活動は研究されているが，「植民地経済を，それ自体の再生産的循環ないし構造の史的形成並びに展開として統一的におこなった研究」は少ないと述べている［石田1964：3-4］．

石田興平の考察は，移住植民地については日露戦争ごろまで，投資植民地はロシアの考察にとどまっている．日露戦争後の移住植民地としての様相，日本資本の投資による影響は考察していない．未検討な部分は後の研究者の課題となったが，その後の研究者は石田興平の指摘を重視せず，やがてその指摘も埋もれていった．

1950-60年代においては，東北経済に関する研究は低調であった．ところが1970年代になると，日本植民地研究者による研究がおこなわれるようになった．そして1990年代以降では中国史研究者による研究も盛んになり，現在に至っている．以下では分野別に研究状況について述べてみたい．

2　近年の研究状況

農業生産

清代から満洲事変の期間，東北の主産業が農業であったことに疑問の余地はない．それゆえ，これまでの研究は農業生産が増加した諸要因の解明をしてき

た．土地の払い下げの経過，開墾の進展状況，農業労働力はどのように供給されたのか，商業的農業の発達はいかなるシステムのなかで拡大したのか，などの観点からの考察がおこなわれてきた．

清朝は旗人の生計を支える基盤であった旗地（旗人に支給された土地）を東北に多数設けていた．［周藤1944］は入関前後から19世紀初までの旗地の変化について検討している．19世紀後半以降の旗地の払い下げや開拓については，すでに戦前において考察されていた．［有高1926］は，呼蘭平野での土地払い下げ，開墾について考察している．［柴1933・1934・1937］は東北北部の土地払い下げと開墾の過程について，［川久保1935］は吉林省西北部の開墾について考察している．檔案の分析が可能となった現在では，周藤吉之・有高巌・柴三九男・川久保悌郎の研究は実証面では補強する必要もある．だが，『清実録』（歴代皇帝ごとに編纂された史料．清朝史研究にあたっての基本史料），各種の「地方志」を詳細に検討したこれらの研究は，今でも参照する価値は高い．

東北南部の土地払い下げについては［江夏1980・1987・1989・1994a・1994b］が考察している．東北南部は官荘や王公荘園の払い下げが多く，その過程には漢人八旗に属した荘頭が大きくかかわっていたこと，地主となった荘頭のなかには清末以降に地方有力者となる人物が多数いたことを明らかにしている．江夏由樹の研究により，東北南部は八旗制の影響を強く残しており，八旗制との関連を考慮せずには，地域変容の考察はできないことが明白となった．こうした江夏由樹の見解は，英文で出版された著作［Enatsu 2004］において総合的に叙述されている．

19世紀後半，ロシアは沿海州やアムール川以北の地を得たが，これらの場所は農業に適していないため，東北産の農産物に依存する度合いが高かった．ロシアの勢力拡大が農産物需要の増加を生み出し，1870年代に東北北部での農業生産を刺激したと［荒武2008：第3章］は主張している．また，東北北部で農業生産に従事した人々は，一旦東北南部で生計を立てていた人が東北北部での農業ブームを知り，移住してきたのではないかとし，荘頭などが大地主へと成長して開墾をすすめていた東北南部と，東北北部の開墾の様相は相違するのではないかという仮説を述べている．

20世紀初頭に鉄道の運行がはじまると，東北経済の様相は激変した．鉄道運行以後，東北農業では労働力としての移民の流入，大豆輸出のための商業的

農業の拡大が重要となった．以下では移民と大豆取引に関する研究について整理してみたい．

移　　民

通説的には，清朝は乾隆5（1740）年に封禁政策を採用し，東北への移民流入を禁止したと述べられている．しかし［塚瀬2008］は，封禁政策は清朝の理念的な志向であり，流入してきた移民を排除したりはせず，混乱が生じないよう実情に応じた措置をとっていたことを主張した．［荒武2008：第1章］は塚瀬の主張をさらにすすめ，封禁政策は清朝の「理想」を示すものであり，「理想」と現実との間にある矛盾の調整を清朝はしていたとする．史料的には『清実録』以外の上諭や上奏文を活用して事実の豊富化をはかり，清朝は原則を頑なに掲げていたが，皇帝や官僚たちはその原則のなかで，現実に対応できる論理をつくることに腐心していた側面に留意する必要性を指摘する．

19世紀以降，山東から東北へ渡ってくる漢人は増えたが，彼らは永住するのではなく，故郷である山東との間を移動していた様子を，［荒武2008：第2章］は検出している．ところが19世紀後半になると，東北北部に移動して定住する人が出現し，そうした人のなかには山東との関係が希薄化した人もいたと指摘する．

20世紀に入ると鉄道の運行により移民は急増した．鉄道敷設による移民の増加，農業生産の増加については［塚瀬1993］が考察している．清代中期から1940年代までの山東から東北への移民送出について検討した［荒武2008：第5章］も，1900年前後の鉄道敷設を画期としている．中華民国期の移民については［川野1996；藤田2003・2004；内山2006・2008；上田2008a］が考察している．朝鮮人移民の定住，水田耕作の状況については，［朴敬玉2008］が考察している．張学良政権がおこなった「興安屯墾区」での移民開拓事業については，［康越2000］が検討している．

注目したい見解は，［荒武2008：第4章］が主張する，時期別の流入先の相違である．1910年代では，新開地であるがゆえに高賃金であった東北北部をめざし，冬に南帰するという単純なサイクルであった．しかし1920年代以降は，東北での鉱工業が発達したことから，選択肢が農業以外にもでき，その流入先は多様化したという指摘である．

大豆取引

　20世紀以降の大豆貿易・大豆取引の概観についてまとめたものとしては，[岡部2008]の論文が優れている．[石田1974]は大豆取引に大きくかかわっていた穀物問屋の糧桟をとりあげ，糧桟を民族資本として考察している．

　大豆取引には日本資本も関わっており，満鉄の輸送量のなかでも大豆は大きな割合を占めていた．どれだけの大豆を集めて輸送できるかは，満鉄の経営にとっても重大な問題であった．しかし，日本資本は大豆耕作農民から直接大豆を購入することはできなかった．それは使用通貨の相違に起因するところが大きく，農民は各地官銀号の発行する不換紙幣を使って取引していた．[小林1972]は，満洲事変の勃発に至る日中間の緊張がどのように高まっていたかを明らかにするという観点から，張作霖政権が不換紙幣である奉天票を用いて大豆を買い占め，いかに利益を得ていたかについて先駆的な考察を試みた．その後金子文夫[1991]は，より詳細に大豆経済の構造を分析し，大豆経済をめぐり張学良政権と日本側との間には対抗関係が高まっていた側面について検証している．

　こうした満洲事変に至る日中間の対立の検証という観点とは別に，塚瀬は大豆取引の現場でどのような事柄が問題となり，そうした問題はいかに解決されたのかという，より取引の実情から日本資本の置かれた状況について考察した．[塚瀬1999]は無秩序な大豆取引の混乱を是正することを目的に，日本側が設立した大連取引所の機能と特徴について分析した．また[塚瀬2005]は三井文庫所蔵の史料を使い，三井物産が東北での大豆取引をどのように行っていたのか考察を加えた．こうした検証を通じて，塚瀬は「日本側の支配，東北側の従属」といった二項対立的な図式では説明できないことを主張している．

貿　易

　乾隆年間に東北と関内との間に交易関係があったことは，[加藤1943]が指摘している．[足立1978]は，清代中期に長江下流域で肥料として使われる大豆粕が増え，東北産大豆・大豆粕が江南に移出されたこと，19世紀後半には洋商の参入，釐金の創出，長江下流域の商業的農業の後退により，江南ではなく福建方面に移出されたことを考察している．

　1861年に営口が開港されたことから外国貿易がはじまった．1880年代まで

営口の貿易額は少なかったが，日清戦争後に日本への大豆粕輸出，外国製品の輸入が増えた．［小瀬1989］は，19世紀末までの営口貿易は外国貿易が増え，関内との交易は減少するという競合関係が基調ではなく，国内交易は外国貿易との依存関係をもちつつ，全体として取引は拡大していたことを指摘した．また，取引の中心にいた中国商人は信用を基礎にした決済関係を使っていた．それゆえ外国商人には容易に参入できない強みもあったが，決済には不安定要素も含まれるという，中国商人の置かれた状況についても考察した．輸入については，［信夫1935］が日露戦争以前に日本製綿布が土布・アメリカ製綿布とどのように競合してシェアを伸ばしていたのか考察している．

日露戦争後に東北貿易は大きく増加するが，輸入品として重要であったのは綿製品であった．［塚瀬1990］は日露戦争後から満洲事変の間，東北市場での日本製品・中国製品の競合について考察した．東北市場の規模は拡大したので，上海などの中国人資本は市場としての重要性を認識していた．［久保1981］は，東北市場において中国製品の比重が増していたことを検証し，市場としての重要性が高まっていたからこそ，東北への日本軍侵攻に上海ブルジョアジーは強く反対したという側面を明らかにした．

最近，［堀2009b］は東アジアにおける資本主義の形成と発展の過程を解明しようとする試みのなかで，東北の貿易動向を3期に分けて考察している．第1期（1864-1906年）は，輸出では関内がほとんどだが，日清戦争後は日本への大豆粕輸出がはじまるという変化が，輸入では1870年以降一貫して上海経由の欧米品が中国品より多かったと指摘する．第2期（1907-31年）は一貫して増加傾向を示し，関内との貿易額も増えてはいたが，それ以上に日本との貿易関係が強かった時期とする．第3期（1932-45年）は日本との貿易は急激に増加したが，1940年以後は減少に転じた時期としている．

金　　融

清代の東北の通貨状況については，［山本（進）2005］が概況について述べるとともに，短陌[1]慣行について考察し，なぜこうした慣行が生じ，社会的に通用していたのか考察している．また［山本（進）2007］は，清末に農産物売買が拡大したにもかかわらず，通貨は十分に供給されていなかったが，清朝は銀貨・銅貨・銀票・銭票を発行し，相応に対応していた経緯を明らかにしている．

営口の過爐銀[2]については，［宮下 1953］が概略を述べており，実際の運用や問題点については［佐々木 1958；小瀬 1989］が分析している．

20世紀以降の東北では官銀号や外国銀行が発行する各種の通貨が流通していたが，そうした状況の概観では［安冨 2001］が優れている．外国銀行の発行通貨が地域経済に与えた影響については，［石川 2002］が間島における朝鮮銀行券の状況について考察している．なお［石川 2001・2006］はルーブル紙幣の朝鮮東北部での流通状況について考察しており，参考になる．

日露戦争以降，日本の金融機関（横浜正金銀行・朝鮮銀行など）が東北で営業をはじめた．これらの日系金融機関の役割については日本植民地研究者により考察が行われてきた［柴田 1977；波形 1985；金子 1991］．日本側の動向から東北の金融状況について概観した研究としては，［波形 1975］が優れている．［松野 1977・1978・1983］も，日系金融機関の活動について考察している．［松野 1979］は，日系金融機関の活動により，東北・上海・日本の間には新たな金融的連関が作り出され，その動向に対応するため，日本はさらなる金融政策をする必要性が生じていたことを検証している．

日系銀行の個別研究としては，［高嶋 1984］が正隆銀行の動向を考察している．［伊牟田 2001］は，第一次世界大戦ブームを背景に日系銀行が乱立され，1920年には30近く存在したが，大戦後不況により多くが経営困難に陥り，合同を繰り返していた経緯について考察している．［小風 1988］は，横浜正金銀行が残した一次史料を使い，1920年代以降の満洲諸支店の営業動向を解明した優れた研究である．

日系銀行以外の外国銀行に関する研究は少なく，香港上海銀行哈爾浜支店の動向を検討した［安冨 1999］が唯一である．この論文は，イギリスに所蔵されているジャーディン・マセソン商会文書を使った優れた研究である．

中華民国になり張作霖政権の統治が拡大しはじめると，張作霖政権は金融面での浸透もはかっていた．［松重 1993・2009］は，営口の巨商西義順の破綻（1918年12月）に端を発する金融混乱に際して，張作霖政権がいかに対応したのか考察を加え，結論として，張作霖政権は東三省官銀号などに匯兌券による西義順の債権回収を命じて，過爐銀への指導権を強化するとともに，匯兌券の流通拡大をはかっていたと指摘する．

東北北部ではルーブルがロシアの勢力を背景に流通していたが，ロシア革命

後にルーブルは暴落したため経済状況は混乱した．［味岡 1983］は，こうした状況を利用して，日系通貨（鈔票・金票）は流通拡大をはかっていたこと，張作霖政権も東三省銀行を創設して「ハルビン大洋票」を発行し，幣権回収をしていた経緯を明らかにした．

東北では金属貨幣の不足が慢性化していたため，私帖と呼ばれた各商店が発行する紙幣が流通していた．［安冨 2009］は私帖について考察を加え，私帖には商店発行のものと，県レベルの公権力により正当性が付与された「県流通券」とも呼べるものがあったことを明らかにした．そして「県流通券」の存在から県城商人を中核とした政治的単位が存在した可能性を指摘している．

張作霖政権は 1920 年代後半に奉天票を乱発して，東北の金融状況は混乱した．［西村 1992・1993］は，張学良政権が幣制改革を行って奉天票暴落の混乱を収束し，自立化をすすめていた側面を解明している．

商人研究

商人研究については，［佐々木 1958］が先駆的に営口商人について考察している．その後，［倉橋 1980・1981・1983］はさらに営口商人に関する研究を進展させた．東北で活動した商人が残した史料は少なく，史料の不足が研究の深化を妨げている．例外的な研究として，［和田正広・翁其銀 1994］は長崎泰益号が残した一次史料を利用している．だが，史料紹介的な側面が強く，長崎泰益号の特徴的な活動にまでおよぶ考察はしていない．

中華民国期の東北商人については，［上田 2009］が奉天を事例として考察している．［安冨 1991］は大連の中国人商人が行っていた為替取引などの金融活動について考察している．［松重 2001・2006］も大連の中国人商人の動向をとりあげ，日本側に従属したわけではなく，かといって自立していたわけでもない微妙な立ち位置で活動した中国人商人について検討している．満鉄付属地で活動した中国人商人については，大野太幹が検討をすすめている．［大野 2004・2006］は満鉄付属地に拠点を置く中国人商人の来歴，活動について考察している．また［大野 2005］は，満鉄付属地の中国人商人は中国側からの課税を逃れていたが，張学良政権は付属地の中国人商人への課税を強化していた経緯について明らかにしている．

工　業

　清朝期では東北の工業は低調であったが，醸造業である焼鍋については［川久保1961・1965］が考察している．［川久保1970・1980］は，洋務運動の一貫として設立された吉林機器局や漠河金廠について，その創設の経緯についてまとめている．大豆を加工する油房業については，［石田1971］が考察している．また［石田1978］は各種産業の状況について検討している．

　東北での大規模な工業は日本資本が大きな位置を占めたが，1920年代になると「中国資本」による紡績工場・兵器工場が設立された．［張暁紅2004；上田2008b］は奉天紡紗廠について検討している．また［張暁紅2007］は奉天における中国人綿織物業の動向についても考察している．［名古屋2007・2008］は，張作霖政権が兵器の自給化をはかるべく創設した東三省兵工廠について考察している．

　日本資本がかかわった工業としては，鞍山製鉄所・本渓湖煤鉄公司・撫順炭鉱などが代表的である．鞍山製鉄所については，［奈倉1985］が考察している．また中国人研究者である解学詩の論文が［松野1989］により翻訳されている．本渓湖煤鉄公司については，［村上1982］が大倉組の残した一次史料を使って詳細に検討している．

　紙数の関係から鉱業・林業・鉄道・在満日本商人などに関する研究は割愛せざるをえなかった．

まとめにかえて

　最後に清代から中華民国期の東北経済の特徴について，断絶と連続の観点から代表的な見解について整理してみたい．［山本(進)2009：279］は結論として，「一九世紀中葉まで緩やかな地域経済圏を形成していた華北東部と東北は，開港の影響が浸透した清末民国初には分裂し，それぞれが世界市場に従属的に再編成された」と主張し，中華民国以降の東北での商品生産は前近代とは断絶していたことを指摘している．

　［江夏2004］は，東北南部に置かれた官荘・王公荘園の管理をしていた荘頭には漢人八旗が多く，さらに荘頭は清末には土地の所有権を手に入れ，地方有力者となっていくという，清代と連続する側面を主張した．

［荒武2008：381-91］は東北南部の底流に残る八旗制の影響，東北北部の新開地としての特徴に留意しつつ，20世紀初めの鉄道敷設を契機に東北経済は世界市場に巻き込まれたとする，「連続と画期」について指摘している．

［安冨2009：546］は，［石田1964；塚瀬1993］の見解をふまえつつ，生態系の状況を論点に組み入れて，より立体的な東北経済像を描いた．その画期は20世紀初の鉄道敷設に置き，多様な要素（長白山の広葉樹，モンゴルの馬，厳しい冬，商品としての大豆，流入する移民）が相互促進の関係をつくり，急速に東北経済は成長したとする．

筆者なりにまとめると，山本進は，東北経済は内発的な発展の結果ではなく，外的要因（外国資本による鉄道敷設，世界市場への組み込み）により創成された点を重視するがゆえに，断絶を強調している．江夏由樹は清末に台頭した地方有力者の出自には八旗制がかかわっていたことを指摘し，連続性の一側面を解明している．荒武達朗は鉄道敷設を画期とするが，東北社会の変容の考察には，それ以前に存在した要因（八旗制・新開地）にも配慮が必要だとまとめられる．安冨歩も鉄道敷設を画期とするが，その後に形成された市場構造は東北固有の自然条件を組み込みながら，新たなシステムをつくりつつ東北経済は成長していったと理解したい．

これらの見解をふまえ，新たな東北社会経済史像を構築，叙述することが，今後の筆者の課題である．

注
1) 銅銭不足に対応して生まれた慣行であり，銅銭の束（陌）が100枚以下であっても100枚とみなして適用させていた慣行を短陌と呼んだ．
2) 現銀不足，現銀輸送の煩雑さを解消する目的から，特定の商家同士は帳簿上で決済した金融慣行．

第13章　戦時満洲と戦後東北の経済史

飯塚　靖

　南満洲鉄道株式会社（満鉄）は日露戦争後の1906年，日本政府の現物出資（日露戦争後にロシアから譲渡された鉄道・炭鉱など）と日本の民間出資により設立された半官半民の国策会社であった．図1は大連に現存する旧満鉄本社であり（2007年筆者撮影），この建物はロシア側が商業学校として建設中であったものを満鉄が改築し，1908年より本社社屋として利用したものである．重厚な造りではあるがやや狭小であり，1930年代には本社ビルの新築も計画されたが，結果的には1945年の日本敗戦まで本社社屋として利用された．100年以上の歴史を経た今も鉄道関係会社の社屋として利用され，現在ではその一部が満鉄旧蹟陳列館として公開されている（西澤泰彦『植民地建築紀行：満洲・朝鮮・台湾を歩く』吉川弘文館，2011年）．満鉄の事業は鉄道・港湾事業を筆頭として，炭鉱業・製鉄業，鉄道付属地経営，さらには調査研究と事業投資・産業助成などきわめて広範囲に及ぶものであり，日本帝国の国策代行機関として満洲のインフラ建設・産業開発を主導した．こうして満鉄は1930年代初頭には「満鉄コンツェルン」と呼ばれる巨大企業体に成長した［岡部編2008］．

　1931年9月に関東軍が満洲事変を発動し満洲全域の軍事占領をめざすと，満鉄は積極的にその軍事作戦に協力した．こうして1932年3月には日本のカイライ国家「満洲国」が誕生した．満洲国の経済開発政策は，満洲の鉄・石炭などの基礎資源の対日供給のみを目的とするものではなく，満洲域内での兵器・飛行機・自動車などの軍需関連産業の建設とそれに付随した金属・機械・化学工業などの育成，さらには石炭・液体燃料・電力などの基礎的産業の拡充を図ろうとする壮大な内容であった．すなわち，満洲内部での重化学工業の構築が追求されたものであり，これが経済開発政策の特徴となっていた．ただ，

必要な機器設備は，満洲域内での自給はできず，大部分を日本や欧米からの輸入に頼ることとなり，その輸入の困難化が工業建設を制約したのである．

ではなぜ，日本帝国は満洲にそのような高度な経済的要求を課すことができたのか．それは，満鉄を主体とした長年の産業開発による基盤蓄積があったためである．満鉄は資源開発と石炭化学工業・製鉄業などの各種工業の建設を進め，産業開発のための教育機関・研究所なども多数設立していた．特に，満鉄の付属研究機関である地質調査所と中央試験所は，地下資源調査とその資源の有効利用のための研究開発を積極的に展開していた．

それでは日本帝国が中国東北部に構築した重化学工業は，日本敗戦以後いかなる推移をたどるのか．これまでの研究では，計画目標と実績の大幅な乖離から満洲産業開発計画は失敗に終わり，満洲国の終焉とともに満洲経済は崩壊したとの理解が一般的であった．そして戦後中国における各種工業の動向には関心が向けられていなかった．しかし近年では，かかる満洲の重化学工業の基盤が戦後中国にも「継承」され，人民共和国建国初期に基本的に復興され，中国経済発展の基礎となったとの研究も出されている［松本2000］．

新たな研究の進展には，「張公権文書」が大きく貢献した．同文書は，東北行営経済委員会主任委員として満洲産業接収の中心となった張公権が，在任中に収集した膨大な資料群である．同資料により，日本敗戦時の重化学工業の実態と戦後ソ連軍による産業設備の撤去状況の把握が可能となった．表1は同資料に所収された満洲全土のソ連軍による産業設備撤去の被害状況である．総額12億ドルという巨額な被害額であり，しかもこの調査では陸軍主導で満洲に建設された軍需産業は除外されている．

ただこの表1を仔細に検討すると，稼働能率減少割合はほとんどの部門で100％ではなく，産業基盤の根こそぎの撤去ではなく復興の余地を残すものであった事実に気付かされる．こうしたことから鞍山鉄鋼業は松本俊郎の研究で明らかにされたように，1953年の第1次五ヵ年計画の実施前にすでに基本的な復興を遂げているのである［松本2000］．各産業分野のソ連軍による設備の撤去状況のより詳細な解明と，その戦後中国における復興過程の解明は，今後の重要な課題となっている．

第 13 章　戦時満洲と戦後東北の経済史 —— 151

図1　大連の旧満鉄本社

表1　ソ連軍による東北産業施設撤去被害状況

単位：万ドル，％

部　門	撤去被害額	稼動能率減少割合
電力	21,954	60
炭鉱	4,472	80
鉄鋼	20,405	60-100
鉄道	19,376	—
機械	15,887	68
液体燃料・潤滑油	4,072	90
化学 ｛化学	7,479	34
｛食品工業その他	5,906	50
セメント	2,319	54
非鉄金属	6,082	50-100
繊維	13,511	50
パルプ・紙	1,396	80
ラジオ・電信・電話	458	30
合　計	123,316	

出典：東北日僑善後連絡総處・東北工業会「蘇聯軍進駐期間内ニ於ケル東北産業施設被害調査書」（スタンフォード大学フーバー研究所所蔵『張公権文書』アジア経済研究所マイクロフィルム R10-30，1947年2月）.

1 経済史研究の最新成果

研究サーベイ論文

最近までの日本植民地研究および満洲研究の現状を整理し，今後の研究方向を提示したものに［日本植民地研究会 2008］があり，帝国主義論の視点から整理した「帝国主義論と植民地研究」(岡部牧夫)，ポストコロニアリズムの視点から整理した「ポストコロニアリズムと帝国史研究」(戸邉秀明)，満洲地域の研究史を整理した「満洲」(山本裕) などの論考が収録されている．

次に，2000 年以降に発表された日本植民地研究，満洲・満洲国研究に関するサーベイ論文を，発表年次順に紹介しよう．

まず，［柳沢・岡部 2001］には編者による解説「帝国主義と植民地」があり，さらに戦後日本の植民地研究を代表する重要論文とそれに対する編者のコメントが付され，巻末には詳細な文献目録も収載されている．次に，日本帝国主義による満洲支配の研究史を整理した［柳沢 2002a］，満洲の日系企業に関する研究史をまとめた［山本(裕) 2002］があり，2000 年から 2002 年までの満洲研究の動向を紹介した［平山 2003］もある．［田中 2007］では，日本・韓国および中国における満洲・満洲国の研究動向が整理されている．そこでは，日本国内の研究動向として，かつての「日本帝国主義」論から「日本帝国」論への研究視角の転換が論じられている．［井村 2008］では，戦後初期の回想録の出版から説き及び，1960 年代からの満洲研究の大きな流れが主要研究書を中心にしておさえられ，さらには史資料・文献解題の紹介もあり，有益な内容となっている．

戦前・戦後の日本・中国・欧米における満鉄研究を整理し，今後の研究課題を提起したものが［岡部 2008b］であり，撫順炭鉱研究の重要性や日本の満洲支配を産業・技術の面からとらえる必要性などが指摘されている．なお，後述する．［峰 2009］序章では，先行研究を利用するかたちで満洲における「産業開発」の流れと鉄鋼・電力・化学を中心とした個別産業の動向が論述されており，貴重な先行研究の整理となっている．1950 年代の中国研究も徐々に歴史研究の対象となりつつあり，［加島 2008］は日本・中国・台湾・アメリカにおけるその研究動向と課題をまとめている．

なお文献解題としては，満洲国関係の資料を紹介した［井村 1995］があり，資料に乏しい 1940 年代の貴重な資料を紹介した［井村 1997］もある．ともに 1990 年代に刊行されたものであるが，依然として重要な価値をもつ．

主要な研究書

ここでは，2000 年以後出版された満洲・満鉄・満洲国および戦後東北の経済に関する研究書並びに関連する研究論文を紹介したい．

まず，鞍山鉄鋼業の戦前・戦後を検証して満洲工業の戦後中国への継承問題を提起したものが［松本 2000］である．すでに松本は鞍山鉄鋼業を素材に「侵略」と「開発」を論じた著書［松本 1988］を出していたが，同書では戦後中国への「継承」と「断絶」の検証という新たな視点が提示されている．満洲の経済建設をこれまでのように日本資本主義との関係からだけ見るのではなく，戦後中国経済の発展との関係でとらえるというこの松本の視点は，画期的なものであった．また本書では，現実の工業設備の継承だけではなく，技術の継承を重視するという視点も打ち出している．こうして本書では，豊富な史資料の発掘や聞き取り調査により 1940 年代から 50 年代前半の史実を詳細に解明したのである．この松本の著書はその後の研究に大きな影響を与え，満鉄撫順のオイルシェール事業を検討した［飯塚 2003］が出され，現代中国経済の研究者側からも化学工業発展の源流の 1 つを満洲に求める［田島 2003］が発表された．さらに田島は共同研究を組織して，その成果を研究書にまとめている［田島 2005］．またこの共同研究のメンバーの 1 人により，満洲化学工業の全体像を提示しその戦後中国への影響を論じた研究書［峰 2009］も出版された．なお，同書の内容については［飯塚 2010］を参照されたい．

満鉄研究に関しても 2000 年に重要な研究書が上梓された［小林 2000］．そこでは満鉄の設立から崩壊までが政治・経済面を中心に追われている．本書での成果が，後に［加藤(聖) 2006］，前掲［田中 2007］として結実している．満鉄傘下の各事業体の労働問題を論じた研究に［松村ほか 2002］があり，満洲国の労働統制と満鉄・撫順炭鉱・大連埠頭・昭和製鋼所などの労働問題が詳述されている．ここでの松村の研究は後に［松村 2007］としてまとめられた．

［山本(有) 2003］では，満洲国 14 年間の経済的パフォーマンスが，国民所得・生産指数・国際収支というマクロ的指標を利用して数量的・実証的に分析

されている．特に，資料が乏しくこれまで解明が遅れていた 1940 年代に関して，「石田興平文庫」「張公権文書」など多くの資料を発掘して数量的データを把握・整理しており，重要な研究成果である．

満洲における日系企業を中心とした企業研究には［鈴木 2007］がある．同書は，『満洲会社興信録』『満洲銀行会社年鑑』『満洲鉱工年鑑』などをもとに独自に作成したデータベースを利用して，日清戦争前（1880 年代）から敗戦と戦後処理までの満洲における企業の活動を包括的に分析することを課題としている．同書には工業分野に関して，「金属工業」（疋田康行），「機械器具工業」（疋田康行・老川慶喜），「窯業」（須永徳武），「化学工業」（須永徳武）などの論文が収載されている．同書の意義は，これまで資料的制約から十分解明されてこなかった 1940 年代の日系企業の存在が，前記データベースと戦後に編纂された各企業の社史などを博捜することによって，かなり詳細に明らかにされたことである．今後はこうした成果の上に立ち，それら企業の満洲国終末期の生産・経営実態を解明し，さらには敗戦後の帰趨を追い，戦後中国への継承・非継承を解明することが重要な課題となっている．

近現代東北アジア地域史研究会のメンバーにより新たな研究視角の開拓と問題提起をめざして出版されたものが［江夏ほか 2005］である．本章との関連では，同書第 3 部「戦後の中国東北地域，1945-49 年」に注目すべき論考が収録されている．なお，個々の論文については後に紹介する．満鉄調査組織の神話を剝ぎその実像に迫ることを目的とした研究が［松村ほか 2008］である．同書には経済関係の論文として「満鉄調査の慣習的方法：統計調査を中心として」（平山勉），「未完の交通調査：『満洲交通史稿』の構想と限界」（兒嶋俊郎），「変容する市場と特産物：大豆三品の流通・生産調査」（柳沢遊），「事業化された調査：資源・鉱産物調査とオイルシェール事業」（山本裕）などの興味深い論考が収められている．［岡部編 2008］は，満鉄の多様な事業のなかから，大豆の商品化と流通問題，港湾経営，傘下企業の設立状況，中央試験所の技術開発，後期調査機関の制度と実践などについての実証研究に取り組んだものである．

その他に，［柳沢・木村編 2004］には，戦時下満洲の日本人・日本資本を主体とした経済団体の活動を論じた「大連商工会議所から関東州経済会へ」（柳沢遊），「奉天商工公会の設立とその活動」（塚瀬進）が収録されている．［小林ほか編 2008］には，「戦後アジアにおける日本人団体の活動と特徴」（小林英夫），

「海外引揚問題と日本人援護団体：戦後日本における帝国意識の断絶」（加藤聖文），「引揚者経済団体の活動と在外財産補償要求」（柴田善雅）などの満洲および中国大陸からの引揚問題を論じた論文が収められており，特に加藤論文は戦後東北での日本人団体について述べられており興味深い．［堀2009a］では，近代満洲の貿易構造が通時的に検討されており，満洲国期の貿易が日本内地から大量の資本財を輸入し，一方で日本に粗中間財を輸出するように変化した事実が指摘されている．［春日2010］では，三井物産による満洲での事業活動が明らかとなり，三井物産は太平洋戦争期には満洲国政府・関東軍の要望により生産部門へ本格的に進出を開始したとされる．

2 重化学工業研究の成果と課題

主要な研究論文

ここでは，前項「主要な研究書」で紹介した以外の重化学工業およびそれに付随する問題に関する研究業績を紹介する．

まず，満洲重工業開発株式会社の設立経緯と欧米などとの外資導入交渉については，［田代2001］がある．同論文では，鮎川義介の外資導入への取り組みが検討され，特にフォード自動車との交渉過程が明らかとなり，さらにこうした外資導入政策が失敗に帰結する要因にまで考察が及んでいる．

満洲鉄鋼業において昭和製鋼所に次ぐ生産量を誇った本渓湖煤鉄公司の発展過程について，技術史・産業史からアプローチした研究が［木場2009］である．低燐銑鉄生産の技術開発とその低燐銑鉄を使用した特殊鋼・鋼材生産の技術開発が解明されるとともに，そうした銑鉄・鋼鉄の生産方法と生産工程は，1950年代半ばまでに復興されるとの展望も示されている．なお，大冶鉄廠を中心に戦後の国民政府による鉄鋼業復興計画を検証した［萩原2010］も出されており，大冶鉄廠との比較から東北鉄鋼業の復興過程にも論及されている．

化学工業に関しては，日本のソーダ工業の満洲進出について［兒玉2008］が論じており，［飯塚2008b］では満鉄の中央試験所が取り組んだ撫順炭鉱での石炭液化事業が検討されている．なお，石炭液化事業については［三輪2004］が，満洲の動向についても論及している．また三輪は，実はドイツでも直接液化法（ベルギウス法）による石炭液化には成功しておらず，実施されていたのは石炭

低温乾留により得られたタールへの水素添加であったとする説を発表しており[三輪2009], 今後の研究の進展が待たれる．

満洲の電力産業については[須永2005]がある．満洲国の水力発電所建設に関しては, 水豊ダムの建設における労務問題を扱った[広瀬2003], 豊満ダムと水力発電所の建設経緯, ソ連軍による設備撤去, 戦後の再建過程を検証した[南2007]がある．また, 満洲・東北における超高圧送電網の建設と復興については[峰2008]があり, すでに満洲国期に周波数50ヘルツへの統一や送電線へのアルミ使用の実現がなされていたとの重要な指摘がある．

満鉄の鉄道技術の戦後中国への移転の研究として[長見2003]がある．そこでは, ポーレー報告の資料に依拠して, ソ連軍による満洲鉄道の接収と破壊は大規模なものであったとしている．しかし, [王1993]は, ソ連軍による線路・鉄道車輌などの解体撤去はそれほど大規模なものではなく, そのために人民共和国初期に東北鉄道の再建が短期間で可能となったとしており, この王の研究もぜひ参照されるべきであった．

満洲国の自動車産業についての研究としては[老川1997・2002]があり, 満鉄・満洲国および内地7社の出資により1934年3月奉天市に設立された同和自動車工業株式会社の設立経緯と初期の経営状況が解明されている．この同和自動車ならびに満業傘下に1939年5月に設立された満洲自動車製造株式会社については, 前述の[鈴木2007]「機械器具工業」(疋田康行・老川慶喜)でも詳しく論述されている．また, [十河2007]では, 満洲自動車製造株式会社について, 戦後奉天工場の機械設備のほとんどがソ連軍に持ち去られたとして, 戦後中国への継承を否定している．だが他方では, 奉天工場はソ連軍の管理下で一部操業を継続したとされており, どのような機械設備が残され, どのような変遷をたどるのか, 今後解明される必要がある．また, 関連部品メーカーについても, 同じく戦後の動向について追究すべきであろう．

関東局と満洲国が1934年から1940年に実施した満洲工場調査報告書「満洲(国)工場統計」を用いて1930年代における満洲国工業の動向把握をめざしたものが[風間2007]であり, 同じく満洲国工業の地域的差違の検討に取り組んだものが[風間2008a]である．

物流問題については, 日満商事の設立過程について論じた[山本(裕)2003]がある．また, [山本(裕)2006]では, 1940年代の石炭公定価格制度や平衡資

金制度を通じた石炭増産政策が検討され，さらに実際の生産・需給状況が明らかにされている．物流の核となる交通インフラ問題については，港湾に関して大連埠頭の荷役労働の変遷を論じた［柳沢 2002b］があり，［風間 2008b］では満洲国時期に満鉄が経営した全港湾の経営実態の解明がめざされている．風間論文では，満鉄経営の全港湾について主要品目別の輸出入状況の推移が明らかにされており，また関東軍による軍需輸送にまで目配りがなされ，満洲経済を研究する上で有意義な内容となっている．日本海側諸港と北朝鮮 3 港（雄基・羅津・清津）とを結ぶ日本海航路を経て，さらに吉会鉄道を利用して新京に至る日本海ルートについては，［芳井 2000］が構想から完成までの経緯を明らかにしており，［田中 2007］ではこの日本海ルートの統制問題をめぐる日本本国・植民地朝鮮・満洲国間の利害対立が検証されている．

ポーレー・ミッションについては［浅野 2010］があり，米国が主軸となった賠償計画は，日本帝国を米主導で東アジア地域へと再編するための手段であり，ソ連の発言力を極力抑えながら急速に工業化される中国を基軸として東アジアの地域的統合を実現しようという内容であったとしている．

太平洋戦争終戦前後の満洲在留日本人の全体像を統計的に明らかにすることを目的とした研究が［山本(有) 2007］であり，終戦時における在留日本人数とその内訳，敗戦後の捕虜数・死者数，引揚者数・留用者数などが考究されている．［鹿 2004］では，医師・看護婦・その他補助要員として東北の共産党軍の医療隊に勤務した留用日本人の実態の一端が明らかにされた．［鹿 2009］では，各種檔案などの一次資料を利用することにより，国民政府の日本人技術者留用政策や留用人員の人数・配置・待遇などが解明されている．本論文では東北部共産党支配地区の留用者の人数も提示されており，参考になる．

［国分 2004］では，計画経済実施の中核機関として建国直後に中央人民政府政務院財政経済委員会が設立されたが，その主任・副主任 4 人のうち陳雲・李富春の 2 人が戦後東北で活動した人物であり，これはソ連モデルを実験的に導入した東北での経験が買われての任用であったとする．だが国分は，陳雲はソ連モデルの盲目的な導入を考えてはいなかったとも述べており，戦後東北での経験は単純なソ連モデルの実験ではなく満洲国の統制経済の経験もふまえた独自性の強いものであったとも考えられる．後述するように戦後東北での財政経済政策についてはすでに研究が着手されており，満洲国の諸政策が共産党の政

策にどのような影響を及ぼしたのか，より実証面で深められる必要がある．

他方で，国民政府の重工業建設と統制計画経済を主導した資源委員会のテクノクラートが，人民共和国の経済政策に大きな影響を与えたことは，［程2006；久保2009b］でも論述されている．この資源委員会のメンバーは，戦後東北でも産業復興政策にさまざまに関与しており，彼らの東北での活動内容を明らかにするのも今後の課題である．

今後の研究課題

近年における満洲および戦後東北の重化学工業を中心とした経済史研究をふまえ，筆者が重要と考える今後の研究課題は，以下の5点である．

第1に，満洲国の軍需産業の実態把握とその戦後中国への継承・非継承の問題の解明である．「張公権文書」の記述によれば，農業を除いた戦前東北経済の3分の2は満洲国政府および満鉄関係であり，残り3分の1が陸軍関係であるとされており［山本（有）2005：258］，軍需産業の比重の大きさを窺うことができる．ただし，こうした軍需産業の解明には，資料的な制約も小さくない．敗戦時に関東軍や満洲国政府の軍需産業関係の各種文書は焼却処分されたであろう．また，前述の［風間2008a：44］によれば，海軍に納入された撫順のオイルシェールや日本の軍需工場に納入された本渓湖産の低燐銑鉄は，防諜上の配慮から「工場統計」には集計されていないとのことである．このように公刊資料でも，軍事情報は秘匿されていたのである．そうしたなかで，［名古屋2007］は張作霖により創設された東三省兵工廠が満洲国期に株式会社奉天造兵所に改編される経緯を明らかにし，［飯塚2008a：34］では南満陸軍造兵廠および同廠遼陽製造所の概要が紹介されている．自動車生産とならんで関東軍が重視した航空機生産については，［鈴木2007：727］において満洲飛行機製造株式会社の概況が示されている．今後，新たな資料の発掘に努めて，これら企業・工場での兵器生産の実態がより詳細に解明される必要がある．また太平洋戦争時期に満洲の民間企業がいかに軍需生産体制に動員されたかについての研究も不可欠である．なお日本国内の軍需生産の実態，特に民間企業を軍管理下に置くために設けられた軍管理工場制度については［下谷2008］で論及されており，参考になる．

太平洋戦争終結後の日本軍の武装解除をめぐる国民政府と共産党の対応につ

いては［門間 2006］がある．［丸山 2005］においても，中共軍がソ連軍の暗黙の協力や公然たる支援のもとに旧日本軍の武器を大量に調達した事実が明らかにされている．さらに［丸山 2006］では共和国建国初期の軍需産業の研究もなされている．［飯塚 2008a］では，大連に設立された化学肥料会社・満洲化学工業株式会社が，太平洋戦争時期に爆薬原料生産に傾斜してゆく状況が明らかにされ，［井村 2005；飯塚 2009］では国共内戦期に同社ならびに大連の有力金属機械企業が共産党により兵器工場・建新公司として再編され，砲弾・爆薬生産を実施した事実が明らかにされている．今後は東北奥地での共産党による兵器生産の実態も解明される必要があり，その際には前述の南満陸軍造兵廠や株式会社奉天造兵所などの機械設備と日本人技術者・工員がいかに利用されたのかを検証することも必要であろう．

　第 2 に，撫順の炭鉱を中核に発展した大規模な工業機構の全体的状況をいかに評価するのか，そしてその戦後中国への継承をどうとらえるのか，これも依然として未解明の重要な課題である．撫順炭鉱本体に関しては労務管理および労働史の分野では研究が進展している［松村 2007；庚 2004］．またオイルシェール事業や石炭液化事業についても研究がなされている［飯塚 2003・2008b］．さらに［末里 2010］では，撫順で発展した各種工業の技術的内容とそれを支えた技術者についての概要が紹介されている．ただ，炭鉱の採炭技術の発展および化学・機械・金属工業などの展開に関する詳細な研究は未だなされておらず，その戦後中国への継承・非継承の問題を含めてぜひ研究がなされなければならない．［岡部 2008b：401］では，撫順炭鉱とそれに付随して発展した石炭化学コンビナートの重要性を指摘して，「満鉄研究は本格的な撫順炭礦研究なしには完結しない」としている．

　第 3 に，満洲における工業集積の地域的展開状況を解明し，さらにその工業集積の戦後中国での変遷を追究することである．化学工業については［峰 2009］において，同工業の集積が進んだ吉林・錦西・錦州・奉天（瀋陽）・撫順・大連について，戦前・戦後の変遷が追われている．［風間 2008a］では，1930 年代の状況が考察され，奉天市を中心とする半径約 100 km 以内に位置する撫順・本渓湖・鞍山の 4 都市によって構成される「南満工業地帯」の形成が説かれている．特に，奉天市内の鉄西工業地区には鉱山用機械，電気機械・器具などの製造工場が 1940 年までに急激に集積し，同市最大の工業区域となっ

たとされる．奉天市経済の動向については［張（暁）2008］もあり，鉄西工業地区の発展経緯や奉天市における金属・機械・化学などの重化学工業生産の進展について論及されている．ただ，風間・張両名の研究は1940年までであり，それ以降の動向についても研究が待たれるところである．大連については［柳沢2008b］があり，日中戦争以降，大連工業は金属・機械器具・化学工業などを中心に飛躍的発展を遂げ，工業用地などの産業インフラの整備も着手され，大連機械製作所・大連船渠鉄工会社などの大工場は日系だけでなく中国人の部品工場とも請負関係を形成したとされる．その他，哈爾浜・新京（長春）・吉林・安東・錦州などについても，研究がなされるべきである．

第4に，満洲産業史のより一層の進展と技術面からアプローチした研究の必要性である．［岡部2008b］でも，満鉄研究のなかで鉄道・港湾・炭砿・製鉄などの満鉄の基幹となる個別事業の研究が今でも不十分であり，日本の満洲支配を産業・技術の面からとらえる問題関心が著しく低いと指摘されている．この指摘は正鵠を射ている．特に，重化学工業の戦後中国への継承・非継承を考えるには，機械設備などのハード面の把握だけでは不十分であり，技術内容およびそれを支える技術者，さらには新たな技術を生み出す研究開発体制などのソフト面の実態解明も不可欠である．これまでの満洲国の産業史研究では，このソフト面の研究が弱かった．このソフト面を重視して大きな成果を上げた研究が［松本2000］であるといえる．今後，鉄鋼業以外の各産業についても，技術的側面を重視した実証研究がなされなければならない．

第5に，満洲・東北と朝鮮との経済関係についての研究である．満洲の経済開発と朝鮮北部の工業建設はいかなる関係にあったのか．また，国共内戦期や朝鮮戦争時期に，中国と北朝鮮は経済的にいかに連携したのか．これらの点について，実証的に深められる必要がある．［木村・安部2003］では，日本が北朝鮮に構築した軍需産業の実態が解明され，それが朝鮮戦争の物的基盤になったと指摘されている．また，満洲国成立以降の満洲・朝鮮貿易の変容については，［山本（有）2003］第6章で論じられている．さらに，国共内戦時期に中国共産党は北朝鮮の支援を受けながら兵器生産を進めており，その大連でのケースは［飯塚2009］が明らかにしている．［塚瀬2001］は，中国共産党は東北北部と南部を結ぶ輸送路として北朝鮮を利用していた事実を指摘している．以上のような研究成果をふまえて，より一層研究を深めていくべきであろう．

3 統治体制と民衆動員

　戦時動員体制の構築には重化学工業の育成が不可欠であるが，兵員・食糧などの動員も欠かせない．以下，それに関係した研究動向を紹介しよう．

　［塚瀬1998・2006］では，1940年代に戦時体制確立のため都市部・農村部での統制が強化されたが，都市部では漢人の特性への無理解により，農村部では末端への権力浸透が困難なことから，共に失敗に帰したとされている．同論文では，中国人一般民衆に対する満洲国の統治政策がおおむね否定的に総括されているが，政府の政策内容とそれに対する民衆の反応を地域差なども考慮してより緻密に研究する必要があるであろう．さらには，戦後東北において中国共産党はどのように民衆を掌握したのか，満洲国の制度・経験は利用されたのかも今後の研究課題として残る．

　戦後東北での共産党の財政経済政策については［塚瀬2001］があり，そこでは土地改革は農民の支持獲得に大きな役割を果たしたが，内戦勝利に必要な条件は軍事力の増強であり，その軍事力を支えるものは財政収入の確保であるとして，共産党の財政収入確保策が対外貿易および農民・商工業者からの徴税について検討されている．そして，商工業者からの徴税額が財政収入に占める比率は比較的低く，大豆を中心とした農産物の対ソ輸出による貿易収入と農民からの公糧（農産物で納入する税）徴収の比率が圧倒的に高く，東北の高い農業生産力が財政収入を支えたと結論づけている．

　この塚瀬の問題関心を継承し，哈爾浜を中心に都市基層社会の統合と商工業者への統制を論じたものが［大沢2002・2004］である．また，対ソ貿易と農村での食糧買い付けの関係を論じた［大沢2006］もある．大沢は，共産党は対ソ貿易により綿製品を輸入し，農民には食糧供出の見返り物資として綿製品を供給しており，これは満洲国が農産物集荷で成果を上げた綿製品の特別配給と共通する構造であると指摘している．ただ満洲国と共産党の大きな違いは，後者は基層組織を通じて大衆を動員して農民から食糧を直接供出させることに成功したが，前者は農産物の集荷にあたって最後まで糧桟（農産物取引商人）などを排除できなかったとする．こうした食糧統制の問題は，満洲国の統制経済が戦後中国に与えた影響を考察する上で重要なテーマである．

[角崎2010a・2010b］は，共産党支配地区における土地改革と兵員動員・食糧徴発との関係を論じ，土地改革のなかで貧雇農の革命意識が向上し，彼らは新たに取得した土地を守ろうと兵員募集に積極的に応じたとの通説的理解に疑義が提示されている．すなわち，地主・富農などから没収された食糧は大衆に分配されるよりは優先的に軍・政府によって徴用され，軍需に充当された．また，兵員募集に応じた新兵の多くは土地改革の「果実」である土地・食糧の優先的分配を求めるためであり，その内容は実際には「雇用」に近いものであったとしている．国民政府の兵隊の多くが金品で「売買」されたものであることは［笹川・奥村2007］で主張されているが，実は共産党の兵員動員もそれと類似した状況にあるというのである．これは通説に大幅な修正を迫る内容であり，今後議論されるべきであろう．

おわりに

　以上のように本章では，満洲・戦後東北経済に関する筆者の問題関心に基づき2000年以降の研究動向を整理し，今後の研究課題を提示した．筆者の問題関心とはすなわち，日本が満洲に構築した戦時動員体制が，中国共産党の内戦発動および内戦勝利・権力樹立を可能とさせた重要要因であったのではないかということである．さらには，朝鮮戦争遂行にも東北の重化学工業基盤は重要な役割を果たし，朝鮮戦争を経ることによって中国の経済社会は戦時体制的性格を強めることになった．こうした社会主義戦時体制の構築にも，満洲および戦後東北での経験が大きく影響を及ぼしたものと考えられる．そして中国ではこの社会主義戦時体制の下で，大躍進政策に代表される政治的・経済的混迷が発生したのである．このように考えると，満洲国の戦時体制下での重化学工業の構築は戦後中国の経済建設の基礎となったことは間違いないが，反面では中国の経済社会にもたらした負の側面も大きく，無条件で賞賛できる内容ではない．すなわち，満洲国の戦時動員体制が「負の遺産」として戦後中国に多大な影響を及ぼしたのである．

　今後，満洲経済の研究にあたっても戦後中国との関連性を意識した研究が不可欠であり，また戦後中国の経済研究でも戦前の満洲経済との継承・非継承の問題を確認する作業が必要であろう．

第14章　戦時期日本占領地域の経済史

今 井 就 稔

　毎年7月7日になると，日本では七夕を祝う．もともと中国の旧暦由来の文化であるから，現在の中国でも類似の習慣はある．しかし，この日は現在の中国人には日中関係を画した重大な日として，より強く記憶されている．

　1937年の7月7日，北京郊外の盧溝橋において，当時中国に駐留していた日本軍と中国の軍隊が衝突し，これが日中全面戦争のきっかけとなった．日本側は当初，せいぜい数ヵ月で中国側を屈服させることができると考えていた．しかし，ときの国民政府や共産党は，広大な国土を活用して長期的な持久戦に持ち込み，日本側を軍事的・経済的に疲弊させる戦術で対抗した．最終的には8年もの長期にわたった後，戦争は1945年8月15日に日本の敗戦で終結する．

　次頁の図は，戦争さなかの1942年頃に日本が占領していたおおよその領域を示したものである．おおよそ，というのは，領域は戦局とともに絶えず変動しているので，日本の占領地域とそうでない地域との間に明確な境界線が国境のように存在するわけではないからである．この頃の日本の支配力はかなり弱体化していたのだが，それでも北京・上海・広州・香港など，現代の日本人が旅行や出張で訪問機会の多い沿海部の主要都市がすっぽりと占領下に入ってしまう．このように，日中戦争とともに日本の占領下となった地域を，それ以前から植民地だった朝鮮・台湾や，「満洲国」統治下の東北地方と区別して，日本占領地と呼ぶ．先述のように戦争が長期化したため，日本は軍事力による侵攻に加え，産業や流通，資源開発など経済面での統制も強化し，長期安定的な支配を狙った．最終的にそれらは中国側の抵抗を含むさまざまな事情から貫徹しなかったとはいえ，中国側の政策や人々の経済活動に大きな影響を与え，戦後中国の歴史展開をも大きく左右した点をわれわれは知っておく必要がある．

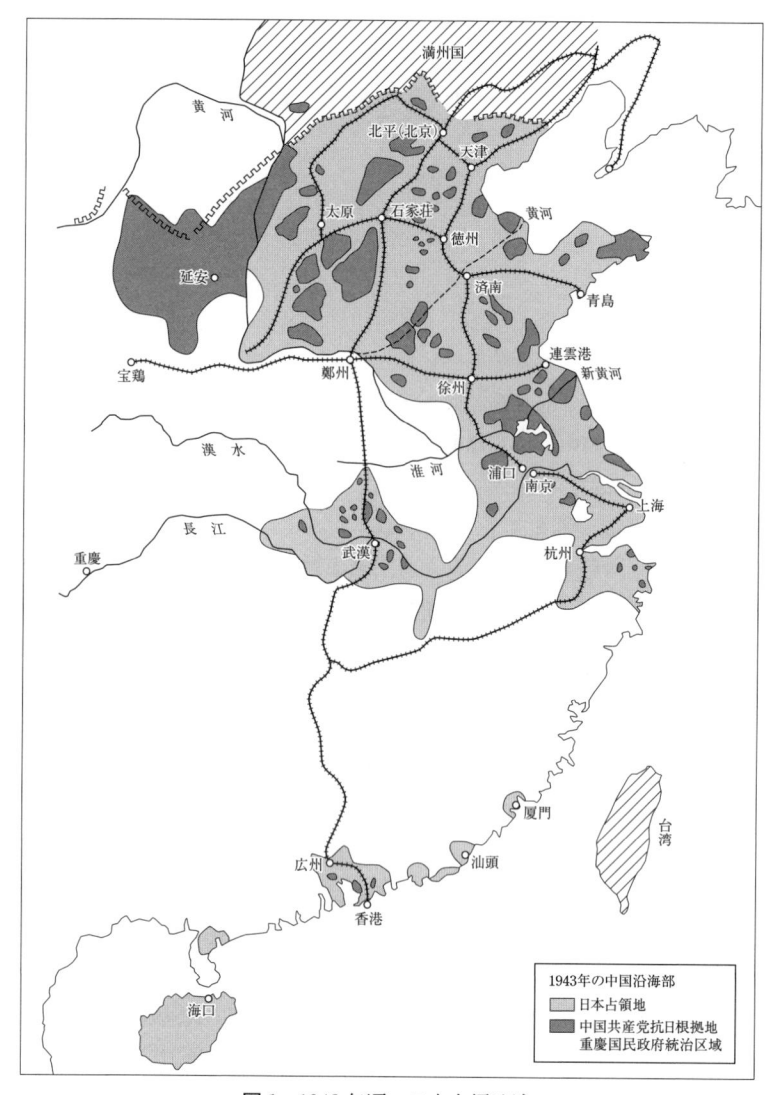

図1　1942年頃の日本占領地域

だが，経済史という枠組みで日本占領地を研究する試みは，近年まであまり一般的ではなかった．まず，資料的な制約があった．戦乱の影響を受けて，統計の不備や欠号のある雑誌・新聞，所在不明の一時資料も珍しくない．日中双方の断片的な資料をうまく組み合わせて対象に迫る地道な努力が今でも必要である．また，研究体制にも課題があった．高校における「世界史」「日本史」と同様，多くの大学では日本史講座と東洋史（や西洋史）の講座が独立した体制である．そのためか，日本占領地の研究は，侵略する側の分析を日本史の研究者が，抵抗する側の研究を中国史研究者が主に担い，互いの視点や問題意識を相互検証する機会に乏しかった．日本の支配と中国社会との関係を多様な相互関係の下にとらえる視点が必要である．

　さらにより内在的な問題として，日中戦争研究自体が政治動向に大きく左右され，冷静な経済史分析を展開することが困難だったことも指摘しておきたい．日中戦争（中国では抗日戦争）史は，中国にとっては，苦難と同時に輝かしい歴史でもあるから，戦死者を顕彰・追悼する施設も各地に造られている．政府主導で描かれたそれらの歴史の主人公は，国家のために戦った兵士や民衆，そして彼らを導いて抗戦に勝利した政治指導者たちである．だが，そうした叙述では語り尽くせない部分として日本占領地の歴史がある．中国語では，敵に占領された地域のことを「淪陥区」というが，現在は日中戦争期の日本占領地を指す言葉として，否定的に使用されている．愛国心にあふれ，果敢に抗戦を展開する姿勢が理想だとするとき，生活の必要性から日本側と接触せざるをえなかった人々も多かった日本占領地域の歴史は，積極的に語られる対象ではなかったのである．経済史研究では政治的な要素を一律に排除してよいわけではないが，原則は，統計を含めた各種資料と理論に基づき，「経済の論理」に沿って人々の経済活動を分析することである．それが，日中戦争期の経済を語る際は「国家の論理」に影響されやすいのである．だが，中国が嫌いな日本人でも，安くて結構使えるという経済合理的な判断の下，中国製の雑貨や食材を購入しているように，実は現在の私たちも普段から2つの論理を使い分けている．では，日本占領下に生きた中国の人々はどうだったのだろうか．私たちに必要なのは，どちらか一方を排除することではない．2つの論理を重ね合わせながら研究史を振り返ってみよう．

1　日中戦争と日本

日本の中国支配

　日中戦争期の中国において日本人が何をしたのか，その加害の歴史の究明が本格化するのは，1970年代にはいってからである．日本政府，占領地当局の経済構想や政策機構，経済的収奪の実態などを明らかにした実証成果が現在まで着々と積み重ねられてきた．

　中国全体を扱った研究の先駆的成果として［桑野1965］が挙げられる．占領地における日本の通貨金融政策の展開と，それを阻止しようとした重慶国民政府，中国共産党との「三つ巴の通貨戦」の実態を明らかにし，この通貨戦が最終的には食糧の確保をめぐる争いであったことを指摘している．［高橋1978］ではその指摘を裏づけるかのように，1939年の東アジアにおける大凶作とその後の戦線拡大をきっかけとして食料問題が「共栄圏」全体で深刻化し，食糧増産や収買において華中・華北占領地が重要な地域と位置づけられていったことが述べられている．通貨金融政策についてはその後，［島崎1989］や［柴田1999］が満洲から中国関内，そして仏印や南方占領地に至るまでを分析対象として詳細な実証をてがけ，「大東亜共栄圏」全体のなかでの中国占領地の支配上の特徴をつかむことが可能になった．［山本（有）2011］も日本植民地帝国の金融・交易システムのなかで中国占領地がもった役割を理解し，数量経済史の方法論を学ぶためには重要である．また，［岩武1990］によって，中国における通貨の変遷や通貨政策の展開を1930年代から1950年代にかけてトータルに把握することも可能となっている．海外でも［林1996中］が，戦時期における国民政府・親日政権および中共政権による通貨発行政策を検討し，各政権が貨幣戦によって統治範囲を拡大しようとする様子が議論されている．

　占領地の政策機構については，戦争の長期化に対応し占領地の安定的支配を目的に設立された興亜院に関する［本庄・内山・久保2002］が重要である．興亜院は物資獲得や産業振興など経済面に関する政策決定にも深く関与した．

　中国占領地における経済的支配についてのより詳細な検討は，農業・鉱産資源に対する収奪に関心を向けた［浅田1978a・1978b・1981］などから本格化した．その後，各地域・産業ごとに実証研究が積み重ねられてきている．以下で

は，地域別に研究を紹介していく．

まず，華北については，満洲事変以降の日本の華北経済支配について政府・日本軍の動向とともに明らかにした［中村1983］が先駆的成果として挙げられる．［解1998；范2002］は，華北の主要資源であった石炭の収奪と主要産業であった製鉄業の実態について検討した（図2）．［高橋1981；林采2006・2007 日］は日本の華北における鉄道支配と運営形態，および営業の実態を明らかにしている．

図2　石景山製鉄所
注：日本の製鉄事業として北京市の西郊外に整備され，現在は中国企業・首都鋼鉄集団に継承されている．
出典：内閣情報部監修・同盟通信社写真部特写，大日本雄弁会講談社編『新支那写真大観』大日本雄弁会講談社，1939年，40頁．

とくに山西省については，［内田2005］が鉄道事業やアヘン政策について検討し，［岳2008］は日本軍の山西省支配を論じるなかで，鉱工業・交通・農業資源の収奪についても記述している．［内田2007a・2010］は蒙疆政権（今の内モンゴル自治区中部にできた親日政権）の道路建設や鉄道支配，地域社会の変容などについて論じている．日本が中国侵略をする過程で重要な商品となったアヘンについては，［江口1988；朴1994；内田2007b］などの成果がある．食糧関係については，蒙疆の畜産業支配について検証した［斯日古楞2003］，戦時下の食糧不足と日本軍の食糧徴発の実態を河南省の事例から検討した［ウー2006］，小麦・雑穀の日本軍による低価格での強制買付と，その山東農村経済に対する影響について考察した［弁納2010］が重要である．

華中については，中国最大の商工業都市であった上海に関する研究が圧倒的に多い．［中村ほか1994］は，華中における軍票（日本軍が占領地域で発行した紙幣）導入の背景や物資統制の実態を統制品目別に詳述している．日本の上海統治については中国でも多くの研究成果があるが，［陳正卿ほか2000；李峻2004；黄美真2005］など，近年刊行された書籍には経済支配についても記述が多い．［荘2001］は中国企業の工場が日本軍によって管理された事実を明らかにしたものであり，［顧ほか2010］は華中の代表的産業である製糸業が日本の統制と収奪を受ける過程を明らかにしている．［金丸1998 中］は，日中戦争勃

発直後の上海経済について，その破壊の実態と復興計画について電力産業を事例として検証し，［金丸 2005a］では，戦闘で破壊された電力網を日本が主体となって復興していく過程をより詳細に描いている．

華南支配については，アジア・太平洋戦争の勃発とともにはじまった日本の香港占領を総括的に描いた研究として［小林・柴田 1996］がある．軍票の使用や企業支配，貿易統制など，経済と関連する項目にも多くのページが割かれている．［許 2004］は，海南島における日本軍の鉄道建設について考察したものである．［本庄 2002］は，日本の占領地行政の統括機関として設立された興亜院の厦門連絡部と広東派遣員事務所が調査した資料を紹介している．

日本企業・日本人の経済活動

日中戦争期の中国において，日本が支配や収奪の担い手であったことに間違いはないのであるが，軍部や占領地当局の経済政策に焦点を当てるだけではなく，日本企業の活動や日本人と中国社会との関わりなどにも関心が向けられてきた．伝統的な「帝国主義史」だけではなく，経営史や社会史的なアプローチも用いた経済史研究が進展するようになったといえるであろう．

戦前戦中を問わず中国で活動した企業は数多いが，投資規模が最大のものは紡績業であった．在華日本紡績企業（在華紡）についての研究として代表的なものに，［山崎 1977］や［高村 1982］がある．生産・販売の実態から経営分析に至るまで，戦時期の動向についても多くの記述があり，必読である．戦前から積極的に中国で事業を展開していた大手商社・三井物産の戦時期の活動については，その豊富な内部資料を利用して［坂本 2003］や［春日 2010］などの成果が生まれた．帝国主義論のアプローチをとるか，経営史的アプローチで分析を進めるか，両者の方法論には違いがみられる．［高橋 1995］は，日本の植民地や占領地の鉄道経営を総合的に分析するなかで，華北交通会社と華中鉄道会社の成立過程と営業実態についても検討を行い，軍需品や兵士の輸送，資源の「開発」に関与した両社の活動を経営史的に跡づけている．

日本企業の活動については，［柴田(善) 2007］が蒙疆地域における日本人の企業活動について総合的な考察を行い，その後，［柴田(善) 2008］において，北支那開発・中支那振興などの国策会社から在華紡，その他の民間会社までその数や期間，活動の背景などを調査・分析し，戦時日系企業の全体像を提示し

た．その他，華北の通信事情を華北電信電話株式会社という企業の活動から検証した［貴志 2001］，山西省の開発における大倉財閥の関わりについて検討を加えた［窪田 1976・1982］があり，石炭をめぐる日本企業の対中進出や国策との関わりについて検証した研究には［鈴木（茂）1985；陳慈玉 2004；畠中 2007］などの成果がある．また，資料論として重要なものに，朝鮮・満洲・中国における日系大手企業の企業成績を掲載していた『大陸会社便覧』の紹介と企業史研究への応用の可能性について検討した［瀧本・金丸 2009］，戦時下の華北で行われた近代工業に関する工場調査報告書を検証し，調査の精度や史料の性格には限界を有しつつも近代中国の工業発展過程を把握する際の貴重なてがかりとなることを指摘した［久保 1998］がある．

日本の軍事的・経済的進出にともなって増加した在華日本人居留民の動向については，［山村 2000・2004］による，上海日本商工会議所の戦時期の活動や戦況の変化による機構の変遷についての分析がある．また，［幸野 2004］は戦時中の天津日本商工会議所の再編について，［小林（元）2007］は蒙疆における日本人居留民の職業構成，居留民団の戦時中の活動について実証している．

技術者については各種戦時調査に動員された姿を明らかにした研究がある．［久保 2002a］は，従来は中国関係の調査研究に直接的関係を持たなかった技術者や専門家が，興亜院によって動員され，中国調査に従事したことを明らかにしている．同じく［奥村 2002］が鉱産物・農畜産物についての興亜院の調査を検証し，［金丸 2002］は電力産業に即して興亜院の調査の特徴を明らかにするとともに，調査に従事した日本人技術者の活動とその中国観を明らかにしている．［内山 2002］は華北で行われた棉花・馬などの資源調査を読み解き，重要農産物の収奪と農村の民心把握という二律背反が調査員によって明らかにされていくさまを実証している．

2　日本占領地の社会と経済

日本の占領地政策が中国にどのような影響を与え，現地の中国民衆が日本にどのように対応したのか，という中国史側からの考察が当然必要になってくるであろう．たとえ戦時中であっても，さまざまな相互関係が日中間に存在する限り，日中関係史の視点が不必要になるわけではないからである．

中国経済と対日協力政権

日本は占領地支配を効率よく進めるため,中国人も参加する対日協力政権を各地に樹立した.日中戦争勃発後,華北には臨時政府(1937年12月成立),華中には維新政府(1938年3月成立),内モンゴルには何度かの改変を経て蒙古連合自治政府(1939年9月成立)がつくられた.1940年3月には,国民党内で蔣介石に次ぐ地位にあった汪精衛が重慶を脱出し,重慶国民政府に対抗するかたちで南京に政権を樹立した(汪政権).伝統的な日本帝国主義論では,対日協力政権は「傀儡」であり,何ら主体性を保持しえない存在とみなされてきた.近年は[李峻 2004]や[余 2006]など,中国でも本格的な研究書が相次いで出版されている.しかし,政権とそこへの参加者は,「漢奸」(=中国語で,裏切り者,売国奴の意味)と評され,いまなお評価は低い.ここ10年ほどの間に,政治的な評価を避け,彼らの意図や構想がいかなるものであったのかを検証したり,具体的な政策が日本との関係でどのように展開したのかを検討した研究が多くなってきた.その結果,完全に日本に従属する存在として一元的に把握されることは日本国内では少なくなってきている.

このうち,経済政策についての研究には,まず,[古厩 1993]が,汪政権の実施した政策を経済・金融関係を中心にまとめたほか,汪政権と日本軍が協力し,江南地域で実施した総合的な治安・民生安定政策である清郷工作についても,[古厩 1987]が先駆的な研究を行っている.南方戦線における日本の戦局悪化と日本の対中国政策の転換(=対華新政策)が汪政権の経済政策に与えた影響については[古厩 1994]がある.[柴田(哲)2003]および[柴田(哲)2009]は,汪政権で要職をつとめた陳公博の戦前から戦時中にかけての思想的変遷を追い,そこに汪政権の経済政策構想を重ね合わせて分析した.汪政権の財政については,[潘健 2007・2008・2009]があり,太平洋戦争勃発にともなう財政収支の変化についての考察や税収の重要部分を占めていた関税・塩税・統税の税収の変遷についての分析がなされている.また,[潘敏 2006a・2006b]は,江蘇省の地方政権における徴税機構の変遷について扱っている.戦時期の食糧事情を扱いつつ,汪政権の食糧統制にも言及した研究は数が多く,[張忠民 1994;林 2000 中;Henriot 2000;張根福 2002;張生 2003;潘敏 2006b;山村 2007;弁納 2002a・2002b・2008]などがある.戦時期上海の食糧事情,江南農村や外国市場との結びつき,日本軍や汪政権の食糧政策とその破綻,食糧安定

供給に向けた租界工部局（外国人居留地の行政機関）や地域エリートの取り組みなどが明らかにされた．［Barret & Shyu 2001］では，戦前より存在したさまざまなルートを通じた対日交渉の延長線上に戦時期の対日協力政権を位置づけ，維新政府や汪精衛政権の性格を論じつつ，地域エリートや企業家との関係を検証している．

なお，対日協力政権は，その関心の大半が汪政権に向けられているなかで，臨時政府に注目した数少ない成果には［広中 2008］があり，政府の指導者に王克敏が選ばれた背景として，日本主導の華北経済開発構想と，開発に際する浙江財閥の取り込み計画が存在したことを明らかにしている．

戦時期の経済史を研究する場合，対日協力政権の経済政策構想や政策効果の検証も重要なテーマである．今後は，日本の占領地政策からの自立の程度など，「傀儡」の内実にまで踏み込んだ研究が，経済史研究にも求められよう．

経済の実態と人々の活動

日中戦争の勃発による中国経済の変容の一端は先述の日本史側からの研究からも知ることができる．だが，日本の政策が中国社会にどのような影響を与えたのか，現地の中国人が日本の侵略にどのように対処しようとしたのかということは，中国史側からも別途分析がなされなければならない．

こうした関心から研究が多く蓄積されてきたのが，日本占領下の上海や江南地域に関する研究である．その商工業や貿易・金融における卓越した地位だけではなく，日本に占領されながらも1941年までは租界という日本の権力から基本的に自由な空間が存在したこと，特異な環境の下で経済活動が活発化したことなどが，研究者の関心を引きつけてきた．

戦時期の上海経済全般については［呉 2001］，戦時特需による租界内の工業発展については，［張賽群 2007］が詳しい．紡績業の発展については先述の［高村 1982］のほか［王子建 1990；許・黄 1985］などの成果が参考になる．［今井 2010］は戦時期のマッチ製造業の生産・販売動向について明らかにした論文である．［朱 2005］や［何 2007］は，遊資の集積や投機活動の隆盛，インフレーションの進展などの特殊な条件の下で，とくに1942年以降に証券市場や信託業が発展していく様子を明らかにしている．［菊池 2005］でも，租界内で業績を伸ばした百貨店業が，1942年以降は投機活動に手を伸ばしていく様子

が明らかにされており，［張忠民2002］も1942年以降の証券市場の活発化のなかで従来の工業資本に代わる新たな企業集団が台頭してきたことを実証した．戦時上海の外国為替市場については［宋佩玉2007］が，国民政府や日本，英米それぞれの思惑と為替管理について実証している．対外貿易については，日本による上海占領後も，上海経済は租界を通じて内外の市場と結びついていたこと，上海経由で供給される物資が大後方の抗戦に不可欠のものであったこと，こうした貿易条件が，租界の商工業発展を支えていたことなどが指摘されている［上海社会科学院経済研究所ほか1989；袁1994；久保1994；張賽群2006；今井2008］．また，［斉2002］は日中両国が厳しい経済封鎖を実行するも，それをかいくぐるかたちで密輸送が広範囲でなされていたことを明らかにしている．［荒川2008］は，日本軍側から経済封鎖を検討し，その効果には限界があったことを明らかにした．以上が「モノ」や「カネ」の流れに対する注目であるとすれば，戦争の勃発によって生じた「ヒト」の移動が社会に与えた影響については，［張根福2001・2006］が参照されるべきであろう．

　日本占領地で中国人は日本軍や対日協力政権の支配とどのように向き合ったのか．近年の研究では，政権への参加者だけではなく，生活のために支配者側への接触を余儀なくされた一般の人々に注目した研究がさかんになっている．経済史に関するものでは，中国人企業家の戦時期の活動に注目した研究にその成果がみられる．とくにアジア・太平洋戦争が勃発すると，物資の配給や製品の販売などを考えて日本側と協調せざるをえない企業家が増えたこともあり，彼らと支配者や日本企業との交渉を分析したものが多い．

　［Coble 2003］は，日本の上海支配と中国人企業家の経済活動および対日姿勢の変遷について業界別に幅広い実証を行った．［古厩1983］は，日中戦争が始まってからも国民政府の呼びかけを無視して上海に残留し続けた有力企業家の行動を，企業経営の論理と民族意識のバランスのなかで理解しようとした．［古厩1994］は，対華新政策に基づいて汪政権が実施した企業家懐柔政策とそれに対する有力企業家の姿勢の変遷について追った．［今井2005］は，日本軍が占領し，日系企業が管理していた中国資本工場の返還交渉のようすを綿業資本家に即して検証し，［今井2006］では，棉花需要が逼迫するなかで，日中綿業資本家が共同で組織した華中棉花の買付機構の活動実態を検討している．金融資本家の動向については，上海銀行公会の戦時期の活動を分析した［張天政

2009］が詳しい．［王克文2001］は汪政権の物資統制政策に対する企業家の対応について，［范2002］の第5章では日本の国策会社に対する中国人行政官僚の対応を考察し，ともに彼らが中国側の利益を守ろうと日本に協力しつつも抵抗をする姿を明らかにした．一方で，［古厩2000・2001］は，上海経済界の有力資本家たちが日本や対日協力政権が設立した業界組織へ参加に踏み切った背景を，社会を安定的に維持しようとする地域エリートとしての使命感を指摘しつつ分析した．［今井2009］はこうした古厩の方法を継承しつつ，上海の有力資本家である虞治卿(ぐちけい)の活動を外国米の輸入に焦点をあてて検討し，難民救済に貢献した地域エリートの側面と，自らの企業活動をしたたかに展開する側面を併せ持っていることを明らかにした．また，［風間1981］と［古厩1994］は，物資獲得をめぐる日本と中国民衆の戦いを抗日根拠地の抵抗の視点を織り交ぜながら描いている．［Brook 2005］では，上海だけではなく，近隣の江南諸都市にまで対象を広げて日本占領下における地域エリートのあり方を明らかにしている．［陳慈玉1989］の第3章では戦時期無錫の蚕糸業について，日本の国策会社であった華中蚕糸株式会社の活動と，農村において在来の蚕糸設備が日本の統制から逃れつつ生産を継続する姿を明らかにしている．

　明らかな抵抗でも日本の支配の全面的な受容でもない，両者の間をゆれ動いた存在として日本占領下の中国人を把握しようとする社会史的な手法が，企業家の分析にも生かされているといえよう．

おわりに

　以上，戦時期日本占領地研究の動向を経済史の観点から概観した．戦時期を研究対象として扱う場合，その前後の時代と比較したとき，破壊や動乱といった一般的なイメージから，あくまで「特殊」な時期であると認識されがちである．だが，戦前・戦後との歴史の連続性を意識し，長期的視野で近現代中国経済のあゆみを明らかにするためには，戦時期の研究は欠かせない．

　現状では研究の蓄積が薄い分，資料の発掘や解釈，新たな枠組みの提示など，さまざまな可能性が残された研究分野でもある．戦争はきわめて複雑で多様な側面を持つ社会現象であるから，政治史・経済史・文化史など，さまざまな角度からの分析が可能であり，また，なされなくてはならない．だが，とくに日

中戦争史の場合，感情的な反応からは距離を置き，冷静に対象と向き合い一つ一つの現象を読み解いていく姿勢が求められるという意味で，経済史が貢献できる部分はかなり大きいのではないかと考えられる．

　冒頭で述べたように，戦時期の日本占領地域の研究には，日本史と中国史の間の研究の分離，資料面での制約などの課題がある．その克服には資料の発掘や日本史研究者との議論を可能にする新たな枠組みの提示など，さまざまなはたらきかけがなされるべきであろうが，たとえば，日本帝国主義史において使用されてきた資料や発表された研究を中国経済史の観点からもう一度読み直してみることも必要である．これまで紹介した研究においても，興亜院や満鉄，東亜研究所などが残した各種調査資料や，商社・紡績会社・銀行等の内部調査が利用されてきたが，その用途の大半は日本帝国主義の中国支配を実証するために使われていた．たしかに，これら戦時中の調査は，政府機関のものであれ，民間企業が主体であれ，中国侵略のための有益な情報を手に入れ，効率的な中国支配を展開する目的があったので，その調査内容には当然ながら限界がある．だが，これら日本側諸機関の調査のなかに，戦時期中国の経済実態を知る上で参考になるものも多い．というのも彼らの残した調査資料には，日本軍統制下の物資の生産・販売・流通や，関係する中国企業の経営動向，中国人企業家と日本側企業・軍部らとの関係など，当時の経済・経営関係の情報が豊富に含まれているからである．戦時期の経済統計・企業統計は，中国側では不備が多く，その空白を埋めることができる可能性もあるし，日本の侵略と中国側の「抵抗」「生存」とを，一産業・一工場という社会の末端レベルで検証することも可能となるのである．また，たとえすでに使い古された資料であっても，中国側の資料や研究と組み合わせることで，これまでとはまた違った側面が発見できる可能性もある．昨今は，大陸・台湾所蔵の一次資料へのアクセスが容易となり，調査に赴くことは自明となっている．だが，「灯台もと暗し」との言葉どおり，足下の日本語資料や国内所蔵の資料に目を向けることも，資料解釈の幅を広げる意味では必要かつ有効であろう．今後求められる作業は，資料の「限界」とともに「可能性」を見出すこと，そして，国内外における新資料の「発掘」とともに既存資料との組み合わせによる「再解釈」もこころみていくこと，であると考えられる．

第15章　計画経済期の経済史

加島　潤

「今の中国って社会主義なんですか」という質問をしばしば受ける．

現在の中国が社会主義なのかどうかは，なかなか答えるのが難しい問題である．中国政府自身は，自国の経済体制を「社会主義市場経済」と規定しており，社会主義であるという立場を堅持している．しかし，当の本人が「私は○×である」と言っているからといって，そうか○×なのかと信じてしまっては科学的な態度とはいえない．そもそも社会主義とはどのような概念であり，それが現在の中国に当てはまるのかどうかという点から考えるのが筋であろう．

ただし困ったことに，社会主義の定義についてもいろいろな意見があり，統一した見解がない．社会主義という概念の使われ方を見ても，それがカバーする範囲は非常に広く，あるときには社会変革の思想を指し，またあるときは経済運営のシステムを意味する．こうした社会主義概念の多様性が，「中国は社会主義か」という問題を難しくしていることは明らかである．概念自体が曖昧であれば，対象がそれに該当するか否かの判断がおぼつかないのは当然であろう．

いったい，私たちは社会主義をどのように捉えるべきであろうか．経済史の枠組みで議論する際のひとつの考え方は，社会主義を歴史上に実現した固有の特徴をもつ経済システムとして捉えるというものである．すなわち，現実に存在した社会主義国と呼ばれる国の経済システムに注目し，そこから他の経済システムと大きく区別される要素を抽出して，それをもって社会主義の基本的な構成要素とするという方法である．このように考えれば，ひとまず社会主義という用語をひとつの分析概念として成立させることができるし，もし異論があったとしても，定義を明確にしておけば，後の議論がスムーズにいくであろう．

それでは経済システムとしての社会主義に固有な要素とは何だろうか．この点について，多くの人は「すべての企業が国営である」とか，「労働者の賃金が同一である」などのイメージを持っているのではないだろうか．これらはいずれも他の経済システムと大きく異なる社会主義の特徴的な要素であると考えられる．例えば「すべての企業が国営である」というのは生産手段の全面的な公有（つまり，私的所有の否定）を体現したものであり，「労働者の賃金が同一である」というのは，主要な財・サービス（ここでは生産要素としての労働）の分配が市場ではなく政府によって行われる社会を想定している．また，共産党による一党独裁というのも社会主義のイメージとして広く浸透している要素と言えるだろう．実際，共産党が政権を握っているからその国は社会主義だ，という見解もある．

そこで，ここでは(1) 生産手段の公有，(2) 市場を排除した計画経済，(3) 政治権力の一元化という３つの要素を満たす経済システムを社会主義と見なすこととしよう．そうすると，中国の歴史においてこの定義が当てはまるのは，おおよそ計画経済期（1949-78年）の約30年間ということになる．1949年以前の中国は，たとえば日中戦争時期に国民党政権のもとで政府主導による戦時統制体制の構築が試みられたものの，それは必ずしも市場経済や私的所有を全面的に否定するものではなかった．一方，1978年にはじまったとされる改革開放政策は，明らかに既存の体制から(1)と(2)の要素を徐々に後退させていく過程であり，その意味で1950-70年代はその前後とは区別される特徴をもった時期であったといえる．

次に，この計画経済期の中国経済について，統計データからその全体像を概観してみよう．図１は，中国政府の公式統計にもとづき1952-78年のGDP（名目値）の推移を示したものである．ちなみに，中国の公式統計は1990年代初頭まで社会主義諸国の国民経済計算である非物的サービスを計上しないMPS（Material Product System）方式をベースとしていたが，同時期に市場経済諸国の国際標準であるSNA（Systems of National Accounts）方式への切り替えを図り，計画経済期についても同方式にもとづき遡及推計を行っている．これを見ると，物価変動を考慮に入れる必要があるとはいえ，大躍進政策の直後（1960-61年），および文化大革命の初期（1967-68年）と末期（1976年）にマイナス成長を記録しているものの，全体としては右肩上がりで増加しており，仮に

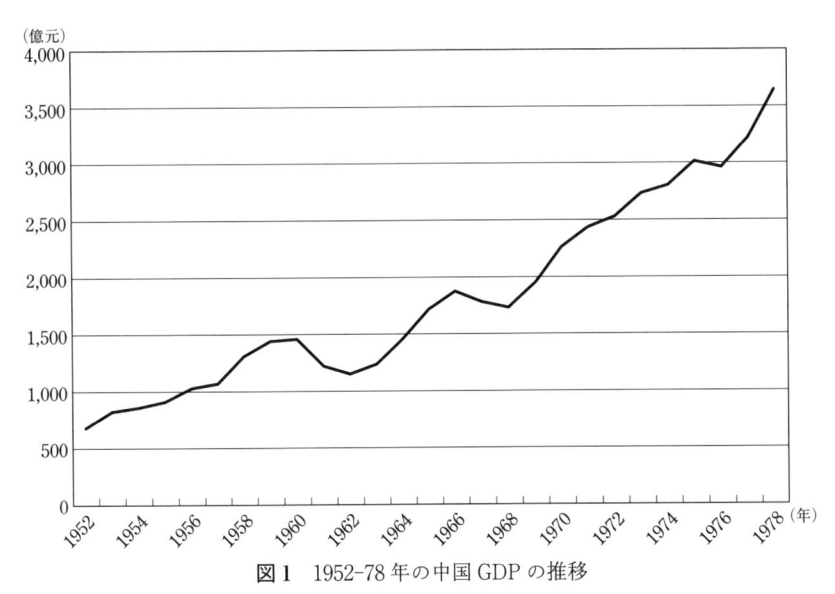

第 15 章　計画経済期の経済史 —— 177

図1　1952-78 年の中国 GDP の推移

注：本図の数値は物価変動の影響を考慮していない名目値である．
出典：［国家統計局国民経済核算司 2007：3］．

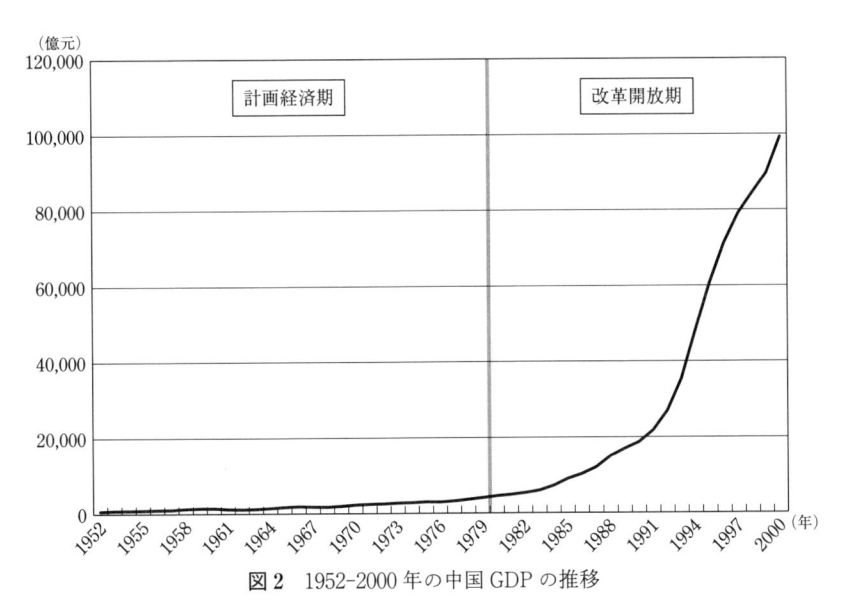

図2　1952-2000 年の中国 GDP の推移

出典：図1と同じ．

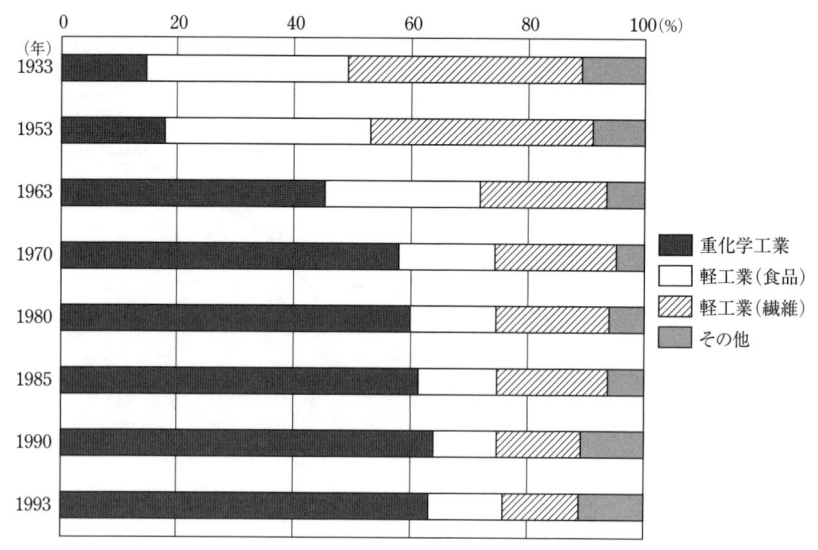

178——第1部　アウトラインと研究案内

図3　1933-93年の製造業生産額の業種別構成比
出典：［久保1995a：47］.

　1952年を中華民国期（1912-49年）までの経済発展の到達点と考えれば，その約5.4倍に達していることがわかる．しかし一方で，20世紀末まで対象期間を広げた図2を見ると，改革開放期にあたる1978-2000年の経済成長は，計画経済期のそれとは比較にならないほど急激なものであったことが見てとれる．つまり，計画経済期には一定の経済成長が達成されたものの，その後の改革開放期の劇的な発展から見ると，中国経済のポテンシャルが十分発揮されなかった時期であったとも言える．そして，計画経済期の大きな特徴としてしばしば指摘されるのが，1950年代から70年代にかけて進められた急激な重化学工業化政策である．図3に示されるようにこの政策によって消費財の生産は抑制され，清末以来軽工業を中心に発展を遂げてきた中国の産業構造は大きく転換したのであった．

　本章が，他の章と異なり計画経済期という一定の時期を枠組みとして研究紹介を行うのは，上述のような意味で計画経済期の約30年間が中国の経済史上においてひとつのまとまりをもつ時期と捉えられるためである．中国近現代経済史を19世紀後半から現在まで続く150年ほどの長期的な過程であると考え

ると，そのうちの 30 年は決して短い期間ではない．それゆえ，計画経済期が中国経済にもたらした影響をその前後の時期との関連から解明することは，中国近現代経済史研究の重要な課題となるであろう．そして，この計画経済期の中国経済についてこれまでの研究者たちはどのような研究を行い，また何が未解決な課題として残されているのかという点を整理して今後の研究を展望するのが本章の課題である．なお，同時期の経済に関する研究のレビューとしては，1960 年代に書かれた［安藤 1966］がすでにあり，以下ではこれを参考にしつつ 1970 年代以降の研究潮流を含めて考察していきたい．

1 同時代の研究

　計画経済期に関する研究は，中国で計画経済が実施されていた 1950-70 年代において，「社会主義の中国経済」を解明しようとする同時代的研究としてはじまった．とりわけ，1950 年代後半以降の中国では，ソ連とは異なる中国モデルの社会主義体制の構築が強調されたため，中国国外での社会主義論においては中国社会主義をどう位置づけるかという点が問題になった（これについては，［岡ほか 1976；Ellman 1979；中兼 1979］などを参照）．しかし，当時の中国大陸の経済実態に関しては利用できる情報が非常に限られており，断片的な資料から全体状況を推し量る作業に多くの労力が費やされることとなった．

　日本において同時代的な中国経済研究を体系的に進めたのが，石川滋を中心としたアジア経済研究所の共同研究グループである．石川は，［石川 1960］において社会主義経済の成長モデルを労働分配率，労働需給，雇用と賃金，食糧需要，国際比較（インド）などの視角から検討するとともに，共同研究の編者として［石川 1960-62・1964-71］を刊行した．これらは，新聞・雑誌などから得られるわずかなデータをもとに試みられた貴重な基礎研究である．また，同じくアジア経済研究所から刊行された研究として，産業立地に注目した［尾上 1971］，化学工業を論じた［神原 1970］，制度変化に注目した［中国資本蓄積研究会 1976］等がある．そのほかには，技術発展と経済の関係を論じた［小島 1975］，財政制度を分析した［宮下 1967；藤本 1971］，商業を論じた［上妻 1963］，計画経済下の経営管理について分析した［野崎 1965・1974］，労働制度を扱った［小嶋 1963・1972］（後に［小嶋 1988・1993］も刊行）などが挙げられる．

一方，英語圏でも同様に「社会主義の中国経済」の解明に対する試みが盛んになされた．第1次五ヵ年計画下の経済成長を分析した［Li 1959］，市場統制と計画の関係を論じた［Perkins 1966］，鉄鋼業の専論である［Wu 1965］，経済地理の観点から論じた［Wu ほか 1967］などがある．また，国営企業の労働者と組織を論じた［Richman 1969 ; Brugger 1976］，財政制度と再分配の構造を分析した［Lardy 1978］，貨幣政策を扱った［Hsiao 1971］が挙げられるほか，総合的なものとしては，経済制度全体を体系的に論じた［Donnithorne 1967］，邦訳もされた総論の［Eckstein 1977］がある．

なお同じく同時代の研究として，当時中国国内で発表された研究や資料にも触れておきたい．当時の中国国内での刊行物は，社会主義の成果を誇るプロパガンダとしての側面を持つ一方，［中華人民共和国国家統計局工業統計司 1958］や［中国科学院上海経済研究所ほか 1958］，または政府内部で流通した各行政機関の刊行物等のように，自国の経済状況をどう把握し，社会主義体制をどう運営していくべきかという問題意識にもとづいて作成されたものもあった．これらは資料としての価値も高く，国外での中国計画経済研究に重要な情報を提供することとなった．もっとも，［石川 1960-62］が指摘するように，1958年以降は中国の公式統計の公表度が低下し，こうした参照価値のある刊行物が減少したことも事実である．

2　改革開放以後の研究

1978年に改革開放政策がはじまり，1980年代を通じて計画経済期に形成された社会主義体制が実質的に崩壊していくと，中国経済研究にも大きな変化が起こった．すなわち，謎のベールに包まれた「社会主義の中国経済」を解明するという従来の研究動機は低下し，リアルタイムで進行する体制移行とそれに伴う経済構造の変動が主要な研究対象となっていったのである．例えば，市場経済化と経済発展の関係を検討した［加藤 1997］は，その代表的な成果のひとつであると言えよう．

こうした1980年代以降の現代中国経済研究は，あくまでも改革開放政策下において変わりゆく中国経済の解明を目的としており，多くの場合，計画経済期については改革開放期の歴史的前提として冒頭で言及するにとどまった．同

時に，計画経済期自体を主要な考察対象とする研究は減少する傾向にあり，このことは，計画経済期＝静態的，改革開放期＝動態的というイメージを固定化し，計画経済期中国経済像の抽象化・画一化を促したことは否定できない．

とはいえ，こうした状況のなかでも，計画経済期を扱った注目すべき成果が出されている．たとえば，資本蓄積と農業・工業間関係について論じた［古澤 1985・1993］および［中兼 1992］，計画経済期から改革開放期にかけての各経済分野の状況を簡明にまとめた［游 1982；嶋倉ほか 1983］，1970 年代初頭の経済改革を論じた［田島 1990b］，経済管理体制を通時的に分析した［石原 1990］などは貴重な成果と言える．また，計画経済期中国の重要なトピックである三線建設に関しては，［Naughton 1988；丸川 1993；呉 2002］などが発表された．そのほかにも，計画経済期の商業システムを論じた［Solinger 1984］，食糧流通構造を分析した［Walker 1984］があり，財政金融制度を論じたものとしては［南部 1991；田島 1994］がある．なお政治学の視点からではあるが，国家計画委員会の活動を通時的に分析した［国分 2004］も挙げておきたい．

こうした計画経済期をも含めた中国経済研究の進展の背景には，中国経済に関する情報量の増加という状況変化が存在した．たとえば，当代中国研究所（1990 年創立）が刊行した『当代中国』叢書は，［『当代中国的紡織工業』編輯委員会 1984］のようにテーマごとに 1949 年以来の過程をまとめたものであり，各産業や経済制度に関する通時的な情報を大雑把にではあるが把握できる．また，外国人研究者による中国での現地調査が可能になったことにより，インタビューなどを通じて計画経済期に関する貴重な情報がもたらされた．こうした全体的な情報量の増加が，計画経済期研究の発展を支えていたのである．

3　歴史的アプローチによる研究

さて，ここまで見てきた計画経済期研究は，基本的に同時代の中国経済を分析対象とする現代中国経済研究という枠組みのなかで行われてきたものである．一方で，それとはやや異なる枠組みとして，1949 年以前からの連続性を重視する歴史的アプローチによる計画経済期研究が存在する．

歴史的アプローチによる研究は，基本的に中国近現代経済史研究を基盤とするものであるが，すでに述べたように 1950-70 年代には利用可能な資料が非常

に制限されていたため，その研究も散発的なものにならざるをえなかった．改革開放以後の先駆的な成果としては，計画経済期を含めて中国経済の長期的な展開を産業ごとに整理・分析した［久保1995a］，および計画経済期（毛沢東時代）の国家戦略と社会主義体制の関係を論じた［小杉1988；奥村1999］などが挙げられる．また，［小林1997］は計画経済期における農業集団化の形成と崩壊を包括的に論じ，[Bramall 1993]は四川省を例に計画経済期経済の評価について議論している．

こうした研究を基礎として，近年では計画経済期に関する歴史史料の公開を背景に，1949年前後の連続性・非連続性に注目した個別研究が進んでいる（近年の史料公開については［加島2008］を参照）．その代表的な成果が，遼寧省鞍山の鉄鋼業を事例に1949年前後の連続性を分析した［松本2000］であり，1949年前後の関係を多面的に扱った論文集の［久保2006］である．また，［泉谷2007］は1950年代前半の政治運動を軸に社会経済の変動を描いており，［林2009日］は銀行業に注目して中華民国期からの展開を通時的に分析している．［松村2009］は計画経済期の食糧配給制度を論じており，［加島2007］のように1949年前後の地方財政構造の比較を試みた研究もある．無論，新しく公開された歴史史料にもとづく研究は中国においても盛んである．中国では従来から1949年以後を対象とする「中華人民共和国経済史」という枠組みで［汪海波1998・2006；呉承明ほか2001；武力1999；董志凱1996；董志凱ほか2004］などの成果が蓄積されていたが，近年では［桂勇2006；張徐楽2006］のように1949年前後の連続性・非連続性に注目した事例研究が非常に多く発表されている．加えて，英語圏でも民国期と人民共和国初期の工場労働者を分析した[Frazier 2002]のような研究が現れているのは注目される．

一方，産業史研究という視角から中華民国期・計画経済期・改革開放期を通時的に検討する研究も発表されてきていることも留意すべきである．中国国内では，以前から［王燕謀2005］のような産業ごとの通史が刊行されているが，日本でもそれらをふまえて研究が進んでおり，［峰2009］は満洲国の化学工業の中華人民共和国への継承関係を論じ，［田島2005・2008；田島ほか2010］は，化学・電力・セメントなど「五小工業」と呼ばれる重化学工業の長期的な展開を分析している．こうした産業史研究は，分析視角を個別産業に限定することにより計画経済期を含めた長期的な構造変動を明確に示すことができる点で，

ひとつの有効な研究手法といえる．

　　おわりに

　以上，計画経済期中国の経済に関する研究を3つのカテゴリーに分けて検討してきた．最後に，これらの検討から示唆される今後の計画経済期研究の課題と展望を提示して，本章の締めくくりとしたい．
　まず，既存の計画経済期研究の問題点を考えてみると，すでに述べたように，同時代の研究は資料の制約からマクロ分析にとどまらざるをえず，また改革開放以後になされた研究もミクロレベルの分析が十分であるとは言い難い．その点では，近年，各地方の歴史史料の利用環境が整いつつあることから，中国近現代経済史研究が比較的得意とする地方レベルの実証研究によって計画経済期研究に貢献できる可能性がある．個別事例の地域的な特徴に焦点をあてる歴史的アプローチからの研究は，従来の計画経済期研究においては十分解明されてこなかったミクロレベルの実態に光をあてることができるであろう．
　もっとも，地方レベルのケーススタディーについては，史料へのアクセスという点で圧倒的優位に立つ中国人研究者がすでに幅広く行っているという現実がある．それゆえ日本人研究者としては，中国人研究者による実証研究といかに差別化を図るかという点が問題になってくる．その際にひとつのヒントを与えてくれるのが，1950-70年代および改革開放以降に行われた現代中国経済研究の研究視角と姿勢である．もちろん，現代中国経済研究と歴史学の枠組みのもとで進められてきた中国近現代経済史研究との間には，方法論や研究関心において少なからぬギャップが存在する（中国経済研究における経済学と歴史学との断絶については，［中兼2010］が問題提起を行っている）．しかし，当時利用可能であったデータからできる限り中国経済の全体像を再構成しようとした同時代研究の姿勢は，現在の日本人研究者にとっても学ぶべき部分がある．地方レベルに視点を置いた実証研究であっても常にマクロな中国経済像を念頭に置き，個別事例の意味づけにおいて新たな視点を提供していくことが，現地史料へのアクセスの上で優位性のない日本人研究者が計画経済期研究の発展に貢献できる部分であると考えられる．
　全体としてみれば，計画経済期研究は，その中国経済の歴史的展開における

重要性に比して十分深められてきたとはいえない分野である．だからこそ，貴重な先行研究を吟味し，その成果と問題点を把握したうえでさらなる研究の充実を図っていく必要があるといえよう．そして計画経済期の実態がより具体的に明らかにされることで，清末から中華民国期，中華人民共和国成立以後の計画経済期，改革開放期まで連続する長期的な中国経済の展開過程を通観することが可能になるであろう．

第16章 水 利 史

川 井 悟

　本章では，中国で水を統御しようとする人と，社会と，水とのかかわり方，つまり「水利」問題を扱うが，これは他の章とはいくらか性格が異なっているように思われる．

　中国の歴史研究において，政治史・外交史・経済史・学問史の研究は長くて厚い蓄積をもっており，また，文物史，儀礼・慣行史も豊富な蓄積をもっている．近代になって，西洋の産業技術・経済制度が入って来，また中国の対外発言力が弱まると，社会経済史や対外関係史の研究も盛んになった．水利に関する論述も昔から多いが，ともすると水利を通じた人間関係や社会構造が論じられることが多く，水利の経済分析はほとんどなされていないといってよい．

　それは次のような理由によるのではなかろうか．

　第1に，水は，飲料水・生活用水として消費生活にかかわり，また，農業灌漑・工業用水・水上運輸等生産活動にもかかわる要素であるから，れっきとした経済活動にかかわる要素であるが，他方でそれは，洪水・干魃といった自然災害，地域社会や地方権力，そして国家の管理にもかかわる政治的・社会的な面でも重要な要素であった．そして中国では，水は市場で価格をつけて売買されることなく，地域社会の人間関係に基づいて配分されることが多かったから，水の価格理論が生まれることはなく，また，水をコントロールする施設である堤防・ダム・水路・井戸その他水利施設への投資理論も生まれることはなかったのである．

　第2にそれは，根本的には，水利施設が，資金と，生産のための設備・道具・原料さえあればどこにでも立地・経営できる製造業と違って，特定の場所に限定され，その自然条件に規定される，その場所で唯一の施設であることと

も関係している．その地域で人々を支配する政権は，水をコントロールすることを人々を治める際の重要な手段と考えていたから，水は経済問題ではなく，人々の生活に不可欠であり，その扱いに失敗すれば人々の生命と財産を危険に陥らせる政治・社会問題であったのである．

したがって，水利施設は独占され，それによる水の供給および排水の価格は無料で，住民・利用者の満足と政権への支持という代価（政権にとっての報酬）を得るという交渉ゲームが行われたのであった．

このような性格をもつ水利を論じる論説の歴史は古い．

水問題は人々の生活に深くかかわっているゆえに，中国では昔から，水利は国家および政権と関連させてとらえられてきた．古くは『水経注』はじめ，水利の技術と管理方法について論じた古典があり，近代ではウイットフォーゲルの水利と国家の関係についての議論がある［ウイットフォーゲル 1934・1939・1991］．

現代でも，中国では，洪水時には国家指導者が被災地を訪問して民衆を励ますとともに，救援者・支援者たちをねぎらい，督励することに見られるように，また，ダムや灌漑用水路をはじめとする水利施設の完成時の式典には指導者が出席することに見られるように，水利は国家機能の1つの象徴と考えられている．

本章はこの水利問題全体を扱うつもりはない．上述のように，歴史が古く，そして中国各地で多様に行われてきた水利問題と水利事業の全体を通観し，まとめるのはあまりにも大きすぎる課題である．ここでは，中華民国期以後に，中国に知られるようになった水利の技術革新（大規模なコンクリート製ダム建設と鉄製の水門による水流の調節，工事を能率的に進めるのに役立つクレーンやダンプカーと火薬，測量技術，材料・構造強度の計算法，水量・泥砂量の変化を組み入れた設計法）の導入によって，近現代の中国の水利建設が受けた影響，とりわけそれらを取り入れた政府（中華民国政府・中華人民共和国政府）の政策について概観し，日本におけるこれまでの研究を振り返って，今後の研究のための初歩的な見取り図を示したいと思うのである[1]．

以下，本章では，近代中国における水利問題を，1 清末中華民国初期の水利灌漑事情，2 中華民国期の水利建設，3 中華人民共和国期のダム建設，といっ

た節に分けて概観する．

1 清末中華民国初期の水利灌漑事情

　この節では，近代的な水利建設が始まる以前に，中国各地で行われていた水の利用と洪水の防止，水利施設の建設と維持，およびこれに関係する社会関係について概説する．

　水は第1に，人および動物の飲料である．中国では伝統的に井戸水が飲料用であった．井戸は中国のあらゆる地方で職人によって掘られた．地域によっては，泉や河川や池の水も利用されたが，家庭ではそうした水は煮沸されて飲用に供された．

　広大な中国では，地域ごとに降雨量や気温に大差があり，人と動物の飲料水にさえ不自由する地域もあれば，むしろ多すぎる水の排水や洪水防止に苦慮する地域もある．ただ，一地域では，その水環境条件によって植物と人も含めた動物の生存可能数は限られており，遠方から引水する大規模灌漑施設がなく，また特産品の移出と引き替えの食糧の移入がなければ，長期的には，その地域の水環境条件に対する人の数を調整することで適応が図られてきたように思われる．そして，自給自足的な地域社会では，少ない水を分け合うために，井戸水や泉の水の使用規制や水の価格付けがなされることもあった．

　水を大量に使用する農業は，地方ごとに，作物も水の利用法も違っていた[2]．降雨量が少ない（年降水量1000ミリ以下）地域では，小麦・トウモロコシ・粟などが降雨にあわせて作付けされた．近くの中小河川からの灌漑施設のない多くの農村では降雨だけが頼り（天水農業）で，降雨頼みの危険を避けるために，多くの種類の作物を作付けし危険分散を図ったことはよく知られている．

　降水量の少ない地域でも，より広い地域の降雨を集めて流れる河川から灌漑ができる地域では，その用水を利用した農業が可能であった．その起源が戦国時代に遡る陝西省関中の灌漑地域（涇水――涇河ともいう――から引水）などがその例であるが，中小河川だけでなく，泉の水を利用するもの，湖沼から引水するもの等，全国に多くの例がある．そして，水の利用をめぐって，水利組織が作られ，水利慣行が形成され，信仰を含めた社会関係が，地方の行政系統，市場経済の仕組み，同族や近隣関係と整合するように作られていた．他方，大河

図1　龍骨車

出典：『龍頭一年』p. 78 より．

　川については，増水期に取水をコントロールすることができないどころか，土石から成る取水施設が破壊されるため，近代になるまで灌漑施設は作りようがなかった．

　清末・中華民国初期という混乱の時期には，以前に建築されていた水利施設（堰堤や取水口・用水路）さえ，大水によって破壊されていたり，自然の寿命が来ていたにもかかわらず，修理されず使いものにならない状態で放置されていることが多かったのである．ウイットフォーゲルの水利と国家の関係性の議論を引くまでもなく，水利施設の建設には，必要な資源を動員できる力，施設を設計できる技術，利害関係者の利害を調整できる調整力が必要になる．中小河川の水利施設の場合でも，村や県をはるかに超える施設の運営と再建には，省や国家級の統治力が必要になる．府県や村レベルの政権や富者や地方の名士たちは，農業と農村の危機を感じ，建設や再建の要望は出せても，彼らだけでは建設の実施はできなかったのであり，それを実施するのは技術を持つ官僚組織を備え，県や村に指示できる権力をもち，数十万元から数百万元の資金をもつ南京国民政府および同時期の有力な省（江蘇・浙江等）の政府にしてはじめて可能であった．ここから言えることは，強力な地方権力や国家権力は広範囲の水利施設の建設と運営を可能にするが，水利の必要が必ずしも必要範囲の地方

政府権力や国家権力を生み出すわけではないということである．

　降雨量の多い地方では逆に，洪水の防止と水の排水が問題であった．1つの方法は，用水路を田よりも低くし，灌漑するときは水車（「牛車」ともいう．「龍骨車」（図1）タイプもある．人または牛などの力による．20世紀になるとポンプを用いる地域もある）を用いて揚水し，排水するときは田から用水路へ落とせばよいのである．灌漑と排水が農業の大事な要件となっていたから，そういった地方では，用水路の運用をめぐる社会関係・水利組織が出来上がっていた[3]．そして，中国近世以後の人口増加を支えてきたそういった地方の農業灌漑施設は現代に至るまで，維持され利用されてきたのである．

　こうした各地の灌漑施設の建設・運用，農業への利用，水利をめぐる社会関係，地域社会での意義等について，文献資料と実地調査に基づく紹介・説明は，天野元之助の調査や研究，その他の研究者による各地の農村調査に基づく研究が参考になる．とりわけ，森田明の研究は，清末中華民国初期の水利灌漑問題の基本文献である［森田 1974・1990・2002・2009］．

　なお，農村では農業灌漑問題が重要な意義をもつことは明らかであるが，農業以外の職業を持つ人々が多数を占める都市では，飲料水およびそれ以外の生活用水，さらに商工業用の用水，樹木や庭園・緑地のための給水といった水資源と，生活廃水の処理，そして大量の物資運輸のための運河や水路が問題になる．このために井戸やため池や用水路が巡らされているのであるが，こうした人工的に作られた水利施設の能力を超えると，水不足，用水路の汚染，都市環境の悪化が起こる．この問題は，近代以前から巨大な政治・商業都市を抱える中国では都市水利の問題としてとりあげられ，近代では上海をはじめとする貿易港都市の発展とともに上水道・下水道建設の問題として，そして，工業化が地方農村にまで及んでいる現代では，都市の水不足・水汚染とともに農村における水不足・水汚染の深刻な問題としてもとりあげられている[4]．

　この時期の水利灌漑問題を考えるときに，日本で議論されてきたのが，共同体をめぐる問題である．

　水利と国家，あるいは水利と地域社会をめぐる議論は，第二次世界大戦前にマルクスやウイットフォーゲルを用いて行われたが，戦後の一時期（1960-70年代）にも，マルクスやウェーバー，大塚久雄らの議論を引用して，「共同体」（場合によっては「共同態」ということばも使われ，あらゆる経済社会の基底にある社

会態といったイメージで使い分けられる）が盛んに議論されたことがあった[5]．

さて，その共同体論が盛んであった頃の末期，これを水利問題とからめて議論したのが初期の石田浩であった．石田はマルクスの議論から説き始め，平野義太郎の村落共同体論を下敷きに，『中国農村慣行調査』が調査した河北省邢台県の水利組織の資料をもとに，組織の共同体的側面と階級的側面を論じた［石田 1986］．石田は，同じ資料を用いて河北省邢台県の水利組織を論じた好並隆司・宮坂宏・前田勝太郎・マイヤース（R. Myers）の議論を紹介し，水利組織のなかには階級的側面（というよりは，「非共同体的側面」というべき）も見られるが，構成員が助け合う面も見られるとして，「水利共同体」と呼べるのではないかと述べた．さらに石田は，1940年前後に中国農村を調査した『中国農村慣行調査』や「満鉄」の中国農村経済調査を利用して，自然災害，政権と地主による収奪，商品経済化の影響，といった厳しい自然・社会条件の下で，貧しい農家と農民は，血縁・地縁を契機とした「同族」「同郷」結合により生活を守ろうとする，「生活共同体」を形成していると主張した．この主張に対して，「共同体」概念のあいまいな拡張使用に疑問を述べると，石田は，「じゃあ，どうして中国社会には『同族』『同郷』結合があるのか」と反論するのが常であった．のち，石田は，地域ごとに「同族」結合・「同郷」結合の強さの違いを生み出す農村社会の歴史的・社会的条件の違いによって農村を分類しながら，もはや「共同体論」の理論的分析を進めることなく，ひたすら，解放後の農村変化の過程を聞き取り，叙述し，また，三中全会以後の農村の変化および農村・農家・農業をめぐる諸問題の実態調査を行った．振り返ってみると，石田の「共同体」についての視角も分析も，当時の一部の学会の雰囲気を反映していた以上のものではなかったように思われる．

石田と同世代でありながら，もう少し言葉遣いが慎重なのが内山雅生である．内山には『中国農村慣行調査』の中から「共同」関係を取りだした研究［内山 1990］，また，調査された村落と農家・農民のその後現代に至るまでの変化を追跡した研究［内山 2003；三谷 1999・2000］，『中国農村慣行調査』をはじめ第二次世界大戦前後に中国で行われた実態調査の研究［内山 2009］があるが，近年発表された山西省農村の調査研究書の中では，森田の研究［森田 2009］に言及しながら，水利を契機とする共同関係について述べている［内山 2011］．内山の著作は，近現代農村の「共同」関係にかかわる文献資料をていねいに整

理することと,他の研究者の研究成果や考えを整理紹介することに長じていて,この分野での基本的な文献である.

とにかく,清末民国初期の農村調査や農村資料は数多く,さらに現在も,中国からは石碑・文献に基づく研究や関係者からの聞き取りによる夥しい資料が公表されつつある.日本人研究者による,中国農村を訪問して文献を集めたり住民にインタビューして得た資料から,清末民国初期から現代に至る水利の実態を明らかにする研究もいくつか発表されている[6].ここに述べたのは,そうした莫大な資料や研究のほんの一部分に基づく概観にすぎない[7].

2 中華民国期の水利建設

19世紀後半から20世紀初めにかけて,ヨーロッパ諸国から水利事業の新しい技術と材料・道具が入ってきた.頑丈な鉄材と鋼板,鉄製の歯車を利用した重い設備を駆動するしくみとそれを動かす動力,水に強いポルトランドセメントを用いたコンクリートである.

さらに,測量・図法,水の圧力や構造物にかかる力の計算,材料の強度の測定といった工学,石や木を切り運ぶのに役立つのこぎりや車,持ち上げるクレーンなどが伝えられた.これらは,人間の労働を節約し,活動を合理的にし,それまでの材料と技術ではなしえなかった,大きくて強い構造物の建築を可能にした.

中国の近代は,伝統的な工法とそれに適合した考え方で生きる人々が作っていた社会に,ヨーロッパで開発されたこうした新しい技術・材料・工学が導入されることによって始まった.

変化は,まず,西洋人が住む地域から始まった.たとえば,19世紀末以後,上海はじめ大都市に上水道設備が建設されたのがその例である.

国家・政権の機能としての水利(洪水防止・灌漑・航運)を考えるのは,中国の王朝および政権の伝統である.そこに,西洋先進国で開発された技術を利用して,交通・エネルギー・水利のインフラストラクチャー建設を行おうという考え方が加わった.

孫文は「実業計画」の中で,鉄道・港湾などの交通手段の建設とともに,治水の計画を表明している.そして,実際に中華民国の政府内に,全国水利局

(1914-15年の総裁は張謇）が設けられたり，1928年に建設委員会が設けられたりしていることは，その当時の政権が，西洋から伝えられた技術を用いて，全国的な水利事業を行おうとしたのだということを示している．ただ，夢想家孫文は別にして，1910年代の張謇にせよ，1930年代の南京国民政府の委員や技術者にせよ，政府の水利建設機関で実際の仕事にあたることになった人々は，資金不足に悩み，また，淮河・長江・黄河などの氾濫・洪水が続いたため，その対応策と防止策に追われ，干魃地域のうちのほんの一部に灌漑施設を建設・再建することしかできなかったのである．

　近代的技術を用いた水門や用水施設および小規模なダムの建設の例としては，南京国民政府が1930年代に行った淮河流域の水利建設や陝西省関中の灌漑施設建設（8つの用水路——「渠」——が建設され，それぞれに「恵渠」という名称がつけられたので「関中八恵」と呼ばれる）が目立ったものである．ドイツで土木工学を学んだ李儀祉（李協）を責任者とする全国経済委員会水利處に集められた水利土木技術者たちは，宋子文が獲得した資金をもとに，淮河の工事や関中の灌漑施設の建設・再建にあたった．この建設工事の進展については，中央党部国民経済計画委員会主編『十年来之中国経済建設』(1937年)，全国経済委員会水利處『陝西省水利概況』(1937年)に報告があり，また，李儀祉の著作集［中華叢書編審委員会中華水利工程学会選輯1967］に詳しい[8]．

　ヨーロッパで土木工学を学び，南京の河海工程専門学校で教鞭をとった李儀祉であるが，実際の建築工事でその知識や技術をフルに発揮することはできなかった．全国経済委員会の代表的な建設成果である陝西省の涇恵渠（起源は戦国時代の「鄭国渠」．のち修理されて「白渠」およびその他の名称で呼ばれた時期もある．民国時期以後は「涇恵渠」と呼ぶ）の建設においても，用水の渠首（取水口）の建設は，1921年に組織された華洋義賑会工程股の雇われ技術者であったアメリカ人トッド（O. Todd）の指揮の下に行われ，全国経済委員会は，その用水の配水路部分の再建を分担した［川井1995・1996］．トッドは，黄河の堤防工事で中国での土木工事のやり方に慣れ，一部の鉄製機械（水門部分とその開閉装置）とコンクリート使用を除いては，中国の伝統的な工事法，すなわち，人力を集約的に用いる工事を行った．他方，配水路部分の建設を担当した李儀祉は，一部の石工などの熟練労働を用いる部分を除き，現地人の大量動員によって工事をなしとげたのであった．つまり，測量等を除けば，伝統的な工事法を用い

たのである．

　もちろんこれによって李儀祉や国民政府の水利技術者の功績は減じるものではない．中国にあっては，建設工事は，その質の高さや技術の水準で評価されるよりも，建設成果の長大さを可能にする工事資金の調達力と，工事実施の重要な要素である労働力の動員力と運用力，つまり政治力が評価される．李儀祉は，その技術の高さを示す以前に，政治的混乱期であった中華民国期に，政権の貴重な資金を陝西省関中に投じさせる決定を導き，先頭に立って工事をやり遂げて用水路を完成させた点で，中華民国（台湾）でも，中華人民共和国でも高く評価されているのである．

　李儀祉は，西洋のダムは知っていたし，中国で本格的なダム建設を行うことは理想であっただろう．しかし，陝西省関中の蒲城県出身の李にとっては，干魃による飢饉に悩む故郷における灌漑設備の建設こそが重要なのであり，そのためには，用水路建設を行うという南京国民政府の政策決定と資金投下の決定，そして現地での測量・設計・工事・管理運営こそが重要であった．ダムは，こうした目的達成の一手段にすぎなかったのである．

　ここでは陝西省の涇恵渠のみを例としたが，全国経済委員会の管轄下に，淮河の洪水防止・水運工事，黄河の堤防工事，長江の堤防工事，海河の洪水防止・灌漑工事，珠江支流の洪水防止工事等が行われたことが報告されている［中央党部国民経済計画委員会主編1937］．そして，江蘇・浙江・安徽・江西・湖北・湖南・福建・河北・山東・河南・山西・甘粛・察哈爾・綏遠・寧夏等ほとんどの省でも，多少なりとも水利建設が行われたことが報告されている［中央党部国民経済計画委員会主編1937］．従来の研究では，そうした報告は，官僚が得意とする作文あるいは紙上計画と軽視されてきたが，地方史研究によってある程度の実体があったことが確認されつつある．建設の規模と効果は，広大な中国からみるとわずかではあったとしても，それ以前からあって，飲料水や生活用水供給，農業灌漑，水運，洪水防止の機能を果たしていた施設とともに，その意義を評価されるべきであるし，そうした施設が人民共和国期といかなる連続性があるのかが独自に問われなければならない．

3 中華人民共和国期のダム建設

　中国共産党が指導し支配する中華人民共和国が成立し，日中戦争と内戦からの経済復興がなしとげられると，世界的な冷戦体制の中で，農村では食糧増産運動と農業の集団化がおしすすめられた．食糧増産のために全国的に水利建設（灌漑用水路の建設）が行われ，小規模な発電設備が広範に設けられた［小島1975］．そして都市では上水道が建設され，全国的な運輸のために，道路が建設され，港湾・河川・運河が整備された．

　涇恵渠を例とすれば，体制の変化とともに，新しい政府組織のもとで運営されるようになったとはいえ，いくつかの県を包含する地区に灌漑するという機能は変わっておらず，日常の運営のほか，修理，そして土壌のアルカリ化の解決といった課題も，体制の変化とはかかわりなく継続していた．おそらく，戦争の被害や自然老朽化や自然災害の被害にあったものを除いて，人民共和国の農村では，以前からあった多くの水利施設がそのまま使用されていったと思われる．そこに，農業の集団化の集大成としての大躍進運動に象徴される水利建設運動が全国的に起こり，その中で中国共産党政府による調整を経つつ，農村ごとに水利施設建設が行われた[9]．そこで用いられた建設技術は，地元の職人と知識ある農民でも可能なものであり，建築資材としては地元の土石・木材を利用するほか，工場から供給されるセメントが用いられた．

　大躍進やその後の政策の中には，必ずしもその地域に適合しない政策もあったが，こうして建設されたおびただしい水利・発電施設が，品種改良や肥料増投や農薬の普及，そして農業機械の導入とともに，中国農業の生産力を上昇させ，およそ3倍に増加した人口を養うに足る食糧と水を供給しえたことは確かであろう．

　目を国家あるいは中央政府に転ずれば，中国を統一した中国共産党政権も，清朝はじめ王朝政権の水利建設の考え方（水利は国家機能の1つ）を受けつぎ，中華民国以来の課題（西欧の技術を利用してのインフラストラクチャー建設）を引き継いでいるように見える．そしてそれは，人々の生存を支えるための飲料水と食糧の供給を可能にするために，全国的な規模での水利施設の建設を人々の無償労働によって成し遂げる一方，いまだかつてどの政権もなしえなかった大

工事を行うことに向けられた.

巨大ダム工事は,この典型例である.中小河川の中小ダムなら多少の鉄材とセメントを用いれば,従来の建設技術の延長上に建設できるであろう.李儀祉をはじめとする中華民国期の先達者達のもとで育てられた技術者も存在する.この前提の上に,中国共産党政権は,西欧技術を利用し,中国統一の力を用いた巨大ダム建設によって,中国の歴代王朝を悩ませてきた二大河川——黄河と長江——を,統御することを考えた.

ここでは,国家をあたかも個人にたとえて,「国家意思」というものを措定し,その行動を説明しようとしているのではない.現実には政権内にもさまざまな考え方があり,のちに三峡ダムの推進者として現れる林一山のような技術者もいれば,そのような無謀な挑戦よりも中小ダムによって長江を統御しようという技術者たちもいる［戴晴ほか 1996］.たぶん,個々の技術者や政権の幹部達の考え方は,彼らがその成長過程で取得した価値観と,政府機構の中で与えられた課題への成果を積み重ねる経歴のなかで作られたものなのであろう.政策は,共産党政権のその時々の政策決定のしくみのなかで,こうしたさまざまな人々の言説と行為のからみ合いを通じて1つの方向に流れていく.そして,その流れのなかで,決定的な方向付けをしたように思われるのが,毛沢東・周恩来・鄧小平ら指導者の言説である.しかし,これは「国家の意思」ではない.彼ら指導者も,流れの中の一石として,それも比較的大きな石として,振る舞ったにすぎない.

中華人民共和国期に本格的に開始されたダム建設政策全体について,私自身,まだ十分な歴史研究を行えていないので,ここでは,中国でも有名なダム建設について紹介し,とりわけ三峡ダムについて,日本における研究状況とその問題点について概観しておく.

人民共和国時期にその建設が話題となったダムに三門峡ダムと三峡ダムがある.

三門峡ダムは1957年に工事が始まり,1960年に完成した,黄河中流の河南省三門峡市にあるダムである.技術的にはソ連の援助を得て建設されたといわれている.しかし,黄河が運ぶ土砂は予想以上に多く,完成後数年で本来の機能を果たせなくなった.1965年に改築工事が完成したが,規模はもとよりも小さくなっている.

図2 三峡ダム

　三峡ダム（図2）は，黄河よりもはるかに流量の多い長江の中流，湖北省宜昌市に建設されたダムである．たびたび洪水を起こす長江の洪水防止と水力発電を目的として，1950年代から計画され，毛沢東・周恩来・鄧小平といった指導者のその時々の決断によって事業が進められた．

　文化大革命時期には，三峡ダム本体の工事は，時期尚早であるという毛沢東の一声で延期されたが，下流にある葛州壩ダムは1970年に建設が決まった．しかし，最初の3ヵ月余に人海戦術で堤防や航道建設を達成してしまった工事は，その後停滞する．測量・設計すら十分になされていず，右派批判の中で人材の登用も妨げられていたことが原因であった．1972年，周恩来は工事の一時中止を命じ，建設体制全体を見直させ，測量・試験研究・設計をきちんとさせた．1974年に体制を立て直して再開された工事は，ようやく1991年に完成した［川井2006］．

　葛州壩ダムの建設が軌道にのると，再び三峡ダム建設の動きが起こる．決定的であったのは，1980年に三峡および葛州壩ダムを視察した鄧小平が，武漢で，三峡ダム建設にゴーサインを出したことである．1984年，国務院水利電力部は三峡ダムの建設計画を提出し，中国共産党と国務院の組織が計画の具体化と審査を行い，1992年の全国人民代表大会に提出された議案は，賛成1767票，反対177票，棄権等689票で可決された．1994年に工事が開始され，

2010年現在，大部分の工事が完成しつつある［川井 2006］．

　この過程をみると，国家指導者の考え方が決定的に重要であること，三峡ダム建設計画には賛成・推進派の人々もいるが，反対・慎重派の人々もいること，計画の策定・具体化・審査には中国共産党・政府・専門家がさまざまにかかわり，かなり長期間を要したことがわかる．ちょうど中国が市場経済化・民主化を進めていく過程と重なったこともあり，賛成・反対の議論が一部明らかになった．政策決定が秘密裡に行われ，政権が一枚岩であるかのように見えていたのが，その中にさまざまな意見があることが公然化したのである［戴晴ほか編 1996］．中国の外でも，三峡ダム建設への資金投入，建設機械や資材・発電機の売りこみ，あるいは環境への影響，歴史遺産の水没，住民の移住などをめぐって議論が盛んに行われた［鷲見 1997］．日本では，「脱ダム」が言われ始めていた頃でもあり，鷲見一夫編著にかかる上記2冊の書物が大きな影響力をもち，新聞・雑誌・インターネットなどでは，「（三峡ダム建設は）世紀の愚挙である」という意見が語られる一方，水没前後の三峡観光が盛んになった．

　中国では，三門峡と三峡以外にもおびただしい数のダムが建設されており，その状況は毎年発行される『中国水利年鑑』や地方政府の報告書に詳しい．また，ダム建設にともなう諸事情は，『人民黄河』や『人民長江』といった政府機関発行の雑誌記事からもうかがうことができる[10]．

　黄河の三門峡ダムや長江の三峡ダムは，日本では著名であり，この2つのダムについて研究するには，たいへんな知識と確固とした視点とを前提にしたうえで，多くの資料と実際の進行過程の記録（檔案）が必要であると思われる．三峡ダムを例に，研究成果のいくつかを紹介し，問題点について考えてみたい．

　まず，建設政策の決定過程については，戴晴の『長江　長江　三峡工程論争』（1989年）［戴晴ほか編 1996］がおもしろい．これは，建設推進派[11]対良識的反対派を対置する叙述法がわかりやすいからである．これをもう少し客観的に分析した研究にはリーベルタール・オクセンベルグの研究［Oksenberg ほか 1988］と林秀光の研究［林 1997・1998・2004］がある．しかし，この種の政治学的分析は，アクター（政治過程の関係人物）を1つの性格と役割をもつ存在と決めつけがちである．歴史的現実を劇場劇のようにわかりやすくするためであろうが，そうなると1人の人物の時間的変化はもちろん，性格の中にあるさまざまな要素が軽視されてしまう．のちに国家指導者の1人となる李鵬や，三峡

ダム建設推進の担い手であった技術官僚，林一山や鄭正英をたんに「建設推進派」ととらえるだけでは分析に深みがなくなる．

　1つの問題点は，技術専門家の「技術」や「建設」，「開発」志向を，歴史的・社会的にとらえる視点がまだ十分に練れていないことであるように思われる．西洋の文化や文明と比較して中国の技術を論じている研究はある．しかし，西洋の技術を導入したあとの中国の技術については，その発展はまだ過渡期であるとして，その融合形態の性格づけがなされていない．「過渡期」という言い方そのものに，技術の発展先は「先進的な方向へと収斂していく」という前提があるようであるが，今までの歴史を見れば，より合理的な技術といえども，国境を越えて伝播すると技術の土着化や地域ごとの不均等発展が起こり，それらがからみ合って技術の展開がなされてきたことが明らかである．単線的発展を前提とした「過渡期」で片付くほど単純なことではない．

　この100年間，中国では政権があまりにも恣意的（ある視点から見ると「非合理的」）にふるまうので，その政権が出す政策の技術的問題点を指摘し，より多くの人々の生活を保証するような建設を提案する技術専門家の思想と提案は，技術と知識の普遍性に基づき，経済発展という普遍的方向を代弁しているものと思われてきた．たとえば，中華民国時期に蔣介石政権の経済政策を批判し，また中華人民共和国期には毛沢東に対して，多すぎる人口増加が経済発展の制約条件になるというごくあたり前のことを言った馬寅初や，水利について可能なところから干魃防止のための灌漑施設を建設した李儀祉，橋梁建設をすすめた茅以昇らが代表する，「国民経済の発展と民衆の生活の富裕化のために，経済発展に必要な建設を行い，必要な政策を実施する」といった技術と建設の思想は，普遍的で誰から見ても正しいように思われる．しかし，彼らの「技術」についての考察がそこで止まってしまい，茅以昇が言った「南京国民政府の下ではできなかった経済建設が人民共和国で初めてできるようになった」ということばを鵜呑みにして，人民共和国時期，特に，1980年代以降の技術・建設思想を，この普遍性の延長上にあるのだと考えるのでは，中国における技術や建設の歴史的・社会的性格はとらえられない．

　次に，ダム建設の一側面に着目している研究を見てみよう．たとえば，泥砂堆積問題とそれを排出する工夫（施設），環境への影響，住民の移住とその生活保障など．一つ一つがかなり大きな問題であるだけに，いずれについてもお

びただしい研究論文や書物が発表されており，さらにそのまわりに，伝聞情報に基づき個人的感想と意見を述べている何百倍もの文章がある．泥砂堆積問題や環境への影響問題はダムの強度・構造問題とともに，今後，大きな問題となってくると予想されるが，ここでは，三峡ダムにおいて大きな社会問題となった住民の移住問題についての日本での研究をとりあげる．

　三峡ダム建設計画がもちあがったとき，100万人以上の住民移住を問題としたのは，四川省書記の趙紫陽であった．多数の住民移住と定着のために，三峡ダム地域を「三峡特区」あるいは「三峡省」とする案も出されたが，最後は重慶市を直轄市とすることで落ち着いた（1997年）[林2004]．建設の進行とともに水没する地域の住民を近隣の市県，あるいははるか離れた上海（崇明島）などに移住させることが次の課題となった．住民移住という問題の一局面を切り取ってまとめた映画「長江哀歌」（2006年）が人々を感動させたように，この移住過程にはおそらく人の数だけのさまざまな物語があったに違いないが，住民移住問題についての多くの文章はその一部分を伝えるだけで，なお全容は明らかではない．

　そうしたなかで，林秀光は，住民移住問題を通じて三峡省設置をめぐるかけひきがあったことを明らかにし[林2004]，また住民移住の補償問題を論じている[林2006]．この住民移住の際の土地収用と補償問題は，西島和彦も法制的側面から論じている[西島2010]．浜本篤史は現地調査に基づいて，移住民の心理的側面にまで立ち入って問題を論じている[浜本2005]．

　東南アジアのダム建設では，住民移住が重大な問題となったことを知っている研究者は，中国の三峡ダムでも同様の問題が起きるのではないかと思っていたようであるが，中国三峡では事情が異なっていた．少なくとも2010年までのところはそうである．そうした違いをもたらした要因として3点を指摘しておく．

　第1に，政府の政策実施の徹底性（末端官僚の無表情な執行と地方幹部の人間性豊かな交渉）と同時に，伝説や英雄物語を作る力（マスコミの宣伝，「挑戦」ということば）が働いたこと．

　第2に，村への愛着ある老人と違って，若者たちの都市へのあこがれの強さ．戸籍制度の束縛がある中国で，出稼ぎによらずに都市で働くきっかけができること．都市に移ってからの差別に対する不満などは，移住後の地方政府に向け

られること.

　第3に,水没地付近でも新しい観光業が起こるなど,経済発展する中国は,百余万人の移住を飲みこんでしまったこと.

　しかしながら,この移住問題はまだ続いている.移住時の摩擦や諸事件は今後明らかになってくるだろうし,何よりも移住先での定着過程はまだ終わっていない.

　ダムやダム建設研究は,経済史研究の中でも,蓄積の少ない,そしてすぐにいろいろな価値観が入りやすい分野である.たとえば,建築技術や工学的観点から研究すると,自然に対する人類の達成という価値観に影響されることが多い研究対象であるが,その社会的意義を分析する場合は,政権と民衆の利害対立や民心掌握の方面に関心が向かいやすい研究対象である.本章は,できるならば,この両者の観点を程よくバランスさせたいと思ってまとめられたものである.

　最近は,環境保全ブームの中で,最初から「ダム建設は悪」といった立場で論じられる場合が多い[12].根拠のない雰囲気だけに立脚した議論は,いわば平和な温室内で行うべき議論であると思う.環境条件の中で選択と決定が早急に求められているときには間に合わないし,きちんとした事実と論理に基づかない決定は取り返しのつかない悲惨な結果を生む.

　本章が今後の研究の進展に役立てば幸いである.

注
1) 本章のもとになったのは,[川井 2011] である.ダムや大規模建築,建設技術についての議論で本章に載せなかった部分は多い.参照していただければ幸いである.
2) 地域ごとの農業方法の違いと水の意義については,たとえば [天野 1979] 参照.
3) 代表的なモデルが江南の圩田 [費孝通 1985].
4) 中国の歴史的な都城の立地については,政治的支配の面とともに,水の問題,すなわち飲料水や生活用水の供給,そして食糧や必要物資運輸のための水運が考慮された([中国水利史研究会 1992] 参照).
5) 「共同体」にこだわる先生方の学会で,中国近代における商品経済の発展と取引慣行の詳細な発表をしたとき,「この発表は質が悪い」と言われたことを覚えている.しかし,2000年以上の商品取引の歴史と自然災害と権力による干渉の経験を持つ中国では,たとえ「共同体」があったとしてもそれは「原共同態」ある

いは「原共同体」が何度も編成替えされたのち出現した「再版共同体」というべきもので，そうした「共同体的人間関係」を選択肢の1つとして自在に使いこなす中国社会を，あの単純な「アジア的共同体」と呼べるのか，というのが私の思いであった．
6) 農業や水利についての聞き取りと研究には，ある程度の理解と経験の蓄積が必要である．優れた一例として，松田吉郎らの寧波の水利の研究［松田 2010］を挙げておく．
7) 日本で入手できる中国水利史についての文献は，［Elvin et al. 1994；小野 2008；松田 2011］に紹介されている．
8) 報告書や檔案を利用するには，あらかじめ編纂された檔案を見ておくのが効率的である．たとえば，南京国民政府時期に全国の水利事業を担当した全国経済委員会の会議録やそこに提出された資料について，中国第二歴史檔案館編『全国経済委員会会議録』全10巻，広西師範大学出版社，2005年が役に立つ．こうした政府檔案と全国経済委員会水利委員会や同委員会水利處から発行された報告書を合わせ利用すると，中央政府レベルの政策決定過程が分かる．また［森田 2009］が紹介し，評価し，利用する中国とフランスの共同プロジェクトのフィールドワークによって集められた資料［北京師範大学民俗典籍文学研究センター・フランス遠東学院 2003］は，基層社会レベルに残された文献史料と石碑などの記録そして家族によって伝えられた情報の集積であるが，その多くは県や郷鎮レベルの檔案からも漏れてしまうものである．清末民国初期の，資料が少ない研究対象に対して求めるべき資料とその利用可能性を示している．
9) たとえば，内山雅生は，山東省の農村での農民からの聞き取りに基づいて，水利建設の状況を紹介している［内山 2003］．
10) 中国における水利建設・水利行政の状況は，中国水利水電出版社から毎年発行される『中国水利年鑑』で知られる．また，大きな工事の報告書や建設するうえでの諸問題（たとえば，ダムの構造や材料，泥砂，環境への影響評価等）についての研究書・報告書も多数出版され市販されていて，大きな書店や専門書店で購入できる．ただ，そうした報告書を一般読者（中国経済史の専門家も，ダム建設については一般読者である）が読み理解するには専門知識が必要である．そして，さらに立ち入った特殊専門的分析を行うには，それら報告書のデータでは，少ないように思われる．なお，中国における水利全般について知るには，［中国水利百科全書第2版編集委員会編 2006］が便利である．
11) 長江水利委員会（1956-89年には，長江流域規劃辦公室と称する．日本の書物では「長弁」と略称される）の主任技術者である林一山，水利部（1958-79，1982-88年には水利電力部）の部長である鄭正英，電力工業部長・水利電力部副部長でありのちに首相となる李鵬らが代表的推進派とされている．刊行されている李鵬の日記は，中国の政治家の典型的な日記の例であり，取り扱いには注意を要する．
12) きちんとした事実と論理に基づいて，河川とダムについての1つの考え方を示している書物が［宇沢・大熊編 2010］．アジアと日本の河川水利に目配りする一方，日本におけるダム建設問題の諸側面を分析し，社会資本という視点から河川

について論じている．いろいろな立場の人が論稿を載せているが，共通するのは，日本の近代の河川管理（洪水防止，灌漑や水利用，水力発電等）の思想に対する批判であり，特にダム建設批判である．こういう議論を読むと，ひるがえって，中国でこの100年間になされてきた水利建設とその思想にうかがわれる「外的自然に対して挑戦し征服せんとする態度」はどこから来るのか，そして，水利と政権についての現代の日本人の感覚との違いの拠ってくるところはどこだろうかと考えてしまう．中国は，自然から人間社会を守り，必要な水や食糧資源を確保するには，まだ，ほんの初級段階にあるからなのか，つまり，最低限の条件整備を整えただけゆえなのか，または，日本とは比較にならぬほど自然条件が厳しいゆえ，たえず自然を統御することが必要とされているのか，それともそもそも中国の政権担当者には外的自然に対して挑戦し征服せんとする態度が歴史的・文化的にすり込まれているのか，と．おそらく，この3つともが多少なりとも理由として働いているのだろうと思われる．そして，第1と第2の理由が第3の説明のように，政権の態度となるところに，中国が政治の世界であることが示されているのであろう．本章の最初に述べたように，中国では，外的環境から生じる問題が，ただちに，人間社会における関係と支配の問題につながるのである．

第17章　海関統計に基づく貿易史

木 越 義 則

　現在の中国政府は，広大な国土の経済を把握するために，統計部門に10万人の職員を抱えているという．それでも「中国の統計は信頼できない」という声は後を絶たない．しかし，今から100年前，中国海関（税関）を調査した日本人は，そこで作成されている貿易統計をみて，「それが信頼できることは誰もが認めている．何事にも秘密・隠匿を得意とする中国では，稀有のことだ」と感嘆を込めて賞賛している［酒勾1911：44］．中国海関は，6000人の職員を抱えた近代中国のなかでも最大規模の組織であった．そして，イギリス人を中心に1200人の外国人職員を擁し，当時の最先端の技術で統計が作成されていた．海関統計は，近代中国経済の商品流通を知るための，最も基礎的な統計データとなっている．

　1つの社会経済をマクロ的にとらえようとする場合，経済統計の加工・整理，そして分析の方法が重要である．［古田2000］は，中国貿易史研究の進展は，海関統計を歴史統計としてどのように利用したか，という研究者の視点が重要な役割を果たしてきた，と指摘している．これまでに，海関統計はどのように利用され，どのような研究成果を生み出してきたのだろうか．ここでは，統計の利用方法の前進を概観し，海関統計に依拠することで生み出されてきた研究成果を紹介しよう．海関統計の類別と刊行状況については，本書第2部第3章「貿易統計の紹介」を参照されたい．

1　マクロ経済学の興隆と海関統計

　海関統計は，1859-1949年の約90年間の長きにわたり作成が続けられた．

その編制方法は，大きくみると，2つの時期に分けることができる．1859-1931年は，不平等条約により関税自主権が制限され，さらに税関行政が分裂する中で統計が作成されていた［岡本1999b］．一方，1932-49年は，関税自主権の回復と税関行政の統一的な執行が実現したなかで作成されていた．つまり，国民経済の貿易統計と呼べるようになるのは，1932年からである［木越2011］．

海関統計を経済学の理論に基づいて体系的に分析した研究が登場するのは，1930年代である．その潮流は，ケインズ経済学の登場と，その後の国民所得会計という分析ツールの発展によって生み出された．国民経済の貿易統計として編制されていなかった1931年以前の数値を修正し，中国の国際貿易を厳密に確定する研究が登場する．その先駆的研究者としては何廉と鄭友揆を挙げることができる．何廉はイェール大学でアーヴィング・フィッシャーに学び，帰国後，中国対外貿易物価指数を推計し，国際貿易理論の枠組みで近代中国貿易を分析する道を開いた．その成果は［孔敏1988］に詳しい．また，鄭友揆もアメリカ留学経験者である．彼の主著［Cheng 1956］は，そのタイトルからして発展・成長というマクロ経済学的なエッセンスに満ちている．中国の国際貿易と産業構造の変化を関連づけたのは彼の功績である．その潮流は，戦後も長らく続く．1960年代には，［Hou 1965］の国際収支研究が登場し，1970年代には，過去の研究成果を総合した［Hsiao 1974］の国際貿易研究と続いた．これらの研究を通じて，中国市場の変貌は開港以降の国際貿易の役割が重要であったことが確認された．

2 国民経済分析の相対化

中国のように国土が広く，多様な個性をもつ地域が複合している国をみる場合，果たして1国マクロ分析が妥当であるのか．そのような疑問は，国民経済分析が興隆した当初から多くの中国史研究者が感じていた．そのような方法に対する批判を出発点とする研究の先駆けとなったのは，ウィリアム・スキナーの市場圏研究である．［Skinner 1964・1977］によれば，中国は，国土が広く，地形的に分散しているため，前近代的な交通システムでは，1つの統合された市場システムを維持することができなかった，という．中国市場が複数の市場圏に分裂しているならば，経済的な発展あるいは衰退の周期と程度には市場圏

ごとに違いがみられるはずである．このような相違があるならば，中国全体の経済を一般化することは困難である．

1980年代以降，スキナーの洞察に刺激を受ける形で，地域経済の研究が興隆した．そして，あらためて海関統計に別の角度から光が当てられることになった．海関統計の開港都市別の統計を利用した研究が数多く登場する．［葉淑貞1983］の天津港の事例分析，［濱下1989］の開港場を中心とする市場圏研究，［劉素芬1990］の烟台（芝罘）を中心とする貿易研究，［佐々波（城山）1991］の漢口を事例とした開港都市と内地の市場関係の検討，［グローブ1999a・1999b］の天津を中心とした華北地域経済の研究，［庄維民2000］による山東省の開港都市と内地経済関係の分析，［張仲礼ほか2002］の長江市場圏の研究などがある．地域経済研究の実証密度があがればあがるほど，どの地域であれ，都市から農村に至るまで，市場の変貌は国際貿易が契機となっていた点があらためて確認されている．

3 地域経済分析の総合

開港都市に着目した研究は，全体の実証レベルを高めるのに多大な貢献を果たしたのであるが，一方で，研究者たちは，1つの地域経済の個性を抽出するだけでは不十分であって，それが中国あるいはアジアという全体の中に占める位置，すなわち構造を描き出すことも重要である，と考えている．そのような地域の構造的な位置を分析した研究として，［呉承明1985］の海関統計の国内貿易のマトリックス分析，［小瀬1989］の営口（牛荘）を事例とした開港都市間の流通分析，そして［古田2000］の上海を通じた東アジア規模の交易空間の研究などがある．

［杉原1996］は，海関統計だけでなく，日本・インド・東南アジア各地の貿易統計を総合することによって，アジア域内の広域的な交易構造を描いた．また，［堀2009a］は，海関統計に加えて，日本・朝鮮・台湾・「満洲国」の貿易統計を組み込むことで，日本を中心とする東アジア規模の国際分業の展開を分析した．［木越2008・2010］は，海関統計の開港都市別のデータを網羅的に整理し，中国の国内分業の深化と日本による東アジア規模の国際分業の拡大が同時的に進むことができた要因を検討した．

中国経済は20世紀に入ると，上海を中心とする沿海地域における近代工業の勃興を背景として，全国的な市場のまとまりを強める方向が進展していった．国民経済形成の方向性を検証する，という文脈においては，1930年代以来の1国マクロ分析は，依然として，その重要性は失われていない．［王良行1997；久保1999］の関税政策の効果を検証した研究は，その代表的な成果である．

4 物価研究と海関統計

物価の体系的な調査が中国ではじまるのは1913年以降である，と言われている［莫日達2006］．19世紀後半から20世紀初頭にかけての中国の物価研究では，海関統計に記載されている商品単価が重要な統計データとなっている．海関統計の単価データを正面から取り扱ったものとしては，［王良行1997；木越2007］の上海の交易条件研究，［木越2005］の天津の貿易物価研究，［陳其広2003］の農工間比価の研究がある．また，海関統計と他の物価情報を組み合わせることで，近代中国の物価趨勢を検討したものとして，［王玉茹1997；森2001］がある．

交易条件・価格変動の研究を通じて，近代中国経済は，国際的価格変動の影響に翻弄されながらも，世界経済から相対的に自立した価格体系を地域的差異をともないながら持ち続けていた点が明らかにされている．国際・国内価格変動は，時に中国市場を不安定にしたが，全体としてみれば，中国の一次産品輸出をけん引し，工業部門が国内市場を軸に成長を進める環境を形づくっていた，と考えられている．

5 海関統計の数値をめぐる論争

海関統計の数字がどれだけ貿易実態を反映しているのかについては，長い論争の歴史がある．19世紀の海上貿易については，中国式船舶による交易が支配的であるため，［宮田2006］のように，西洋式船舶の交易だけを記録した海関統計だけでは，実態把握ができない，とする見解も根強い．ただし，［鄭友揆1934］と［Lyons 2003］は，1887年に九龍海関・拱北海関が設置された後，華南地域の中国式船舶の交易はかなり海関統計に反映されている，とみている．

1930年代には，海関を通関しないいわゆる密貿易が横行した．[堀2006] は，満洲国の貿易統計と海関統計を照合し，冀東特殊貿易が行われた1934-36年に，関東州を経由して華北地域へ入った日本製品の多くが，海関統計に捕捉されていない点を指摘している．[久保1999] は，密貿易の主な商品が人絹糸・砂糖・紙巻タバコに使われるライスペーパーなど，単価が高くかつ輸入関税率が高いものに集中している点を示すとともに，輸入額に占める密輸額の規模を国定関税施行直後は輸入額の約10%，冀東特殊貿易の時期は最高で約23%と算定している．

　1930年代の国内貿易統計については，[木越2008] は [Rawski 1989] の輸送手段別の推計値からみて，遠隔地間流通の約60%を反映している，と推定した．国共内戦期も統計数字の脱漏率は高い．IMFの推計によれば，貿易額の過小評価も含めた1948年の脱漏率は，輸出40%，輸入15%に達する，とみられている [Allen 1953]．

　貿易収支についてみると，市場価格で評価されていた1859-1903年の期間は，輸出額が過小に，輸入額が過大に評価されている点が明らかにされている．市場価格をCIF（Cost, Insurance and Freight：貨物を輸出港から輸入港へ運送し荷揚げするまでの運賃・保険料込みの価格）・FOB（Free on Board：貨物を輸出港で積み込むまでの本船渡し価格で，運賃・保険料を含まない価格）に修正すると，中国の貿易収支は赤字ではなく黒字であるというのがほぼ定説化している [Remer 1926；鄭友揆1934；Hou 1965]．

　原産地・原消費地の原則が確立する1932年より前は，香港経由貿易について注意が必要である．[杉原1996] は中国の香港経由貿易について，1928年でみて，対欧米：対アジアの比率を，輸出57：41，輸入12：87と推定している．

おわりに

　世界最初の貿易統計は，14世紀フランスで作成された，といわれる．その後，重商主義思想の登場により，貿易統計はヨーロッパで発展し，19世紀半ばに，イギリスで近代貿易統計の原理が確立した．海関統計は，イギリスで近代貿易統計が登場しはじめた時代に，西洋人が支配する海関によって作成がはじまった．作成当初は，極めて不完全な統計表であったが，1860年代に急速

に体系的な統計書に変貌した．海関統計は，当時の先進的な編制方法を多く取り入れていたのであって，現代貿易統計の高みからみて，海関統計は特殊である，という評価は正当ではない．むしろ，海関統計は19世紀には先進的であったのである．

一方，近代中国の税関制度はきわめて特殊であった．税関行政の執行主体が中国政府と外国人支配の税関に二分されていたため，統計編制の方法は優れていたのに，海関統計は長らく国民経済の貿易統計を構成する要件を欠いていた．この二分体制が解消されるためには，中国が関税自主権を回復し，国民国家としての形を整えなければならなかった．それは，近代中国の歩みがそうであったように，長い時間を要したのである．

日本は，中国よりもいち早く関税自主権を回復したことで，1912年から不平等条約が課す関税制度に由来する貿易統計のさまざまな問題点を克服することができた．一方，海関統計は，作成当事者が統計のもつ不備について熟知し，改良する手腕をもっていながら，不平等条約の前に，19世紀の様式をそのまま引きずらなければならなかった．1930年に中国が関税自主権を回復すると，海関統計は，一気に最先端の貿易統計に脱皮する．日本の貿易統計が戦後GHQの指導の下に達成できた大部分の成果をすでに備えていた．

このように，海関統計の限界あるいは問題点は，統計制度の後進性を示すものではない．海関統計は，税関制度と関税制度が許容できる範囲で，常に最先端の統計編制を導入してきたのであり，今日，近代中国の経済を知るための貴重なデータを提供してくれている．

第18章　中国における近現代経済史研究

陳　争　平（久保　亨　訳）

　2000-10年に中国で出版された中国近現代経済史に関する専門書は500冊以上に達し，1990年代に比べ顕著に増加した．その主題には，歴史的な経験を現在の問題の考察に役立てようとする研究者の姿勢が表れており，中国が近代化を進めていく過程で生じた社会経済的諸問題について，歴史的な見通しを提供することを重視していることが看取される．また研究の進め方の面からいえば，先行研究の成果を十分に吸収するとともに，新しい史料の発掘と利用に努め，多種多様な方法を用いて，新しい結論を出しているのが特徴である．以下，紙幅に限りがあるので，代表的な著書を選んで紹介しておくことにする．

1　通貨金融史

　改革開放政策が貫徹され，市場経済が発展したのにともない，内外の多くの金融機構が増設され，金融市場が開拓された．そして国内の通貨金融問題が複雑さと重要性を増す一方，世界的金融危機の影響も受けたため，近現代通貨金融史の研究は，大きな関心を集めるようになり，この10年間に著作が最も多い分野になった．老壮青の3世代の内，とくに若い世代の研究が増えており，近現代の貨幣理論に対する探求も深まり，今後，数年の内に一層多くの研究が発表されるようになるであろう．以下，代表的な著作を紹介する．
　中国人民銀行と中国金融学会の支持の下，古代から現在までの『中国金融通史』が刊行され，第2巻以降が近現代を扱っている．
　中国経済史研究の先達であり，商品経済の発展と関連づけ金融史の研究を深めてきた張国輝は［張国輝2003］を執筆した．同書は，これまでの研究成果を

ふまえ，清末における中国金融業の誕生と変遷の過程を体系的に明らかにした力作である．序論は伝統的金融業の展開，上海における貿易金融並びに外資金融業との争い，1883年の金融危機を扱い，第1章では，清代前期における商業の発展，市場の拡大，銭荘の勃興，賑局や票号の成立とその経営の特質などを論述している．第2章ではアヘン戦争が清朝の財政に対して与えた衝撃，咸豊年間のインフレーション，外国銀貨の流入と銀両制度の変遷，銅銭の没落などについて議論している．第3章は5都市の開港と貿易金融の発展に関する専論，第4章は銭荘業に対する買辦資本の浸透と銭荘が供与する信用によって外国商品が後背地に拡散していく過程に関する専論である．第5章はアヘン戦争後の票号の発展，票号と清朝政府の経済的関係の強化，票号と銭荘の協力関係，並びにそれがもたらした商業の発展を明らかにし，第6章はアヘン戦争後の在華外国銀行の勢力拡張について議論を進めている．第7章は中国の近代的銀行業の誕生を叙述し，第8章は19世紀後半に発生した上海金融市場の経済恐慌と金融市場における主導権衰退の専論，第9章は清末の銭荘・票号・質屋（典当）など伝統的金融業の情況を論述している．同書は最後に「大事記」と「付録」を付け，70年以上に及ぶ清末の金融史が一望の下に置かれている．同書について朱家楨教授は，伝統的金融業が外資の商品ダンピング販売や原料購入のため，どのような金融上の便宜を提供し，中国金融市場を外資が支配するための道具になり，中国社会の半植民地半封建的な性質を深めたかを明らかにするとともに，銭荘や票号のような伝統的金融業が，商品流通の拡大と後背地市場への浸透，とくに流通部門から生産部門への活動領域の拡張を通じ，封建的経済構造に痛撃を与え，社会経済の発展にどのような積極的な役割を果たしたか，事実に基づき，高い理論性をもって究明したことを評価している．著者は学界の通説とは異なる独自の見解を示しており，理論的にも実証的にも大きな意味をもつ成果になった[1]．

　著名な経済史研究者杜恂誠の［杜恂誠2002］は北洋政府時期の金融史を論述した．第1章は通貨制度の混乱とそれをめぐる議論の情況を，また第2章は権益を奪いあっていた外国銀行と銀行団の活動を取りあげている．第3章は国家銀行から商業銀行へ転じた中国銀行と交通銀行について論じ，第4章は中国資本商業銀行の発展を論じている．第5章は地方政府が設立した銀行の歪んだ発展を論じた．第6章は銭荘の発展とその商品経済との関係，第7章は質屋（典

当)・票号・信託会社・保険会社・証券取引所などの金融機構と信用組織の状況,第8章は貨幣市場・証券市場・国内為替市場・外国為替市場・標金市場・大条銀市場及び銀貨低落の原因と影響などについて,議論を深めている.著者は,軍閥混戦が金融業の発展を大きく制約したにもかかわらず,中国の民族資本主義経済の中枢である金融機構と金融業は,歪んだ社会的な条件の下,ある程度の発展を遂げ,内外の金融業の間には,さまざまな矛盾とともに相互補完的な局面も形成されていたと論じている.

中国金融史研究の開拓者であって現在の金融問題についても高い識見を持つ洪葭管は,[洪葭管2008]を刊行した.同書は1927-49年の南京国民政府統治時期における中国金融業の発展状況を考察しており,第1章では同政府成立以前の内外の金融情勢,金融界の人物の政治活動,欧米列強が抱いていた関心と中国の金融業ブルジョアジーの関係,蒋介石が金融業者に迫った巨額の借金など,第2章では中央銀行の設立,中国銀行が外国為替取扱銀行になった経過,蒋介石政府による中国銀行と交通銀行の接収,「四行二局」と呼ばれる国営金融機関による信用システムの形成など,第3章では1927-36年の民族資本銀行の発展と金融活動の中心としての上海の形成,第4章では1927-36年における在華外国銀行の発展,第5章では銀恐慌と幣制改革,第6章では主に抗日戦争時期の被占領地域における金融を取りあげている.また第7章では抗日戦争時期の官僚資本銀行の拡張と独占的地位の強化について論じ,それが抗戦中の民族的な金融に対し巨大な役割を果たしたことを肯定的に評価した.最後の第8章は解放戦争時期に蒋介石政権統治地域で悪性のインフレーションが広がり,通貨金融システムが全面的に崩壊していったことを描いている.同書は著者の数十年に及ぶ理論的探求の精髄に依拠し,多面的な角度から国民政府時期の金融情況を考察し,半植民地半封建社会で特殊な金融現象が生じた歴史的要因に関する分析を深めたものであった.

金融史に造詣が深い編著たちによる[楊希天2002]は,第1章で新中国の金融システムと人民幣の通貨制度の建立,金銀の流通規制,外国通貨の流通禁止など,第2章で金融と物価に対する初期の施策,銀行信用と保険業務を用いた国民経済の回復と発展,新中国の外為管理制度など,第3章で高度に集中した金融システムの形成と発展,第4章で計画経済時期における整った人民幣制度,「銀行工作六ヵ条」の提起と実施,「文化大革命」が通貨の安定に対し与えた衝

撃とその後の対策などが概観され，第5章では貸付資金の蓄積と利率問題，決算制度の変遷過程，農村向けと商工業向けの貸付業務の発展，国際金融業務の統合，保険事業の第1次五ヵ年計画期の発展と大躍進以降の萎縮に関する専門的考察が示されている．それに続く3つの章は，改革開放の新時代を迎え，中央銀行の主導により進展した新たな金融システムの形成と改善，その下でのマクロな金融調整システムの樹立と実際の運用情況，銀行の貸付業務の改革と発展などについて論じ，続く第9章では不断に拡大しつつある金融面での対外開放を，また第10章では金融市場の設立と発展を取りあげている．著者は，人民共和国成立以降，金融業は多くの分野で重要な役割を果たしたとはいえ，絶えず政策的混乱や偏向の影響を受け，曲折を経ながら前進せざるを得なかったとの認識を示した．

また［杜恂誠2004］は，金融制度の変遷過程とそこにおける政府の関与，並びに制度変遷をめぐる需給関係について独自の分析を示した．同じ著者の［杜恂誠2006］の指摘によれば，近代上海の銭荘業が経済界で比較的高い信用を勝ち得ていたのは，主に銭業公会が取り決めていた各種の規則によって形成されていた慣習法と密接に関わっており，そうした業界の規則が業界外の経済界全般にも拡散し，市場の秩序を保持する公的な規範になっていった．すなわち政府の力が弱体な下にあって，上海銭業公会は，慣習法に基づく自治的な同業団体になり，欧米の研究者がいう第三者的規制力を備えた存在になっていた，というのが杜恂誠の理解である．制度経済学の手法を用いた典型的な研究成果だといえよう．

若い世代の研究業績としては，［趙学軍2008a］が代表的なものである．趙学軍は1949-65年の中国人民銀行・中国銀行（1952年以降は中国人民銀行国外業務局）・交通銀行総管理処・中国人民建設銀行・中国農業銀行（中国人民銀行農村業務局を含む）・公私合営銀行総管理処（中国人民銀行私人業務局を含む）及び中国人民保険公司などの膨大な量の檔案資料を読みこみ，1949-57年の中国金融業の回復と発展をめぐる諸問題を探求した．同書は，計画経済の下の金融システムが3つの面で大きな役割を発揮したとする．すなわち，それは第1に，国家が推進した「三大社会主義改造」の強力な実行手段になった．第2に，財政金融の総合的な均衡を図る政策の下，組織的に国内の金融資源を動員し工業化に向けて資金を集中し，第1次五ヵ年計画の完遂を保証した．第3に国有企業と

大規模な経済建設に対し，国家が国家銀行を通じ金融面から全般的に監督することを可能にした．同書は，この8年間の貨幣政策にかなり多くの紙幅を割き，その変遷過程を系統的に描き出している．同時に同書は，金融市場の消滅によって生じた消極的影響，国家銀行の国営商工業企業向け貸付に存在した安易な貸付傾向，貸付の運用時から存在した不良債権を生む傾向が時期を追って深刻になっていったことなども指摘した．

現在，中国では，高等教育機関向けの数千億元もの貸付が焦げ付き，不動産開発のための貸付金の大部分が当の開発される土地を担保とした貸付に頼っている．こうした問題は，中国の金融制度における商業信用の問題と密接にかかわっている．［趙学軍2008b］は中国の伝統的商業信用の発展過程を系統的歴史的に整理するとともに，新中国成立以来の商業信用制度の発展状況について整理し，社会主義市場経済体制の下で健全な商業信用制度を確立する重要な意義を解明した．同書は現在の商業信用制度のなかに存在する問題とその歴史的な根源を明確にするとともに，そうした問題を解決するための構想まで提起している．

やはり若い研究者による［張徐楽2006］は，国民経済回復時期の上海にあった民間金融業に関する研究成果である．同書は銀行・銭荘などの民間金融業二百余社の経営状況を統計的に整理し，民間の金融業が国民経済の回復と社会生活の活性化に不可欠な信用業務を提供したこと，その際に金融業の同業団体も有益な役割を果たしたこと，そして政府の各種の制度的な措置が民間金融業の経営の方向付けに影響したことを論じた．

2 近現代の「三農」問題に関する専著

現代中国において農業，農民，農村の「三農」問題は，改革開放と近代化の全般に関わる重大問題となっている．そのため2000年以来，近現代の「三農」問題に関する研究は，経済史研究の中で最も注目を集めるテーマの1つになり，農村社会史研究との共同研究や交流も深まってきた．ただし近代の「三農」史研究との比較でいえば，現代の「三農」史研究は，やや遅れて発展しつつあるところである．中国は国土が広く，東部と西部，あるいは南方と北方などの地域差がかなり大きいため，近現代の「三農」史研究は，近年，個別研究を重視

するようになった．以下で紹介する［魏宏運主編 2003；李学昌主編 2001；林剛 2010］などは，こうした個別研究の代表的な著作であり，今後数年のうちには，さらに多くの個別研究が出版されることになるであろう．

著名な2人の経済史研究者の共著［丁長清・慈鴻飛 2000］は，マクロ経済の角度から近代の「三農」問題を考察した力作であった．その第1編は「傾斜型的農業地区結構」「失平的土地所有制結構」「伝統与近代並存的農業制度与経営結構」「以農為主的農村産業結構」の4章から構成され，多様な側面から近代中国の農業構造とその変遷過程が論じられている．第2編は「曲折発展的農村商品経済」「中国近代農村商品化的原因，性質与影響」の2つの章から成り，近代中国における農業商品化の水準が推計され，ある程度は商品経済化が進んでいたとはいえ，基本的には農民の経済生活は半自給状態が保持されていた，との理解が示されている．また第3編には「商品化貨幣化与農村市場発展」「典型地区農村市場」「近代農村鎮集的迅速発展」の3つの章が含まれ，19世紀後半と20世紀前半 1930 年代の全国農村における交易市場（集鎮）の状況が対比され，集鎮における官・商の経済活動とその特徴が全面的に分析されており，中国近代農村における商品化の程度・原因・性質と影響などの一連の問題に関する研究を新たな水準に引きあげた．

［李金錚 2004］は，社会経済史学界の若手による近代中国農村社会経済に関する研究論文集である．その内容はミクロな地域研究を主としており，おおよそ4つに分類することができる．すなわち，①近代中国の地域経済史の研究方法，近代中国農村経済史研究の現状に対する評価，近代農村経済の発展の趨勢とその特徴などの論考，②河北省中部に位置する定県の家族構造・土地関係・農業生産・手工業経営・生活消費などに関する研究，③近代の華北及び長江中流・下流地域における農家の生活，借貸市場と取引などに関する研究，④華北の抗日根拠地，解放区の農業生産，農村金融，災害救済などに関する社会経済的研究である．

多くの業績がある歴史学者魏宏運が編集した［魏宏運 2003］は，1930-40年代の太行山地域の自然環境，社会制度，小農社会の農業変革，農村金融貸借網，商業と農村市場における交易，鉱工業の発展，農村家庭と家族の変遷に関する調査などを相当系統的に明らかにしている．魏宏運教授らの研究グループは太行山地域に関する文献史料類を収集整理するとともに，実際に太行山地域を訪

れ，フィールド調査の成果によって文献史料で欠ける部分を補い，この地域の農村社会の変遷過程を全面的系統的に研究した．

　［王印煥2004］は，農民の離村問題が1911-37年に河北・山東・河南3省の農村できわめて大きな社会問題になっていたと指摘するとともに，それが土地の不足，天災と人災，重税などの社会的悪弊と密接に関わっており，都市と農村の間の格差や商工業と農業の間の利益の差などとも密接に関わっていたことを明らかにした．すなわち素質と技能に制約があった離村農民が従事できた仕事は，多くの場合，単純な肉体労働であって，とくに都市の人々がやりたがらない荷物運びの苦力や力仕事であった．ただし経済的な基礎条件と個人的偶然的な条件の違いによって，離村農民の生活の質にはきわめて大きな差異が生まれている．いずれにせよ，農民の離村過程を通じて人口が農業から商工業に移動し，人口密度が高い地域から低い地域への勾配が自ずから形成され，移り住んだ人々の思想や考え方に変化が生じ，こうした全ての要素が，伝統社会から近代社会に向かう中国の変革を促したのである．その一方，当時の農民の離村は，多くの場合，生計の必要に迫られて，やむをえず行われたものであり，秩序に欠け政府の適切な管理も不足していたため，社会の安定に対しマイナスの影響をもたらした．同書は，当時，農民離村問題に対し，どのような対策がとられたかということにも論及している．

　また［李德英2006］は，成都平原の県レベルの档案や調査資料を多数利用し，従来の研究成果を参考に，民国時期の成都平原の地主小作関係の構造，農地借入時の敷金制度（「押租」），小作料の諸形態，小作料の額と率，小作農の生活と経営，小作農の地位などについて精緻に検討するとともに，「二五減租」をはじめとする中華民国期の政府の諸政策の実施状況についても基礎的な考察を試みている．著者によれば，近代成都平原における「押租」は，従来いわれてきたような，たんなる搾取強化の手段ではなく，さまざまな意味を含むものであって，この地域の自然生態と社会生態環境の産物にほかならない．「押租を納めることによって，小作農は小作権〔「佃種権」〕を獲得するとともに，その押租金に対し一定の利率で支払われる利息まで獲得していた．すなわち制度面から見る限り，地主小作関係は清代以前に比べ，より平等なものになりつつあった」．

　［李学昌主編2001］は，史籍と民間の文献，フィールド調査などによって，

新たな農業技術の導入，制度の刷新，市場の変化といった角度から上海近郊の南匯地域の農村が，どのようにして産業構造を変化させ，上海の都市化の歴史に関わり，世界市場に参入していったのか，その過程において伝統社会の内在的な成長力などの要因はどのようなものであったのか，などについて分析と研究を深めている．同書は，上海近郊にあった南匯県が大都市上海の都市化・近代化の影響の下で歩んだ特徴ある近代化の道筋を描き出した．

一方，著名な学者秦暉がまとめた［秦暉 2003］は，河南人民出版社の「経済前沿学術札記」の1冊として出版されたものであり，「三農」問題を国内外の広い歴史的背景の下で観察し探求した．同書には「三農」問題に関する5篇の調査報告が収録されており，実証的な調査資料に基づき，さらに経済学・社会学・政治学の理論的な分析を駆使し，農民の流動現象，土地権益，農民負担，郷鎮企業の転換などの問題について，きわめて有意義な研究を行い，農民の「農業税」を廃止すべきであるといった主張を提起した．同書はまたロシアの農民研究史とも関係づけ，中国における農民史研究の回顧と展望を示している．

秦暉も参画した［武力・鄭有貴主編 2004］は，大革命時期（1921.7-27.7），土地革命戦争時期（1927.8-37.6），抗日戦争時期（1937.7-45.8），解放戦争時期（1945.8-49.9），国民経済回復時期（1949.10-52），第1次五ヵ年計画時期（1953-57），「大躍進」時期（1958-60），国民経済調整時期（1961-65），「文革」と低迷の時期（1966-77），農村改革開始時期（1978-84），市場化改革探索時期（1985-91），全面的市場経済化への過渡時期（1992-2003）の各時期ごとに中国共産党の政策史を整理している．そして農村経済，農村社会の性格，土地改革，農民負担，農村政権，農業の共同化，農産物・副産物の流通体制，農村の商工業，農村の文化教育・衛生，都市農村関係に対する共産党の認識の変遷と政策発展史を踏まえ，過去，長期にわたって強調されてきた農業は工業のために尽くし，農村は都市のために資金を提供するという貢献型の観点を中国共産党が新世紀になって改めた，との認識を示した．さらに同書は，やはり長期にわたって強調されてきた農民は地元で発展すべきであり，主には農業によって豊かになるべきであるという思想を共産党が改め，農民を農業以外の産業に移し，都市化によって根本的に農村を改造することを農村経済発展の鍵だとみるようになった，と論じている．中国共産党が近現代中国で占めてきた重要な地位に鑑みれば，本書は，「三農」問題を研究し解決していく上で，きわめて重要な歴史的

意義をもつ書になるであろう．

中国の農業集団化運動に関する専著として［葉揚兵2006］がある．同書は大量の一次史料に基づき，中国共産党の政策決定過程とそれが各地の農村でどのように実施され，どのような複雑な状況が生じたか，その歴史の実相を再現して見せた．そして，その基礎に立って集団化運動の成敗得失を客観的に評価し，深刻な再検討を迫っている．

［宋士雲2007］は50年以上に及ぶ中国農村の社会保障制度の構造とその変遷過程を考察した研究書である．同書は経済史学の角度から，効率と公平性を価値判断の基準として，新中国の工業化・市場化・近代化を背景に，農村における社会保障制度の構造と変遷過程を描き出した．そして異なった社会経済発展の時期における制度モデル・構造・管理体制，成果と問題点，都市の社会保障制度や社会経済発展との相互関係などを探求し，今後の発展方向を考える手がかりを提起している．

また［常明明2007］は，分析方法に近代経済学の理論を取り入れ，1950年代前半の中南地域農村における民間の個別的貸借関係を検討した．著者は，当時の農村における個々人の間の貸借の規模や形式，利率，貸借の原因と用途，近代的な金融システムの発展が与えた影響などを全面的に考察している．著者によれば，当時，農民の間の貸借は，主に生活上の困難を解決するために用いられ，その利率も人民政府の規定より低率であった．一部には債務返済のために耕地を売却する農民がいたし，また一部には利子収入を目的に貸付を行う農民もいた．しかし貸借関係が存在する以上，そうした現象が生じるのは避けがたいことであったし，そうした現象が見られたからといって民間の個別的な貸借がもつ積極的な役割を否定することはできない，というのが著者の理解である．同書はまた国営銀行の業務が農村に及んでいく過程や農村信用合作社の発展が民間の貸借関係に与えた影響についても論じ，農村金融の今後の発展に関する方策と考え方を提起した．

［瞿商2007］は，主穀類（「糧食」，以下中国語の糧食を用いる）の流通という角度から，現代中国の経済発展過程における糧食問題を検討している．古来より糧食の流通は政府管轄下の漕運と民間の自由な市場取引の2つの方式によって行われ，両者が互いに補いあって中華文明の伝承と発展の基礎を形成してきた．現代中国の糧食流通，とくに改革の時代が始まってからの糧食流通は，一層市

場化を進めるなかで改善への道筋を歩んでいく,と著者は認識している.それは市場化の基礎に立って,中国経済の地域的な不均衡発展を経て,経済と産業の比較優位に基づく発展を通じて完成していくものである.労働力・資金などの資源は,改革開始以来,経済的効率の高い他の産業分野に配分されるようになり,資源配分と資源利用の効率性が高まり,そうした資源配分の効率性を支える物質的な基礎として,糧食の合理的にして秩序ある地域間流通が見直されるようになっている.改革開始以来,糧食流通の地域性は,「南糧北運」から「北糧南運」へと歴史的転換を遂げた.それは,その後の糧食流通のさまざまな構造変動とともに,改革開始以来,中国の経済事業のなかで比較優位が発揮された必然的な結果であり,地域経済の不均衡発展がもたらした必然的な結果でもあり,さらにいえば中国経済が発展する過程における一種の積極的な現象ですらあった.同書は,資料が充実し議論の進め方も堅実であって,中国の糧食安全保障と糧食経済を考えるためにきわめて重要な,参照に値する研究成果である.

[慈鴻飛2007] は,別の視角から,すなわち持続可能な経済発展の理論に依拠し,近現代の中国西部地域における農業開発が生態環境に対して与えた影響を明らかにするとともに,財産所有権制度(「産権制度」)の選択が西部地域の農業開発と生態保護に対して果たした役割を,内外の事例と比較しながら研究している.

[林剛2010] は,農家への聞き取り調査,民間の文献史料とフィールド調査に基づき,江蘇省淮安の黄碼郷李集村における小農経営から集団化にいたる過程,人民公社時期,市場化の過程の中での農民の生産と生活,並びに農民の権利擁護(「維権」)の60年に及ぶ変遷過程を克明に描き,耕地の保護と中国の近代化の関連について,説得力のある結論を導きだしている.同書の付録に記載されている李集村の農家経営100戸の消費と支出に関する長期統計は,きわめて貴重な資料である.

3 中国社会科学院経済研究所の3種類の経済通史

中国社会科学院経済研究所は中国経済史研究の重鎮である.経済研究所の経済史研究は名だたる経済史研究者が中心になって,多くの専門家の力を結集し,

10年かけて1本の剣を磨く（「十年磨一剣」）という姿勢によって，時間をかけ充実した内容の学術的成果を追求してきたところに主な特徴がある．2000年以来，経済研究所は，過去に出版された［許滌新・呉承明主編1985・1990・1993］と［厳中平主編1989］の学問的風格を継承し，［汪敬虞主編2000；呉承明・董志凱主編2001；劉克祥・呉太昌主編2010］の3種の経済通史をあいついで出版した．また研究所の別の2つの研究グループが，目下，『中華人民共和国経済史（1953-1957）』と『中国近代経済史，1937-1949』の2つのテーマで共同研究を進めており，これらの研究が完成した暁には，われわれは整然と体系化された総合的な中国近現代経済史の叢書を目にすることができるであろう．中国社会科学院経済研究所の学者たちは，たくさんの歴史的資料を収集し，その検討と考察に努めるとともに，それに基づく分析を深め，現代中国経済の発展過程にひそむ関係性と法則性を探求しようとする全ての人々に対し，信頼するに足る中国近現代経済発展の通史を提供しようとしている．

　［汪敬虞主編2000］は，清末民初の中国経済の変遷を考察した専門書であり，長期にわたる史料整理の基礎に基づく研究である．同書はまた中国資本主義の発展と不発展という概念を中心に置き，さまざまな方面から理論的な分析を進めて一書となした．朱蔭貴教授も認めるように，中国資本主義の発展と不発展は中国近代経済史を研究するための中心になる概念であって，方法論上，中国近代経済史の内容とその意味するものの理解を充実させ，中国近代経済史上の多くの問題に関する議論を理論的に高めるものである．同書は3篇16章からなり，字数は180万字に達する．第1篇は中国における帝国主義の経済勢力が拡張し浸透する過程を論じた部分であって，「対外貿易和国際収支」「外国在華金融活動」「中国的外債」「外国在華工礦交通投資」の4つの章に分かれている．同書において著者たちは，多くの先行研究をふまえ，1895-1927年の輸出入額に最善の修正を加え，中国の貿易収支が赤字に陥ったのは日清戦争以降であることを明らかにするとともに，輸出入比価を用いた貿易条件の算出方法についても新たな見方を提起した．また計量経済学の方法に依拠し，市場の拡大と中国の国際分業への参加に対し鉄道の開通が果たした役割について数量的な概念を提示し，外国貿易全体の新たな評価を可能にした．著者はまた1894-1930年の中国の国際収支バランスを再構成し，国際収支と中国の近代化過程の中における資金供給問題についても論じている．外債関連の章では，1895-1927年に

おける重要な外債起債の経緯とその後の経緯を詳細に分析するとともに，中国政府が経済開発のために起債した「実業借款」に関し，専門的研究に基づく評価を下した．中国における外資系金融業，鉱工業，交通業の研究の分野では，産業史と各企業ごとの個別研究を結びつけ，企業の一次史料と同時代の人々の評論を用いた，きわめて緻密な考察を進めている．

　第2篇は中国の伝統的封建経済が依然として主たる地位を占め続けたことを取り扱った部分であり，農業と政府の財政経済政策の2つに分かれている．農業に関して，著者はこの時期の主要な変化を土地・農作物・労働力の3つの商品化にあったと特徴づけるとともに，3つの商品化の影響の下，地主小作関係，農業経営の方式と国家の農業政策のいずれの分野においても一定の変化が生じたことを明らかにした．研究のこうした視角は，きわめて斬新なものであって，とくに農作物の商品化に関連し，商品の類型を区分して考察した作業は，認識を深める重要な一歩になった．資料面についていえば，著者はこの時期の現存する地方志をほとんど全て検索し尽くし，大量の調査資料と檔案資料を調べあげ，さらに多くの実地調査まで行っている．資料の少なからざる部分は，本書で初めて明らかにされたものであった．とくに雇用労働と地主経営の部分には貴重な資料が含まれている．農業の地域的差異が大きいことに鑑み，著者はマクロ的視点，地域経済的視点，個別研究の3つの研究方法を結びつけ，異なる類型ごとに叙述を展開している．それとともに，可能な限り数量的な分析を試み，土地所有権の配分，小作制度の範囲，小作料額，雇用労働，農業生産と商品化の程度などについて，自ら統計を作り推計作業を行った．なかでも，3つの地域の所有権の配分状況，南方・北方それぞれの小作料額の推計，農業における長期雇用労働者と短期雇用労働者との比率，経営地主の形成過程・資本構成・経営状況などに関する研究は，いずれもきわめて独創的なものである．著者はまた清末の財政経済に新たな変化が生じ，清朝政府の経済政策にも，民間資本企業を支援し，鉄道と鉱山を中心に経済を立て直し，商工業行政を整備し，経済法令を定め，学校を設け，中央集権化と市場経済の活用を図ろうとするなど，若干の変化が生じていたことを詳細に考察している．ただしそうした変化は抜本的な体制変革の水準までには至らず，戊戌変法は圧殺されて終わった．8ヵ国連合軍との戦争の後に清朝政府が主体的に実施した「新政」について，著者は，それによる変化の程度が，従来の清朝政府の改革に比べ広範囲に及ぶ

大幅なものになったことを認めている．しかし列強の脅威の強まりと国内の革命運動の高まりの中，清朝政府自身による改革の動きは清朝の皇帝権力擁護の動きに道を譲り，ついに新政は泡沫と化した．中華民国が樹立された後，北洋政府が進めた改革は，公布された政策や法規の内容からいえば，すでに近代化の初期段階をめざす方向に転換しつつあった．しかし，なお依然として経済法制の確立までには相当の距離があり，政府が法律に基づいて経済に関与する仕組みは整えられていなかった．そのため，実際には，政治の実権を掌握したものが力によって蓄財し法規に反する行為を進め，改革は効果をおさめることなく終わった．

　第3篇は，中国民族資本の発展について，鉱工業・手工業・交通運輸業・商業・金融業の5つの章で論じている．著者は鉱工業と金融業の研究において，それぞれの市場の条件と市場競争に十分注意しながら叙述を進めた．またそれぞれの産業が飛躍的な発展を遂げた後に発展を持続できなかった場合，人々の観念の中にもある封建的伝統的な要素が阻止要因になっていることに注目している．手工業に関する章で，著者は中国工業の多元構造という論点を提起した．生産力の変遷が進むバイオリズムの中にあって「揚棄」と「親和」の2つの過程が並存し，多種類の生産方式が同時に並存したのは歴史的に中国に固有の現象であった．1930年代初めにいたるまで，手工業の生産額とその役割は，機械工業に比べはるかに大きなものであった．商業の章で著者は，相当の紙幅を費やし，国内市場における商品流通の規模を数量的に推計しており，鉄道・汽船運輸・郵便貨物運輸などの推移を傍証に挙げながら，いくつかの代表的な商品の流通量を推計した．呉承明は，同書は「完全に実証主義の原則に基づいて執筆され，資料はきわめて豊富で，叙述の基礎が堅固なものであり，どの論点についても皆，実証的な根拠が示してある．これが本書の最大の特色である」と，その体系性と実証性を高く評価し，「中国経済史に金字塔を打ち立てた新たな成果」だと激賞した[2]．

　一方，［呉承明・董志凱主編2001］をまとめた研究グループは，まず初めに多くの力を割いて中央檔案館と協力して中共中央と国務院の檔案並びに政務院財政経済委員会・国家計画委員会・国家統計局・国家建設委員会・財政部・貿易部・海関総署・中国人民銀行総行などの経済行政関係機関の檔案資料を整理し，『中華人民共和国経済檔案資料選編（1949-1952年）』（全12巻，中国物価出版

社等）を出版した．そして膨大な量の経済档案資料を収集整理した基礎の上に立って，それぞれの研究者が個別の研究課題に即した経済分析を深め，『中華人民共和国経済史（1949-1952）』の共同執筆にとりくんだのである．同書は7編25章に分かれており，その字数は84万字余りに達した．「中華人民共和国成立時的社会経済状況」と題された第1編は，「資源環境」「旧中国的経済遺産」「解放区的経済」の3章から構成され，中国近代経済史研究の成果を汲み取り，近現代の経済史を接続させ変革の側面と継承の側面とを有機的に結びつけて理解しようとする努力が払われている．第2編は「新民主主義経済体制的建立」と題され，「新民主主義経済思想的形成与発展」「国家経済管理機構的設置」「国営経済的産生和発展」「農村土地改革的完成」「国営経済領導下多種経済成分並存体制的確立」の5章からなり，第3編は「回復国民経済的重大挙措」と題され，「建国前後的重大経済挙措」「財経工作的統一与調整」「調整工商業」「大力開展城郷物資交流」「増産節約運動和"三反"，"五反"運動」の5章からなる．同書によれば，新民主主義経済思想とは，「統一財経」をメルクマールとする中央集権強化の経済管理思想，商工業の調整と農民の保護という2つの積極性を特徴とする協調思想，人民大衆を動員し，その積極性を生かす経済改革思想，国営経済が指導的な役割を果たす下，各種の経済要素が「分工合作，各得其所」して「公私兼顧，労資両利，城郷互助，内外交流」を実現するという方針，並びに社会主義的性質の国営経済が新たな社会制度の下，私営経済と並存し，労資双方が矛盾対立しつつも「両利」できるという思想などを内容とするものであった．それは工業化の基礎を踏まえ，徐々に社会主義へ移りゆくことをめざすという思想であり，社会主義を中国の長期的発展の道を切り開く突破口であると位置づける点において，中国の特色をもった社会主義をめざすという思想のひな形を確立したものであった．それは20世紀後半の中国経済史が21世紀の中国経済のために提供できる最も貴重な財産の1つでもあった．著者は国民経済回復時期の財政経済に大きな影響を与えた歴史的背景として抗美援朝戦争を重視し，市場・物価・対外貿易・財政・税収・金融などさまざまな面から，この戦争と中国経済との関係を解明した．続く第4編は「基礎設施与工農業生産的回復和発展」と題され，「基礎設施的回復和建設」「農業生産的回復和発展」「工業生産的回復与発展」「区域経済回復概況」の4章から，第5編は「対内対外貿易的回復和発展」と題され，「国内商業的回復

与発展」「対外貿易的回復与発展」の2章から，第6編は「財政，金融与投資」と題され，「財政税収及其管理」「新中国金融体系的建立」「固定資産投資」の3章から，第7編は「労働就業，収入分配与居民消費」と題され，「労働就業的労保福利」「居民的収入分配与消費」の2章から，それぞれ構成されている．同書は，このようにきわめて総合的全般的な角度から中国経済の産業構造・地域配置・構成要素，並びに中国経済をめぐる社会的人文地理的な環境の形成と自然条件・資源環境・人口状況などの基礎的要因を結びつけ，国民経済の各部門の回復と発展を詳細に論述するように努力するとともに，国内の商業が国民経済全体の回復過程において主導的な役割を発揮したことを指摘した．第25章の結語は「国民経済回復的総体分析」と題され，定性分析と定量分析を結合して，この国民経済回復時期の全般的な状況と経済構造の変化，及び各種の構成要素が経済発展に対して与えた貢献などに関する明晰な認識を読者に提供している．それによれば，社会総生産額は年平均22.81%増，国民収入は年平均18.05%増，1人当たり国民収入は年平均15.7%増，国家の財政収入は年平均67.85%増となり，わずか3年間に主な工業製品と農作物の生産量が未曾有の高い水準に達するなど，国民経済の回復は大きな成功をおさめた．それと同時に著者は国際比較も試み，中国と先進国との間には依然として大きな開きがあったことも指摘している．中南財経政法大学の蘇少之教授は，同書の特徴として，第1に「実」，すなわち資料が正確かつ詳細であって，類書と比べ最も系統的に檔案資料を用いた研究になっていること，第2に「真」，すなわち科学的態度をもって大量の檔案資料の分析を基礎に研究を進め，新民主主義経済に関する科学的な総括を行ったこと，第3に「整」，すなわち国民経済回復の歴史的過程全体を見据え，生産力と生産関係の多方面の動きを貫く重要問題を中心に，それぞれの経済部門に即した総合的な考察を進めたこと，第4に「新」，すなわち同書全体が新しい構成になっており，第5章の「国家経済管理機構的設置」や第17章の「区域経済回復情況」，あるいはまた需給分析を基礎に置いた財政経済統一後の市場問題の考察など，非常に特色ある研究書になっていること，の4点を指摘している[3]．

[劉克祥・呉太昌主編 2010]は，「中国資本主義の発展と不発展」を，研究に際しての中心的概念とし，1927年から1937年，すなわち国民党政府が成立した最初の10年間の中国経済の発展，その変化と法則性，特徴などを全面的に

考察した．同書は序文と本文の2つに分かれ，約170万字に達する．序文は本書全体の要綱にあたるもので，内外の政治経済情勢，国民党政府の建立とその経済政策，中国資本主義の発展と衰退，革命根拠地の建設と新民主主義の萌芽的発展の4つの部分からなり，とくに1927-37年間の中国資本主義の存立環境と発展，並びに新民主主義の萌芽を重点的に描き出すことによって，半植民地半封建という条件の下，中国は順調かつ正常に資本主義を発展させることができず，ただ社会主義だけが中国を救い出すことができたことに歴史の真実と社会発展の法則性があるという理解を提起している．本文は9章からなり，第1章は，1927-37年の軽工業，重化学工業と鉱業の内部構造，生産消費の状況，盛衰の変化とその法則性を全面的に考察した部分である．軽工業では機械綿紡織業・機械製糸業・機械製粉業と紙巻タバコ製造業・マッチ製造業について集中的に論じ，こうした産業の生産と販売市場，展開モデル，衰落の原因（列強の侵略がもたらした厳しい影響も含む）などに関する検討を深め，綿紡織業と製粉業の生産量については新たな推計を示した．重化学工業関係では，主に機械製造業，電力産業，電機・電器製造業，セメント製造業，基礎化学工業，日用化学工業の発展経過を素描している．また鉱業関係では，『全国鉱業紀要』各号の整理とその他の補充資料によって，各種の有色金属と貴金属を含む全国の鉱石採掘精錬業について，それぞれの鉱石埋蔵量と分布，産業発展の沿革と資本構造，歴年の生産量，経営管理とその変化，鉱業分野における外国資本の拡張などを，全般的に考察した．第2章の内容は，農業をとりまく環境と農業政策，農村の土地関係と農家経済，農業生産の状況の3つの方面に分けられ，最初に列強による経済危機の中国への転嫁とそれがもたらした中国の農業恐慌，東北・華北地域の農業に対する日本の植民地主義的な略奪，国民党政府の農業政策と民族ブルジョアジーによる郷村改良運動などが描かれる．ついで地価と土地所有権の変化の傾向，全国的状況，小作制度と小作料及びその変化，農家収支の水準，消費構造と経済状況の持続的な悪化が明らかにされ，最後に農業生産の条件と農業の技術的基礎，農業経営と耕作制度の変遷をふまえ，農業の収穫状況と土地の生産量，全国1人当たりの主穀類生産量と消費量の推計が示され，考察されている．総合的かつ客観的に農業と農村経済の歴史の実相を描き出したものといえよう．第3章は都市と農村の手工業を課題にしており，手工業と機械工業，手工業と農村市場，手工業と農業及び農家経済の関連性に注意

を払い，近代の手工業の役割と地位，歴史的限界などについて，適切な評価を下している．第4章は1927-37年の近代的交通運輸業と通信事業の発展変化の過程を全面的に明らかにし，列強の勢力がこの分野で拡張したことを重視している．第5章は主に1927-37年に中国が直面した国際経済の環境と，対外貿易，外債，国際収支とその変化，国民党政府統治初期の関税自主権回復に向けた活動，列強の勢力範囲の変化，世界経済危機と日本の東北侵略が及ぼした影響などを，詳細に解明している．第6章は主に国内の遠隔地間交易の発展と都市農村市場的成長という2つの側面から国内交易の発展と変化の方向性を考察するとともに，1930年代前半の商品構造の変化，激しい価格変動，主要商品の流れなどからみたこの時期の国内交易の特徴，いくつかの商業分野における経営と資本の実態分析に基づく国内商業資本と主要商業の発展過程などを叙述した．第7章は列強の在華金融の拡張と収奪，国民党政府の金融改革と金融政策，国内金融機構の構造的変化と新旧金融機構の交替など3つの内容を整理し，とくに農村地域（農村地域にある中小都市を含む）の銭荘業の発生と発展，資本経営，歴史的地位，質屋（典当）業の盛衰と変化，経営の特徴などを明確に描き出し，貴重な統計史料を提示して研究の空白を埋めるものになっている．第8章は財政整理と改革，財政収支，内債，「満洲国」（「偽満」）財政の4つからなり，過去の研究で論じられることが比較的少なかった地方財政問題に関する検討を深め，基本的な史実を明らかにした．第9章は，土地革命時期のソヴィエト区経済について，これまでに発表された研究のなかでは最も体系的かつ克明な内容になっており，たくさんの初出文書史料も使われていた．同書は全国哲学社会科学規画辨公室が匿名方式によって組織した評価作業において，「優秀」との評価を得ている．評価に当たった専門家は「1927-1937年の中国経済状況に関する研究成果を集大成したものといってよく，この時期に関する経済史研究の最高水準を示している」とした．中国人民大学賀耀敏教授も，著者たちが大量の史料を調べあげ，先行研究の成果を十分吸収し，史実に立脚した客観的な分析を深めていることから，同書は「充分肯定に値する優秀な研究成果であり，必ず我国の近代経済史研究を発展させる大きな推進力になるであろう」と述べた[4]．

4 その他の成果

2000-10年に出版された中国近代都市経済史に関する専著は1990年代に比べやや減少した．とはいえ依然として高い水準の本が何冊か出版されており，中でも上海社会科学院が中心になってまとめた［張仲礼・熊月之・沈祖煒2002］は，その最も代表的なものである．同書は近代の宜賓・重慶・万県・宜昌・沙市・岳陽・武漢・九江・安慶・蕪湖・南京・鎮江・南通・上海など長江沿岸都市の経済と文化の発展過程，並びにこれらの都市が中国の近代化において果たした役割を考察した．同書の総論は，長江沿岸都市が発展した歴史的要因を集中的に論じ，長江自体が中国の黄金水道として持った意義に関する分析，近代の100年以上に及ぶ戦争や重大な政治的事件が沿岸都市の発展に対して与えた影響，開港による通商の開始と沿岸都市の発展の関係，近代中国における沿岸都市の地位などに言及するとともに，従来の研究成果も整理している．本文は「沿江城市的開放与対外経済関係」「沿江城市商業和埠際貿易的発展」「沿江城市之間的金融連繋」「工業発展推動下的沿江城市」「沿江城市交通結構近代化」「城市化影響下週邊農村経済結構的変遷」「沿江城市的人口発展」「沿江城市市政工程建設与公用事業発展」など都市経済史に関する8つの章，並びに「沿江城市民風習俗」「従会館，公所到同郷会，同業公会」「沿江城市与西学伝播」など都市社会文化史に関わる7つの章から構成されている．長江沿岸都市は中国の近代化の先行地域であって，上海が全体を主導する地位にあり，その他の沿岸都市には，商業・金融・工業などあらゆる分野において，上海から技術・産業・資金・情報等々が転移されていった，と同書は主張する．

上海社会科学院の研究者による［張忠民・朱婷2007］は，主に南京国民政府時期の国有企業の発展とその企業統治方式の変遷過程について研究したものである．本論の前後に序論と付論が付され，本論の全6章は，「南京国民政府国有経済政策的演変」「抗戦前国有企業的形成与規模（1927-1937）」「抗戦時期大後方地区国有企業的全方位拡張（1937-1945）」「抗戦勝利後国有大企業的急速膨脹（1945-1949）」「国有企業的資本与股権」「固有企業的治理結構与治理模式」から構成されている．付論は，前述した研究に基づき，南京国民政府時期の国有企業の歴史的地位，国有企業の制度上・規模上の優位，国有企業の制度上の

障害,国有企業と民営企業の関係,国有企業の「公司」化傾向と南京政府時期国有企業の歴史的総括などについて論じている.同書は,南京国民政府時期の国有企業の形成,発展及び全体的規模について,かなり明晰に全容を明らかにし,そのことを通じて近代中国企業制度の研究を深化させ,中国経済史研究の中に学術的価値を備えた専門分野を構築するとともに,今後,近代中国国有企業と国有資本に関する研究をさらに深め,マクロな研究と個別の事例研究を全面的に進める手がかりを提供した.

また［汪海波 2006］は,生産力の発展を評価基準とする観点を堅持し,精選された史料の綿密な検討に基づき,簡潔明瞭に新中国成立以来 56 年間の産業経済発展の歴史過程を描き出した.同書は中国現代産業経済史における重大な事件の政策決定過程,実施過程と実施された結果について詳細に叙述するとともに,数量的な分析を行い,産業発展の過程における成敗得失と経験教訓についても,説得力のある分析と総括を深めている.同書は,社会の基本的な経済制度,もしくは経済体制の変化を中国現代産業経済史における時期区分の主な基準としており,人々が歴史の文脈のなかで中国産業経済の発展を把握する助けとなるものである.同書は,歴史を以て鏡となすことを体現しようと努め,詳細な史実の叙述もあれば,画竜点睛の鋭い総括もあり,今後,産業発展の正確な方針と政策を決定し,産業構造の調整を進め,関連する諸研究を深め発展させていくうえで,きわめて参考に値する重要性を持っている.

若手研究者の［張国輝 2010］は,1953-2007 年における中国の発展戦略を,重工業優先発展戦略・現代化戦略・持続可能発展戦略という 3 つの階段に分け,それぞれの時期ごとに工業の発展と環境汚染問題について論じている.著者は半世紀の発展を経て,1990 年代半ばから後期にかけ,中国経済の発展は工業化の中期段階に達した.これと同時に,中国もまた工業化過程のなかで巨大な工業汚染と環境問題を引き起こした.しかも中国の場合,先進国が 100 年に及ぶ工業化の過程で直面し,その各段階ごとに解決してきた環境問題が,集中的に圧縮された形で生じているという特徴がある.持続可能発展戦略が提起される以前の段階では,経済発展戦略が環境保護政策の展開を規定する主な要因であった.その後は,経済体制が,環境保護政策の特徴と実施成果に影響を及ぼす主たる原因になった.今後,さらに市場経済体制の整備を進め,政府の役割を転換させ,市場経済体制に適応した環境保護政策体系を確立していくこと,

それこそ環境保護政策の実効性を高める根本的な道筋である，というのが著者の見解である．著者の3つの時期区分と観点については，学界のなかに異なった意見もありうるであろう．しかし中国の経済発展戦略と工業汚染問題を関連させて考察するという視角は，きわめて重要なものである．

一方，［劉国光主編2006］は，全面的かつ系統的に1951年に編制が開始された第1次五ヵ年計画から2005年末に完成した第10次五ヵ年計画までの10次に及ぶ五ヵ年計画を対象に，その制定過程・実施過程，並びにそれぞれの成果に関し，客観的な評価を試みたものである．著者の指摘によれば，改革開放以前の5回の五ヵ年計画は，全体として重工業優先の発展戦略，単一の公有制と計画経済体制，国防建設の重視，地域的不均衡の是正などを特徴としていた．この5回の五ヵ年計画は，第1次五ヵ年計画が正式に公布されたのを除き，他の4回の計画は，いずれも制定過程における変化が大きく，全国人民代表大会を通過する手続が踏まれなかったため，正式に公布されたものではない．第1次五ヵ年計画の制定から実施までの期間は長かったが，同じ内容を反復するような変動は少なかった．それに対し，他の4回の五ヵ年計画の制定実施過程は，かなり曲折に満ちたものであって，統計的指標にも起伏が大きく，科学的民主的な政策決定という点において困難が大きかったことが示されている．改革開放の開始以降，第6次五ヵ年計画から第10次五ヵ年計画までの制定過程には，明らかに規範化・科学化と民主化といった特徴が現れた．この5つの五ヵ年計画は，全て全国人民代表大会を通過したものであり，しかもその多くは実施の1年目には正式に公布されている．改革開放政策開始以来の5つの五ヵ年計画を通観してみると，それらを指導した思想には以下のような傾向が見られた．①経済発展と改革とを並行して進め，社会主義制度の改善をめざす内発的な改革努力を経済発展の原動力とするようになったこと，経済的指標に注力していた当初の段階から，思想や理論，制度の整備を重視し，社会経済の長期政策を研究し制定するのを重視するようになったこと，②経済成長率を注視するとともに，経済構造の合理化，総合的な均衡，経済効率の引上げに，一層多くの関心を払うようになったこと，③社会主義市場経済に対する関心がますます強まるという条件の下，計画経済の手法を運用し，マクロ経済の調整方法を通じて社会の調和のとれた発展と生態環境との良好な関係の構築をめざすようになったこと，④経済成長の質と方法に対する関心が高まっていったこと，⑤経済発

展の指標が指令的なものから，指導的・戦略的・予測的なものへと変わっていったこと，⑥科学技術の革新が社会経済の発展を促すことが強調されるようになったこと，などである．

　2008年は，中国が改革に足を踏み出してから30年目の年であった．そのため30年間の改革の歩みを振り返る大型の研究シリーズが10種類以上企画された．たとえば韓俊を編集委員会の主任とする『中国経済改革30年叢書』（重慶大学出版社）は，「源頭滄桑」巻，「政府転型」巻，「国有企業」巻，「財税」巻，「区域経済」巻，「社会保障」巻，「撫脈歴程」巻，「市場化進程」巻，「農村経済」巻，「民営経済」巻，「金融改革」巻，「対外開放」巻，「資源環境」巻の全13巻から成っている．また陳佳貴が総主編で中国社会科学院文庫の1つである『中国経済改革開放30年研究叢書』は，「体制」「投資」「国企」「非国有経済」「財税」「労働社保」「金融」「農村」「開放」の全9巻を通じて経済体制改革の歴程を解明した．このシリーズは，とくに経験の評価を理論化することに力を入れ，理論的分析を重んじる社会科学院の特色がよく発揮されている．中国社会科学院文庫には，王偉光が総主編となった『中国哲学社会科学30年叢書』もあり，経済関係では［張卓元主編2008］と［汪海波主編2008］がある．また出版社21社の共同出版企画『強国之路：紀念改革開放30年重点書系』の中にも，人民出版社の『中国経済体制改革30年回顧与展望』『中国社会保障30年』『中国財税体制改革30年回顧与展望』『中国金融体制改革30年回顧与展望』『中国行政体制改革30年回顧与展望』『中国開放30年：増長，結構，体制変遷』『中国国有企業改革30年回顧与展望』『中国農村改革30年回顧与展望』，中国財経出版社の『中国企業改革30年』『中国対外貿易30年』，発展出版社の『走向富強社会：30年宏観経済回顧』などがあった．一方，復旦大学の新政治経済学研究中心と上海世紀出版集団が共同で企画した「中国改革30年研究与出版工程」は，「渉及経済増長与結構変遷」「制度創新与経済改革」「公共部門与政府体制」「農業改革与農村経済」「金融創新与資本市場」「対外開放与世界経済」「市場体系与経済発展」「企業改革与産業調整」など全部で15の重点課題を掲げ，上海市社会科学界連合会が各方面の専門家を組織して出版した『紀念改革30年叢書』（中国大百科出版社）にも，『改革30年：中国的大国経済発展道路（経済巻）』が含まれていた[5]．

　そして新中国建立60周年に当たる2009年には，60年間の社会経済の発展

と変遷に関する著述が多数出版された．その中には専門家が責任を負って編纂した書籍も含まれており，「60周年百種重点図書」にも選ばれた［裴長洪主編2009；陳錫文等2009；高培勇主編2009；張曉山主編2009；楊徳才2009；武力・肜新春2009；鄒東濤2009］などがある．こうした大部の本は，小さな百科事典にも相当するほど多くの事実が書かれているとはいえ，記述の独創性には乏しい．また一部の本の叙述には新たな問題提起が含まれているとはいえ，それが大量の資料の中に埋没してしまい，読者は苦心してそうした内容を探し出す作業を強いられるか，あるいは新刊紹介の助けを借りてようやくそれを知ることになる．そのほか［高伯文2009；胡鞍鋼2009；崔新健主編2009；趙凌雲等2009；賈艶敏2009］など，専門的な研究書も何冊か刊行された．その中には博士論文を基礎にまとめられた水準の高い著作も含まれている．こうした成果は全体として，第1に，1949年以来の中国経済体制における2度の大きな変化に関する新たな認識，第2に資源環境問題と経済の関係に関する研究の増加，第3に長期経済成長の分析の重視，第4に産業史研究の開拓，第5に経済の変遷に関する研究と政治経済学説史研究の総合などの特徴を持っている[6]．

注
1) 朱家楨「一部深刻反映中国半植民地半封建社会時代経済特点的金融史」『中国経済史研究』2004-2.
2) 詳しくは呉承明「一部金字塔式的中国経済史新著」『経済研究』2001-1.
3) 趙学軍「『中華人民共和国経済史（第一巻）』座談会綜述」『中国経済史研究』2003-1.
4) 詳しくは『中国経済史研究』2010-4：3, 6-7頁．
5) 詳しくは『中国経済史研究』2009-2：168-69頁．
6) 詳しくは『中国経済史研究』2010-2：166-67頁．

研究文献目録

(1) これは，第1部各章で言及された研究文献の連合目録である．
(2) 日本語，中国語，ハングル，欧米語の順に分類し，編著者名の50音順（日本語），ピンイン順（中国語），アルファベット順（欧米語）に配列した．
(3) 各編著者の文献は刊行年の順に配列し，刊行年が同じ文献は abc を付して区別した．
(4) 欧米語の書籍のみ，出版地を記載した．

〈日本語文献〉

赤川元章　2005「中国鉄道投資とドイツ・アジア銀行」『三田商学研究』48-5
明石岩雄　1995「五四運動と南潯鉄道」朝尾直弘教授退官記念会編『日本国家の史的特質：近世・近代』思文閣出版
明野義夫　1964「中国の鉄鋼業」石川滋編『中国経済の長期展望』I，アジア経済研究所
浅田喬二　1978a「日本帝国主義による中国農業資源の収奪過程（1937-1941年）」『（駒沢大学）経済学部研究紀要』36
──　1978b「日本帝国主義による中国農業資源の収奪過程（1942-1945年）」上・下『（駒沢大学）経済学論集』10-2・3
──編　1981『日本帝国主義下の中国：中国占領地経済の研究』楽游書房
浅田喬二・小林英夫編　1986『日本帝国主義の満州支配』時潮社
浅田進史　2008「利益独占と『門戸開放』：ドイツ山東鉄道事業をめぐる秩序形成」左近幸村編著『近代東北アジアの誕生：跨境史への試み』北海道大学出版会
麻田雅文　2008a「中東鉄道とダーリニー（大連）港の勃興」『スラヴ研究』55
──　2008b「中東鉄道とウラジオストク港の連携と対立」『ロシア史研究』82
──　2009「燃料からみる中東鉄道の経営：中国東北の資源をめぐる日中露の相克，1896-1930年」『アジア経済』50-10
──　2010「日露戦争前後における中東鉄道収用地の形成と植民計画」『史学雑誌』119-9
浅野豊美　2010「ポーレー・ミッション：賠償問題と帝国の地域的再編」小林道彦・中西寛編『歴史の桎梏を越えて：20世紀日中関係への新視点』千倉書房
アジア経済研究所　1964『中国の鉄鋼業と機械工業』
味岡徹　1983「ロシア革命後の東三省北部における幣権回収」『歴史学研究』513
芦沢知絵　2007「在華紡の福利施設：内外綿上海工場の事例を手掛かりとして」『中国研究論叢』7
──　2011「内外綿の中国人管理者と監督的労働者：『特選工』から『役付工』へ，1911-45年」［富澤・久保・萩原編 2011］所収
足立啓二　1978「大豆粕流通と清代の商業的農業」『東洋史研究』37-3
──　1998『専制国家史論：中国史から世界史へ』柏書房
阿部武司　1995「綿業」武田晴人編『日本産業発展のダイナミズム』東京大学出版会
──　2011「戦間期における在華日本紡績同業会の活動」［富澤・久保・萩原編 2011］所収
天野祐子　2004「日中戦争期における国民政府の食糧徴発：四川省の田賦実物徴収を中心に」『社会経済史学』70-1
天野元之助　1932「満洲経済の発達」『満鉄調査月報』12-7
──　1962『中国農業史研究』農業総合研究所
──　1979『中国農業の地域的展開』龍渓書舎
荒川憲一　2008「日本の対中経済封鎖とその効果（1937-1941）：日本海軍の海上封鎖作戦を中心に」軍事史学会編『日中戦争再論』錦正社
荒武達朗　2008『近代満洲の開発と移民：渤海を渡った人びと』汲古書院
有高巖　1926「黒龍江省呼蘭平野の開発に就きて」『内藤博士還暦祝賀支那学論叢』弘文堂
安藤彦太郎編　1965『満鉄：日本帝国主義と中国』御茶の水書房

安藤正士　1966「社会主義社会の経済」井上幸治・入交好脩編『経済史学入門』廣文社
安藤実　1967『日本の対華財政投資：漢冶萍公司借款』アジア経済研究所
飯島渉編　1999『華僑・華人史研究の現在』汲古書院
飯島渉・久保亨・村田雄二郎編　2009a『シリーズ20世紀中国史1　中華世界と近代』東京大学出版会
──　2009b『シリーズ20世紀中国史2　近代性の構造』東京大学出版会
──　2009c『シリーズ20世紀中国史3　グローバル化と中国』東京大学出版会
飯塚靖　1989「南京政府期における棉作改良事業の展開：湖南省を中心に」日本植民地研究会編『日本植民地研究』2
──　1992「中国近代における農業技術者の形成と棉作改良問題：東南大学農科の活動を中心に」(1)・(2)『アジア経済』33-9・10
──　1993「南京政府期・浙江省における棉作改良事業」日本植民地研究会編『日本植民地研究』5
──　2001「1930年代河北省における棉作改良事業と合作社」『駿台史学』112
──　2003「満鉄撫順オイルシェール事業の企業化とその展開」『アジア経済』44-8
──　2005『中国国民政府と農村社会：農業金融・合作社政策の展開』汲古書院
──　2008a「『満洲』における化学工業の発展と軍需生産：満洲化学工業株式会社を中心として」『下関市立大学論集』52-1・2
──　2008b「満鉄中央試験所と満洲化学工業」[岡部編2008]所収
──　2009「国共内戦期・中国共産党による軍需生産：大連建新公司を中心に」『下関市立大学論集』52-3
──　2010「『満洲』化学工業と戦後中国：峰毅氏の近業を中心に」『近きに在りて』57
池田憲司（共訳）　1987「鄒景衡と永泰糸廠（鄒景衡著）」『近きに在りて』12
──　1999「日中近代蚕糸教育の導入と技術の進展：蚕業学校と留学生」蚕糸研究会
──　2002「日中近代器械製糸導入とポール・ブリュナの業績：富岡製糸場と上海宝昌糸廠」蚕糸研究会
──　2005「中国蚕糸学校に招聘された故白沢幹氏：昭和初期の日中蚕糸技術交流」蚕糸研究会
──　2012『日中蚕糸研究の関係資料集』私家版
石井摩耶子　1998『近代中国とイギリス資本：19世紀後半のジャーディン・マセソン商会を中心に』東京大学出版会
石川滋　1960『中国における資本蓄積機構』岩波書店
──　編　1960-1962『中国経済発展の統計的研究』I-III，アジア経済研究所
──　編　1964-1971『中国経済の長期展望』I-IV，アジア経済研究所
──　監訳　1979・1980『日本・旧満州鉄鋼業資料解題目録：水津利輔氏旧蔵資料』上・下，一橋大学経済研究所日本経済統計文献センター
石川亮太　2000「19世紀末東アジアにおける国際流通構造と朝鮮：海産物の生産・流通から」『史学雑誌』109-2
──　2001「20世紀初，朝鮮東北部のルーブル紙幣流通」『待兼山論叢』35
──　2002「1910年代満洲における朝鮮銀行券の流通と地域経済」『社会経済史学』68-2
──　2004a「開港後朝鮮における華商の貿易活動：1894年の清国米中継貿易を通じて」[森編2004]所収
──　2004b「ソウル大学校蔵『同泰来信』の性格と成立過程：近代朝鮮華僑研究の端緒として」『九州大学東洋史論集』32
──　2005「朝鮮開港後における華商の対上海貿易：同順泰資料を通じて」『東洋史研究』63-4
──　2006「近代東アジアのロシア通貨流通と朝鮮」『ロシア史研究』78
──　2009「19世紀末の朝鮮をめぐる中国人商業ネットワーク」[籠谷・脇村編2009]所収
石島紀之　1978a「南京政権の経済建設についての一試論」『茨城大学人文学部紀要（文学科論集）』11
──　1978b「国民党政権の対日抗戦力：重工業建設を中心に」野沢豊・田中正俊編『講座中国近

現代史 6　抗日戦争』東京大学出版会
―――　2007「ナショナル・ヒストリーを超える日中戦争史をめざして」『歴史評論』689
石島紀之・久保亨編　2004『重慶国民政府史の研究』東京大学出版会
石田興平　1961a「営口貿易の展開とその史的背景」『彦根論叢』76
―――　1961b「営口を中心とする輸出入品の取引と経済循環」『彦根論叢』77
―――　1964『満洲における植民地経済の史的展開』ミネルヴァ書房
―――　1979「植民開発主体としての満鉄」『(京都産業大学) 経済経営論叢』14-1
石田武彦　1971「20世紀初頭中国東北における油坊業の展開過程」『北大史学』13
―――　1974「中国東北における糧桟の動向：満州事変前における」『(北海道大学) 経済学研究』24-1
―――　1978「中国東北における産業の状態について：1920年代を中心に (その1)」『(北海道大学) 経済学研究』28-4
石田浩　1986『中国農村社会経済構造の研究』晃洋書房
石原亨一　1990「1970年代までの中国経済管理：システムと実態」毛里和子編『毛沢東時代の中国』日本国際問題研究所
泉武夫　1972「日本紡績資本の中国市場進出に関する一考察：1920年前後のいわゆる『在華紡』について」『専修経済学論集』7-1
泉谷陽子　1997「南京国民政府の水運業政策：招商局の国営化を中心に」『史学雑誌』106-4
―――　2000「内戦期の経済ナショナリズムと国民政府：航行権擁護運動をめぐって」『アジア研究』45-4
―――　2007『中国建国初期の政治と経済：大衆運動と社会主義体制』御茶の水書房
一ノ瀬雄一　2007「近代中国社会とビール産業の発展：双合盛公司の活動を中心に」『千里山文学論集』78
―――　2008「近代日本ビール産業の中国市場進出と大日本麦酒青島工場」『東アジア文化環流』1-2
井上晴丸・宇佐美誠次郎　1951『危機における日本資本主義の構造』岩波書店
井上裕正　2004『清代アヘン政策史の研究』京都大学学術出版会
井上勇一　1989『東アジア鉄道国際関係史』慶應通信
―――　1990『鉄道ゲージが変えた現代史』中央公論社
今井就稔　2005「戦時上海における敵産処理の変遷過程と日中綿業資本」高綱博文編『戦時上海1937-1945年』研文出版
―――　2006「日中戦争後期の上海における中国資本家の対日『合作』事業：棉花の買付けを事例として」『史学雑誌』115-6
―――　2008「抗戦初期重慶国民政府の経済政策と上海租界：禁運資敵物品運湿審核辦法の成立過程」『東洋学報』90-3
―――　2009「抗戦前期上海租界における資本家の経済活動：虞治卿の言動にみる『救済難民』と『発国難財』」[金丸編2009] 所収
―――　2010「日中戦争期上海のマッチ製造業と日本」『中国研究月報』64-6
今堀誠二　1953『中国の社会構造：アンシャンレジームにおける「共同体」』有斐閣
―――　1991『中国封建社会の構成』勁草書房
伊牟田敏充　2001「旧満州における銀行合同」石井寛治編『金融危機と地方銀行』東京大学出版会
井村薫雄　1926『紡織の経営と製品』上海出版協会
井村哲郎　1995「『満洲国』関係資料解題」山本有造編『「満洲国」の研究』緑蔭書房
―――編　1997『1940年代の東アジア：文献解題』アジア経済研究所
―――　2005「戦後ソ連の中国東北支配と産業経済」[江夏ほか編2005] 所収
―――　2008「『満洲国』歴史研究の現状」植民地文化学会・中国東北淪陥14年史総編室共編『「満洲国」とは何だったのか』小学館
岩井茂樹　1983「清代国家財政における中央と地方：酌撥制度を中心にして」『東洋史研究』42-2
―――　1992「中国専制国家と財政」木村尚三郎ほか編『中世史講座』6, 学生社
―――　1994「徭役と財政のあいだ：中国税・役制度の歴史的理解にむけて」(1)〜(4)『経済経営論

叢』28-4,29-1〜3
――― 2004a「清末の外銷経費と地方経費」[森編 2004] 所収
――― 2004b『中国近世財政史の研究』京都大学学術出版会
――― 2005「中国近代の財政問題と在華紡」[森編 2005] 所収
岩武照彦 1990『近代中国通貨統一史：十五年戦争期における通貨闘争』みすず書房
岩間一弘 2005「科学的管理のなかの企業職員：1930年代上海の商務印書館を中心に」『社会経済史学』71-4
――― 2006「人事記録に見る近代中国の銀行員の給与・経歴・家族：上海商業儲蓄銀行を中心に」『アジア経済』47-4
――― 2011『上海近代のホワイトカラー：揺れる新中間層の形成』研文出版
ウイットフォーゲル，平野義太郎監訳 1934『解体過程にある支那の経済と社会』上・下，中央公論社
―――，平野義太郎・宇佐美誠次郎訳 1939『支那社会の科学的研究』岩波新書
―――，湯浅赳男訳 1991『オリエンタル・デスポティズム：専制官僚国家の生成と崩壊』新評論
ウー，オドリック 2006「河南省における食糧欠乏と日本の穀物徴発活動」姫田光義・山田辰雄編『中国の地域政権と日本の統治』慶應義塾大学出版会
上田貴子 2008a「東北アジアにおける中国人移民の変遷　1860-1945」蘭信三編『日本帝国をめぐる人口移動の国際社会学』不二出版
――― 2008b「1920年代奉天紡紗廠と東北経済圏の自立性」『中華民国の制度変容と東アジア地域秩序』汲古書院
――― 2009「奉天：権力性商人と糧桟」[安冨・深尾編 2009] 所収
上野章 1987「1930年代の中国の棉花生産：棉花生産者についての2つの理解をめぐって」『社会経済史学』53-1
上原一慶 1987『中国の経済改革と開放政策』青木書店
宇沢弘文・大熊孝編 2010『社会的共通資本としての川』東京大学出版会
宇高寧 1925『支那労働問題』大阪屋書店
内田知行 1988「抗戦前中国国民政府の鉄道建設」『近代中国研究彙報』10
――― 1997a「侵略と工業化：日本占領下の中国山西省製鉄事業」『国際関係学研究』23
――― 1997b「抗日民族主義時代の企業経営：閻錫山政権時代における中国山西省製鉄事業」篠田隆編『発展途上国の経営変容』未来社
――― 2003「日本軍占領下の中国山西省における鉄道建設と鉄道経営」『鉄道史学』21
――― 2005『黄土の大地 1937-1945：山西省占領地の社会経済史』創土社
――― 2007a「蒙疆の道路建設と陸運・鉄道」[内田・柴田編 2007] 所収
――― 2007b「蒙疆政権のアヘン政策」[内田・柴田編 2007] 所収
――― 2010「日本軍占領と地域交通網の変容：山西省占領地と蒙疆政権地域を対象として」エズラ・ヴォーゲル，平野健一郎編『日中戦争期中国の社会と文化』慶應義塾大学出版会
内田知行・柴田善雅編著 2007『日本の蒙疆占領：1937-1945』研文出版
内田直作 1954「粤漢鉄道風潮の経過：辛亥革命の一断面」『一橋論叢』32-7
内山雅生 1990『中国華北農村経済研究序説』金沢大学経済学部
――― 2002「華北連絡部の資源調査と華北農村」[本庄・内山・久保 2002] 所収
――― 2003『現代中国農村と「共同体」：転換期中国華北農村における社会構造と農民』御茶の水書房
――― 2006a「山東省における労働力移動：『満洲』方面を中心に」野村真理・弁納才一編『地域統合と人の移動：ヨーロッパと東アジアの歴史，現状，展望』御茶の水書房
――― 2006b「民国初期の山東省からの東北移民」[本庄編 2006] 所収
――― 2009『日本の中国農村調査と伝統社会』御茶の水書房
――― 2011「山西省農村の『社』と『会』からみた社会結合」[三谷編 2011] 所収
江口圭一 1988『日中アヘン戦争』岩波書店
江田憲治 2005「在華紡と労働運動」[森編 2005] 所収

衛藤瀋吉　1968『近代中国政治史研究』東京大学出版会（2004『衛藤瀋吉著作集』①，東方書店）
江夏由樹　1980「清朝の時代，東三省における八旗荘園の荘頭についての一考察」『社会経済史学』46-1
───　1987「辛亥革命後，旧奉天省における官有地の払い下げについて」『一橋論叢』98-6
───　1989「旧錦州官荘の荘頭と永佃戸」『社会経済史学』54-6
───　1994a「辛亥革命後の盛京戸部官荘の払い下げについて」『松村潤先生古稀記念清代史論集』汲古書院
───　1994b「辛亥革命後，旧奉天省における官地の払い下げ：昭陵窰柴官佃地の場合」『東洋史研究』53-3
江夏由樹ほか編　2005『近代中国東北地域史研究の新視角』山川出版社
袁広泉　2009「国策会社中興公司の鉄道敷設計画と台棗鉄道経営」森時彦編『20世紀中国の社会システム』京都大学人文科学研究所附属現代中国研究センター
老川慶喜　1997「『満州』の自動車市場と同和自動車工業の設立」『立教経済学研究』51-2
───　2002「『満洲国』の自動車産業：同和自動車工業の経営1935年7月-37年12月」『立教経済学研究』55-3
王穎琳　2006「申新紡織公司の『生産過程重視』戦略：1930年代の工場合理化を中心に」『歴史と経済』48-2
───　2009『中国紡織機械製造業の基盤形成：技術移転と西川秋次』学術出版会
王強　1993「ソ連軍による旧満洲鉄道施設の解体・搬出問題について」『（北海道大学）経済学研究』42-4
王京濱　2005「永利化学からみる民国期の産業金融」［田島編2005］所収
───　2006「電力市場の成長と電力産業の発展」『中国研究月報』697
王樹槐，山腰敏寛・星野多佳子・金丸裕一訳　2010『上海電力産業史の研究』ゆまに書房
翁其銀・和田正広・市川信愛主編　1997『長崎華商泰益号宛て上海商社業務書簡資料集（上海，鼎記号）』第1集・研究代表和田正広（平成6-7年度科学研究費補助金）
大井専三　1940『支那紡績業の発展』東亜研究所
大上末広　1933「満洲経済の史的考察」『満洲経済年報1933年版』改造社
───　1934「満洲社会経済史の諸問題」『満洲経済年報1934年版』改造社
大里浩秋・富井正憲　2010「上海・青島における在華紡：その概要と居住環境」大里浩秋ほか編『中国・朝鮮における租界の歴史と建築遺産』御茶の水書房
大沢武彦　2002「内戦期，中国共産党による都市基層社会の統合：哈爾浜を中心として」『史学雑誌』111-6
───　2004「戦後内戦期における中国共産党統治下の大衆運動と都市商工業：東北解放区を中心として」『中国研究月報』675
───　2006「戦後内戦期における中国共産党の東北支配と対ソ交易」『歴史学研究』814
大竹慎一　1978「鉄鋼増産計画と企業金融：産業開発5ヵ年計画期の昭和製鋼所」『経営史学』12-3
大野太幹　2004「満鉄附属地華商商務会の活動」『アジア経済』45-10
───　2005「満鉄附属地居住華商に対する中国側税捐課税問題」『中国研究月報』691
───　2006「満鉄附属地華商と沿線都市中国商人」『アジア経済』47-6
岡稔ほか　1976『社会主義経済論』筑摩書房
岡崎清宜　2001「恐慌下中国における信用構造の再編：1930年代華北における棉花流通・金融を中心に」『社会経済史学』67-1
岡崎文勲編　1962『中国の鉄鋼業と機械工業の技術水準』アジア経済研究所
尾形洋一　1977「東北交通委員会と所謂『満鉄包囲鉄道網計画』」『史学雑誌』86-8
岡部利良　1937『在支紡績業の発展とその基礎』東洋経済新報社
───　1992『旧中国の紡績労働研究』九州大学出版会
岡部牧夫編　2008『南満洲鉄道会社の研究』日本経済評論社
───　2008a「大豆経済の形成と衰退」［岡部編2008］所収
───　2008b「満鉄研究の歩みと課題」［岡部編2008］所収

岡本隆司　1989「清末における総税務司の成立について」『東洋学報』70-1・2
――　1991「洋関の成立をめぐって」『東洋史研究』50-1
――　1992「清代粤海関の徴税機構：保商制度を中心として」『史林』75-5
――　1994「清末粤海関の展開：広州における洋関設立の意味」『史林』77-6
――　1995「北洋軍閥時期における総税務司の役割：関税収入と内外債を中心に」『史学雑誌』104-6
――　1998「『関税紀実』にみる国民政府の財政経済」『宮崎大学教育学部紀要　社会科学』82〜84
――　1999a「清末民国と塩税」『東洋史研究』58-1
――　1999b『近代中国と海関』名古屋大学出版会
――　2001a「辛亥革命と海関」『近きに在りて』39
――　2001b「清末票法の成立：道光期両淮塩政改革再論」『史学雑誌』110-12
――　2011『中国「反日」の源流』講談社
奥村哲　1976「抗日戦争前中国工業の研究をめぐって」『東洋史研究』35-2
――　1978「恐慌下江浙蚕糸業の再編」『東洋史研究』37-2
――　1979「恐慌前夜の江浙機械製糸業」『史林』62-2
――　1989「恐慌下江南製糸業の再編再論」『東洋史研究』47-4
――　1993「日中戦争前後の華中農村調査をめぐって」『（東京都立大学人文学部）人文学報』238
――　1999『中国の現代史　戦争と社会主義』青木書店
――　2002「重要国防資源調査」［本庄・内山・久保 2002］所収
――　2004『中国の資本主義と社会主義：近現代史像の再構成』桜井書店
小野泰　2008『中国水利史研究会　四十年の歩み』『中国水利史研究』37
尾上悦三　1971『中国の産業立地に関する研究』アジア経済研究所
小山正明　1960「清末中国における外国綿製品の流入」『近代中国研究』4，後に［小山 1992］所収
――　1992『明清社会経済史研究』東京大学出版会
解学詩　1998「盧溝橋事件と華北石炭・鉄鋼産業」『三田学会雑誌』91-2
海外起業調査組合　1923『支那ノ棉糸紡績』
外務省経済局東西通商課　1959『中共の鉄鋼，電力，石炭工業の建設状況』
郝仁平　2005「戦前中国における国有鉄道の生産所得の推計」『東京経大学会誌』245
籠谷直人　1990「1880年代のアジアからの"衝撃"と日本の反応：中国人貿易商の動きに注目して」『歴史学研究』608［籠谷 2000：第1章］
――　2000『アジア国際通商秩序と近代日本』名古屋大学出版会
――　2003「大英帝国『自由貿易原則』とアジア・ネットワーク」山本有造編『帝国の研究：原理・類型・関係』名古屋大学出版会
――　2005「日本綿業における在華紡の歴史的意義」［森編 2005］所収
籠谷直人・脇村孝平編　2009『帝国とアジア・ネットワーク』世界思想社
風間秀人　1981「華中解放区の形成と抗日経済戦：蘇北解放区を中心として」［浅田編 1981］所収
――　2007「1930年代における『満洲国』の工業：土着資本と日本資本の動向」『アジア経済』48-12
――　2008a「1930年代における『満洲国』工業の地域的展開」『日本植民地研究』20
――　2008b「満洲国期における満鉄の港湾」［岡部 2008］所収
加島潤　2005「戦後から人民共和国初期にかけての上海化学工業再編：ゴム工業を中心に」［田島編 2005］所収
――　2006「戦後から人民共和国初期にかけての上海電力産業の統合過程」『中国研究月報』697
――　2007「政権交代と上海市財政構造の変動（1945-1956）」『アジア経済』48-7
――　2008「1950年代中国研究の動向と課題：社会経済史を中心に」『近きに在りて』53
梶谷懐　2011『現代中国の財政金融システム』名古屋大学出版会
柏祐賢　1947-48『経済秩序個性論』I，II（中国経済の研究），III，人文書林（1986『柏祐賢著作集』4，京都産業大学出版会）
柏井象雄　1942『近代支那財政史』教育図書

春日豊　2010『帝国日本と財閥商社：恐慌・戦争下の三井物産』名古屋大学出版会
片山邦雄　1996『近代日本海運とアジア』御茶の水書房
桂川光正　1989「占領期（1914-22年）における山東権益の獲得：その1」『大阪産業大学産業研究所所報』12
加藤聖文　2006『満鉄全史：「国策会社」の全貌』講談社
加藤幸三郎　2006「日本紡績業の綿糸布輸出と中国上海市場：ロンドン銀塊相場・上海為替相場との関連よりみた」『専修経済学論集』41-1
加藤繁　1943「康熙乾隆時代に於ける満洲と支那本土との通商について」『北亜細亜学報』2（後に加藤繁　1953『支那経済史考証』下，東洋文庫へ所収）
加藤辰弥　1917『支那の綿業』紡織雑誌社
加藤弘之　1997『中国の経済発展と市場化：改革・開放時代の検証』名古屋大学出版会
加藤弘之・久保亨　2009『進化する中国の資本主義』岩波書店
加藤雄三・大西秀之・佐々木史郎編　2008『東アジア内海世界の交流史：周縁地域における社会制度の形成』人文書院
角崎信也　2010a「新兵動員と土地改革：国共内戦期東北解放区を事例として」『近きに在りて』57
────　2010b「食糧徴発と階級闘争：国共内戦期東北解放区を事例として」高橋伸夫編『救国，動員，秩序：変革期中国の政治と社会』慶應義塾大学出版会
可児弘明　1979『近代中国の苦力と「豬花」』岩波書店
金子肇　1988「中国の統一化と財政問題：『国地財政劃分』問題を中心に」『史学研究』179
────　1989「国民政府予算策定機構の形成過程（1928-1931）」『史学研究』185
────　1993「中華民国期の地方実業経費と殖産興業」『史学研究』202
────　1998「中華民国の国家統合と政治的合意形成："各省の合意"と"国民の合意"」『現代中国研究』3
────　1999「袁世凱政権の地方財政機構改革」『歴史学研究』723
────　2000「清末民初における江蘇省の認捐制度」『東洋史研究』59-2
────　2006「1920年代の江蘇省『軍閥』統治の変容と地方行財政」『近きに在りて』49
────　2008『近代中国の中央と地方：民国前期の国家統合と行財政』汲古書院
金子文夫　1980「創業期の南満州鉄道1907-1916」『（東京大学）社会科学研究』31-4
────　1991『近代日本における対満州投資の研究』近藤出版社
金田真滋　1998「中国開港後の外国銀行」『史学雑誌』107-9
────　2000「香港市場にみる東アジア開港の意味」『史学雑誌』109-10
金丸裕一　1993「中国『民族工業の黄金時期』と電力産業：1879～1924年の上海市・江蘇省を中心に」『アジア研究』39-4
────　1994a「江北における電力産業の成長：『企業城下町』南通のケース」『帝京史学』9
────　1994b「『大日本紡績聯合会月報』収録中国関係記事目録（1889-1943年）」『近代中国研究彙報』16
────　1995「工業史」野澤豊編『日本の中華民国史研究』汲古書院
────　1999「統計表中之江蘇電業：以『建国十年』時期為中心的討論稿」『立命館経済学』48-5
────　2002「中国工業調査：電力産業史の事例から」[本庄・内山・久保編2002]所収
────　2003「戦前期日本による中国電力産業調査の諸問題」『近代中国研究彙報』25
────　2005a「『支那事変』直後，日本による華中電力産業の調査と復旧計画」『立命館経済学』53-5・6
────　2005b「『中支電気事業調査報告書』（昭和13年2月）の一考察」『立命館経済学』54-4
────　2006「占領期青島における電気事業：日中合辦膠澳電気公司設立前史」[本庄編2006]所収
────編　2009『近代中国と企業・文化・国家』ゆまに書房
ガリー，J．（中兼和津次・矢内晋訳）　1978『中国経済と毛沢東戦略』岩波書店
川井悟　1985a「日中戦争前中国安徽省における茶統制政策：祁紅運銷委員会設立案の分析」『経済論叢』136-4
────　1985b「経済史関係資料について：民族工業史・企業史研究への展望」『中国歴史学の新し

い波』霞山会
―――　1988「日中戦争前，中国安徽省における紅茶生産合作社育成政策の展開」『福山大学経済学論集』12-1・2
―――　1995「トッドと李儀祉：中国近代水利土木事業についての覚え書き」『中国水史研究』23・24
―――　1996「中華民国時期における涇恵渠建設」『福山大学経済学論集』20-1・2
―――　2006「中国長江三峡ダム建設計画の立案過程についての一考察」『プール学院大学研究紀要』46
―――　2011「近現代中国のダム建設史」『近きに在りて』59
川井伸一　1987a「戦後中国紡織業の形成と国民政府：中国紡織公司の成立過程」『国際関係論研究』6
―――　1987b「中国東北鉄道におけるソ連邦『包車制』の導入」『アジア研究』34-1・2
―――　1991『中国企業とソ連モデル：一長制の史的研究』アジア政経学会
―――　1992「大戦後の中国綿紡織業と中紡公司」『愛知大学国際問題研究所紀要』97
―――　1998「中国会社法の歴史的検討：序論」『戦前期中国実態調査資料の総合的研究』科研費補助金研究成果報告書
―――　2001「中紡公司と国民政府の統制」[姫田編 2001] 所収
川勝平太　1981「19世紀末葉における英国綿業と東アジア市場」『社会経済史学』47-2
―――　1984「19世紀末葉の木綿市場：原綿を中心に」『横浜開港資料館紀要』2
―――　1985「アジア木綿市場の構造と展開」『社会経済史学』51-1
―――　1991「日本の工業化をめぐる外圧とアジア間競争」浜下武志・川勝平太編『アジア交易圏と日本工業化 1500-1900』リブロポート（2001, 藤原書店，新版）
川勝守　1992『明清江南農業経済史研究』東京大学出版会
川久保悌郎　1935「清末に於ける吉林省西北部の開発」『歴史学研究』5-2
―――　1961「清代満洲における焼鍋の簇生について」『東洋史論叢和田博士古稀記念』講談社
―――　1965「清代における焼鍋問題の推移と焼課について」『東方学』31
―――　1970「清末における漠河金廠の創弁について」『集刊東洋学』23
―――　1980「清末における吉林機器局の創弁について」『関東学園大学紀要』4
川野幸男　1996「中国人の東北（旧満州）移民を再考する」『（東京大学）経済学研究』38
河端正規　2007「第2次世界大戦前の山東牛関係文献資料目録」『立命館経済学』56-1
―――　2008「山東牛貿易の研究：青島守備軍の輸出政策とその権益」『（立命館大学）社会システム研究』16
カン，エドワード，谷口啓次訳編　1940『近代支那貨幣史』慶応書房
―――　監修，森沢昌輝訳　1938『戦時下支那の貿易・金融』慶応書房
姜抮亜（カン・ジナ）　1996「1930年代広東陳済棠政権の製糖業建設」『近きに在りて』30
―――　2003「1930年代中国における徴税請負制度の改革と国家：広東省陳済棠政権の徴税システム整備の試み」『歴史学研究』771
神原周編　1970『中国の化学工業』アジア経済研究所
菊池敏夫　1985「南京政府期中国綿業の研究をめぐって」『歴史学研究』549
―――　1988「中国資本紡績業の企業と経営：1920年代の永安紡織印染公司について」『近きに在りて』13
―――　2000「1930年代の金融危機と申新紡織公司」[日本上海史研究会編 2000] 所収
―――　2005「戦時上海の百貨店と商業文化」髙綱博文編『戦時上海 1937-1945年』研文出版（後に[菊池 2012] 所収）
―――　2012『民国期上海の百貨店と都市文化』研文出版
菊池道樹　1993「東南アジアと中国」溝口雄三ほか編『アジアから考える 2　地域システム』東京大学出版会
木越義則　2005「天津を事例とする近代中国貿易物価指数の推計：1861-1940年」『（京都大学）経済論叢別冊　調査と研究』30

―――― 2007「両大戦間期上海における貿易物価，貿易数量，所得交易条件」『(京都大学) 東アジア経済研究』1
―――― 2008「近代中国における市場形成」堀和生編『東アジア資本主義史論 II』ミネルヴァ書房
―――― 2010「戦前期中国の全国市場圏の形成と日本帝国」『社会経済史学』76-3
―――― 2011「近代中国の貿易統計」『近きに在りて』59
貴志俊彦　1997「永利化学工業公司と范旭東」［曽田編 1997］所収
―――― 2001「戦時下における対華電気通信システムの展開：華北電信電話株式会社の創立から解体まで」『北東アジア研究』1
岸田修　1992「孫文の鉄道論」藤井昇三・横山宏章編『孫文と毛沢東の遺産』研文出版
岸本美緒　1997a『清代中国の物価と経済変動』研文出版
―――― 1997b「『市場史の射程』コメント：中国史から」『社会経済史学』63-2
―――― 2002「市場と社会秩序」社会経済史学会編『社会経済史学会創立 70 周年記念　社会経済史学の課題と展望』有斐閣
―――― 2006「中国中間団体論の系譜」岸本美緒編『岩波講座「帝国」日本の学知　第 3 巻　東洋学の磁場』岩波書店
―――― 2009「明清契約文書研究の動向：1990 年代以降を中心に」大島立子編『前近代中国の法と社会：成果と課題』東洋文庫
北野剛　2010「日本の大陸政策と防穀令問題：満洲米の輸出問題を中心として」『史学雑誌』119-9
北村敬直　1961「招商局史の一局面：旗昌公司買収事件について」『東洋史研究』20
―――― 1972『清代社会経済史研究』大阪市立大学経済学会研究叢書 2 (1978, 朋友書店)
絹川太一　1919『平和と支那綿業』丸山舎書籍部
木場篤彦　2009「本渓湖煤鉄公司の形成に関する歴史的研究」『科学史研究』48
君島和彦　1981「日本帝国主義による中国鉱業資源の収奪過程」［浅田編 1981］所収
木村隆俊　1989「『在華紡』の一考察」『(日本大学) 経済集志』59-2
木村光彦・安部桂司　2003『北朝鮮の軍事工業化：帝国の戦争から金日成の戦争へ』知泉書館
木村和三郎　1941『北支石炭経済論』日本学術振興会『東亜経済研究』1, 有斐閣
許金生　2004「日本の海南島占領期における鉄道開発活動について」『(立命館大学) 言語文化研究』15-3
清川雪彦　1974「中国綿工業技術の発展過程における在華紡の意義：日本，中国およびインドの綿工業比較研究-2-解放前中国」『(一橋大学) 経済研究』25-3
―――― 1983「中国繊維機械工業の発展と在華紡の意義」『(一橋大学) 経済研究』34-1
―――― 2009『近代製糸技術とアジア：技術導入の比較経済史』名古屋大学出版会
久保亨　1980「南京政府の関税政策とその歴史的意義」『土地制度史学』86, 後に［久保 1999］所収
―――― 1981a「1930 年代中国の関税政策と資本家階級」『社会経済史学』47-1, 後に［久保 1999］所収
―――― 1981b「日本の侵略前夜の東北経済：東北市場における中国品の動向を中心に」『歴史評論』377
―――― 1982「戦間期中国経済史の研究視角をめぐって：『半植民地半封建』概念の再検討」『歴史学研究』506
―――― 1983a「国民政府の財政と関税収入，1928-1937 年」増淵龍夫先生記念論集刊行会編『中国史における社会と民衆』汲古書院
―――― 1983b「中国国民政府の関税政策決定過程の分析，1932-1934 年」『東洋文化研究所紀要』92, 後に［久保 1999］所収
―――― 1985a「企業史資料集をどう読むべきか：『啓新洋灰公司史料』編集用史料カードの検討」『中国近代研究会通信』18, 後に［久保 2005］所収
―――― 1985b「国民政府による関税自主権の回復過程」『東洋文化研究所紀要』98, 後に［久保 1999］所収
―――― 1986a「1935 年幣制改革をめぐる研究動向」『近きに在りて』10
―――― 1986b「近代中国綿業の地帯構造と経営類型：その発展の論理をめぐって」『土地制度史学』

113, 後に［久保 2005］所収
────　1986c「南京政府の財政経済政策」中国現代史研究会編『中国国民政府史の研究』汲古書院, 後に［久保 1999］所収
────　1990「中国資本紡の利益率に関する史料の補正と考察：『中国近代経済史統計資料選輯』第4章第 4, 5 表をめぐって」『近代中国研究彙報』12, 後に［久保 2005］所収
────　1991「青島における中国紡―在華紡間の競争と協調」『社会経済史学』56-5, 後に［久保 2005］所収
────　1994「戦時上海の物資流通と中国人商」［中村・高村・小林編 1994］所収, 後に［久保 2005］に改訂し収録
────　1995a『中国経済 100 年のあゆみ：統計資料で見る中国近現代経済史』第 2 版, 創研出版 (1991 年に第 1 版刊行)
────　1995b「中国内陸地域の企業経営史研究〔I〕：1920-30 年代の民生公司をめぐって」信州大学人文学部『内陸地域文化の人文科学的研究 II』, 後に［久保 2005］所収
────　1997a「中国内陸地域の企業経営史研究〔II〕：1920-30 年代の晋華紡績（山西）をめぐって」信州大学人文学部『内陸地域における文化の受容と変容』, 後に［久保 2005］所収
────　1997b「日中関税協定と 1930 年関税」『東洋史研究』56-1, 後に［久保 1999］所収
────　1998「戦時華北の工場調査について」(一橋大学経済研究所) *Discussion paper* D98-10
────　1999『戦間期中国〈自立への模索〉：関税通貨政策と経済発展』東京大学出版会
────　2001「対外経済政策の理念と決定過程」［姫田編 2001］所収
────　2002a「興亜院の中国実態調査」［本庄・内山・久保 2002］所収
────　2002b「周辺的要素の影響下における発展：近代中国企業経営史再考」横山宏章・久保亨・川島真編『周辺から見た 20 世紀中国』中国書店
────　2004「戦時の工業政策と工業発展」［石島・久保編 2004］所収
────　2005『戦間期中国の綿業と企業経営』汲古書院
────編　2006『1949 年前後の中国』汲古書院
────　2006a「1949 年革命の歴史的位置」［久保編 2006］所収
────　2006b「対外貿易における変動と連続性, 1940-1950 年代」［久保編 2006］所収
────　2008「戦時重慶の綿紡織業と国民重慶」『信大史学』33, 後に［久保 2009a］所収
────　2009a『20 世紀中国経済史の探究』信州大学人文学部
────　2009b「統制と開放をめぐる経済史」［飯島・久保・村田編 2009c］所収
────　2011a「1950 年代の中国綿業と在華紡技術」［富澤・久保・萩原編 2011］所収
────　2011b「東アジアの総動員体制」和田春樹ほか編『東アジア近現代通史　第 6 巻　アジア太平洋戦争と「大東亜共栄圏」1935-1945 年』岩波書店
窪田宏　1976「日中戦争期中国山西省における大倉財閥の活動」『東京経大学会誌』95
────　1982「山西省における大倉財閥」大倉財閥研究会編『大倉財閥の研究：大倉と大陸』近藤出版社
久保山雄三　1943『支那石炭事情』公論社
倉橋正直　1976「清末, 商部の実業振興について」『歴史学研究』431
────　1980「営口の公議会」『歴史学研究』481
────　1981「営口の巨商東盛和の倒産」『東洋学報』63-1・2
────　1983「営口東盛和事件の裁判」『歴史学研究』517
栗林幸雄　2004「浙江鉄路公司研究についての覚書」『史峯』10
グローブ, リンダ　1999a「華北経済の中心都市」天津地域史研究会編『天津史：再生する都市のトポロジー』東方書店
────, 貴志俊彦・神田さやこ訳　1999b「華北における対外貿易と国内市場ネットワークの形成」［杉山・グローブ編 1999］所収
黒瀬郁二　2005「両大戦間期の天図軽便鉄道と日本外交」［江夏ほか編 2005］所収
黒田明伸　1983「清末湖北省財政の分権的展開：辛亥革命の財政史的前提」『史林』66-6
────　1984「近代中国における権力的改革の再検討」『歴史評論』412

――　1985「権力的改革の構造とその背景：辛亥革命の経済史的位置」『歴史学研究』547
――　1987「乾隆の銭貴」『東洋史研究』45-4
――　1988「清代備蓄考：資産形態よりみた経済構造論」『史林』71-6
――　1994『中華帝国の構造と世界経済』名古屋大学出版会
――　1995「アジア在来金融からみた20世紀初期の世界経済」『歴史評論』539
――　1996「20世紀初期太原県にみる地域経済の原基」『東洋史研究』54-4
――　1998「伝統市場の重層性と制度的枠組：中国・インド・西欧の比較」『社会経済史学』64-1
――　2003『貨幣システムの世界史〈非対称性〉をよむ』岩波書店
桑野仁　1965『戦時通貨工作史論』法政大学出版局
桑原哲也　1975「戦前における日本紡績企業の海外活動：鐘淵紡績会社の事例を中心として」『(神戸大学) 六甲台論集』22-1, 後に [桑原 1990] 所収
――　1979「日清戦争直後の日本紡績業の直接投資計画：東華紡織会社の事例を中心として」『(京都産業大学) 経済経営論叢』14-2, 後に [桑原 1990] 所収
――　1980「日清戦争直後の日本紡績業の直接投資計画：中上川彦次郎と上海紡績会社」『(京都産業大学) 経済経営論叢』15-1, 後に [桑原 1990] 所収
――　1981「在華紡績の生成：大日本紡績会社の事例を中心として」『(京都産業大学) 経済経営論叢』16-3, 後に [桑原 1990] 所収
――　1982「戦前における日本紡績業の海外市場戦略：東洋紡績会社の事例」『(京都産業大学) 経済経営論叢』17-3, 後に [桑原 1990] 所収
――　1984「日本紡績業における寡占体制の確立と後発紡績企業の成長戦略：内外綿会社の事例」『経営史学』18-4, 後に [桑原 1990] 所収
――　1985「在華紡績業の生成に関する製品市場構造的・企業者性能的分析：富士瓦斯紡績会社と和田豊治」『京都産業大学論集：国際関係系列』14-2, 後に [桑原 1990] 所収
――　1987「戦前における日本紡績業の国際化戦略：大阪合同紡績会社の中国事業」『(京都産業大学) 経済経営論叢』21-4, 後に [桑原 1990] 所収
――　1990『企業国際化の史的分析：戦前期日本紡績企業の中国投資』森山書店
――　1998「在華紡績業の盛衰：国の運命と企業の運命, 内外綿会社」『国民経済雑誌』178-4
――　2004「在華紡の組織能力：両大戦間期の内外綿会社」『龍谷大学経営学論集』44-1
――　2007「日本企業の国際進出　日本企業の国際経営に関する歴史的考察：両大戦間期, 中国における内外綿会社」『日本労働研究雑誌』49-5
――　2010「対外関係」佐々木聡・中林真幸編『講座・日本経営史』3, ミネルヴァ書房
――　2011「在華紡の経営：内外綿の技術移転, 労務管理, 製品戦略, 流通」[富澤・久保・萩原編 2011] 所収
桑原哲也・阿部武司　2000a「在華紡の経営動向に関する基礎資料：内外綿 1921-1934 年」『国民経済雑誌』182-3
――　2000b「在華紡の経営：内外棉会社, 1911-1945 年」『アジア情報学のフロンティア』10
厳善平　2010「20世紀中国における地域間人口移動」中兼和津次編『歴史的視野からみた現代中国経済』東洋文庫
呉暁林　2002『毛沢東時代の工業化戦略：三線建設の政治経済学』御茶の水書房
康越　2000「張学良政権下の『興安屯墾区』開発事業」『EXRIENTE』4
高成鳳　1999『植民地鉄道と民衆生活：朝鮮・台湾・中国東北』法政大学出版局
江沛　2008「清末中国における鉄道システムの制度化論争」西村成雄・田中仁編『中華民国の制度変容と東アジア地域秩序』汲古書院
上妻隆栄　1963『中国市場の構造的変革』法律文化社
幸野保典　2004「華北経済の膨張と天津日本商工会議所の機構改革」[柳沢・木村編 2004] 所収
小風秀雅　1988「満州諸支店の経営動向」『両大戦間の横浜正金銀行』日本経営史研究所
――　1995『帝国主義下の日本海運：国際競争と対外自立』山川出版社
国分良成　2004『現代中国の政治と官僚制』慶應義塾大学出版会
小嶋正巳　1963『現代中国の労働制度』評論社

―――― 1972『中国社会主義労働の研究』評論社
―――― 1988『中国社会主義賃金の展開』千倉書房
―――― 1993『中国社会主義企業の展開』千倉書房
小島麗逸　1971「鉄鋼業」石川滋編『中国経済の長期展望Ⅳ』アジア経済研究所
―――― 1975『中国の経済と技術』勁草書房
小杉修二　1988『現代中国の国家目的と経済建設：超大国志向・低開発経済・社会主義』龍溪書舎（1994 年に増補版刊行）
小瀬一　1989「19 世紀末中国開港場間流通の構造：営口を中心として」『社会経済史学』54-5
―――― 1997「中国海関と北京関税特別会議」『東洋史研究』56-2
兒玉州平　2008「日本ソーダ企業の企業戦略と『満州国』進出」『神戸大学史学年報』23
小浜正子　2000「保証人と紹介状のつなぐ救済」［日本上海史研究会編 2000］所収
小林幾次郎　1938『支那財政経済論』叢文閣
小林弘二　1997『20 世紀の農民革命と共産主義運動：中国における農業集団化政策の生成と瓦解』勁草書房
小林英夫　1972「満州金融構造の再編過程：1930 年代前半期を中心として」満州史研究会編『日本帝国主義下の満州』御茶の水書房
―――― 編　2000『近代日本と満鉄』吉川弘文館
小林英夫・柴田善雅　1996『日本軍政下の香港』社会評論社
小林英夫・柴田善雅・吉田千之輔編　2008『戦後アジアにおける日本人団体：引揚げから企業進出まで』ゆまに書房
小林元裕　2007「日本人・日本企業と抗日政権蒙疆の日本人居留民」［内田・柴田編 2007］所収
斎藤修　2008『比較経済発展論：歴史的アプローチ』岩波書店
坂口誠　2003「近代日本の大豆粕市場：輸入肥料の時代」『立教経済学研究』57-2
坂本雅子　2003『財閥と帝国主義：三井物産と中国』ミネルヴァ書房
酒勾秀一　1911『清国関税制度』同文館
桜井徹　1979「南満州鉄道の経営と財閥」藤井光男他編『日本多国籍企業の史的展開』上巻，大月書店
笹川裕史　1992「1930 年代国民政府の江西省統治と土地税制改革」『歴史学研究』631
―――― 1993「1930 年代浙江省土地税制改革の展開とその意義：蘭谿自治実験県と平湖地政実験県」『社会経済史学』59-3
―――― 1996「日中戦争前後の中国における農村土地行政と地域社会：江蘇省を中心に」『アジア経済』43-1
―――― 2002『中華民国期農村土地行政史の研究：国家-農村社会間関係の構造と変容』汲古書院
―――― 2004「糧食・兵士の戦時徴発と農村の社会変容：四川省の事例を中心に」［石島・久保編 2004］所収
笹川裕史・奥村哲　2007『銃後の中国社会：日中戦争下の総動員と農村』岩波書店
佐々木正哉　1958「営口商人の研究」近代中国研究委員会編『近代中国研究』1
佐々波（城山）智子　1991「19 世紀末，中国に於ける開港場・内地市場間関係：漢口を事例として」『社会経済史学』57-5
佐野実　2008「光緒新政期鉄道借款の再評価とその経緯」『史潮』新 64
―――― 2009「滬杭甬鉄道借款契約の実効性を巡るイギリスと地方の関係」『史学』78-4
志賀基子　1995「抗戦期の後方製鉄業をめぐって：四川省における考察」『近きに在りて』27
重田徳　1975『清代社会経済史研究』岩波書店
篠永宣孝　1992「雲南鉄道とフランス帝国主義」『土地制度史学』136, 後に［篠永 2008］所収
―――― 2003「山西（正太）鉄道建設とフランスの外交・金融協力」『東洋研究』147, 後に［篠永 2008］所収
―――― 2005「京漢鉄道建設とフランスの外交・金融協力」上・下『（大東文化大学）経済論集』84・85, 後に［篠永 2008］所収
―――― 2006「汴洛（開封―洛陽）鉄道建設とフランスの外交」『（大東文化大学）経済論集』86, 後

に［篠永 2008］所収
―――― 2008『フランス帝国主義と中国』春風社
信夫清三郎　1935「日露戦争前満洲市場におけるわが国輸出綿布の趨勢（1・2）」『経済評論』2-10・11
柴三九男　1933「清末に於ける北満洲海倫拝泉地方の土地開発」『史観』4
―――― 1934「呼蘭地方の植民地的発達」『史観』6
―――― 1937「満洲植民の効果：殊に黒龍江将軍特普欽の土地開放について」『史観』13
斯波義信　1981「明治期日本来住華僑について」『社会経済史学』47-4
柴田哲雄　2003「汪精衛南京政府の経済政策構想：政経関係を中心に」『愛知学院大学教養部紀要』51-2
―――― 2009『協力・抵抗・沈黙：汪精衛南京政府のイデオロギーに対する比較史的アプローチ』成文堂
柴田善雅　1977「日本の対『満州』通貨金融政策の形成とその機能の実態」『社会経済史学』43-2
―――― 1999『占領地通貨金融政策の展開』日本経済評論社
―――― 2004「日中戦争期在華紡の活動：政府の支援と介入を中心に」『大東文化大学紀要』（社会科学）42，後に［柴田 2008］所収
―――― 2007「蒙疆における企業活動」［内田・柴田編 2007］所収
―――― 2008『中国占領地日系企業の活動』日本経済評論社
島一郎　1966「中国における民族棉工業の発展と衰退」『（同志社大学）経済学論叢』15-3・4，後に［島 1978］所収
―――― 1978『中国民族工業の展開』ミネルヴァ書房
―――― 1995「近代上海におけるデパート業の展開」『経済学論叢』47-1
島恭彦　1941『東洋社会と西欧思想』生活社（再刊，筑摩書房，1989）
嶋倉民生・丸山伸郎　1983『中国経済のディレンマ：新たな模索の始まり』有斐閣
島崎久彌　1989『円の侵略史』日本経済評論社
下谷政弘　2008『新興コンツェルンと財閥：理論と歴史』日本経済評論社
Jansen, Marius B.　1966「八幡，漢冶萍と二十一ヶ条要求」中川敬一郎他訳『八幡と漢冶萍の関係にかんする資料』東京大学出版会
朱徳蘭　1997『長崎華商貿易の史的研究』芙蓉書房出版
徐蘇斌　2004「清末民初における鉄道建設と日本（その1）：小川資源の鉄道考察と潮汕鉄道の建設」『土木史研究講演集』24
蕭文嫺　2009「中国幣制改革と香港上海銀行」『（大阪経済大学日本経済史研究所）経済史研究』12
斯日古楞　2003「日本支配下の蒙疆畜産政策」『現代社会文化研究』27
城山智子　2011『大恐慌下の中国 1929-1937 年』名古屋大学出版会
杉原薫　1985「アジア間貿易の形成と構造」『社会経済史学』51-1［杉原 1996：第1章］
―――― 1996『アジア間貿易の形成と構造』ミネルヴァ書房
―――― 2003「近代国際経済秩序の形成と展開：帝国・帝国主義・構造的権力」山本有造編『帝国の研究：原理・類型・関係』名古屋大学出版会
―――― 2009「19 世紀前半のアジア交易圏：統計的考察」［籠谷・脇村編 2009］所収
杉山伸也　1999「スワイア商会の販売ネットワーク」［杉山・グローブ編 1999］所収
杉山伸也・グローブ，リンダ編　1999『近代アジアの流通ネットワーク』創文社
鈴木邦夫編　2007『満州企業史研究』日本経済評論社
鈴木茂　1985『日本のエネルギー開発政策』ミネルヴァ書房
鈴木智夫　1985「洋務運動期における近代綿花移植論の研究」『史潮』新 16，後に［鈴木 1992］所収
―――― 1989「近代中国の企業経営：『栄家企業』の研究」『岐阜薬科大学教養科紀要』1
―――― 1991・1992「上海機器織布業の創設過程」『岐阜薬科大学教養科紀要』3・4，後に［鈴木 1992］所収
―――― 1992『洋務運動の研究：19 世紀後半の中国における工業化と外交の革新についての考察』汲古書院

周藤吉之　1944『清代満洲土地政策の研究』河出書房
須永徳武　2005「満洲における電力事業」『立教経済学研究』59-2
鷲見一夫　1997『三峡ダムと日本』築地書館
瀬戸林政孝　2006「清末民初揚子江中上流域における棉花流通」『社会経済史学』71-6
——　2008b「20世紀初頭揚子江流域における機械製綿糸の流入と在来織布業」『中国研究月報』62-6
——　2008c「20世紀初頭華北産棉地帯の再形成」『社会経済史学』74-3
——　2009「20世紀初頭における棉花市場の変動と沙市産棉地帯の対応：黄金期（1919-1921年）を中心にして」『（立命館大学）社会システム研究』19
——　2010「揚子江中流域の中国棉花取引における不正の発生と解消のメカニズム：20世紀初頭の水気含有問題」『社会経済史学』76-3
戦後「満洲」史研究会（文責・丸山鋼二）　2010「巻頭言なぜ『戦後満洲』か？」『近きに在りて』57
副島圓照　1972「日本紡績業と中国市場」『（京都大学人文科学研究所）人文学報』33
十河孝雄　2007「アジア・太平洋戦争期における満洲と自動車工業：満洲自動車製造株式会社を中心に」『一橋経済学』2-1
曽田三郎　1975「商会の設立」『歴史学研究』422
——　1979「20世紀初頭における中国の鉄道資本：鉄道利権回収運動との関連において」『アジア経済』20-5
——　1994『中国近代製糸業史の研究』汲古書院
——編　1997『中国近代化過程の指導者たち』東方書店
——編　2001『近代中国と日本：提携と敵対の半世紀』御茶の水書房
園田節子　1997『南北アメリカ華民と近代中国：19世紀トランスナショナル・マイグレーション』東京大学出版会
戴晴編，鷲見一夫・胡暐婷編訳　1996『三峡ダム：建設の是非をめぐっての論争』築地書館（戴晴編　1989『長江 長江：三峡工程論争』貴州人民出版社の編訳）
大日本紡績聯合会編　1941『東亜共栄圏と繊維産業』文理学院
大冶会編　1973『日鉄大冶回想録』
高嶋雅明　1984「正隆銀行の分析」『経済理論』198
高橋泰隆　1978「『大東亜共栄圏』の食料問題：『日満支ブロック』を中心にして」早稲田大学社会科学研究所ファシズム研究部会編『日本のファシズムIII：崩壊期の研究』早稲田大学出版部
——　1981「日本帝国主義による中国交通支配の展開：華北鉄道会社と華中鉄道会社を中心として」［浅田編1981］所収，後に［高橋1995］所収
——　1985「南満州鉄道株式会社（満鉄）史研究の現状と課題」『鉄道史学』2
——　1986「鉄道支配と満鉄」［浅田・小林編1986］所収，後に［高橋1995］所収
——　1995『日本植民地鉄道史論：台湾，朝鮮，満洲，華北，華中鉄道の経営史的研究』日本経済評論社
高村直助　1976「戦時期在華紡の経営成績」『ビジネスレビュー』24-3
——　1980「中国における日本紡績業の形成」『社会経済史学』45-5
——　1982『近代日本綿業と中国』東京大学出版会
——　1988「日中戦争と在華紡」井上潔・衞藤瀋吉編『日中戦争と日中関係』原書房
——　1995『再発見明治の経済』塙書房
瀧下彩子　2006「日本の山東鉄道延長構想：踏査報告に見る予定路線の推移」［本庄編2006］所収
瀧本文治・金丸裕一　2009「『大陸会社便覧』と戦時企業史研究」『立命館経済学』58-1
田島俊雄　1978「中国における中小鉄鋼企業の存立条件」『中国研究月報』369
——　1990a「中国鉄鋼業の展開と産業組織」山内一男・菊池道樹編『中国経済の新局面：改革の軌跡と展望』法政大学出版局
——　1990b「中国の経済変動：大躍進・小躍進と経済改革」『アジア経済』31-4
——　1994「中国の国有企業改革と政府間財政関係」『中国研究月報』48-4
——　2003「中国化学工業の源流：永利化工・天原電化・満洲化学・満洲電化」『中国研究月報』

57-10
────編　2005『20世紀の中国化学工業：永利化学・天原電化とその時代』東京大学社会科学研究所研究シリーズ No.17
────編　2008『現代中国の電力産業：「不足の経済」と産業組織』昭和堂
田島俊雄・朱蔭貴・加島潤編　2010『中国セメント産業の発展：産業組織と構造変化』御茶の水書房
田代文幸　2001「満洲重工業開発株式会社の設立と外資導入交渉」『北大法学研究科ジュニア・リサーチ・ジャーナル』8
田近一浩　1971「第1次大戦前の中国紡績工業の再生産構造：南通大生紗廠の発展を中心として」『アジア経済』12-1
田中明編　2002『近代日中関係史再考』日本経済評論社
田中正俊　1973『中国近代経済史研究序説』東京大学出版会
田中隆一　2007『満洲国と日本の帝国支配』有志舎
ダニエルス，クリスチャン　1984「中国砂糖の国際的位置：清末における在来砂糖市場について」『社会経済史学』50-4
谷本雅之　1998『日本における在来的発展と織物業』名古屋大学出版会
千葉正史　2002「清末における国家的物流システム維持と近代交通手段の導入：漕運問題史上における盧漢鉄路計画の位置」『立命館言語文化研究』14-2，後に［千葉2006］所収
────　2005a「清末における南北間鉄道構想と京漢鉄路の建設：武漢を中心とする鉄道ネットワーク形成についての考察」『近きに在りて』47，後に［千葉2006］所収
────　2005b「清末立憲改革下における国家統合の再編と鉄道」『史学雑誌』114-2，後に［千葉2006］所収
────　2006『近代交通体系と清帝国の変貌：電信・鉄道ネットワークの形成と中国国家統合の変容』日本経済評論社
中国企業史研究会　2007『中国企業史研究の成果と課題』汲古書院
中国資本蓄積研究会　1976『中国の経済発展と制度』アジア経済研究所
中国水利史研究会　1992『中国水利史研究』22（「中国都市の水利問題シンポジウム」特集）
中文建設資料整備事務所　1941『株州鋼鉄廠基礎計画案』
張曉紅　2004「満洲事変期における奉天工業構成とその担い手」『（九州大学）経済論究』120
────　2007「1920年代奉天市における中国人綿織物業」『歴史と経済』194
────　2008「『満州国』商工業都市：1930年代の奉天の経済発展」『三田学会雑誌』101-1
張忠民　2011「初期の在華紗：上海紡織の形成をめぐって」［富澤・久保・萩原編2011］所収
張楓　2008「戦前期済南地方紡績企業の成立と展開：魯豊・成通・仁豊紡績を中心に」『広島東洋史学報』13
陳暉，興亜院政務部訳　1940『中国鉄路問題』
陳慈玉　2002「中国炭鉱業の発展と日本の対華投資」『立命館言語文化研究』14-2
陳来幸　1983「虞洽卿について」京都大学人文科学研究所共同研究『五四運動の研究』第2函，同朋舎出版
────　2001「長江デルタにおける商会と地域社会」［森編2001］所収
塚瀬進　1989「上海石炭市場をめぐる日中関係（1896-1931）」『アジア研究』35-4
────　1990「中国東北綿製品市場をめぐる日中関係：1907-1931年」『（中央大学）人文研紀要』11
────　1993『中国近代東北経済史研究：鉄道敷設と中国東北経済の変化』東方書店
────　1998「1940年代における満洲国統治の社会への浸透」『アジア経済』39-7
────　1999「満洲事変前，大豆取引における大連取引所の機能と特徴」『東洋学報』81-3
────　2001「国共内戦期，東北解放区における中国共産党の財政経済政策」『長野大学紀要』23-3
────　2005「中国東北地域における大豆取引の動向と三井物産」［江夏ほか編2005］所収
────　2006「満洲国社会への日本統治力の浸透」姫田光義・山田辰雄編『中国の地域政権と日本の統治』慶應義塾大学出版会
────　2008「清代，中国東北における封禁政策再考」中央大学東洋史研究室編『池田雄一教授古稀記念アジア史論叢』白東史学会

津久井弘光　1990「清末民国期河南省の養蚕等奨励とその展開」『(日本大学) 史叢』44
───　1996「1923年武漢における対日経済絶交運動と指導層：武漢綿業の展開と関連して」『(日本大学経済学部経済科学研究所) 紀要』21
堤和幸　2000「光緒新政下における潮汕鉄道の建設とその意義」東洋経済史学会編『中国の歴史と経済』中国書店
角山榮　1985「アジア間米貿易と日本」『社会経済史学』51-1
鄭会欣, 松井史穂訳　2004「重慶国民政府の貿易統制政策：抗日戦争後期における貿易委員会の活動を例として」[石島・久保編2004] 所収
程麟蓀　2006「国民政府資源委員会とその人民共和国への遺産」[久保編2006] 所収
手塚正夫　1944『支那重工業発達史』大雅堂
寺田浩明　1997「権利と冤抑：清代聴訟世界の全体像」『(東北大学) 法学』61-5
東亜経済調査局　1929『生産機関の発達より観たる支那綿業』
───　1932『支那紡績業の発達とその将来：本邦紡績業より見たる』
ドゥウス, ピーター　1981「日本綿紡績業と中国：帝国主義のひとつのケーススタディー」中村隆英編『戦間期の日本経済分析』山川出版社
戸田義郎　1950『中国工業労働論』巌松堂書店
富澤芳亜　1988「1930年代の陝西省における紡織工場の創始について」『広島大学東洋史研究室報告』10
───　1991「綿紗統税の導入をめぐる日中紡織資本」『史学研究』193
───　1994「銀行団接管期の大生第一紡織公司：近代中国における金融資本の紡織企業代理経営をめぐって」『史学研究』204
───　1995「国民政府期中国における綿紗統税改訂問題と日中紡織資本」『アジア経済』36-5
───　1997「劉国鈞と常州大成紡織染股份有限公司」[曽田編1997] 所収
───　1999「近代中国紡織業と洋行：中国紡織業の『黄金時期』における紡績機械輸入」『史学研究』224
───　2000「1937年の綿紗統税の引き上げと日中紡織資本」『東洋学報』82-1
───　2001「『満州事変』前後の中国紡織技術者の日本紡織業認識」[曽田編2001] 所収
───　2002「南京国民政府期中国における出廠税導入の挫折」『有馬毅一郎先生退官記念論集　社会科教育実践の新展開』(有馬毅一郎先生退官記念事業委員会発行)
───　2005「在華紡の遺産：戦後における中国紡織機器製造公司の設立と西川秋次」[森編2005] 所収
───　2006a「1930年代における河南，河北，山西紡織工場の再編と中国銀行」『近きに在りて』49
───　2006b「第一次世界大戦期の博山炭鉱における日本商」『近代中国研究彙報』28
───　2006c「占領期の淄川炭鉱1914-1923」[本庄編2006] 所収
───　2009「近代的企業の発展」[飯島・久保・村田編2009c] 所収
───　2011a「在華紡技術の中国への移転」[富澤・久保・萩原編2011] 所収
───　2011b「1930年代の中国における綿紡織工場の設備導入について」『広島東洋史学報』15・16
───　2012「清末民初における鉱業関連法の整備」『総合研究　辛亥革命』岩波書店
富澤芳亜・久保亨・萩原充編　2011『近代中国を生きた日系企業』大阪大学出版会
内藤隽南　1925『在支那紡績争議』東亜社出版部
中井英基　1973「清末における南通在来綿織物業の再編成：大生紗廠設立の前史として」『天理大学学報』85，後に [中井1996] 所収
───　1974a「清末中国の綿紡績業における企業者活動：南通大生紗廠の設立と張謇」『一橋論叢』72-1，後に [中井1996] 所収
───　1974b「清末南通における大生紗廠の設立：後進国工業化の条件との関連において」『天理大学学報』95，後に [中井1996] 所収
───　1976「清末中国における紳商と企業者：とくに南通張氏のエートスと家産構成について」

『天理大学学報』102，後に［中井 1996］所収
―――― 1978〔資料紹介〕「清末中国の綿工業企業の営業報告書について：創業期大生紗廠の歴届帳略」『天理大学学報』112，後に［中井 1996］所収
―――― 1979「清末中国綿紡績業について：民族紡不振の原因再考」『北海道大学文学部人文科学論集』16，後に［中井 1996］所収
―――― 1980a「清末綿紡績企業の経営と市場条件：中国民族紡における大生紗廠の位置」『社会経済史学』45-5，後に［中井 1996］所収
―――― 1980b「上海機器織布局と湖北織布官局」『ビジネスレビュー』28-3，後に［中井 1996］所収
―――― 1982「清末中国における『清流』と企業者活動：張謇の生涯とその役割」阿部洋編『日中関係と文化摩擦』巌南堂書店
―――― 1983「中国農村の在来綿織物業：清末民国期を中心に」安場保吉・斎藤修編『プロト工業化期の経済と社会』日本経済新聞社，後に［中井 1996］所収
―――― 1986「清末民初における股份有限公司の経営体質：南通大生紗廠の発展と利益処分」『変革期アジアの法と経済』北海道大学文学部
―――― 1996『張謇と中国近代企業』北海道大学図書刊行会
―――― 2001「清末民初の栄氏企業家たちと無錫・振新紗廠」『（筑波大学）歴史人類』29
―――― 2002「栄家企業の檔案資料と研究状況について」『（筑波大学）歴史人類』30
―――― 2003「清末民初の中国製粉業」『史境』46
―――― 2004「中国近代製粉業史の研究：上海阜豊面粉廠と寿州孫家」『（筑波大学）歴史人類』32
中兼和津次　1979「中国社会主義経済制度の構造と展開」岩田昌征編『経済体制論　第 IV 巻』東洋経済新報社
―――― 1992『中国経済論：農工関係の政治経済学』東京大学出版会
―――― 1999『中国経済発展論』有斐閣
――――編著　2010『歴史的視野からみた現代中国経済』東洋文庫
中嶌太一　1968「1936 年前後に於ける『中国銀行』の生産的投資について」『彦根論叢』132・133
―――― 1969「転形期における『中国銀行』の綿業投資の構造」『社会科学研究』20-5・6
―――― 1970『中国官僚資本主義研究序説』滋賀大学経済学部
中田昭一　1995「南京国民政府期の河北省における綿作改良と金城銀行」『史学研究』207
―――― 1996「日中戦争前夜華北綿花をめぐる日中関係」『広島東洋史学報』創刊号
―――― 1998「恐慌下の中国における銀行融資」『史学研究』222
―――― 1999「『北四行』聯合営業の形成に関する一考察：『南三行』との比較を中心に」『名古屋学院大学論集（社会科学篇）』36-1
―――― 2001「華北における近代銀行業と銀号」［曽田編 2001］所収
永田元也　1967「清朝末期の鉄道自主化政策と京張鉄道の建設」『東洋研究』15
中林広一　2010「都市の食，農村の食：清末民国期，湖北省における日常食の階層性」『中国研究月報』64-5
長見崇亮　2003「満鉄の鉄道技術移転と中国の鉄道復興：満鉄の鉄道技術者の動向を中心に」『日本植民地研究』15
中村孝志　1988「台湾総督府の華南鉄道工作：潮汕鉄道をめぐって」『南方文化』14
中村隆英　1962「五・三〇事件と在華紡」『近代中国研究』6，東京大学出版会，後に［中村 1971］所収
―――― 1971『戦前期日本経済成長の分析』岩波書店
―――― 1983『戦時日本の華北経済支配』山川出版社
中村哲　1994「東アジア資本主義論・序説」中村哲編『東アジア資本主義の形成：比較史の視点から』青木書店
中村政則・高村直助・小林英夫編　1994『戦時華中の物資動員と軍票』多賀出版
奈倉文二　1984『日本鉄鋼業史の研究』近藤出版社
―――― 1985「旧『満州』鞍山製鉄所の経営発展と生産技術」『茨城大学政経学会雑誌』50

名古屋貢　2007「満洲における兵工廠とその系譜：三省兵工廠と株式会社奉天造兵所」『(新潟大学大学院) 現代社会文化研究』40
―――　2008「日本の中国政策と東三省兵工廠」『東アジア』17
波形昭一　1975「日本帝国主義の満州金融問題」『金融経済』153
―――　1985『日本植民地金融政策史の研究』早稲田大学出版部
―――編　1997『近代アジアの日本人経済団体』同文舘出版
南龍瑞　2007「「満洲国」における豊満水力発電所の建設と戦後の再建」『アジア経済』48-5
南部稔　1981『中国の国家財政の研究』神戸商科大学学術研究会
―――　1991『現代中国の財政金融政策』多賀出版
仁井田陞　1951『中国の社会とギルド』岩波書店
新村容子　2000『アヘン貿易論争：イギリスと中国』汲古書院
西川喜一　1924「棉工業と綿糸綿布」(『支那経済総覧』3) 日本堂書店
西川博史　1977「「在華紡」の展開と中国綿製品市場の再編成」『(北海道大学) 経済学研究』27-1, 後に [西川 1987] 所収
―――　1987『日本帝国主義と綿業』ミネルヴァ書房
西島和彦　2010「三峡ダム地区における住民移転と農地収用：2000年代半ばまでの補償問題を中心として」角田猛之編『中国の人権と市場経済をめぐる諸問題』関西大学出版部
西嶋定生　1966『中国経済史研究』東京大学出版会
―――　1981『中国古代の社会と経済』東京大学出版会
西村成雄　1992「張学良政権下の幣制改革：現大洋票の政治的含意」『東洋史研究』50-4
―――　1993「中国域内「周辺部」における通貨統合：満州事変前夜の哈大洋票」『近代世界システムの歴史的構図』渓水社
日本上海史研究会編　2000『上海：重層するネットワーク』汲古書院
日本植民地研究会編　2008『日本植民地研究の現状と課題』アテネ社
日本鐵鋼連盟調査局　1959『中国の土法高炉と鉄鋼』
根岸佶　1943『商事に関する慣行調査報告書：合股の研究』東亜研究所
―――　1951『上海のギルド』日本評論社
―――　1953『中国のギルド』日本評論新社
野崎幸雄　1965『現代中国の経営管理』ダイヤモンド社
―――　1974『中国経営管理論』ミネルヴァ書房
野沢豊　1981「米騒動と五四運動：東アジアにおける民族，国家の相互連関性をめぐって」『近きに在りて』創刊号
―――編　1981『中国の幣制改革と国際関係』東京大学出版会
野村亨　1983「淞滬鉄道に関する一考察」『佐久間重男教授退休記念中国史・陶磁史論集』燎原
萩原充　1985「南京政府の鉄道建設と対外関係：粤漢鉄道への日本の対応を中心に」上・下『(北海道大学) 経済学研究』34-4, 35-1, 後に [萩原 2000] 所収
―――　1987a「1930年代中国における製鉄所建設計画：南京政府の経済建設の一側面」『(北海道大学) 経済学研究』37-2
―――　1987b「「華北経済提携」をめぐる日中関係：鉄道と資源開発を中心に」『社会経済史学』53-4, 後に [萩原 2000] 所収
―――　1994a「1930年代の山東権益をめぐる日中関係：膠済鉄道の諸権益を中心に」『土地制度史学』142, 後に [萩原 2000] 所収
―――　1994b「南京国民政府の中央鋼鉄廠建設計画をめぐって」『(北海道大学) 経済学研究』43-4, 後に [萩原 2000] 所収
―――　1995「鉄鋼業」長岡新吉・西川博史編『日本経済と東アジア：戦時と戦後の経済史』ミネルヴァ書房
―――　1997「1930年代の漢冶萍公司をめぐる日中関係：製鉄事業の再開を中心に」『アジア経済』38-10, 後に [萩原 2000] 所収
―――　1999「南京国民政府の華中・華南鉄道建設と日本：浙贛・京粵各鉄道建設をめぐって」『(北

　　　　海道大学）経済学研究』48-3，後に［萩原 2000］所収
―――　2000『中国の経済建設と日中関係：対日抗戦への序曲 1927-1937 年』ミネルヴァ書房
―――　2002「1930 年代の日中航空連絡問題」『現代中国』76
―――　2004「重慶国民政府の民間航空：援蔣ルートに関する一考察」［石島・久保編 2004］所収
―――　2010「戦後中国の鉄鋼業建設計画に関する一考察：大冶鉄廠の復興計画を中心に」『社会経済史学』75-5
橋本奇策　1905『清国の棉業』武井良雄
秦惟人　1981「清末湖州の蚕糸業と生糸の輸出」中嶋敏先生古稀記念事業会記念論集編集委員会編『中嶋敏先生古稀記念論集』下巻，中嶋敏先生古稀記念事業会
―――　1985「近代中国の茶貿易：輸出の『凋落期』を中心に」辛亥革命研究会編『中国近現代史論集：菊池貴晴先生追悼論集』汲古書院
―――　1992「近代中国貿易史研究の動向と課題」辛亥革命研究会編『中国近代史研究入門：現状と課題』汲古書院
畠中重朗　2007「戦時下の華北占領地における大手石炭企業の進出と事業展開：貝島炭礦の事例を中心として」『エネルギー史研究』22
波多野善大　1957「清末における鉄道国有勢力の背景」『名古屋大学文学部研究論集（史学）』6
―――　1961a「上海機器織布局の創立とそれをめぐる諸問題」［波多野 1961c］所収
―――　1961b「漢陽製鉄所の設立発展と鉄道問題」［波多野 1961c］所収
―――　1961c『中国近代工業史の研究』東洋史研究会
馬場明　1983『日中関係と外政機構の研究：大正・昭和期』原書房
馬場鍬太郎　1924『支那の棉業』禹域学会
浜口允子　1990「天津華新紡績公司の設立について：北洋政府時期における民族産業の形成過程」『放送大学研究年報』7
―――　1992「中国・北洋政府時期における企業活動と『公司条例』」『放送大学研究年報』9
濱下武志　1985「近代アジア貿易圏における銀流通」『社会経済史学』51-1［浜下 1990：第 2 章］
―――　1989『中国近代経済史研究：清末海関財政と開港場市場圏』汲古書院
―――　1990『近代中国の国際的契機：朝貢貿易システムと近代アジア』東京大学出版会
―――　1999「19 世紀後半の朝鮮をめぐる華僑の金融ネットワーク」［杉山・グローブ編 1999］所収
浜田峰太郎　1923『支那に於ける紡績業』日本堂書店
―――　1936『中国最近金融史：支那の通貨・為替・金融』東洋経済新報社
浜本篤史　2005「博士論文（首都大学東京・社会学）大規模開発プロジェクトと住民移転の社会学的研究：中国三峡ダムにおける移転住民の生活再建と疎外感」
林幸司　2005「日中戦後の民間銀行：重慶聚誠興銀行 1945-1949」『一橋論叢』134-2
―――　2009『近代中国と銀行の誕生：金融恐慌，日中戦争，そして社会主義へ』御茶の水書房
原田勝正　1981『満鉄』岩波書店
范力　2002『日中"戦争交流"研究：戦時期華北経済を中心に』汲古書院
姫田光義編　2001『戦後中国国民政府史の研究，1945-1949 年』中央大学出版部
坂野正高　1974「馬建忠の鉄道論：1879 年の 2 つの意見書」『東洋文化研究所紀要』63，後に［坂野 1985］所収
―――　1985『中国近代化と馬建忠』東京大学出版会
費孝通，小島晋治ほか訳　1985『中国農村の細密画：ある村の記録』研文出版
平井健介　2010「第一次大戦期―1920 年代の東アジア精白糖市場：中国における日本精製糖販売の考察を中心に」『社会経済史学』76-2
平山勉　2003「日本植民地研究の回顧：満州研究 2000-2002」『日本植民地研究』15
広瀬貞三　2003「「満州国」における水豊ダム建設」『新潟国際情報大学情報文化学部紀要』6
広中一成　2008「中華民国臨時政府樹立過程における王克敏擁立をめぐる特務部の動向：華北経済開発と浙江財閥」『中国研究月報』62-12
フォイヤーウァーカー，アルバート，中川敬一郎ほか訳　1966「19 世紀における中国の工業化：漢冶萍煤鉄廠鉱股份公司を中心に」『八幡と漢冶萍の関係にかんする資料』東京大学出版会

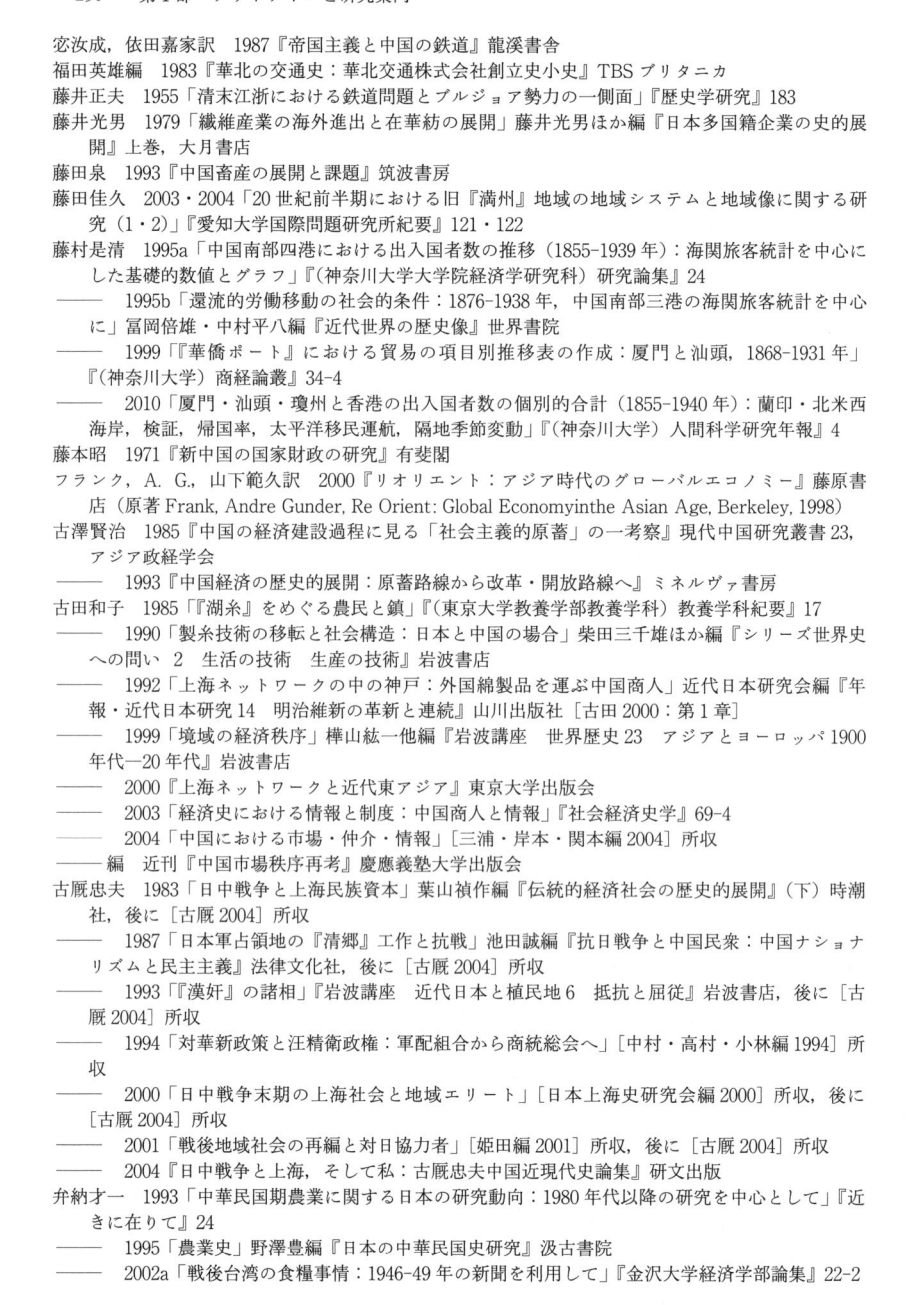

宓汝成，依田憙家訳　1987『帝国主義と中国の鉄道』龍溪書舎
福田英雄編　1983『華北の交通史：華北交通株式会社創立史小史』TBS ブリタニカ
藤井正夫　1955「清末江浙における鉄道問題とブルジョア勢力の一側面」『歴史学研究』183
藤井光男　1979「繊維産業の海外進出と在華紡の展開」藤井光男ほか編『日本多国籍企業の史的展開』上巻，大月書店
藤田泉　1993『中国畜産の展開と課題』筑波書房
藤田佳久　2003・2004「20 世紀前半期における旧『満州』地域の地域システムと地域像に関する研究（1・2）」『愛知大学国際問題研究所紀要』121・122
藤村是清　1995a「中国南部四港における出入国者数の推移（1855-1939 年）：海関旅客統計を中心にした基礎的数値とグラフ」『（神奈川大学大学院経済学研究科）研究論集』24
―――　1995b「還流的労働移動の社会的条件：1876-1938 年，中国南部三港の海関旅客統計を中心に」富岡倍雄・中村平八編『近代世界の歴史像』世界書院
―――　1999「『華僑ポート』における貿易の項目別推移表の作成：厦門と汕頭，1868-1931 年」『（神奈川大学）商経論叢』34-4
―――　2010「厦門・汕頭・瓊州と香港の出入国者数の個別的合計（1855-1940 年）：蘭印・北米西海岸，検証，帰国率，太平洋移民運航，隔地季節変動」『（神奈川大学）人間科学研究年報』4
藤本昭　1971『新中国の国家財政の研究』有斐閣
フランク，A. G., 山下範久訳　2000『リオリエント：アジア時代のグローバルエコノミー』藤原書店（原著 Frank, Andre Gunder, Re Orient: Global Economyinthe Asian Age, Berkeley, 1998)
古澤賢治　1985『中国の経済建設過程に見る「社会主義的原蓄」の一考察』現代中国研究叢書 23，アジア政経学会
―――　1993『中国経済の歴史的展開：原蓄路線から改革・開放路線へ』ミネルヴァ書房
古田和子　1985「『湖糸』をめぐる農民と鎮」『（東京大学教養学部教養学科）教養学科紀要』17
―――　1990「製糸技術の移転と社会構造：日本と中国の場合」柴田三千雄ほか編『シリーズ世界史への問い　2　生活の技術　生産の技術』岩波書店
―――　1992「上海ネットワークの中の神戸：外国綿製品を運ぶ中国商人」近代日本研究会編『年報・近代日本研究 14　明治維新の革新と連続』山川出版社［古田 2000：第 1 章］
―――　1999「境域の経済秩序」樺山紘一他編『岩波講座　世界歴史 23　アジアとヨーロッパ 1900 年代―20 年代』岩波書店
―――　2000『上海ネットワークと近代東アジア』東京大学出版会
―――　2003「経済史における情報と制度：中国商人と情報」『社会経済史学』69-4
―――　2004「中国における市場・仲介・情報」［三浦・岸本・関本編 2004］所収
―――編　近刊『中国市場秩序再考』慶應義塾大学出版会
古厩忠夫　1983「日中戦争と上海民族資本」葉山禎作編『伝統的経済社会の歴史的展開』（下）時潮社，後に［古厩 2004］所収
―――　1987「日本軍占領地の『清郷』工作と抗戦」池田誠編『抗日戦争と中国民衆：中国ナショナリズムと民主主義』法律文化社，後に［古厩 2004］所収
―――　1993「『漢奸』の諸相」『岩波講座　近代日本と植民地 6　抵抗と屈従』岩波書店，後に［古厩 2004］所収
―――　1994「対華新政策と汪精衛政権：軍配組合から商統総会へ」［中村・高村・小林編 1994］所収
―――　2000「日中戦争末期の上海社会と地域エリート」［日本上海史研究会編 2000］所収，後に［古厩 2004］所収
―――　2001「戦後地域社会の再編と対日協力者」［姫田編 2001］所収，後に［古厩 2004］所収
―――　2004『日中戦争と上海，そして私：古厩忠夫中国近現代史論集』研文出版
弁納才一　1993「中華民国期農業に関する日本の研究動向：1980 年代以降の研究を中心として」『近きに在りて』24
―――　1995「農業史」野澤豊編『日本の中華民国史研究』汲古書院
―――　2002a「戦後台湾の食糧事情：1946-49 年の新聞を利用して」『金沢大学経済学部論集』22-2

―――― 2002b「興亜院から見た華中の米事情」[本庄・内山・久保編 2002] 所収
―――― 2003『近代中国農村経済史の研究：1930 年代における農村経済の危機的状況と復興への胎動』金沢大学経済学部
―――― 2004『華中農村経済と近代化：近代中国農村経済史像の再構築への試み』汲古書院
―――― 2005a「日本の青島占領支配時期における山東省物産調査について」『近代中国研究彙報』27
―――― 2005b「20 世紀前半における米生産をめぐる蘇北と蘇南の経済関係」『東洋史研究』63-4
―――― 2006a「占領時期前後における山東省綿業構造の変動」[本庄編 2006] 所収
―――― 2006b「飯塚靖『中国国民政府と農村社会』（汲古書院、2005 年）」『社会経済史学』72-1
―――― 2006c「中華民国前期中国における食糧事情の概略」『（鹿児島国際大学附置地域総合研究所）地域総合研究』34-1
―――― 2006d「中華民国期中国の食糧事情に関する調査と研究について」『近代中国研究彙報』28
―――― 2007「近代山東省における粉条の生産から見た中国農村経済の特質」『金沢大学経済学部論集』28-1
―――― 2008「なぜ食べるものがないのか：汪精衛政権下中国における食糧事情」弁納才一・鶴園裕編『東アジア共生の歴史的基礎：日本，中国，南北コリアの対話』御茶の水書房
―――― 2010「日中戦争期山東省における食糧事情と農村経済構造の変容」『東洋学報』92-2
―――― 2011「中華民国前期山東省における食糧事情の構造的把握」『金沢大学経済論集』31-2
彭曦　1998「湖北鉄廠公司経営と盛宣懐：製鋼技術問題と関連して」『近きに在りて』34
寶劔久俊　2010「中国における農業経営の史的変遷と現代的意義：現代農業と 1930 年代の農業との比較分析」中兼和津次編著『歴史的視野からみた現代中国経済』東洋文庫
帆刈浩之　1994「清末上海四明公所の『運棺ネットワーク』の形成：近代中国社会における同郷結合について」『社会経済史学』59-6
朴橿，許東粲訳　1994『日本の中国侵略とアヘン』第一書房
朴敬玉　2008「朝鮮人移民の中国東北地域への定住と水田耕作の展開」『現代中国』82
星野多佳子　1992「南通在来綿業の再編 1931-1945」『近きに在りて』22
堀和生　2006「1930 年代日本・中国の経済関係」中村哲編『1930 年代の東アジア経済』日本評論社
―――― 2009a『東アジア資本主義史論 I：形成・構造・展開』ミネルヴァ書房
―――― 2009b「満洲貿易の構造と展開」[堀 2009a] 所収
堀地明　2002「中国米密輸問題と東アジア米穀流通（1895-1911）」『北九州市立大学外国語学部紀要』105
―――― 2011『明清食糧騒擾研究』汲古書院
本庄比佐子　2002「華南における調査」[本庄・内山・久保編 2002] 所収
―――― 編　2006『日本の青島占領と山東の社会経済 1914-22 年』財団法人東洋文庫
本庄比佐子・内山雅生・久保亨編　2002『興亜院と戦時中国調査』岩波書店
前田恵美子　1975「華新紡紗新局の設立をめぐって」『金沢大学法文学部論集経済学編』22
松浦章　2004『清代上海沙船航運業史の研究』関西大学出版部
―――― 2005『近代日本中国台湾航路の研究』清文堂出版
―――― 2009「清末山東半島と朝鮮半島との経済交流」『関西大学東西学術研究所紀要』42
松崎義編　1996『中国の電子・鉄鋼産業：技術革新と企業改革』法政大学出版局
松重充浩　1993「営口『西義順』の破綻」『外交史料報』6
―――― 2001「植民地大連における華人社会の展開：1920 年代初頭大連華商団体の活動を中心に」[曽田編 2001] 所収
―――― 2006「第一次大戦前後における大連の『山東幇』中国人商人」[本庄編 2006] 所収
―――― 2009「営口：張政権の地方掌握過程」[安冨・深尾編 2009] 所収
松田吉郎　2010『科研寧波プロジェクト報告書　寧波地域の水利開発と環境』
―――― 2011「最近の中国水利史研究」『中国：社会と文化』26
松野周治　1977「帝国主義確立期日本の対満洲通貨金融政策」『経済論叢』120-1・2
―――― 1978「1910 年代東北アジアの経済関係と日本の対満洲通貨金融政策」『経済論叢』121-1・2
―――― 1979「東北アジアの金融連関と対満洲通貨金融政策」小野一郎ほか編『両大戦間期のアジア

と日本』大月書店
―――― 1983「第二次世界大戦前中国東北部における日本の金融諸活動について」『（鹿児島大学）経済学論集』21
―――― 1989「解学詩『鞍山製鉄所の変遷』」『立命館経済学』37-6, 38-1
松村史穂 2009「計画経済期中国における食糧配給制度の展開過程」『社会経済史学』75-4
松村高夫 2007『日本帝国主義下の植民地労働史』不二出版
松村高夫・解学詩・江田憲治編 2002『満鉄労働史の研究』日本経済評論社
松村高夫・柳沢遊・江田憲治編 2008『満鉄の調査と研究：その「神話」と実像』青木書店
松本俊郎 1988『侵略と開発：日本資本主義と中国植民地化』御茶の水書房
―――― 1993「満洲鉄鋼業開発と『満洲国』経済：1940年代を中心に」山本有造編『「満洲国」の研究』京都大学人文科学研究所, 後に［松本2000］所収
―――― 1999a「満洲鉄鋼業研究の現状」『岡山大学経済学雑誌』30-3, 後に［松本2000］所収
―――― 1999b「満洲鉄鋼業研究の新地平」『岡山大学経済学雑誌』30-4, 後に［松本2000］所収
―――― 2000『「満洲国」から新中国へ：鞍山鉄鋼業からみた中国東北の再編過程1940-1954』名古屋大学出版会
マディソン, アンガス, 金森久雄監訳・（財）政治経済研究所訳 2004『経済統計で見る世界経済2000年史』柏書房（原著 Maddison, Angus, The World Economy: A Millennial Perspective, Paris: Development Centre of OECD, 2001）
丸川知雄 1993「中国の『三線建設』」『アジア経済』34-2・3
丸山鋼二 2005「戦後満洲における中共軍の武器調達：ソ連軍の『暗黙の協力』をめぐって」［江夏ほか編2005］所収
―――― 2006「共和国成立期の軍事戦略と軍需産業」［久保編2006］所収
満洲製鉄鉄友会編 1957『鉄都鞍山の回顧』
三浦徹・岸本美緒・関本照夫編 2004『イスラーム地域研究叢書4　比較史のアジア　所有・契約・市場・公正』東京大学出版会
三木毅 1971『中国回復期の経済政策』川島書店
未里周平 2010『消えた理想郷：先端コンビナート都市・撫順の成長と「終末」』丸善プラネット
三品英憲 2000a「近代中国農村研究における『小ブルジョワ的発展論』について」『歴史学研究』735
―――― 2000b「近代における華北農村の変容過程と農家経営の展開：河北省定県を例として」『社会経済史学』66-2
―――― 2001「近代中国農村における零細兼業農家の展開：河北省定県の地域経済構造分析を通して」『土地制度史学』170
三谷孝編 1999『中国農村変革と家族・村落・国家』汲古書院
――編 2000『中国農村変革と家族・村落・国家』第2巻, 汲古書院
――編 2011『中国内陸における農村変革と地域社会：山西省臨汾市近郊農村の変容』御茶の水書房
南満洲鉄道株式会社上海事務所 1936『恐慌の発展過程に於ける支那幣制改革の研究』（上海満鉄調査資料, 第13編, 安盛松之助等担当）
―――― 1939『生皮（水牛, 黄牛, 山羊）』
峰毅 2005「戦間期東アジアにおける化学工業の勃興」［田島編2005］所収
―――― 2006「東北地域における電力網の形成」『中国研究月報』698
―――― 2008「東北地域における電力網の形成」［田島編2008］所収
―――― 2009『中国に継承された「満洲国」の産業：化学工業を中心にみた継承の実態』御茶の水書房
宮下忠雄 1941『支那銀行制度論』巌松堂書店
―――― 1943『支那貨幣制度論』宝文館
―――― 1952『中国幣制の特殊研究：近代中国銀両制度の研究』日本学術振興会
―――― 1953「営口過爐銀の研究」『神戸経済大学創立50周年記念論文集　経済学編5　国際経済』

同文館
―― 1967『新中国の通貨政策』清明会叢書 V
―― 1968『中国の財政制度』アジア経済研究所
―― 1971『文革と中国経済』所書店
宮田道昭 1981「清末における外国貿易品流通機構の一考察：ギルドの流通支配を中心として」『駿台史学』52，後に［宮田 2006］所収
―― 1986「19 世紀後半期，中国沿岸部の市場構造：『半植民地化』に関する一視点」『歴史学研究』550
―― 2006『中国の開港と沿海市場：中国近代経済史に関する一視点』東方書店
三輪宗弘 2004『太平洋戦争と石油：戦略物資の軍事と経済』日本経済評論社
―― 2009「ドイツの石炭液化成功物語と海軍の技術選択の失敗：航空機用ガソリンを巡って」『(大阪経済大学日本経済史研究所) 経済史研究』12
村上衛 2000「清末厦門における交易構造の変動」『史学雑誌』109-3
―― 2003「閩粵沿海民の活動と清朝：19 世紀前半のアヘン貿易活動を中心に」『東方学報』75
―― 2009a「19 世紀中葉厦門における苦力貿易の盛衰」『史学雑誌』118-12
―― 2009b「沿海社会と経済秩序の変容」［飯島・久保・村田編 2009a］所収
村上勝彦 1982「本渓湖煤鉄公司と大倉財閥」大倉財閥研究会編『大倉財閥の研究：大倉と大陸』近藤出版社
村松祐次 1949『中国経済の社会態制』東洋経済新報社（同社，1975 復刊）
メリクセトフ 1975『中国における官僚資本』アジア経済研究所
本野英一 2004『伝統中国商業秩序の崩壊：不平等条約体制と「英語を話す中国人」』名古屋大学出版会
森時彦 1983「五四時期の民族紡績業」狭間直樹編『五四運動の研究』第 2 函，同朋舎，後に［森 2001b］所収
―― 1989「中国近代における機械製綿糸の普及過程」『東方学報』61，後に［森 2001b］所収
―― 1990「『1923 年恐慌』と中国紡績業の再編」『東方学報』62，後に［森 2001b］所収
―― 1991「華西のマンチェスター：沙市と四川市場」『東洋史研究』50-1，後に［森 2001b］所収
―― 1992「中国紡績業再編期における市場構造：湖南第一紗廠を事例として」狭間直樹編『中国国民革命の研究』京都大学人文科学研究所，後に［森 2001b］所収
―― 1996「産業」狭間直樹ほか『データでみる中国近代史』有斐閣，後に［森 2001b］所収
―― 編 2001『中国近代の都市と農村』京都大学人文科学研究所
―― 2001a「武進工業化と城市関係」［森編 2001］所収，後に［森 2001b］所収
―― 2001b『中国近代綿業史の研究』京都大学学術出版会
―― 編 2004『中国近代化の動態構造』京都大学人文科学研究所
―― 2004「中国綿業近代化の動態構造」［森編 2004］所収
―― 編 2005『在華紡と中国社会』京都大学学術出版会
―― 2005a「1927 年 9 月上海在華紡の生産シフト」［森編 2005］所収
―― 2005b「在華紡の進出と高陽織布業」［森編 2005］所収
―― 2010「紡績系在華紡進出の歴史的背景」『東方学報』85
森田明 1974『清代水利史研究』亜紀書房
―― 1990『清代水利社会史の研究』国書刊行会
―― 2002『清代の水利と地域社会』中国書店
―― 2009『山陜の民衆と水の暮らし：その歴史と民俗』汲古書院
守屋典郎 1947『紡績生産費分析』御茶の水書房，1973 年増補改訂版
―― 1968「在華紡 日本資本か，民族資本か：帝国主義的侵略の役割になう（近代日本の争点 83）」『エコノミスト』46-7
門闖 2011『中国都市商業銀行の成立と経営』日本経済評論社
門間理良 2006「利用された敗者：日本軍武装解除をめぐる国共両党のかけひき」波多野澄雄・戸部

良一編『日中戦争の国際共同研究2 日中戦争の軍事的展開』慶應義塾大学出版会
矢澤康祐 1961「民国中期の中国における農民層分解とその性格」『社会経済史学』27-3
安冨歩 1991「大連商人と満洲金円統一化政策」『証券経済』176
────── 1997『「満洲国」の金融』創文社
────── 1999「香港上海銀行哈爾浜支店，1911年-1947年」『現代中国研究』4
────── 2001「満洲における諸通貨の相互連関とその変遷」『近代日本における東アジア問題』吉川弘文館
────── 2009a「国際商品としての満洲大豆」［安冨・深尾編2009］所収
────── 2009b「県流通券」［安冨・深尾編2009］所収
安冨歩・深尾葉子編 2009『「満洲」の成立：森林の消尽と近代空間の形成』名古屋大学出版会
安原美佐雄 1919『支那の工業と原料』上海日本人実業協会
柳沢遊 1985「1920年代前半期の青島居留民商工業」『（久留米大学）産業経済研究』25-4
────── 2002a「日本帝国主義の『満洲』支配史研究」［田中編2002］所収
────── 2002b「大連埠頭」［松村・解・江田編2002］所収
────── 2008a「変容する市場と特産物：大豆三品の流通・生産調査」［松村・柳沢・江田編2008］所収
────── 2008b「1930年代大連の工業化」『三田学会雑誌』101-1
柳沢遊・岡部牧夫編 2001『展望日本歴史20 帝国主義と植民地』東京堂出版
柳沢遊・木村健二編 2004『戦時下アジアの日本経済団体』日本経済評論社
柳澤和也 2000『近代中国における農家経営と土地所有：1920～30年代華北・華中地域の構造と変動』御茶の水書房
山岡由佳 1995『長崎華商経営の史的研究：近代中国商人の経営と帳簿』ミネルヴァ書房
山崎長吉 1927『支那の紡績と織物』工政会出版部
山崎広明 1977「戦時下における在華北日本紡績会社の経営動向に関する覚書」『（東京大学社会科学研究所）社会科学研究』28-4・5
山田俊明 1985『鉄道からみた中国』築地書館
山村睦夫 2000「日中戦争期における上海日本商工会議所：ネットワークの再編と限界」［日本上海史研究会編2000］所収
────── 2002「1930年代における東洋棉花上海支店と在華紡」『土地制度史学』44-2
────── 2004「日本占領下の上海日本商工会議所」［柳沢・木村編2004］所収
────── 2007「日本の上海租界占領と華人食米問題：上海租界接収の一考察」『東西南北：和光大学総合文化研究所年報』
────── 2009「上海における日本人居留民の引揚げと留用」高綱博文編『建国前後の上海』研文出版
山本進 2002a『清代の市場構造と経済政策』名古屋大学出版会
────── 2002b『清代社会経済史』創成社
────── 2005「清代東銭考」『史学雑誌』114-3，後に［山本（進）2009］所収
────── 2007「清末東三省の幣制：抹兌と過帳」『九州大学東洋史論集』35，後に［山本（進）2009］所収
────── 2009『環渤海交易圏の形成と変容』東方書店
山本裕 2002「『満州』日系企業研究史」［田中編2002］所収
────── 2003「『満州国』における鉱産物流通組織の再編過程：日満商事の設立経緯1932-1936」『歴史と経済』178
────── 2006「『満州』における石炭業」原朗・山崎志郎編『戦時日本の経済再編成』日本経済評論社
────── 2008「事業化された調査：資源・鉱産物調査とオイルシェール事業」［松村・柳沢・江田編2008］所収
山本有造 2003『「満洲国」経済史研究』名古屋大学出版会
────── 2005「国民政府統治下における東北経済」［江夏ほか編2005］所収
────── 2007「『満洲』の終焉：抑留・引揚げ・残留」山本有造編『「満洲」記憶と歴史』京都大学学

術出版会
――　2011『「大東亜共栄圏」経済史研究』名古屋大学出版会
庚炳富　2004『満鉄撫順炭鉱の労務管理史』九州大学出版会
游仲勲編　1982『現代中国の計画経済』ミネルヴァ書房
葉剛　2000『中国鉄鋼業発展の構造変動』四谷ラウンド
楊天溢　1967「清末中国における経営活動の態様：漢冶萍公司を事例に」『（東京大学）経済学研究』9
――　1982「中国における日本紡績業（「在華紡」）と民族紡の相克」阿部洋編『日中関係と文化摩擦』巌南堂書店
横山英　1961「中国民族工業資本と銭庄との関係について」『社会経済史学』27-3
芳井研一　2000『環日本海地域社会の変容：「満蒙」・「間島」と「裏日本」』青木書店
吉澤誠一郎　2009「清代後期における社会経済の動態」［飯島・久保・村田編 2009a］所収
――　2010『清朝と近代世界』岩波新書
――　2011「19〜20世紀における中国経済の変遷」『歴史学研究』878
吉田建一郎　2002「戦前日本の中国鶏卵に関する調査報告について」『近代中国研究彙報』24
――　2005a「戦間期中国における鶏卵・鶏卵加工品輸出と養鶏業」『東洋学報』86-4
――　2005b「邦文特殊経済雑誌と中国近代史研究：『養鶏』（1929-1941年）の場合」『（立命館大学）社会システム研究』11
――　2006a「占領期前後における山東タマゴの対外輸出」［本庄編 2006］所収
――　2006b「満鉄調査課『満洲及北支那に於ける獣骨と骨粉　附録「日本内地に於ける獣骨及骨粉の需給状況」』について」『近現代東北アジア地域史研究会 NEWSLETTER』18
――　2009「19世紀末-1930年代初期の上海における製革業」［金丸 2009］所収
――　2011a「向井龍造と満蒙殖産の骨粉製造」［富澤・久保・萩原編 2011］所収
――　2011b「第一次大戦前後の青島における獣骨と骨粉の輸出について」山本英史編『近代中国の地域像』山川出版社
吉仲健一　1999「1890年代の信局『連絡網』分布」『史学研究』226
四方田雅史　2000「アジア貿易圏の一体性と地域の多様性」『歴史評論』604
欒玉璽　1998「青島における近代工業の発展と在華紡」『（関西学院大学）経済学論究』52-2，後に［欒 2009］所収
――　2001「青島における日本紡績業の労働者構成とその管理：1920〜30年代を中心に」『経営史学』35-4，後に［欒 2009］所収
――　2009『青島の都市形成史 1897-1945：市場経済の形成と展開』思文閣出版
李秀允　2000「日清戦争以前における朝鮮開港場をめぐる日中朝商人の確執」『日本植民地研究』12
劉世龍　2002『中国の工業化と清末の産業行政：商部・農工商部の産業振興を中心に』渓水社
劉暢　2008「中国攀枝花製鉄所の建設とその特質：政府政策と企業活動」『嘉悦大学研究論集』51-1
廖赤陽　1994「長崎華商『泰益号』の交易ネットワークについて：20世紀前半の厦門貿易を中心として」『社会経済史学』59-6
――　2000『長崎華商と東アジア交易網の形成』汲古書院
林采成　2006「日中戦争下の華北交通の設立と戦時輸送の展開」『歴史と経済』193
――　2007「戦時期華北交通の人的運用の展開」『経営史学』42-1
林秀光　1997「中国・三峡ダム計画」『法学政治学論究』32
――　1998「中国における公共政策の決定過程」『法学政治学論究』38
――　2004「中国三峡ダム建設における利益誘導：『三峡省』から重慶直轄市へ」『（慶應義塾大学）法学研究』77-10
――　2006「中国における水力開発と利益再配分：ダム立ち退き住民への補償問題を中心に」『（慶應義塾大学）法学研究』79-3
林満紅，木越義則訳　2007「清末における国産アヘンによる輸入アヘンの代替（1805-1906）：近代中国における「輸入代替」の一事例研究」中村哲編『近代東アジア経済の史的構造』日本評論社
林原文子　1983「宋則久と天津の国貨提唱運動」京都大学人文科学研究所共同研究『五四運動の研

究』第2函，同朋舎出版
―――　1988「清末，民間企業の勃興と実業新政について」『近きに在りて』14
―――　1994「民国初期の商工業者の裁厘要求：津浦鉄道厘金問題を通して」『孫文研究』17
―――　2000・2001「近代中国における機械製洋式貨物の厘金免除とその対象製品の拡大」『関西外国語大学』研究紀要』72・74
鹿錫俊　2004「東北解放軍医療隊で活躍した日本人：ある軍医院の軌跡から」『島根県立大学北東アジア地域研究センター』北東アジア研究』6
―――　2009「戦後国民政府による日本人技術者『留用』の一考察：中国側文書に依拠して」斎藤道彦編『日中関係史の諸問題』中央大学出版部
和田正広・翁其銀　1994「旅日華商長崎泰益号の営口貿易」『九州国際大学社会文化研究所紀要』35
和田正広・翁其銀　2004「上海鼎記号と長崎泰益号：近代在日華商の上海交易」中国書店
渡辺惇　1987「袁世凱政権の財政経済政策：周学熙を中心として」『近きに在りて』11
―――　1995「袁世凱政権と周学熙」『駒沢史学』48
―――　2001「民国初年塩政討論会の活動：辛亥革命期における塩政改革運動（3）」『近きに在りて』39

〈中国語文献〉

北京師範大学民俗典籍文学研究センター・フランス遠東学院　2003『陝山地区水資源与民間社会調査資料』全4集，中華書局
畢艶峰　2009「20世紀20-40年代農村剰余労働力転移思想評析」『中国農史』28-1
常明明　2007『中国農村私人借貸関係研究：以20世紀50年代前期中南区為中心』中国経済出版社
車維漢　1989「日本帝国主義侵掠漢冶萍公司述論」『日本研究』1989-2
―――　1990「論近代漢冶萍公司的衰敗原因」『遼寧大学学報』1990-1
陳慈玉　1982『近代中国茶業の発展与世界市場』中央研究院経済研究所
―――　1989『近代中國的機械繰絲工業 1860-1945』中央研究院近代史研究所
―――　2004『日本在華煤業投資40年』稲郷出版社
陳尚　2007「近代広東商人与西南辺疆農家経済的変遷」『中国農史』26-1
陳紅民　1997「抗日戦争時期的駅運事業」『抗日戦争研究』1997-1
陳暉　1936『中国鉄路問題』新知書店
陳佳貴総主編　2008『中国経済改革開放30年研究叢書』経済管理出版社
陳其広　2003『100年工農産品比価与農村経済』社会科学文献出版社
陳錫文ほか　2009『中国農村制度変遷60年』人民出版社
諶湛渓　1928「漢冶萍之過去及将来」『商業月報』8-2
陳正卿ほか　2000『日軍在上海的罪行与統治』上海人民出版社
程義法　1939「中央鋼鉄廠籌備概況」『資源委員会月刊』1-3
池子華　2002「農民"離村"的社会経済効応：以20世紀二三十年代為背景」『中国農史』21-4
重慶第一棉紡織廠廠史編輯委員会　1989『重慶第一棉紡織廠史』重慶特殊鋼廠印刷廠
初明　1988「抗戦期間西南後方冶金工業簡述」『民国檔案』1988-2
慈鴻飛　1998「20世紀前期華北地区的農村商品市場与資本市場」『中国社会科学』1998-1
―――　2007『西部農業開発与生態中外比較』商務印書館
崔新健主編　2009『中国利用外資30年』中国財政経済出版社
崔志海　1993「論清末鉄路政策的演変」『近代史研究』1993-2
代魯　1988「従漢冶萍公司與日本的経済交往看国家近代化的政治前提」『中国経済史研究』1988-4
―――　1995「再析漢陽鉄廠的"招商承辦"」『近代史研究』1995-4
―――　1999「対張之洞辦鉄廠幾条指摘的辨析」河北省炎黄文化研究会他編『張之洞與中国近代化』中華書局
―――　2005「漢冶萍公司的鋼鉄銷售與我国近代鋼鉄市場（1908-1927）」『近代史研究』2005-6
戴晴　1989『長江 長江：三峡工程論争』貴州人民出版社（邦訳が戴晴編，鷲見一夫・胡暐婷編訳

　　　　1996『三峡ダム：建設の是非を巡っての論争』築地書館）
戴五三　1992「東北早期鉄路発展対地区経済和社会的影響」『社会科学戦線』1992-2
『当代中国的紡織工業』編輯委員会編　1984『当代中国的紡織工業』中国社会科学出版社
丁長清・慈鴻飛　2000『中国農業現代化之路：近代中国農業結構，商品経済与農村市場』商務印書館
董志凱主編　1996『1949-1952年中国経済分析』中国社会科学出版社
董志凱・呉江　2004『新中国工業的奠基石：156項建設研究（1950-2000）』広東経済出版社
杜平　1989「"中央鋼鉄廠"籌建的背景及原因」『安徽省委党校学報』1989-3
杜修昌　1985『農家経済分析：1936年我国四個地区177農家記帳研究報告』国家統計局
杜恂誠主編　2002『上海金融的制度，功能与変遷（1897-1997）』上海人民出版社
──　2002『中国金融通史』第3巻，中国金融出版社
──　2004『金融制度変遷史的中外比較』上海社会科学院出版社
──　2006『近代中国銭業習慣法：以上海銭業為視角』上海財経大学出版社
段錫　2002『1910年的列車：滇越鉄路百年紀事』雲南美術出版社
方一兵・潜偉　2005「漢陽鉄廠與中国早期鉄道建設：兼論中国鋼鉄工業化早期的若干特征」『中国科技史雑誌』2005-4
馮小紅　2004「中国小農経済的評判尺度：評黄宗智"過密化"理論」『中国農史』23-2
宓汝成　1980『帝国主義與中国鉄路1847-1949』上海人民出版社
──編　1963『中国近代鉄路史資料（1863-1911）』全3冊，中華書局
──編　2002『中華民国鉄路史資料（1912-1949）』社会科学文献出版社
高伯文　2009『中国共産党与中国特色工業化道路』中央編訳出版社
高培勇主編　2009『共和国財税60年』人民出版社
古田和子（王小嘉訳・虞和平審校）　2009『上海網絡与近代東亜：19世紀后半期東亜的貿易与交流』中国社会科学出版社
顧国達ほか　2010『日本侵華時期対中国蚕絲業的統制与資源掠奪』浙江大学出版社
谷源田　1934「中国之鋼鉄工業」『経済統計季刊』2-3
桂勇　2006『私有産権的社会基礎：城市企業産権的政治重構（1949-1956）』立信会計出版社
郭文韜他編　1989『中国近代農業科技史』中国農業科技出版社
郭学旺　1988「山西窄軌鉄路成因考辨」『近代史研究』1988-4
国家統計局国民経済核算司編　2007『中国国内生産総値核算歴史資料1952-2004』中国統計出版社
国民政府国防設計委員会（馬振犢他訳）　1990「国防設計委員会工作概況」『民国檔案』1990-2
韓俊主編　2008『中国経済改革30年叢書』重慶大学出版社
漢猛徳　1970『漢猛徳将軍視察中国国有鉄路報告』台湾学生書房，1937年初版
何熙會　1929「漢冶萍問題」『鉱冶』1929-1
何旭艷　2007『上海信託業研究（1921-1949年）』上海人民出版社
何延錚　1983「二三十年代初期河北定県一百二十三戸生活水準調査」『河北文史資料選輯』11
洪葭管　2008『中国金融通史』第4巻，中国金融出版社
侯建新　2001「民国年間冀中農戸労働生産率研究」『中国農史』20-1
胡鞍鋼　2009『中国経済転型30年』社会科学文献出版社
胡博淵　1930「漢冶萍公司調査報告（1）」『建設』9
──　1944「鋼鉄与国防工業」『経済建設季刊』3-1
──　1967「30年来中国之鋼鉄事業」周開慶主編『30年来之中国工程（下）』華文書局
胡庶華　1934「株州設立鋼鉄廠之研究」『工程』9-1
──　1936「中国鋼鉄業的過去現在和将来」『申報週刊』1-48
──　1942「戦後的鋼鉄工業」『鋼鉄界』1-2
胡政主編　2007『招商局与上海』上海社会科学院出版社
黄美真主編　2005『日偽対華中淪陷区経済的掠奪与統制』社会科学文献出版社
黄德発　1988「漢冶萍公司中日"合弁"事件試探」『中山大学学報論叢』1988-3
黄漢民　2006「栄氏家族企業的公司制度変革」劉蘭兮編『中国現代化過程中的企業発展』福建人民出版社

黃金濤　1933「建設中央鋼鉄廠與工業国防之関係」『工業中心』2-4
―――　1934「中国鋼鉄工業的現状及自給計画」『新中華』2-2
黄敏・慈鴻飛　2006「城居地主与近代江南農村経済」『中国農史』25-3
黄逸平　1981「旧中国的鋼鉄工業」『学術月刊』1981-4
黄正林　2006「民国時期寧夏農村経済研究」『中国農史』25-2
―――　2009「民国時期甘粛農家経済研究：以20世紀30-40年代為中心」『中国農史』28-1
―――　2009「民国時期甘粛農家経済研究（続）」『中国農史』28-2
恵富平・闞国坤　2009「民国時期華北小麦生産与農民生活考察」『中国農史』28-2
紀大元　1998「盛宣懐與中国的鋼鉄工業」『檔案與史学』1998-6
吉澤誠一郎　2006「近代中国的羊毛貿易与毛紡織業：以天津為中心」『（韓国・中国史学会）中国史研究』44
賈士毅　1917『民国財政史』商務印書館
―――　1932-1934『民国続財政史』商務印書館
賈艶敏　2009『農業生産責任制的演変』江蘇大学出版社
簡笙簧　1980『粤漢鉄路全線通車與抗戦的関係』台湾商務印書館
―――　1984「西北中蘇航線的経営：民国28年至38年」国史館
―――　1985「抗戦時期東南交通幹線：浙贛鉄道」中央研究院近代史研究所編『抗戦建国史研討会論文集1937-1945（上冊）』
―――　1986「浙江省築杭江鉄路的歴史意義」中華文化復興運動推行委員会編『中国近代現代史論集』25
江沛・熊亜平　2005「鉄路與石家荘市的崛起：1905-1937年」『近代史研究』2005-3
江沛・李麗娜　2007「鉄路與山西城鎮的変動：1907-1937年」『民国檔案』2007-2
蔣天化　1934「中国鋼鉄鉱業之研究」『復興月刊』3-3
解学詩・張克良編　1984『鞍鋼史（1909～1948年）』冶金工業出版社
金士宣・徐文述　1986『中国鉄路発展史1876-1949』中国鉄道出版社，第2版，2000年
金丸裕一　1998「従破壊到復興？：従経済史来看『通往南京之路』」『立命館経済学』46-6
金志煥　2006a『中国紡織建設公司研究（1945-1950)』上海復旦大学出版社
―――　2006b『棉紡之戦：20世紀30年代的中日棉紡織工業衝突』上海辞書出版社
久保亨　2003「民国時期上海的工業金融：以金城銀行対於棉紡工業的融資為例」呉景平・馬長林主編『上海金融的現代化与国際化』上海古籍出版社，後に［久保2005］所収
―――　2006「1930年代中国的財政与財政官僚」中国社会科学院近代史研究所民国史研究室・四川師範大学歴史文化学院編『1930年代的中国』上巻，社会科学文献出版社
―――　2007「国定税則委員会的作用和張福運」程麟蓀・張之香主編『張福運与近代中国海関』上海社会科学院出版社
―――　2010「関於戦時華北工業普査」『（天津社会科学院）城市史研究』26
居之芬・張利民　1997『日本在華北経済統制略奪史』天津古籍出版社
肯徳，李抱宏等訳　1958『中国鉄路発展史』三聯書店（原書は［Kent 1907］)
孔敏編　1988『南開経済指数資料彙編』中国社会科学出版社
瀬戸林政孝　2008a「1920年以前農民対変化的市場以及棉花改良政策的回応」『史林』3（106）
李伯重　2000『江南的早期工業化（1550～1850年）』社会科学文献出版社
李徳英　2006『国家法令与民間習慣：民国時期成都平原租佃制度新探』中国社会科学出版社
李伏明　2006「明清松江府棉布産量与市場銷售問題新探」『史学月刊』10
李景漢　1933『定県社会概況調査』中華平民教育促進会
李金錚　2003「績效与不足：民国時期現代農業金融与農村社会之関係」『中国農史』22-1
―――　2004『近代中国郷村社会経済探微』人民出版社
―――　2010「収入増長与結構性貧困：近代冀中定県農家生活的量化分析」『近代史研究』178
李峻　2004『日偽統治上海実態研究：1937～1945』中央編訳出版社
李令福　1998「明清山東省棉花種植業的発展与主要産区的変化」『中国歴史地理論叢』1
李培徳　1989「漢冶萍公司和八幡製鉄所：中日近代科技交流的努力與挫折」『日本研究』1989-1

―――編　2009『近代中國的商會網絡及社會功能』香港大學出版社
李澍田主編　1993『霍爾瓦特與中東鉄路』吉林文史出版社
李学昌主編　2001『20世紀南匯農村社会変遷』華東師範大学出版社
李学通　2005『幻滅的夢：翁文灝與中国早期工業化』天津古籍出版社
李玉勤　2009『晩清漢冶萍公司体制変遷研究』中国社会科学出版社
李占才主編　1994『中國鉄路史1876-1949』汕頭大学出版社
淩鴻勛　1968『16年築路生涯』伝記文学出版社
―――　1981『中華鉄路史』台湾商務印書館
劉建生　1996「試析同蒲窄軌鉄路修築成因」『中國経済史研究』1996-1
劉素芬　1990『烟台貿易研究（1867-1919）』商務院書館
林剛　2010『李集村：農民生產和生活的60年変遷』中国社会科学出版社
林建英　2009「馬鞍山中央鋼鉄廠述論」『民国檔案』2009-2
林家有　1991「論孫中山鉄路建設的思想和主張」『近代史研究』1991-5
林満紅　1985「清末社会流行吸食鴉片研究：供給面的分析（1773-1906）」国立台湾師範大学歴史研究所博士論文
林美莉　1996『抗戦時期的貨幣戦争』国立台湾師範大学歴史研究所
―――　2000「日汪政権的米糧統制与糧政機関的変遷」『中央研究院近代史研究所集刊』37
劉大鈞　1944『工業化與中国工業建設』商務印書館
劉国光主編　2006『中国十個5年計画研究報告』人民出版社
劉基磐　1930「漢冶萍煤鉄鉱廠整理及復工計画書」『建設』8
劉克祥　2000「対《近代華北的農業發展和農民生活》一文的置疑与辯誤」『中国経済史研究』2000-3
劉克祥・呉太昌主編　2010『中国近代経済史，1927～1937』全3巻，人民出版社
劉秀生　1990「清代棉布市場的変遷与江南棉布生産的衰落」『中国社会経済史研究』2
羅暁春　2001「近代対外貿易与江蘇省農村産業結構的変動」『中国農史』20-2
馬俊亜　2002「典当業与江南近代農村社会経済関係辯析」『中国農史』21-4
―――　2006「工業化与土布業：江蘇近代農家経済結構的地区性演変」『歴史研究』3
馬陵合　2004『清末民初鉄路外債研究』復旦大学出版社
馬里千・陸逸志・王開済編　1983『中国鉄道建築編年簡史1881-1981』中国鉄道出版社
馬敏・朱英　1993『伝統与近代的二重奏：晩清蘇州商会個案研究』巴蜀書社
閔傑　1987「浙路公司的集資与経営」『近代史研究』1987-3
莫日達編　2006『中国近代統計史』中国統計出版社
倪金柱編　1993『中国棉花栽培科技史』農業出版社
潘健　2007「太平洋戦争爆発後汪偽政権的財政収入：以関，塩，統三税為中心」『福建論壇（人文社会科学版）』2007-4
―――　2008「汪偽政府塩政研究」『塩業史研究』2008-4
―――　2009「日本侵略政策演変中的汪偽政府財政」『史林』2009-6
潘敏　2006a「江蘇日偽政権賦税徴収研究」『中国経済史研究』2006-2
―――　2006b『江蘇日偽基層政権研究（1937-1945）』上海人民出版社
裴長洪主編　2009『共和国対外貿易60年』人民出版社
彭莉風　2005『滇緬鉄路祭』雲南人民出版社
彭澤周　1978a「漢冶萍公司與日本的初期関係」同『近代中日関係研究論集』芸文印書館
―――　1978b「辛亥革命與漢冶萍公司」［彭澤周1978a］
斉春風　2002『中日経済戦的走私活動（1937-1945）』人民出版社
戚如高・周媛　1996「資源委員会的《3年計画》及其実施」『民国檔案』1996-2
秦暉　2003『農民中国：歴史的反思与現実的選擇』河南人民出版社
瞿商　2007『糧食問題与中国経済発展』中国財政経済出版社
全漢昇　1972『漢冶萍公司史略』香港中文大学
全国経済委員会水利處　1937『陝西省水利概况』
任吉東　2003「近代太原地区的糧価動向与糧食市場：以《退想斎日記》為中心」『中国農史』22-4

《上海紡織工業志》編纂委員会　1998『上海紡織工業志』上海社会科学院出版社
上海社会科学院経済研究所　1962『茂新，福新，申新系統栄家企業資料』上海人民出版社（初版時は内部発行，日本での流通は1980年の第3版から）
上海社会科学院経済研究所・上海市国際貿易学会学術委員会編　1989『上海対外貿易（1840-1949）』上海社会科学院出版社
沈雲龍（訪問者）　1982『凌鴻勛先生訪問紀録』中央研究院近代史研究所
盛邦躍　2002「20世紀20～30年代中国農村経済基本特徴探討」『中国農史』21-4
石方　1995「中東鉄路的修築対哈爾濱経済社会発展的作用與影響」『学習與探索』1995-4
施曼華　1983『抗日戦争時期西南西北的国際公路』正揚出版社
水利部黄河水利委員会　1979-『人民黄河』
水利部長江水利委員会　1955-『人民長江』
宋佩玉　2007『抗戦前期上海外匯市場研究（1937.7-1941.12）』上海人民出版社
宋士雲　2007『中国農村社会保障制度結構与変遷（1949-2002）』人民出版社
孫立田　1998「民初漢冶萍公司中日"合弁"問題探析」『歴史教学』1998-3
汪海波　1998『中華人民共和国工業経済史』山西経済出版社
─── 2006『中国現代産業経済史』山西経済出版社
─── 主編　2008『中国経済発展30年』中国社会科学出版社
王加華　2003「内聚与開放：棉花対近代華北郷村社会的影響」『中国農史』22-1
─── 2004「抗日戦争前後華北作物種植的変化趨勢：以棉花与糧食作物対比為中心」『中国農史』23-2
王建革　2001「畜群結構与近代蒙古族游牧経済」『中国農史』20-2
─── 2003「近代華北的農業特点与生活周期」『中国農史』22-3
汪敬虞主編　2000『中国近代経済史，1895～1927』全3巻，人民出版社
王克文　2001「通敵者与資本家：戦時上海『物資統制』的一個側面」『汪精衛・国民党・南京政権』国史館
王良行　1997『近代中国対外貿易史論集』知書房
王啓華　2005「孫科興"庚関兩款築路計画"」『歴史檔案』2005-1
王啓華・朱利　2002「孫科興南京国民政府初期的鉄路建設」『檔案史料與研究』2002-4
王樹槐　1984「棉業統制委員会的工作成效 1933-1937」中央研究院近代研究所編『抗戦前10年国家建設史研討会論文集 1928-1937』上冊
王偉光総主編　2008『中国哲学社会科学30年叢書』中国社会科学出版社
汪熙　1979「従漢冶萍公司看旧中国引進外資的経験教訓」『復旦学報』1979-6
王先明　2003「晋綏辺区土地関係与社会結構的変動：20世紀3，40年代郷村社会変動的個案分析」『中国農史』22-1
王先明・熊亜平　2006「鉄路興華北内陸新興市鎮的発展（1905-1937）」『中国経済史研究』2006-3
王暁華　1992「国民政府鉄路外債整理述略」『民国檔案』1992-2
王暁華・李占才　1993『艱難延伸的民国鉄路』河南人民出版社
王燕謀編著　2005『中国水泥発展史』中国建材工業出版社
王玉茹　1997『近代中国価格結構研究』陝西人民出版社
王印煥　2004『1911-1937年冀魯豫農民離村問題研究』中国社会科学出版社
王致中　2003『中国鉄路外債研究 1887-1911』経済科学出版社
王子祉　1946「抗戦8年来之我国鋼鉄工業」『資源委員会季刊』6-1・2
王子建　1990「"孤島"時期的中国民族棉紡工業」『中国近代経済史研究資料』10
王子建・王鎮中　1935『七省華商紗廠調査報告』商務印書館（邦訳として国松文雄　1940『支那紡績業』生活社）
王菊　2004『近代上海棉紡業的最後輝煌』上海社会科学院出版社
魏宏運主編　2003『20世紀三四十年代太行山地区社会調査与研究』人民出版社
翁其銀　2001『上海中薬材東洋庄研究』上海社会科学院出版社
翁其銀他　1994『近代旅日華僑与東亜沿海地区交易圏』厦門大学出版社

翁文灝　1944『中国工業化的輪廓』中周出版社
呉承明　1985『中国資本主義与国内市場』中国社会科学出版社
呉承明・董志凱主編　2001『中華人民共和国経済史　第 1 巻 1949-1952』中国財政経済出版社
呉景平　2001『抗戦時期的上海経済』上海人民出版社
武力主編　1999『中華人民共和国経済史（上・下）』中国経済出版社
武力・鄭有貴主編　2004『解決「三農」問題之路』中国経済出版社
武力・肜新春　2009『中国共産党治国経済方略研究 60 年』中国人民大学出版社
夏冬　1986「中国近代和現代鋼鉄工業発展道路的得与失」『社会科学』1986-10
夏明芳　2002「発展的幻象：近代華北農村農戸収入状況与農民生活水準辨析」『中国農史』『歴史研究』2002-2
肖良武　2006「20 世紀二三十年代貴州糧食市場和商品糧食数量分析」『中国農史』25-4
謝放　2008『中国鉄路之父：詹天佑』広東人民出版社
謝国興　1986「民初漢冶萍公司的所有権帰属問題（1912-1915）」『中央研究院近代史研究所集刊』15
徐暢　2003「抗戦前江蘇省農民銀行述論」『中国農史』22-3
許滌新・呉承明主編　1985, 1990, 1993『中国資本主義発展史』全 3 巻，人民出版社
許維雍・黄漢民　1985『栄家企業発展史』人民出版社
徐凱希　1999「張之洞与近代湖北農業改良」河北省社会科学院編『張之洞与中国近代化』中華書局
徐守楨　1930「発展鋼鉄業之初歩計劃」『建設』9
徐衛национ　2003「1927-1936 年中国国有鉄道的経営効益和財務状況」『中国経済史研究』2003-4
徐新吾　1981『鴉片戦争前中国棉紡織手工業的商品生産与資本主義萌芽問題』江蘇人民出版社
――　1992『江南土布史』上海社会科学院出版社
薛毅　2005『国民政府資源委員会研究』社会科学文献出版社
厳恩棫　1954「鋼鉄工業」張茲闓主編『中国工業（1）』中華文化出版事業委員会
厳中平　1943『中国綿業之発展』商務印書館
――　1955『中国棉紡織史稿 1289-1937：従棉紡織工業史看中国資本主義的発生与発展過程』科学出版社（邦訳として依田憙家　1966『中国近代産業発達史』校倉書房）
――主編　1989『中国近代経済史，1840～1894』全 2 巻，人民出版社
楊徳才　2009『中国経済史新論』経済科学出版社
楊琪　2003「二三十年代国民政府的倉儲与農業倉庫建設」『中国農史』22-2
楊文生　2006「平綏鉄路与農産品商品化」『中国農史』25-3
楊斌　1991「張嘉璈与抗戦前鉄路建設」『民国檔案』1991-4
楊希天　2002『中国金融通史』第 6 巻，中国金融出版社
楊蔭溥　1985『民国財政史』中国財政経済出版社
楊勇　2005「近代江西地方貨幣与郷村金融転型」『中国農史』24-4
楊勇剛編　1997『中国近代鉄路史』上海書店出版社
姚峻主編　1998『中国航空史』大象出版社
葉淑貞　1983「天津港的貿易対其腹地経済之影響（1867-1931）」（国立台湾大学経済学研究所法学碩士学位論文）
葉揚兵　2006『中国農業合作化運動研究』知識産権出版社
衣保中　2006「論近代東北地区的"大農"規模経済」『中国農史』25-2
易恵莉　2006「論浙江士紳与浙路廃約」『近代中国：経済与社会研究』復旦大学出版社
尹承国　1983「修築浙贛鉄路始末」『江西社会科学』1983-4
尹鉄　2005『晩清鉄路与晩清社会変遷研究』経済科学出版社
于春英　2009「偽満時期東北地区糧食生産変遷的研究」『中国農史』28-3
于春英・王鳳烈　2008「偽満時期東北農業雇工研究」『中国農史』27-3
虞和平　1993『商会与中国早期現代化』上海人民出版社
虞和平・胡政　2008『招商局與中国現代化』中国社会科学出版社
于治民　1993「旧中国鉄路分布和国有鉄路選線原則」『民国檔案』1993-1
余子道　2006『汪偽政権全史』上海人民出版社

袁為鵬　2004「盛宣懷與漢陽鉄廠（漢冶萍公司）之再布局試析」『中国経済史研究』2004-4
袁燮銘　1994「上海孤島与大後方貿易」『抗日戦争研究』1994-3
岳謙厚　2008『戦時日軍対山西社会生態之破壊』社会科学文献出版社
昝金生　2003「20世紀二三十年代江南農村信用合作社述論」『中国農史』22-3
曾芸・王思明　2008「民国時期貴州屯堡地区米価分析」『中国農史』27-1
張賽群　2006『上海"孤島"貿易研究』知識産権出版社
────　2007『「孤島」時期的上海工業』中国言実出版社
張根福　2001『抗戦時期浙江省人口遷移与社会影響』上海三聯書店
────　2002「"米統会"与汪偽糧食統制」『浙江師範大学学報（社会科学版）』2002-6
────　2006『抗戦時期的人口遷移：兼論対西部開発的影響』光明日報出版社
張国輝　1991「論漢冶萍公司的創建，発展和歴史結局」『中国経済史研究』1991-2
────　2003『中国金融通史』第2巻，中国金融出版社
────　2010『中国発展戦略与工業汚染：1953-2007』湖北人民出版社
張后銓　2007『招商局史　近代部分』中国社会科学出版社
張毅・易紫編　1996『中国鉄路教育的誕生和発展1871-1949』西南交通大学出版社
張九辰　2005『地質学与民国社会：1916-1950』山東教育出版社
張麗　2007「人口，土地和農業生産力水平：20世紀初無錫農村地区人口圧力的測量」『中国農史』26-3
張寧　2002「跨国公司与中国民族資本企業的互動：以両次世界大戦之間在華冷凍蛋品工業的発展為例」『中央研究院近代史研究所集刊』37
────　2003「技術，組織創新与国際飲食変化：清末民初中国蛋業之発展」『新史学』14-1
張佩国　2002「近代江南的農家生計与家庭再生産」『中国農史』21-3
張啓雄主編　2002『東北亜僑社網絡與近代中国』（中華民国海外華人研究学会叢書系列6）台北：中華民国海外華人研究学会
張瑞徳　1987『平漢鉄路與華北的経済発展（1905-1937）』中央研究院近代史研究所
────　1991『中国近代鉄路事業管理的研究：政治層面的分析』中央研究院近代史研究所
張生　2003『日偽関係研究：以華東地区為中心』南京出版社
張世文　1936『定県農村工業調査』中華平民教育促進会
張天政　2004「20世紀三四十年代寧夏畜牧業経済述論」『中国農史』23-3
────　2009「上海銀行公会研究（1937-1945）」中国人民出版社
張燕萍　2008『抗戦時期国民政府経済動員研究』福建人民出版社
張維縝　2009『国民政府資源委員会與美国的経済技術合作』人民出版社
張暁山主編　2009『新中国農村60年的発展与変遷』人民出版社
張徐楽　2006『上海私営金融業研究（1949-1952）』復旦大学出版社
張有高　1992「抗戦時期重慶的民営鋼鉄機器工業」『民国檔案』1992-3
張雨才編　1997『中国鉄道建設史略』中国鉄道出版社
張仲礼・熊月之・沈祖煒主編　2002『長江沿江城市与中国近代化』上海人民出版社
張忠民　1994「戦時上海的米糧統制（1937～1945）」『近代中国』1994-4
────　2002「抗戦時期上海的産業証券与新興企業集団：以"新亜集団"為例」『上海経済研究』2002-3
張忠民・朱婷　2007『南京国民政府時期的国有企業（1927-1949）』上海財経大学出版社
張卓元主編　2008『中国経済学30年』中国社会科学出版社
招商局史研究会編　2005『招商局與近代中国研究』中国社会科学出版社
趙岡・陳鐘毅　1977『中国棉業史』聯経事業出版公司
趙凌雲等　2009『中国発展過大関：発展方式転変的戦略与路径』湖北長江出版集団
趙暁雷　1986「盛宣懷與漢冶萍公司」『史学月刊（鄭州）』1986-5
趙学軍　2008a『中国金融業発展研究（1949-1957）』福建人民出版社
────　2008b『中国商業信用的発展与変遷』方志出版社
鄭會欣　1993「戦前国民政府整理鉄路外債的経過及其成效」『中国文化研究所学報』新2期

―――　1996「従南鎮，敘昆鉄路的談判與修築看抗戦初期的中法経済合作」『慶祝抗戦勝利50周年両岸学術研討会論文集（上冊）』聯経出版事業公司
鄭磊　2001「1928-1930年旱災後関中地区種植結構之変遷」『中国農史』20-3
―――　2003「20世紀中期関中地区土地問題：以高陵県通遠郷為例」『中国農史』22-1
鄭起東　2000「近代華北的農業発展和農民生活」『中国経済史研究』2000-1
鄭友揆他　1934「中国海関貿易統計編制方法及其内容之沿革考」『社会科学雑誌』5-3
鄭友揆他　1991『旧中国的資源委員会：史実與評価』上海社会科学院出版社
中国第二歴史檔案館編　2005『全国経済委員会会議録』全10巻，広西師範大学出版社
中国国民党党史委員会　1977『革命文献第73輯抗戦前国家建設史料：財政方面』中国国民党党史委員会
《中国近代紡織史》編輯委員会　1997『中国近代紡織史』中国紡織出版社
《中国近代煤礦史》編写組　1990『中国近代煤礦史』煤炭工業出版社
中国科学院上海経済研究所・上海社会科学院経済研究所編　1958『上海解放前後物価資料匯編（1921年-1957年）』上海人民出版社
中国社会科学院経済研究所　1978『中国資本主義工商業的社会主義改造』人民出版社
中国社会科学院・中央檔案館編　1990『中華人民共和国経済檔案資料選編1949-52（綜合巻）』中国城市経済社会出版社（本資料集は，ほかに工商体制巻，対外貿易巻，商業巻，財政巻，工業巻等が中国社会科学出版社，経済管理出版社，中国物資出版社等より刊行されている．また，1953-1957年，1958-1965年についても同様に各巻が刊行されている）
「中国水利年鑑」編纂委員会編『中国水利年鑑』各年版，中国水利水電出版社
中国水利百科全書第2版編集委員会（編）　2006『中国水利百科全書』第2版1〜4巻，中国水利水電出版社
中国鉄道史編輯研究中心編　1996『中国鉄路大事記（1876-1995）』中国鉄道出版社
中華叢書編審委員会中華水利工程学会選輯　1967『李儀祉全集』中華叢書委員会
中華人民共和国国家統計局工業統計司編　1958『我国鋼鉄，電力，煤炭，機械，紡織，造紙工業的今昔』統計出版社
中央巻編集部編　1992『中国資本主義工商業的社会主義改造（中央巻）』上下冊，中共党史出版社
中央党部国民経済計画委員会主編　1937『十年来之中国経済建設』南京扶輪日報社
周中建　2001「近代蘇南農村労働力転移的整体評価（1912-1937）」『中国農史』20-3
朱伯康　1944『経済建設論』青年出版社
朱従兵　1999『鉄路與社会経済：広西鉄路研究（1885-1965）』広西師範大学出版社
―――　2006『李鴻章與中国鉄路：中国近代鉄路建設事業的艱難起歩』群言出版社
朱馥生　1995「孫中山《実業計画》的鉄道建設部分與湯壽潜《東南鉄道大計画》的比較」『民国檔案』1995-1
朱蔭貴　2005「抗戦時期的上海華商証券市場」『社会科学』2005-2
―――　2008『中国近代輪船航運業研究』中国社会科学出版社
朱玉崙　1941「四川之鋼鉄」『資源委員会季刊』1-1
―――　1942「中国鉱冶建設及其展望」『経済建設季刊』1-1
荘焜明　1996『林継庸與戦時中国工業』明東出版社
庄維民　2000『近代山東市場経済変遷』中華書局
庄正主編　1990『中国鉄路建設』中国鉄道出版社
荘志齡　2001「『軍管理』与日本戦時対上海華資企業的攫奪」『檔案与史学』2001-6
鄒東濤　2009『中国道路与中国模式』社会科学文献出版社

〈ハングル文献〉

姜抮亜　2005『1930年代中国の中央・地方・商人：広東省の財政と国家建設』ソウル大学出版部
姜抮亜　2011『同順泰号：東アジア華僑資本と近代朝鮮』慶北大学出版部

〈英語文献〉

Allen, R. G. D. & Edward, J., 1953, *International Trade Statistics*, New York: Wilery.
Barrett, David P. & Shyu, Larry N. eds., 2001, *Chinese Collaboration with Japan, 1932-1945: The Limits of Accommodation*, Stanford University Press
Bian, Morris L., 2002, "The Sino-Japanese War and the Formation of the State Enterprise System in China: A Case Study of the Dadukou Iron and Steel Works, 1938-1945," *Enterprise & Society*, Vol.3, No 3
Bramall, C., 1993, *In Praise of Maoist Economic Planning: Living Standards and Economic Development in Sichuan since 1931*, Oxford: Clarendon Press; New York: Oxford University Press
Brook, Timothy, 2005, *Collaboration: Japanese Agents and Local Elites in Wartime China*, Cambridge, Mass.: Harvard University Press
Brugger, William, 1976, *Democracy & Organization in the Chinese Industrial Enterprise: 1948-1953*, Cambridge: Cambridge University Press
Chang, Kia-Ngau（張嘉璈）, 1943, *China's Struggle for Railroad Development*, New York
Chang, Ning J. 1998, "New British Companies in China: The Case of International Export Company in Hankou, 1907-18,"『中国史学』8
―― 2005, "Vertical Integration, Business Diversification, and Firm Architecture: The Case of the China Egg Produce Company in Shanghai, 1923-1950," *Enterprise & Society*, Vol. 6, No. 3
Chao, K.（趙岡）, 1977, *The Development of Cotton Textile Production in China*, Cambridge, Mass.: Harvard University Press
Chen, Tsu-Yuan（鄭竹園）, 1955, *Anshan Steel Factory in Communist China*, The Union Research Institute（香港）
Cheng, Yu-kwei, 1956, *Foreign Trade and Industrial Development of China*, Washington: The University Press of Washington
Coble, Parks M., 2003, *Chinese Capitalist in Japan's New Order: The Occupied Lower Yangzi 1937-1945*, Berkeley and Los Angeles: University of California Press
Daniels, C. and Menzies, N. K., 1996, *Science and Civilization in China by Joseph Needham, Vol. 6, Biology and Biological Technology*, Part 3 Agro-Industries and Forestry, Cambridge: Cambridge University Press
Donnithorne, Audrey, 1967, *China's Economic System*, New York: F. A. Praeger
Eckstein, Alexander, 1977, *China's Economic Revolution*, Cambridge; New York: Cambridge University Press（邦訳：A. エクスタイン著, 石川滋監訳 1980『中国の経済革命』東京大学出版会）
Ellman, Michael, 1979, *Socialist Planning*, Cambridge: Cambridge University Press（邦訳：M. エルマン著, 佐藤経明・中兼和津次訳 1982『社会主義計画経済』岩波書店）
Elvin, Mark, Nishioka Hiroaki, Tamura Keiko and Joan Kwek, 1994, *Japanese Studies on the History of Water Control in China, A Selected Bibliography*（中国水利史研究 日本語文献目録）, The Institute of Advanced Studies・The Centre for East Asian Cultural Studies for Unesco
Enatsu, Yoshiki, 2004, *Banner Legacy: The Rise of the Fengtian Local Elite at the End of the Qing*. Ann Arbor: Center for Chinese Studies, University of Michigan
Fairbank J. K., 1953, *Trade and Diplomacy on the China Coast: The Opening of the Treaty Ports, 1842-1854*, Cambridge, Mass.: Harvard University Press
Fei, HsiaoTung（費孝通）, 1939, *Peasant Life in China, A Field Study of Country Life in the Yangtze Valley*
Feuerwerker, Albert, 1970, "Handicraft and Manufactured Cotton Textiles in China, 1871-1910", *Journal of Economic History*, Vol. 30, No. 2
Fong, H. D.（方顕廷）, 1932, *Cotton Industry and Trade in China*, 2 vols., Tientsin（中国語訳 1934『中国之棉紡織業』商務印書館）
Frazier, Mark W., 2002, *The Making of the Chinese Industrial Workplace: State, Revolution, and*

Labor Management, Cambridge: Cambridge University Press

Furuta, K., 2005, "Kobe Seen as Part of the Shanghai Trading Network: The Role of Chinese Merchants in the Re-export of Cotton Manufactures to Japan," Sugihara, K., ed., *Japan, China, and the Growth of the Asian International Economy, 1850-1949*, Oxford; New York: Oxford University Press

Gardner, Clark M., 1973, *Development of China's Steel Industry and Soviet Technical Aid*, New York State School of Industrial and Labor Relations, Cornell University.

Grove. L. and Sugiyama, S., 2001, *Commercial Networks in Modern Asia*, Richmond, Surrey: Curzon Press

Henriot, Christian, 2000, "Rice, Power and People: The Politics of Food Supply in Wartime Shanghai (1937-1945)," *Twentieth-Century China*, Vol. 26, No. 1

Hogan, William T., 1999, *The Steel Industry of China: Its Present Status and Future Potential*, Cambridge, Mass. Lexington Books

Hou, Chi-ming, 1965, *Foreign Investment and Economic Development in China*, Cambridge, Mass. Harvard University Press

Hsiao, Katharine Huang, 1971, *Money and Monetary Policy in Communist China*, New York: Columbia University Press

Hsiao, Liang-Lin, 1974, *China's Foreign Trade Statistics, 1864-1949*, Cambridge, Mass. Harvard University Press

Huenemann, Ralph W., 1984 *The Dragon and the Iron Horse, The Economics of Railroads in China 1876-1937*, Cambridge, Mass.: Harvard University Press

Kent, Percy Horace, 1907, *Railway enterprise in China: An Account of its Origin and Development*, London: Edward Arnold（中国語訳は［肯徳1958］）

King, Frank H. H., 1987, 1988, 1991, *The History of the Hongkong and Shanghai Banking Corporation*, 4 vols., Cambridge: Cambridge University Press

Lardy, Nicholas R., 1978, *Economic Growth and Distribution in China*, Cambridge: Cambridge University Press

Li, Choh-Ming, 1959, *Economic Development of Communist China: An Appraisal of the First Five Years of Industrialization*, Berkeley: University of California Press（邦訳：チョーミン・リー著, 石沢元晴・前田寿夫訳『中共経済の成長分析』時事通信社 1960）

Liang, Ernest P., 1982 *China: Railways and Agricultural Development 1875-1935*（University of Chicago Geography Reserch Papers 20）

Lin, Man-houng, 2006, *China Upside Down: Currency, Society, and Ideologies, 1808-1856*, Cambridge, Mass. and London: Published by the Harvard University Asian Center and distributed by Harvard University Press

Lyons, Thomas P., 2003, *China Maritime Customs and China's Trade Statistics 1859-1948*, Trumansburg, NY: Willow Creek of Trumansburg

Maddison, Angus, 2007, *Chinese Economic Performance in the Long Run*, 2nd edition, revised and updated: 960-2030 AD, Paris: Development Centre of OECD

Motono, E., 2000, *Conflict and Cooperation in Sino-British Business, 1860-1911: The Impact of the Pro-British Commercial Network in Shanghai*, Houndmills, Basingstoke, Hampshire, and London: Macmillan; New York: St. Martin's Press

Myers, Ramon H., 1965, "Cotton Textile Handicraft and the Development of the Textile Industry in Modern China," *The Economic History Review*, Second Series Vol. 18, No. 3

Naughton, Barry, 1988, "The Third Front: Defense Industrialization in the Chinese Interior," *China Quarterly*, 115（Autumn）

Oksenberg, Michel and Lieberthal, Kenneth, 1988, *Policy Making in China; Leaders, Structures, and Processes*, Princeton, New Jersey: Princeton University Press

Perkins, Dwight H., 1966, *Market Control and Planning in Communist China*, Cambridge, Massachu-

setts: Harvard University Press
Pomeranz, Kenneth, 1993, *The Making of a Hinterland: State, Society and Economy in Inland North China, 1853-1937*, Berkeley: University of California Press
――, 2000, *The Great Divergence: China, Europe, and the Making of the Modern World Economy*, Princeton and Oxford: Princeton University Press
Rawski, T. G., 1989, *Economic Growth in Prewar China*, University of California Press.
Remer, C. F., 1926, *The Foreign Trade of China*, Shanghai: Commercial Press
Richman, Barry M., 1969 *Industrial Society in Communist China: A Firsthand Study of Chinese Economic Development and Management, with Significant Comparisons with Industry in India, the U. S. S. R., Japan, and the United States*, New York: Random House
Session L4: Market Order in China Reconsidered (papers by K. Furuta, E. Motono, M. Kishimoto, Man-houng Lin, A. Aoki, Pui-Tak Lee, Tsu-yu Chen, Kai Yiu Chan), XVth World Economic History Congress, Utrecht 2009, http://www.wehc-2009.org・programme.asp?day=2&time=4
Sheehan, B., 2003, *Trust in Troubled Times: Money, Banks, and State-Society Relations in Republican Tianjin*, Cambridge, Mass.: Harvard University Press
Sidney, D. G., 1954, *Ting Hsien: A North China Rural Community*, Stanford: Stanford University Press
Skinner, G. William, 1964, "Marketing and Social Structure in Rural China," *Journal of Asian Studies*, Vol. 24, No. 1
―― ed., 1977, *The City in Late Imperial China*, Stanford: Stanford University Press.
Solinger, Dorothy J., 1984, *Chinese Business under Socialism: the Politics of Domestic Commerce, 1949-1980*, Berkeley: University of California Press
Sugiyama, S., 1988, *Japan's Industrialization in the World Economy, 1859-1899: Expert trade and overseas competition*, London: Athlone Press
Wagner, Donald B., 1997 *The Traditional Chinese Iron Industry and its Modern Fate*, Richmond, Surrey: Curzon Press
Walker, Kenneth R., 1984, *Food Grain Procurement and Consumption in China*, New York: Cambridge University Press
Wong, R. B., 1997, *China Transformed: Historical Change and the Limits of European Experience*, Ithaca and London: Cornel University Press
Wright, T., 1984, *Coal Mining in China's Economy and Society 1895-1937*, Cambridge: Cambridge University Press
Wu, Yuan-Li, 1965, *The Steel Industry in Communist China*, New York: Hoover Institution on War, Revolution, and Peace by F. A. Praeger
Wu, Yuan-Li with H. C. Ling and Grace Hsiao Wu, 1967, *The Spatial Economy of Communist China: A Study on Industrial Location and Transportation*, New York: Published for the Hoover Institution on War, Revolution, and Peace, Stanford, Calif., by Praeger; London: Pall Mall Press
Young, Arthur N., 1963, *China and the Helping Hand, 1937-1945*, Cambridge, Mass.: Harvard University Press
――, 1965, *China's Wartime Finance and Inflation, 1937-1945*, Cambridge, Mass.: Harvard University Press
――, 1971, *China's Nation-Building Effort, 1927-1937: The Financial and Economic Record*, Stanford, Calif.: Hoover Institution Press
Zelin, M., 2004, "A Critique of Rights of Property in Prewar China," Zelin, M., Ocko, J. K. and Gardella, R., eds., *Contract and Property in Early Modern China*, Stanford, California: Stanford University Press

第2部 史料紹介

第1章　中国経済史関係史料の紹介 I　清末

村上　衛

　本紹介が対象とする清末は，具体的には世界的な貿易拡大の影響を中国沿海部が受ける19世紀初頭から，清朝が滅亡する1912年を対象とする．これはおおよそ嘉慶年間（1796-1820）から宣統年間（1908-12）にあたる．

　当該期の研究は清代史研究であるから，経済史研究においても漢文史料の利用は必須である．経済史に特に関連する漢文文献としては，地方志がある．特定の地域経済などを対象とする場合には，まず繙くべき文献である．近年は中国において北京愛如生数字化技術研究中心の中国基本古籍庫をはじめとする漢籍のデータベース化が急速に進んでおり，相当数がWeb上において利用可能になっている．

　また，地域経済研究においては，現地調査に基づく碑刻集が，商人団体や商人に関する史料を含み重要である．北京については，戦前における日本の調査をもとにした『仁井田陞博士輯　北京工商ギルド資料集』[佐伯有一・田中一成ほか編註1975] があり，中国側では『北京会館史料集成』[李金龍・孫興亜主編2007] が網羅的．このほか，『上海碑刻資料選輯』[上海博物館図書資料室編1980]，『明清蘇州工商碑刻集』[蘇州歴史博物館・江蘇師範学院歴史系・南京大学明清史研究室合編1981]，『明清以来蘇州社会史碑刻集』[王国平・唐力行主編1998]，『福建宗教碑銘彙編　興化府分冊』[鄭振満・丁何生編1995]，『福建宗教碑銘彙編　泉州府分冊』[鄭振満・丁何生編2003]，『広東碑刻集』[譚棣華・曹騰騑・冼剣民編2001] などが1980年代から2000年代初頭にかけて刊行されている．また，台湾については，本島についての『台湾地区現存碑碣図誌』[何培夫主編1993-99] と金門・馬祖についての『金門・馬祖地区現存碑碣図誌』「何培夫主編1999」が網羅的．香港についても『香港碑銘彙編』[科大衛・陸鴻

基・呉倫霞合編 1986］がある．

　これらの刊行史料に加えて，利用可能な檔案類も増える．北京の中国第一歴史檔案館や台北の国立故宮博物院文献館などの清朝檔案も，経済史に関連する檔案は少なくない．また，順天府檔案（順天府宝坻県），巴県檔案（重慶），淡新檔案（台湾北部）などの地方檔案も，当該期の文書が多い．さらに，民間の文書には『徽州千年契約文書』［王鈺欣・周紹泉主編 1991］をはじめとする徽州文書や，『明清福建経済契約文書選輯』［福建師範大学歴史系 1997］などがあるが，近代経済史研究に活用できるものも多い．

　以上のような清代史研究で用いられる漢文史料全体については岩井茂樹の解説［岩井・加藤・谷井 2006］が簡潔にして要を得ている．また漢文史料の利用方法については，田中正俊の記述［田中 1974］が今でも参考になる．

　漢文史料についての当該期の特徴は，新聞・雑誌などの定期刊行物の利用が可能になることである．近代中国の定期刊行物については［王檜林・朱漢国主編 1992］が参考になる．こうした定期刊行物の国内の収蔵状況については，利用可能な新聞は増大し続けているので，図書館の蔵書検索を利用するのが最も適切である．また，近年は中国において『申報』（1872-1949）をはじめとする定期刊行物のデータベース化が進んでおり，今後日本においても導入されていくと思われるから，そうしたデータベースを利用可能な機関についても注意しておくといい．

　編纂された史料としては，中国における中国史学会編の《中国近代史資料叢刊》《中国近代史資料叢刊続編》，台湾における中央研究院近代史研究所編《中国近代史資料彙編》などのシリーズが有用である．これらの中国近代史全体に関わる編纂物については，井上裕正の記述が参考となる［井上・村上 2006］．

　清末の経済史に限った場合，編纂史料としては以下の文献があげられる．工業史としては，『中国近代手工業史資料　1840-1949』［彭沢益編 1957］，『中国近代工業史資料　1840-1895』［孫毓棠編 1957］，『中国近代工業史資料　1895-1914』［汪敬虞編 1957］，『中国近代工業史資料』［陳真・姚洛共編 1957-61］がある．また，農業史としては『中国近代農業史資料』［李文治・章有義編 1957］がある．インフラについては交通面では航運に関係する『中国近代航運史資料 1840-1895』［聶宝璋編 1983］，『中国近代航運史資料　1895-1927』［聶宝璋編 2002］，鉄道に関する『中国近代鉄路史資料　1863-1911』［宓汝成編 1963］が

ある.このほか,金融関係では貨幣についての『中国近代貨幣史資料　1840-1911』[中国人民銀行総行参事室金融史料組1964],外債についての『中国清代外債史資料　1853-1911』[中国人民銀行総行参事室編1991]がある.これらの史料集の大半が中華人民共和国成立初期（1950-60年代）において膨大な文献の中から関連史料を収集・整理して刊行したものであり,欧文史料の翻訳も多く,至便である.しかし,史料は,基本的に可能な限り原典にあたるべきであり,また近年の史料状況は編纂時期とは大きく変わっているから,それをふまえたうえで使用するのがよい.

　商業に関しては先述の碑刻集に加え,清末の商会に関しては『天津商会檔案匯編　1903-1911』[天津市檔案館・天津社会科学院歴史研究所・天津市工商業聯合会編1989],『蘇州商会檔案叢編　第1輯（1905-1911）』[章開沅等編1991]があり,分会を含む商会の組織や,実業振興・社会事業・捐税対策・政治活動などの商会の多様な活動や,その機能をうかがうことができる.また金融面では山西票号に関する書簡を収めた『山西票号資料』[濱下武志ほか編1990]や関連資料を広く収集・編纂した『山西票号史料』[中国人民銀行山西省分行・山西財経学院『山西票号史料』編写組・黄鑑暉編2002]が利用可能である.

　もちろん,政治家や企業家といった特定の個人に関する史料も取り上げるテーマによっては重要となる.例えば洋務官僚の盛宣懐については上奏文や電報・書簡などの史料を編纂した『愚齋存稿』[盛宣懐1975a],『愚齋未刊信稿』[盛宣懐1975b]と,より網羅的に史料を収集した『盛宣懐檔案資料選輯』[陳旭麓・顧廷龍・汪熙主編1979-2002]がある.また,企業家では,張謇についての関連史料を広く収集した『張謇全集』[張謇研究中心・南通市図書館編1994]がある.特定の個人に関する史料の利用方法については,馬建忠の著作についての詳細な訳注である[岡本2007]が参考になる.

　このほか,華人移民については,華人労働者の移民に関する編纂史料である『華工出国史料匯編』[陳翰生主編1980-85]がある.東南アジア華人の活動に関しては,バタヴィア華人公堂の残した史料『公案簿』[包楽史・庄国土主編2002-]が重要になろう.

　以上は漢文・中国語史料であるが,当該期がそれ以前の時代史料状況が決定的に異なるのは,欧文をはじめとする外国語史料の質・量の飛躍的増大による.欧文史料としては,既に開港前からカントン（広州・マカオ）で *Chinese Repos-*

itory（1832-51）をはじめとする新聞・雑誌などの定期刊行物の刊行が始まっており，開港後は上海で刊行された *North-China Herald*（1850-1951），香港で刊行された *China Mail*（1845-1974）に代表される沿岸都市における定期刊行物の刊行が拡大し，やがてそれは内陸に広まっていく．これらのうち，沿海都市の新聞については，［King and Clarke 1965］が参考になる．また，近代では欧文のパンフレット形式の刊行物も増大しており，東洋文庫のモリソン文庫は多数の欧文パンフレットを含み有用であり，目録としては［Toyo Bunko 1972］があり，その利用については［斯波編 2012］が参考になる．

　公文書としては，当該期に関してはイギリスの文書が圧倒的に有用であるが，必要に応じてその他の諸国の文書も利用するといい．ただし，いきなり一次史料にあたるよりは，編纂史料から，史料のあり方や大体の内容の見当をつけておくことが望ましい．編纂史料としては，イギリス議会文書の *British Parliamentary Papers, China*［Irish University Press, Area Studies Series 1972］，アメリカの *American Diplomatic and Public Papers: The United States and China*［Davids 1973・1979・1981］の利用が簡便である．イギリスについては庶民院（House of Commons）の刊行文書は全文電子化されており，日本でも利用できる機関は少なくない．一次史料であるイギリス外交史料（Great Britain Foreign Office Embassy and Consular Archives）の利用については坂野正高［坂野 1974］の解説が，目録としては［佐藤 1997］が参考になる．

　貿易，特に外国船（後に欧米式船舶）貿易に関しては，開港前についてはイギリス東インド会社の文書を利用したモースの著作［Morse 1926・1929］が依然として基本文献となるが，東インド会社の中国貿易独占が失われたあとについての貿易統計は断片的である．五港開港期についても外国領事報告などは利用可能であるが網羅的でなく，沿海の外国船貿易の全体像が判明するのは海関統計が利用可能な 1860 年代以降になる．

　海関史料としては海関報告・統計，十年報告，満洲国の年報の影印である『中国旧海関史料』［中国第二歴史檔案館編 2001］が統計部分については網羅的であるが，1881 年以前の貿易報告は欠けている．台湾に関しては『清末台湾海関歴年史料』［黄富三他編 1997］が網羅的で有用である．このほか中国では海関報告・統計の翻訳が刊行されているが，基本的に原本にあたるべきである．海関統計の詳細については，第 2 部第 3 章を参照していただきたい．海関史料

については，特定のテーマについてのシリーズ（Special Series）も有用である．海関史料の全体像については［濱下 1998］が参考になる．

清末以降においては，日本語文献の積極的利用が可能になる．経済関係の史料としては領事報告をもとに編纂された『通商彙編』，『通商彙纂』などが経済関係の記事を多く掲載して有用であり，その利用には［角山編 1986］が参考になる．同じく外務省通商局が編纂した『清国事情』［外務省通商局編 1907］も有用．また，東亜同文会が上海に設置した東亜同文書院は学生の調査旅行を行ったが，それをもとに編纂した『支那経済全書』［東亜同文会編 1907-12］や『支那省別全誌』［東亜同文会編 1917-20］は，調査旅行が行われた清末の経済情報を多く含む．また，植民地となった台湾における臨時台湾旧慣調査会の調査をもとにした『臨時台湾旧慣調査会第一部調査第三回報告書　台湾私法』［臨時台湾旧慣調査会編 1910］も清末社会の理解には有益な史料を含むが，この史料の使用に際しては土地関係のテキストを分析した［西 2009］が参考になる．

　以上のように，清末期には多様なジャンル，多様な言語の史料が利用可能になっている．もっとも，民国期以降のように膨大な行政檔案が存在するわけではないため，清末の場合，先行研究で使用された史料を再利用することも多い．しかし，従来とは異なる視点で，複数のタイプ・言語の史料を組み合わせつつ，史料を読み直していけば，経済史研究において新しい地平を切り開くことは十分に可能である．

第2章　中国経済史関係史料の紹介 II
　　　　　民国期・人民共和国期

久　保　　亨

　近現代の経済史関係史料についていえば，貿易統計をはじめ多方面におよぶ経済事情が記された各年の海関報告，中国並びに日本をはじめとする各国の調査機関が作成した経済実態調査報告，生産・物価・金融等々に関する統計史料，各種の経済関係雑誌記事，全国各地の地方志の叙述など，さまざまな材料が経済史研究のための史料に用いられてきた．また，そうした史料を総合的に編纂する試みとして，1950年代から60年代にかけ中国社会科学院経済研究所・上海社会科学院経済研究所・中国人民銀行上海分行金融研究所などが中心になって進めた史料収集整理事業が大きな峰を形作っていた．基本的な統計史料を集めた厳中平らの『中国近代経済史統計資料選輯』，工業関係の記述史料・統計史料を整理した陳真らの『中国近代工業史資料』，書名は同じだが清末民国初期に重点を置いた孫毓棠編『中国近代工業史資料』全4冊，農業関係の資料を集めた章有義編『中国近代農業史資料』全3冊，手工業関係の資料を集めた彭沢益編『中国近代手工業史資料』全4冊をはじめとして，鉄道関係・汽船業関係・貿易関係・金融関係など産業分野別に大部の史料集が編集刊行されるとともに，申新紡績・啓新セメント・大中華マッチ・綿布販売業・金城銀行・銭荘などの経営史料を企業別ないし業種別に整理する作業も進められた．こうした企業別・業種別の史料集編纂作業は，その一部が文革前に刊行され，編纂途中であった大部分の成果は，文革期の中断を経た後，1970年代末から80年代にかけ出版されることになった．上記のような史料集が経済史研究に多大の便宜をもたらしたことはいうまでもない．ただし文書館等に赴き一次史料を自ら確認する作業を怠り，史料集だけに依拠して研究を進めていった場合，史料集編

纂者の意図や問題意識を相対化することが困難になる場合もあることに留意すべきであろう．なお民国期の主な経済関係雑誌（『中外経済週刊』『経済半月刊』『工商半月刊』『国際貿易導報』『中行月刊』『銀行週報』）については［濱下武志・久保亨ほか編 1983-89］の解題と記事目録を参照することができる．経済史関係の産業別・企業別史料集は相当な量に達しており，その一端は［久保 1995］及び［中国企業史研究会 2007］の文献目録に反映されている．

　中国経済の実態把握とその発展のための方策は，同時代の中国政府にとっても，外国政府にとっても大きな関心事になった．したがって中国経済史研究に意味のある多くの史料が，次に挙げるような政治外交関係を主とする史料集にも多数含まれている．

　まず日中関係史に限定すれば，日本の外務省が編集している『日本外交年表竝主要文書』と『日本外交文書』の膨大なシリーズの中に中国近現代経済史に関わる史料が多数含まれており，みすず書房が刊行した『現代史資料』『続・現代史資料』にも満洲事変，日中戦争関係の巻などに中国経済に関する多くの史料を見いだすことができる．後述するアジア歴史資料センターは，そうした史料群をインターネットを通じて閲覧・複写できる便利なサイトである．また日本語に訳された良質の文献史料集として日本国際問題研究所中国部会が翻訳編集した『中国共産党史資料集』全 12 巻と『新中国資料集成』があり，人民共和国期の様々な史料類をテーマ別にまとめ，日本語に翻訳し紹介しているのが［毛里和子ほか編 1994-96］である．しかし以上に列挙したような日本語に翻訳された史料集だけに頼っていては，量的にも質的にも限界があり，やはり中国語の原史料に当たらなければならない．

　民国期の文書史料を収録した代表的な史料集には，次のようなものがある．まず台湾においては，民国前期の最も有力革命政党であって，民国後期には執権政党となった中国国民党自身が，党史館に所蔵されている政策文書，会議報告・党内指示などを適宜まとめ，1953 年以来現在に至るまで，百数十冊に及ぶ大部の史料集『革命文献』の発行を継続してきた．民国史研究にとって最も基礎的な文書史料集の 1 つといえよう．また現在は国史館に所蔵されている南京国民政府の重要政策文書を主題別に整理した『中華民国重要史料初編：対日抗戦時期』全 26 冊（ただし戦後も含まれる），並びに中央研究院近代史研究所が保管する清末〜民国前期の日中関係・中ソ関係等にかかわる外交文書をやは

り主題別に整理した『中国近代史資料彙編』シリーズの2種類の史料集も，関連テーマを研究する際には必見の史料集である．

それに対し大陸においては，後述するような，いわゆる「革命史」に関係する事件別，ないし分野別の史料集は別として，民国期の政治と経済に関する系統的網羅的な史料集の公刊は遅れていた．正確にいえば，すでに1950年代からその準備作業自体は始まっており，暫定的な形の史料集もまとめられ，中国国内の一部の研究者に対しては提供されていた．しかしそうした文献整理作業の成果が，内外の研究者に広く公開されることはなかったのである．結局，第二歴史檔案館所蔵史料の本格的な整理公開作業は1970年代末から開始されることになり，その主な成果として，中華民国北京政府，南京国民政府など各時期の政府文書史料を，政治・外交・経済・文化などの分野別に整理した『中華民国史檔案資料彙編』全5輯が公刊された．台湾で編集公刊された史料集類と重なる部分も多いとはいえ，時期とテーマによっては，行政機関内部の打合せ会議の記録や下級行政機関が作成した報告書類など，きわめて具体的な状況を記した史料が収録されており貴重．その半面，史料の系統性に対する配慮が不足していたり，政策決定過程における重要な文書が欠けているなど，使いにくい部分が多いことは否定できない．

辛亥革命，五四運動，五三十運動，労働運動，抗日民族統一戦線，抗日根拠地など，いわゆる「革命史」叙述のテーマに即した史料集は，とくに大陸において1980年代に数多く刊行された．同様のテーマを掲げた地域ごとの史料集も枚挙に遑がない．こうした史料集類は，それぞれの革命運動を顕彰するという特定の意図の下に編纂されたものだけに，その点に注意を払って利用していく必要がある．しかし慎重に用いるならば，独自の視角から経済史研究に生かすことが可能な史料も少なくない．

そのほか民国期の法令類や政府部内における会議の記録は，各政府機関別に発行された『行政院公報』，『実業（部）公報』，『資源委員会公報』などの公報類に掲載されている．当時公表されなかった部分もあるとはいえ，基本的にはかなりの部分まで政府各機関の活動を追うことができる．公報類の主要なものについては，マイクロフィルムやリプリント版が制作されたため，比較的容易に閲覧できるようになった．また孫文，蔣介石，汪精衛をはじめとする重要な政治指導者たちの全集，著作集等が大きな意味を持つことはいうまでもない．

人民共和国期の文書史料集としては，結成以来の中国共産党の文献を中央檔案館がまとめた『中共中央文件選集』全18冊と，中共中央文献研究室が編集した共産党と人民共和国政府関係の文書をまとめた『建国以来重要文献選編』全20冊が刊行されている．ただし民国期の史料情況に比べると，政府全体の活動規模が拡大したのに対し公表されている史料類はまだ格段に少ない．そのため毛沢東，周恩来，鄧小平ら政治指導者の全集，著作類の分析が，民国期の場合よりも，いっそう重視されざるを得ない状況にある．

民国期になると中国では大量の新聞や雑誌が発行されるようになり，歴史研究のための史料として使用できる情報量も激増した．代表的な大新聞である『申報』（上海，1872-1949），『新聞報』（上海，1893-1949），『大公報』（天津他，1902-48），国民党系の『中央日報』（南京他，1928-49），『民国日報』（上海，広州他，1916-47），共産党系の『解放日報』（延安他，1941-47），最も権威ある政治外交評論誌であった『東方雑誌』（上海，1904-48），『国聞週報』（天津，1924-38），教育界の動向を伝えた『教育雑誌』（上海，1909-48），30年以上も発行が継続された『銀行週報』（上海，1917-50）などは，いずれも全部もしくはその重要な部分についてマイクロフィルム，CD-ROM版やリプリント版が制作されており，中国関係の専門的な研究機関には備えられている場合が多い．『東方雑誌』と『国聞週報』については記事目録が作成されており利用しやすい．以上に紹介した新聞雑誌類は全国，ないし上海のような大都市の動きを追う場合に重要な存在であるが，各地域の具体的な歴史過程を解明するためには，山西の動きは『山西日報』で，成都の動きは『新新新聞』で，といった具合に，それぞれの地域で発行されていた地方紙を見る必要も出てくる．こうした地方紙は日本国内の研究機関に所蔵されている場合が少ないので，中国からマイクロフィルムで購入し利用することになる．また問題によっては，中国で発行されていた英字紙 *North China Herald*（在華イギリス人経営），*China Weekly Review*（在華アメリカ人経営）にも注意を払わなければならない．外国側の利害を反映した主張が表明されているだけではなく，時期によっては中国側の新聞雑誌には報じられていない情報を見つけることもできるからである．上記2紙は日本でも比較的利用しやすい．

以上に挙げたような新聞・雑誌に掲載された様々な情報が，現代史研究にとって史料の宝庫であることは疑いない．ただし情報の質という点については，

そもそも報道記事が事実に基づくものであるのか否か，評論記事がどのような立場を反映しているものなのか，などを含め，細心の注意を払う必要があろう．

その他の重要な史料類として日記，書簡集，回想録等の類に触れておかなければならない．実は複雑な政治変動が継起したという事情も影響し，中国近現代史研究にとって意義のあるものとなると，それほどたくさんあるわけではない．とはいえ，やはり日記，書簡集，回想録類は，きわめて貴重な内部情報が得られるという点において，何ものにも代え難い意味を持つ場合がある．蔣介石の日記は一部が日本でも翻訳されていたが，近年，台湾の国史館などでかなりの部分を閲覧できるようになった．公刊された日記としては，周仏海（汪精衛対日協力政権の高官も務めた人物），張公権（中国銀行の経営陣の1人），邵元冲（国民党宣伝部，国民政府監察院などの要職を歴任），唐縦（蔣介石の側近の軍人），陳光甫（上海商業儲蓄銀行の頭取）などの日記が，興味深い内容を伝えている．なお中国の檔案館も実は個人史料を保有しているところが多い．しかし現在のところ，プライバシー保護を理由として，ほとんどが原則非公開になっている．その点，量はそれほど多くないとはいえ，アメリカのスタンフォード大学フーバー研究所が保管する蔣介石日記，宋子文文書，張公権文書，同じくハーバード大学のイェンチン（燕京）研究所が保管する胡漢民文書，同じくコロンビア大学が保管する顧維鈞らの口述記録は，基本的に一般の研究者が自由に閲覧できるシステムになっており，きわめて貴重な存在だといえよう．

近年における中国近現代史研究の進展は，さまざまな文書史料の緻密な検討によって支えられてきた．今や日本人も含め内外の多くの研究者が，中国各地の文書館を訪れるようになってきている．大陸において中央政府が管轄する文書館として，主に明清期の文書史料を整理公開している第一歴史檔案館（北京），それに続く中華民国期（1912-49年）の文書史料を整理公開している第二歴史檔案館（南京），そして人民共和国期の政府党関係文書と中国共産党を中心とするいわゆる「革命史」にかかわる文書を所蔵する中央檔案館（北京，ただし2012年の時点では非公開）などがあり，そのほか外交部が近年独自に開設した文書館の存在も知られるようになった．ただし後述するように1949年に台湾へ移った国民党政権自身が相当量の重要文書を携えていったので，とくに民国期の文書史料を精査するためには，南京と台北の両地を訪れなければならない．

中国の地域的な広がりとその多様性から容易に推察されるとおり，各地の地方政府関係の文書にも価値あるものが多く含まれている．中国全土には2000を超える数の省・市・県レベルの文書館が設立されており，それぞれ関連する文書を保存し閲覧に供している．中でも上海市檔案館の公開性と閲覧者に対して提供されている便宜は特筆に値する．なお土地登記，都市計画等に関する膨大な文書群は，各地の城建（都市建設の略称）檔案館と称される独自の文書館に収蔵されるようになった．

台湾には国史館（新店，台北）・党史館（台北）・中央研究院近代史研究所付設文書館（同）・故宮博物院（同）などがあり，近現代史研究にとってきわめて重要な場になっている．1949年，国民の支持を失い，共産党を主力とする反政府勢力の攻勢によって大陸を追われた国民党政権は，自らの統治の正統性を保持する根拠としての意味も込め，相当量の伝統的文化財，歴史的文書史料，大陸統治に欠かせない重要文書類などを自ら携えて台湾に移動してきた．むろん台湾内外の政治変動にともない，それぞれが本来持っていた意味あいは大きく変わってきている．現在，中央政府関係の文書は，主に国史館に所蔵されており，1990年代には蒋介石関係の機密文書も同館にまとめて移管された．また南京に首都が置かれた1928年以来，長期にわたり執権政党であった中国国民党の文書館が党史館であり，清末から民国期にかけての質の高い外交文書コレクションと経済部関係文書などは，さまざまな経緯を経て中央研究院近代史研究所付設文書館に保管されている．一方，台湾における清代の文書の保管場所は故宮博物院である．同院は，元来，北京にある同名の博物館が所蔵していた文化財を保管展示するための施設として設立された．

近現代の中国史理解にとって，世界史的な視野からの考察は不可欠となる．当然，中国をめぐる対外関係について，各国の文書史料を対照しながら検討する作業が求められるわけであり，日本の外交史料館・防衛庁防衛研究所戦史室・国立公文書館，イギリスやアメリカの National Archives などが所蔵する膨大な量の中国関係文書も，視野に入れなければならない．前にも触れたように日本の上記3館が保有する戦前の中国関係文書史料に関しては，その相当量がアジア歴史資料センターのウェブサイトを通じて利用できるようになった．

これまで述べてきたことは，文書館に保管されている原文書の場合も，編集刊行された史料集である場合も，すべて文字になって残された史料であった．

実際には，とくに近現代史研究の場合，文字に書かれた以外の史料，すなわち音声記録・絵画・写真・映画・ビデオ等のさまざまな史料の利用が可能である．まだ研究成果は少ないとはいえ，すでにマスコミ研究・広告研究など一部の分野において，そうした方向に向けた模索が始まっている．

　以上に紹介してきた史料関係の情報を整理した日本語文献として，今も価値ある内容を多く含んでいるのが［市古ほか編1974］，史料公開が大幅に進展した1970年代末-1990年代初めの状況を反映した史料案内として［小島ほか編1993］と［野村ほか編1990］を挙げておく．そのほか史料に関しては，［野沢編1978・1980］，［島田ほか1983-84］，［辛亥革命研究会編1992］，［山根編1983・1992］などにもそれぞれ示唆に富んだ指摘がなされている．とはいえ，やはり最新の情報となると，ウェブサイトから入手することになる．ただしその情報の質については，本章の叙述中で注意を喚起した諸点や既刊の史料案内書の指摘に留意しつつ，慎重かつていねいに吟味しなければならない．大きく転換しつつある中国近現代経済史研究の史料状況を理解し，史料を集めるときの便利な案内として，［飯島・田中編2006］と［高田・大澤編2010］の2冊を挙げておく．

第3章　貿易統計の紹介

木 越 義 則

　海関統計は，1859年から1949年にかけて，中国海関（China Maritime Customs：CMC）によって作成された貿易報告および貿易統計の総称である．統計数字を連続的かつ系統的に追うことができるため，近代中国の商品移動に関する最も基礎的な資料となっている．海関統計は年報・月報・季報・日報・十年報告の5種類に大別され，十年報告を除いて，それぞれ港別の統計も作成されていた．ここでは，最初に，海関統計の中心部分を占める年報の復刻集を紹介する．次に，復刻集に未所収の統計や，海関統計では利用できない数値を補うことができる統計書について解説する．

所蔵機関と復刻集

　海関統計を所収する機関によって，複数の復刻集が作成されている．そのうち最も代表的なものは，『中国旧海関史料』全170巻［中国第二歴史檔案館編 2001］である．中国第二歴史檔案館は，中国海関総税務司署と上海海関の史料を引き継いだことにより，5万5000点に及ぶ膨大な海関史料を所蔵している．復刻集は，同館所蔵の刊行統計のうち，1859-1943年・1946-48年の年報，そして十年報告，さらに1932年から40年までの満洲国の年報（一部月報）を所収している．ただし，同復刻集には1865-81年の報告が含まれていない．また，1919年以降の港別の統計が未所収である点や，太平洋戦争期の統計の大部分が未所収である点にも注意が必要である．

　次に代表的な復刻集は，『中華民国海関華洋貿易総册』全83巻［国史館史料処編 1982］である．所収年限については，『中国旧海関史料』におよばないが，同集に未所収の1919-31年の港別の季報（一部年報）がすべて所収されている

ため，独自の利用価値がある．

この2つの他にも，ハーバード大学図書館が所蔵している統計は，*Chinese Maritime Customs Publications* 全100巻［Harvard University 1970］としてマイクロが作成されている．また，国家図書館・天津図書館・南京図書館・中山図書館・遼寧図書館など中国の主要公共図書館が所蔵している統計は，全国図書館文献縮微中心によってマイクロが作成されている．

旧中国海関図書館の蔵書は，北京の対外経済貿易大学図書館に，旧上海海関図書館の蔵書は，上海図書館静安区分館に所蔵されている．各港海関が所持していた統計は，各市省の檔案館が所蔵しており，一定の手続きを経れば閲覧することができる．この他に，前述の国家図書館は，旧興亜院所蔵の海関統計を引き継いでおり，マイクロ未所収の統計も数多く所蔵している．さらに，中国科学院図書館・中国社会科学院経済研究所・中国社会科学院近代史研究所・北京大学も相当多くの海関刊行物を所持している．

1932年以降の全国統計

1932-45年の中国全土の貿易の趨勢を把握するためには，満洲国・日本軍占領地域・国民政府支配地域の3種類の統計を見る必要がある．満洲国の統計は，『中国旧海関史料』では1940年までの所収に留まっているが，1941年・1942年の年報の刊行が継続している．また月報が1943年12月号まで刊行された．太平洋戦争期は，日本軍占領地域と国民政府支配地域，それぞれ別に統計が作成された．日本軍占領地域の年報は，『中国旧海関史料』に1942年と1943年の年報が所収されているが，1943年は国内貿易統計のみである．ただし1943年・1944年の全年分の数値は，12月号の月報でみることができる．1945年については8月号まで作成された．国民政府支配地域の統計は，『中国旧海関史料』に全く所収されていないが，『重慶海関総税務司貿易冊』［重慶海関総税務司署統計科2011］として復刻された．そのうち1945年は，日本軍支配地域の1-8月分を除く統計であり，先述した日本側の月報と合わせることで全年分の数値を得ることができる．

1946-48年は，［中国第二歴史檔案館編2001］に所収されているが，同年の統計には共産党支配地区が含まれていない点に注意が必要である．東北と山東省北部沿岸のほぼ全域を欠いている．海関統計は，1949年3月号の月報を最後

に刊行が停止される．その後継誌は，人民政府が作成した『中国外国貿易統計年報』である．1949-50 年まで現物が確認されている．

1932 年以降の港別統計

1932 年以降の港別の統計は，天津・青島（後に華北 6 港合冊）・上海・広州の 4 港が刊行されたことが知られている．華北については，1939-44 年の年報として『華北海関進出口貿易統計年報』（1943 年より『華北六港外国貿易統計年報』に改称）がある．月報は，天津のものが 1932 年 3 月号から，青島が 1932 年 1 月号から刊行され，少なくとも 1945 年 5 月号まで刊行された．上海については，1936-42 年の年報として *Shanghai Annual Returns of Foreign Trade*（中文名『上海対外貿易統計年刊』）がある．月報は，1931 年 10 月号から刊行され，1946 年 12 月号まで所在が明らかになっている．広州については，1932 年 4 月号から月報が刊行された，と言われる．

準一次統計

中国海関が作成した統計ではないが，海関内部の資料に基づいて，海関統計では利用できない数字を掲載している統計を広く準一次統計と呼ぶ．

海関統計は，1904 年度から港別に仕向地と来源地の国・港の内訳を掲載しなくなったため，商品移動の地域構造を把握することが難しくなる．この数値を補完する準一次統計として以下のようなものがある．全港のものは，1919 年・1927-31 年について『中国各通商口岸対各国進出口貿易統計』，1938 年について『支那外国貿易統計年報』がある．華北諸港については，1917 年から 41 年にかけて『北支那貿易年報』（1930 年より『北支那外国貿易統計年報』に改称）がある．華中・華南の場合は，1936 年から 37 年にかけて『中南支那外国貿易統計年報』，1939 年について『中支那外国貿易統計年報』『南支那外国貿易統計年報』がある．

港間の商品移動の詳細なマトリックスを示す資料としては，『中国埠際貿易統計 1936-1940』がある．1941 年については上海に限り『上海転口貿易統計半年報』（上・下），1942 年については南寧・雷州の数値を欠くが『中国国内貿易統計半年報』（上・下）がある．

二 次 統 計

　海関統計から数字を抽出した二次統計は，大小あわせるならば戦前以来無数に存在する．その多くは，海関統計を簡略化したものであり，独自の利用価値は低く，なるべく海関統計そのものを利用したほうが正確である．そのため，利便性が高いと思われるものだけの紹介に留める．外国貿易統計の連年対照表としては，『六十五年来中国国際貿易統計』［楊瑞六・侯厚培編 1931］がある．同書の数字に，1929年以降を付け足したものとして，*China's Foreign Trade Statistics, 1864-1949*［Hsiao 1974］がある．太平洋戦争期の概算統計としては，中国海関が戦後に自ら整理した *Survey of The Trade of China, 1941-45*［CMC 1948］がある．

　海関統計刊行以前の中国対外貿易額とされている数値は，主に東インド会社などの積荷記録に基づいた推計値であり，通関記録に基づくものではない．推計の典拠となる統計資料は，『中国近代経済史統計資料選輯』［厳等編 1955］，『中国近代対外貿易史資料』［姚編 1962］に紹介されている．

　前述のように，近年は海関統計の復刻集の刊行が進捗し，さらに，中国の公共図書館・檔案館の利用条件の改善により，ようやく海関統計の全貌がわかりつつある．そして，現在，中国第二歴史檔案館とブリストル大学が共同で海関史料のデジタル化作業を進めている．その成果の1つとして，*China and the West The Maritime Service Archive*［The Second Historical Archives, China 2004］がある．中国海関文書5500ファイルを所収した一次史料集である．これには，中国海関幹部のみが閲覧することができた最重要書類のほぼすべてが1949年まで所収されている．これにより海関統計の細部をより詳しく知ることができるようになっている．

第4章　戦前〜1960年代半ばの文献案内

編　　者

【抄録に際して】

　日本における中国経済史研究は，戦前来の膨大な研究蓄積によっても支えられており，その貴重な遺産を生かしていくことも大切である．すでに第二次世界大戦以前から中国経済に関する専門的な研究調査機関が設置され，文献資料や現地調査に基づき多くの論著が刊行されるとともに，欧米や中国の研究成果も邦訳されていた．そうした戦前来の文献を参照する手がかりとして，野澤豊・姫田光義両氏の共同執筆になる1966年の文章を抄録する．広い視野にたって文献が紹介されており，今も参考になる部分が含まれている．ただし，当然のことながら，執筆した時点までに入手し得た文献が対象であるし，当時の歴史的な条件の下で執筆され，種々の時代的制約を免れていないことに留意しなければならない．その点を意識して利用するならば，1966年当時の中国経済史認識の特質を理解する素材にもなろう．なお抄録に際し，一部の欠けていた情報を補い表記を若干変更した．（編者）

【抄録】　野澤豊・姫田光義「新民主主義革命期の経済」
　　　　（井上幸治・入交好脩編『経済史学入門』廣文社，1966，303-21頁抜粋）

はじめに

　1919-49年は，中国のいわゆる新民主主義革命の時期にあたる．経済史では湖北大学政治経済学教研室編『中国近代国民経済史講義』(1958・高等教育出版社) の後半部分がすぐれ，(a)"半植民地・半封建社会"の崩壊と(b)"新民主主義社会"の発展という相関関係を軸に，記述を進めている．この2つの概念については，一部邦訳された王亜南『中国半封建半植民地経済形態研究』(1957・人民出版社，邦訳『半植民地経済論』1955・青木文庫) が分析を加えている．

五四運動をめぐって

　第一次世界大戦の時期は中国の民族工業の"黄金時代"とよばれ，(1) 民族資本の発

展，(2) 労働者階級の成長がみられ，(3) そうした新たな物質的条件と階級的力量を基礎に，十月革命の影響を受けて五四新文化運動が起こされてくる．この時期を扱ったものとして，周秀鸞『第一次大戦時期中国民族工業的発展』(1958・上海人民出版社) があげられる．中国の民族工業の発展にとって，(a) 辛亥革命が一定の役割を果たしたこと，(b) 日本の対華二十一ヵ条要求，袁世凱の帝制承認の動きにともない，日貨ボイコットの反帝闘争が行われ有利な条件を作りだしたこと，(c) 大戦にともなう外圧軽減＝外国品の輸入減少で工業品市場の拡大，工業利潤の高まりがみられ，資本が工業へ流入し，また企業自体の蓄積で拡大再生産が可能になったこと，(d) 土地・商業・高利貸資本の産業資本への転化が進み，その可逆性が減少したこと，(e) 同時に日・米帝国主義の進出＝資本投下の増大におびやかされ，(f) 資本主義諸国が相対的安定期に入るとともに，1921-22年を画期として，再び列強は中国市場に舞い戻り，民族工業の危機がおとずれ，"黄金時代" も短期間で消滅するにいたったことが論じられている．

これと関連して，中国でも最近ようやく五四運動の経済的基盤を解明しようとする動きが生まれ，汪敬虞らの「五四運動的経済的背景」(『経済研究』1959-4) や，孫健「五四運動的社会経済背景」(『新建設』1959-5) などが書かれている．鄭学稼「中国工業無産階級的産生及其早期状況」(『史学月刊』1960-4) とか，あるいは李星ら「論中国工人階級由自在階級到自為階級的転変」(『学術月刊』1961-2) などで論争されている無産階級の成長過程の解明がもっと進められる必要があろう．その意味においては，当時の実態調査を主とした小山清次『支那労働者研究』(1919・東亜実進社) は，先駆的業績ともいえる．

労働運動と国民革命

戦前でいえば，運動の高揚した大正末，昭和初年に業績が集中し，概観的なものでは『支那の労働運動』(1926・満鉄東亜経済調査局)，伊藤武雄『現代支那社会研究』(1927・同人社)，末光高義『支那の労働運動』(1930・南満洲警察協会) などがあり，国民革命にかけての運動史があとづけられている．中国では『東方雑誌』五卅臨時増刊 (1925・商務印書館) ほか当時の文献は無数にあるわけだが，あとからまとめたものとしては陳達『中国労工問題』(1929・商務印書館)，上海市社会局『十五年来上海之罷工停業』(1933・上海市) などがあげられる．

戦後に出された通史としては，わずかに塩脇幸四郎『中国労働運動史』(上下，1949・白揚社) や向山寛夫「中国労働運動史」(『愛知大学国際問題研究所紀要』34) があるのみである．遊部久蔵『中国労働者の状態』(1948・好学社) は，「中国経済の構造的特質」との関連において工業労働力の性格把握を試みたもので，これは戦時下の１つの研究傾向を示している．

帝国主義と国内反動勢力

戦前に『米国ノ対支経済発展』(1928・外務省通商局)，『米国対支経済勢力ノ全貌』(1939年・外務省)，『米国の対支経済政策』(1931・東亜経済調査局)，『英国ノ対華経済発

展』(1931・外務省通商局) ほか, ドイツ・フランスなどについても報告書があり, 東亜研究所からは, 『列国対支投資概要』(1943), 『諸外国の対支投資』(上中下, 1942-43), 『列国対支投資及び支那国際収支に関する文献目録』(1942) などが出されている. 中国では, 戦後に襲古今ら『第一次世界大戦以来帝国主義侵華文件選輯』(1958・三聯書店), 呉承明『帝国主義在旧中国的投資』(1956・人民出版社), 献可『近百年来帝国主義在華銀行紙幣概況』(1958・上海人民出版社), 張雁深『日本利用所謂合辦事業侵華的歴史』(1958・三聯書店), 孔経緯『日俄戦争至抗戦勝利期間東北的工業問題』(1958・遼寧人民出版社) などの克明な研究や, 戦前の数ある洋書のなかから威羅貝『外人在華特権和利益』(1957・三聯書店, 原著 W. W., Willoughby, *Foreign Rights and Interests in China*, 1927), 魏爾特 (莱特)『中国関税沿革史』(1958・同, 原著 S. F., Wright, *China's Struggle for Tariff Autonomy*, 1938), 肯徳『中国鉄路発展史』(1958・同, 原著 P. H., Kent, *Railway Enterprise in China*, 1907) などの翻訳書も出された. なお, Cheng, Yu-kwei (鄭友揆), *Foreign Trade and Industrial Development in China*, The University Press of Washington, 1956 が参考になる.

いわゆる浙江財閥の研究については, 山上金男『浙江財閥論』(1938・日本評論社) などがあげられるが, 多くは橘樸『支那社会研究』での"資本家"階級についての多面的考察には及ばない. 中国では陳伯達『中国四大家族』(1953・創元社), 許滌新『官僚資本論』(1953・青木文庫) などの成果が生まれている. 橘の場合は1927年にかけての革命過程における政治的動向について示唆するところ多く, 中国の研究はおおむね1927年以降における蔣介石ら四大家族の"封建的・買辦的国家独占資本"の解明が主眼とされている. 資本の機能という面と資産階級の構造分析という面の両面から整理が求められ, その意味においては1920年代における上海を中心にした中国資産階級の資本蓄積の展開と, その政治動向の関連的な把握が, より深められる必要がありはしないだろうか. その点, 黄逸峰「関於旧中国買辦資産階級的研究」(『歴史研究』1964-3) は示唆に富むが, ① 1912年以前, ② 1912-27年, ③ 1927年以降の3段階の発展を経て, 最後に蔣介石反動集団を買収して, 買辦階級は大地主階級と連合のファッショ独裁権力をうちたて, 浙江財閥, 華北財団, 華南財団をあわせて官僚買辦階級を構成したのである.

農民運動と"ソビエト革命"

鈴江言一は『中国解放闘争史』で, 農民大衆の獲得如何が, 無産階級の運動発展と資産階級の支配権確保の帰趨を決定する根本問題とし, 無産階級の農民運動に対する働きかけが, 1923年の京漢線スト (二七惨案) を機に強まったことを指摘している. 産業労働調査所訳編『支那における最近の農民運動と農民問題』(1929・叢文閣) やモスコー国際農業問題研究所編『極東における農業問題』(1932・耕進社) など, ソ連側のデータも提供され, また田中忠夫『革命支那農村の実証的研究』(1930・衆人社) や『支那農村の崩壊と農民闘争』(1936・泰山房) など資料的にみるべきものもあった. 当時における内外の研究文献は『思想』1929年7月の「特輯支那号」に数多く集録されている.

蔣介石政権の評価といわゆる"中国統一化"論争

蔣政権の評価をめぐって,矢沢康祐「1930年代中国における帝国主義と反帝国主義」(『歴史学研究』279)が国共「両者の対立は民族独立の方法とビジョンの違い」とし,"二つの道"の観点をとる必要を述べ,「もしも中国共産党の力量が微弱であるならば,国民政府は中国のブルジョア的国家統一を完成させた」ものとみた.これに対し藤井正夫「中国国民党―南京政府の経済建設の評価―」(『歴史教育』13-1)が「かりに日本の侵略がなかったとしても,中国の経済的停滞は打破できなかったであろう」との説を支持している.

じつは,この論点はすでに戦前に提起されていたものであるが,戦後のアジア・アフリカ民族解放運動の展開にともない,中国革命の再検討という形をとって,再び問題になったものとみられよう.日中戦争の勃発まぎわに"中国統一化"の論争が展開されたが,これは経済面でいえば1935年の幣制改革,政治面でいえば翌年の西安事件後の中国統一化への状況判断をめぐり,軍部のリードする大陸政策に対する批判が一時かもし出されるにおよび提起されたものであるが,戦争突入と,それにともなう言論弾圧でついえさった.(1)矢内原忠雄「支那問題の所在」(『中央公論』1937年2月)が中国の資本主義的発展と,南京政府による中国政治の近代的統一化の展望を述べたのに対し,(2)大上末広「支那資本主義と南京政府の統一政策」(『満洲評論』同年3・4月)などが反論して,半封建的諸関係の残存と,対外的従属の深化を強調した.しかし(3)中西功「支那社会の基礎的範疇と統一化との交渉」(『満鉄調査月報』同年8月)や尾崎庄太郎「支那の統一化をめぐる諸問題」(『支那問題研究所報』同年6号)などは両者を批判し,前者の中国資本主義化=半植民地脱化論や,後者の民族的危機――民族解放運動の高揚に対する軽視などの誤りを指摘し,西安事件が統一強化に導かれたのは,全民族的救亡戦線を要求する大衆の圧力によるものであり,経済建設運動も,国民的利益に沿い国防に役立つ限りは支持されるものとした.

世界恐慌と経済建設

『恐慌の発展過程における支那幣制改革の研究』(1936・満鉄上海事務所)や『支那の経済恐慌に関する調査』(第一巻金融及国際貸借,第二巻農業,第三巻商工業,1935・東京商工会議所)などが指摘するように,(1)世界恐慌による中国農産物の在外需要の激減と,それにともなう生産過剰,中国に対する農産物輸出の強化(ダンピング),それが引きおこした中国農産物価格の激落などで,中国農業が崩壊の危機にさらされ,(2)かかる農村疲弊を反映する国内市場の萎縮,工業生産の破綻,とくに「土着工業の破滅とその非民族化の進行」,(3)商品入超にともなう国際収支均衡の逆調,銀の国外流出(中国は銀本位制),その結果としての金融恐慌の激化などをもたらした.このことは,併行的につよまっていった農民闘争,および日本の満洲侵略という,階級矛盾と民族矛盾の同時的激化をきたし,全般的な農業・農民対策を問題とせざるをえなくさせていた.

蔣政権は,*Two Years of Nationalist China*, edited by Min-Chien T. Z. Tyau, Shanghai, 1930 や，中央党部国民経済計画委員会主編『十年来之中国経済建設』(1937・南京扶輪日報社）などで，国内統一と経済建設の進展を誇示した．その状況は『支那経済建設の全貌』(1937・太平洋問題調査会）にもうかがうことができるが，そのなかでG・E・テイラーが，1933年になって南京政府は共産軍との闘いが，軍事的手段のみで不可能なこと，社会的経済的建設は軍事的勝利の結果ではなく条件となることを認識するにいたったとのべていることは，現今のベトナム問題などと考えあわせて興味ふかいものがある．尾崎秀実「支那の経済建設批判」(『現代支那批判』所収）は，その批判的解説として有益だが，かれは『支那社会経済論』(1940・生活社）でもこの問題に論及し，それに積極的に関与したものが「近年畸形的な発展をとげた中国の銀行資本」であり，それが「この経済建設そのものの方向を制約する性質を持っていた」ことを指摘するとともに，これに対する批判点として(1)建設の不均衡．全国統一への物的基礎として，交通路——とくに公路と鉄道の建設に主力が集中されたこと．(2)建設が民生に背馳する方法ですすめられ，「中国社会の主要な危機の源泉をなしている農民問題」の解決に益しないばかりか，農村に破壊的作用をあたえる面すらあったこと．(3)主として外国資本の利益と一致することを前提としたものであることなどをあげているのに注目したい．

産業構造〈その1，工業〉

　蔣政権の経済建設のプランメイクと関連して，各種の産業調査がすすめられた．工業では，1933年に国民政府軍事委員会資源委員会の「国家総動員の意図の下に経済国防の確立と全支那における工業資源の基本統計を編製する」目的にそった調査がおこなわれ，『支那工業調査報告』(1941・中支建設資料整備事務所）にまとめられれた．これは全国的規模の実態調査の結果を産業別，地域別に整理したものである．当該機関は，軍政部兵工署とならんで，工業独占の二大組織と称されていることからも，この調査の性格が知られる．なお，この前後に南開大学経済研究所が天津を中心におこなった調査は方顕廷『支那の民族産業』(1940・岩波書店）として，中国経済協会がおこなった上海の調査は劉大鈞『支那工業論』(1938・生活社）として出され，また方顕廷編『中国経済研究』(2巻，1938・商務印書館，梨本祐平訳編『支那経済研究』1939・改造社）にまとめられたような研究業績が，その一部はまた有沢広巳編『支那工業論』(1936・改造社）として訳出されている．ここにあげたものは，当時の調査報告のごく一部にとどまるが，その限りにおいても調査者も訳出者も"中国工業化"に大きな関心をよせていたことが知られる．その中でも朱邦興ら『上海産業与上海職工』(1937・遠東出版社）は批判的見地にたった業績として高く評価されるが，こうした問題に包括的な理論的解答をあたえようとしたものが尾崎庄太郎『支那の工業機構』(1939・白揚社）であった．「支那工業の未発達，不振，没落，後退」が，(1)民族資本の高利貸的・買辧的・国家寄生的特質，この特質と一体をなす経営者の非経営性・無資格，労働力の過剰・低廉と労働階級の極度の貧窮・無訓練・無教育および資本の相対的不足等々を経済的要因とし，さらに(2)政治的不安，不断の戦乱，法外な政治的収取および政治的不統一・混乱等より間接的に生じ，

かつそれらによって激化させられる自然的災害の不断の襲来等より生ずる社会的富の不断の破壊ないし破滅等を政治的ないし自然的要因とするものである．(3) 外来的な要因がさらにこれに拍車をかけることはいうまでもないものとして，論証を進めている．

産業構造〈その2，農業〉

農業についていえば，蔣政権の訓政期における農業政策は，二五減租［小作料の25％引下げ］の規定をふくむ土地法（1930年公布，36年施行），農民再組織の官僚的統制機関としての農会設置をきめた農会法（1930年公布，翌年施行）などで形を整えたが，機構的には1931年開催の農会など諸団体代表による国民会議を機に，同年10月に全国経済委員会が発足し，同時に国際連盟の技術援助があたえられて，専門家の派遣，農業調査が実施され，さらに1933年の棉麦借款を基金に，10月に連盟技術代表のライヒマンを迎えて，同委員会の正式成立をみることになり，農村救済が重要課題とされるにいたり（『国民政府ノ農業政策』1937・華北産業科学研究所），翌年8月には同委員会が内政部・財政部と合同して土地委員会を発足させ，土地法実施の前提として22省にわたる土地利用，分配などについての大規模な農村調査をおこなった（『支那全国土地調査報告綱要』1942・中支建設資料整備事務所）．また1933年5月に行政院の下に設けられた農村復興委員会も，その夏に広西，雲南，河南，陝西，江蘇など7省の地租，土地所有制その他についての調査をおこなっている（各省の報告書が，1934-35年に商務印書館から出版された）．それは「農業改革の施行のためではなく，財政上，税制上の目的のため」（マジャール著，早川二郎訳『支那の農業経済』1936・白揚社）ともみられた．

この前後におこなわれた調査・研究のなかで，ロッシング・バック著，東亜経済調査局訳『支那農家経済研究』（1935・東亜経済調査局），同『支那の農業』（1938・改造社）やトーネイ著，浦松・牛場訳『支那の農業と工業』（1935・岩波書店）などは，地主・小作関係を「一つの自由な契約の当事者なのであり，特権階級と隷属階級と，相対立する2つの階級をそれぞれ代表するものではない」（トーネイ）とする階級対立を無視した見方にたっていた．これにたいして，マジャールは，(1) 中国における農業制度の基本的特長を「地主の土地における，債務にしばられ，救亡におしひしがれた農民経済」にみて，中国農業の主要な収取様式は封建的および半封建的なものであり，決定的な階級矛盾は地主と基本的農民大衆とのあいだにあって，革命発展の第1段階におけるブルジョア民主主義革命の内容は必然的に「帝国主義の顛覆に，土地のための基本的農民大衆の闘争にある」としたが，(2)「工業の微弱な発展が植民地諸国のブルジョアの土地所有との合生を条件づけている」ところから，農業革命に反対するブルジョア＝地主ブロックが生じ，「国民党はストルイピン主義のカリカチュアをもってさえ進出する能力がない」ことになり，そこから (3) 労働者階級に指導される農民の変革的階級闘争（ソヴィエト革命）のみが土地問題を解決しうるものとした．

また天野元之助『支那農業経済論　上巻』（1940・改造社）は，(1) 中国の小作農の大半は貧農にして「生きんがためには働かねばならぬ」無地ないし耕地欠乏の農民である．

(2) 半封建的な収租［小作料徴収］地主が全国の地主のなかで支配的位置を占める．(3) 富農は企業的性質を帯びてはいるが，農業企業の危険を避け，土地租出などにより農民より高率地代を収取し収租地主に転変せんとする傾向をもつ．(4) 一般の小作関係は，小作人の身分的・半農奴的従属関係が明瞭に看取される．(5) 最近の動きとして「地権の所有は引続き集中し，土地の経営はこれと反対に分散の傾向をたどっている」「村内の地主（中小地主）が没落の趨勢をたどってきたとともに，一方には不在地主（高利貸的商人・官僚・地主の三位一体）の擡頭がみられる」ことなどを明らかにしている．

中国では国民革命の挫折後，(a) 中国の社会性質について，(b) 社会史について，(c) 農村社会性質についての論争が継起した．これは1つには政治的大転換ののち，民族革命の戦略戦術の問題，つまり民族革命の性質，民族大連合の形式，各階層の革命に対する任務などについて再検討が必要となり，中国社会の性質が問題になったことを意味する．続いて，ウエスタン・インパクトにさらされた時の中国は封建社会だったかが問題となり，さかのぼって奴隷制の存在が問われ，アジア的生産様式をめぐって論議がかわされた．さらには，中国は遅れた農業国家で農業が国民経済の主要な構成要素となっており，民族解放運動において農民問題が重要な位置をしめるところから，農民運動の性質と任務についての検討が緊急と考えられるにいたったのである．前段階の論争内容は，田中忠夫訳編『支那経済論』（1932・中央公論社）にみられ，その経過は矢沢康祐「労農運動と中国社会論」（『講座・近代アジア思想史　中国I』1960・弘文堂）や，増淵龍夫「日本における東洋社会経済史学の発達」（『社会経済史大系　X』1960・弘文堂），呂振羽『中国社会史的諸問題』（1954・華東人民出版社）などで知られる．農村問題については，中国農村経済研究会編『中国農村社規性質論戦』（1935・新知書店）があり，論争全般にわたっては，何幹之『中国社会性質問題論戦』（1937・生活書店）が簡潔な概観をおこなっている．

何幹之は，農村社会性質論戦が全論戦の核心とまでいっている．世界恐慌の波及と，蔣政権の農業対策にからみ，農村調査・研究が活発化するなかで，農村経済研究会のメンバーが活躍し，それは先に馮和法編『中国農村経済資料』（正続，1935・黎明書局）の大著と，同『中国農村経済論』（1934・同）の理論書などを生み，一方で機関誌『中国農村』（1934年10月創刊）を発刊して，「資本主義の生産様式が中国農村で支配的になっている」と主張する王宜昌ら〈中国経済派〉と論争し，他方さらに中国経済情報社『中国経済年報』『中国経済論文集』などをとおしても啓蒙活動をおこなった．生みだされた多くの成果のうち，日本に紹介されたものに同会編『現代支那の土地問題』（1938・生活社）や，太平洋問題調査会編『中国農村問題』（1940・岩波書店）などがあり，なかでも薛暮橋著，米沢秀夫訳『支那農村経済概論』（1937・叢文閣）は，代表的な著作とみなされている．

それは「支那農村破産の根本原因は，生産の立遅れではなくして農業生産の発展を阻止する各種の社会関係である」との見地にたち，帝国主義が「封建的残存物を一掃しないどころか，かえってそれらを多少とも利用し，それらを通じて支那農民を搾取してい

る」ところから,「成長すべきものが成長しえないで,死滅すべきものが死滅しない」という状況を呈しているものとした.それは封建的な「土地関係が農業生産力の自由な発展を妨害している」ということにほかならない.その土地関係は「半封建的地代徴収地主と半封建的飢餓小作農との対立」を特長としている.そして,資本は「ただ交換過程を占有しているだけで,いまだ生産過程を占有していない」,農業生産そのものは資本主義的生産様式を採用するにいたっていないのである.さらに,その交換過程は「農村に根強く残存する封建組織を通して行われ」,それは「帝国主義者と半植民地農民との間の不平等な交換で」,多くは高利貸的交換様式がとられていた.かくて,「現下の支那農村における最も基本的な問題は,第一は民族解放問題(いかにして帝国主義者の経済的束縛を打破するか)であり,第二は土地問題(いかにして農村における封建的残存勢力を一掃するか)である」ということになる.

"中国四大家族"と中国経済

四大銀行(中央,中国,交通,中国農民)とその支配者たる四大家族(蔣介石,宋子文,孔祥熙,陳果夫・立夫)に関し,戦後の日本では,早くは仁尾一郎『中国のインフレーションの発展と官僚独占資本』(1949・朝日新聞調査研究室)があり,論文では芝池靖夫「"四大家族"独占の形成契機について」(『現代中国』34),上妻隆栄「官僚独占資本の系譜とその特質」(『東亜経済研究』37-2〜4),中嶌太一「中国革命における官僚資本主義の評価」(『アジア研究』11-3)などがある.中国では,千家駒「関於四大家族壟断資本的一個研究」(『経済研究』1962-10),同「旧中国発行公債史研究」(『歴史研究』1955-2)などの論文のほか,同『旧中国公債史資料(1894-1949)』(1955・財政経済出版社),張郁蘭『中国銀行業発展史』(1957・上海人民出版社),中国人民銀行上海市分行編『上海銭荘史料』(1960・上海人民出版社)といった資料的なものが出されている.とくに陳真編『中国近代工業史資料 第三輯』(1961・三聯書店)が「国民党官僚資本壟断的工業」について豊富な資料を提供している.

これと関連して民族資本が問題となるが,戦後の業績に限っていえば,日本では藤井正夫「中国民族資本家の系譜」(『新中国』2-9),尾崎庄太郎「中国民族資本の進歩性と動揺性」(『中国研究』12),天野元之助「民族資本の興隆」(『中国研究』1957-2期)などが記憶される.中国では,樊百川「試論中国資産階級的各個組成部分」(『中国科学院歴史研究所第三所集刊』2),呉承明「中国民族資本的特点」(『経済研究』1956-6),呉江「関於民族資産階級的分類及其他」(同),林滌非「民族資産階級是中小資産階級嗎」(同)などが出て,論争が起こされた.

戦時経済をめぐって

中国戦時経済について,戦時中の日本で良書は少ないが,そのなかで増田米治『支那戦争経済の研究』(1944・ダイヤモンド社)は潤色の少ない,当時としては真面目な研究といえる.中国文献の訳出されたものでは何幹之『支那の経済機構』(1940・岩波新書)

など手ごろである．ともに戦時下の中国経済の傾向として，(a) 国営企業の拡大と合作社運動の勃興，(b) 民族資本の投機的性格の濃化，(c) 悪性インフレーションの高進などを指摘している．*China Hand Book*（戦時中華誌）*1937-45*, N. Y., 1947, Tong, K. K.（董顕光）ed., *China after Seven Years of War*, N. Y., 1945 などは蔣政権側からみた記録である．問題を掘り下げたものとしては，許滌新『現代中国経済教程』(1948・光華書店) や，銀行学会編『民国経済史』(1948・銀行週報社) の戦時経済之部にふくまれる諸論文などがある．許滌新のものは戦前の中国経済，戦時経済の動態，戦時三種経済政策の分析，戦時経済の鳥瞰，戦後の経済危機，新民主主義経済の発展，現代中国経済の構造と各種社会勢力といった項目からなり，戦時経済の全面的把握を容易にしている．

日本の中国侵略を経済的側面からみたものとして，井上晴丸・宇佐見誠次郎『危機における日本資本主義の構造』(1951・岩波書店)，Lowe Chuan-hua, *Japan's Economic Offensive in China*, London, 1939 をあげるにとどめる．日本の占領地域についてみる場合は，Frederick W. Mote, *Japanese Sponsored Government in China, 1937-45*, Stanford University Press, 1954 などの文献目録が参考になる．

国民党統治区の一般的概観は，Lowrence K. Rosinger, *China's Wartaime Politics 1937-44*, Princeton University Press, 1944 が便であり，同じ著者の *China's Crisis*, N. Y., 1945 には経済危機についての分析も含まれている．その点，寿進文『抗日戦争時期国統区的物価問題』(1958・上海人民出版社)，及び Chang Kia-ngau（張嘉璈），*The Inflationary Spiral, the Experince in China 1937-50*, N. Y., 1958 が参考になる．産業全般にわたっては，Huber Freyn, *Free China's New Deal*, N. Y., 1943 がまとまっており，工業に関しては，Shih Kuo-heng, *China Enters the Machine Age, a Study of Labor in Chinese War Industry*, 1949 があり，これを素材に佐伯有一「中国の労働者についての覚書」(『東洋文化』18・19) が書かれている．この点，戦後の中国で「1937～45年間国民党統治区工人階級的状況」(『歴史研究』1960-3) や陳達「上海的労資争議与罷工」(『教学与研究』1957-6) などの論文が出ている．農業については Fei, H. T.[費孝通] & Chang Chin-li, *Earthbound China, A Study of Rural Economy in Yunnan*, 1945 などがあげられ，戦後に陳伯達『近代中国地租概説』(増訂本，1949・新華書店) が出された．日本では，戦時中に抗戦力測定という観点から，1939年4月に満鉄内に抗戦力調査委員会が設けられ，中西功「奥地支那の経済機構」(『満鉄調査月報』22-4) などの報告が発表されている．おなじく東亜研究所よりは『抗戦支那の経済建設』(1941)，『支那資本の戦時動員』(同)，『蘇聯側より観たる奥地支那経済論(1)』(同)，『支那工業合作社問題関係資料(1)』(1940)，ニム・ウェルズ著，東亜研究所訳『支那民主主義建設』(1942) などの訳書が出されている．また，『支那事変勃発以後蔣介石ガ抗戦力結集維持ノタメ実施セル対内外政策トソノ効果ニ関スル調査』(1942) や，『重慶政権施策年表』(1943) などもある．なお，ついでに工業合作社の運動に寄与したレビイ・アレーについて Creghton Lacy, *Is China A Democracy?*, N. Y., 1943 がふれているのを指摘しておきたい．

抗日根拠地の一般状況は『抗日戦争時期解放区概況』(1953・人民出版社) で知られる

が，『陝甘寧辺区参議会文献彙輯』(1958・科学出版社) をみても，抗日統一戦線の下で，徹底した民主化を実現し，解放区をその模範区にする努力のあとが示されている．戦時中，日本では東亜研究所編訳『陝甘寧辺区の政策と近況』(1942)，満鉄『晋察冀辺区に於ける中国共産党の農業政策』(1941) など資料的価値のあるものは，ごく少数に限られる．個別地区の状況については斉武編『一個革命根拠地的成長：抗日戦争和解放戦争時期的晋察冀魯豫辺区概況』(1958・人民出版社) なども出されるようになった．田家英『毛沢東同志論抗日時期的整風運動和生産運動』(1953・人民出版社) や山本秀夫「整風運動の基本的考察：農民解放とその諸条件」(『現代中国』34) も参考になる．

経済一般に関しては，上妻隆栄「抗日戦争期における中共の経済政策」(『東亜経済研究』35-3) や胡正邦「抗戦期中華北抗日根拠地的経済建設」(『人文科学雑誌』1958-2) などがある．農業面については古島和雄「抗日時期の中共の土地政策」(『東洋文化研究所紀要』9) や李成瑞「抗日戦争時期幾個人民革命根拠地的農業税収制度与農民負担」(『経済研究』1956-2)，張永良「抗日戦争時期陝甘寧辺区農業互助合作」(『歴史教学』1959-9) などがあり，資料的なものとして『近代合作思想史』(1950・棠棣出版社)，史歌棠ら編『中国農業合作化運動資料』(上下，1957・三聯書店) などが出ている．各種企業については毛沢東『経済問題与財政問題』(1949・新民主出版社) を素材とした安藤彦太郎「陝甘寧辺区の公営経済」(『早稲田政経学雑誌』168)，あるいは梁継宗「抗日戦争時期陝甘寧辺区的棉紡織業」(『経済研究』1963-7) などがあるが，まとまった著述として儀我壮一郎『中国の社会主義企業』(1965・ミネルヴァ書房) があり，戦後への接続関係が知られる．

戦後経済の展開

戦後の一般的状況は『第三次国内革命戦争概況』(1954・人民出版社)，廖蓋隆『新中国是怎様誕生和生長的』(1955・人民出版社) や朝日新聞東亜部『新段階に立つ中国政治』(1947・月曜書房)，『中国白書』(1948・朝日新聞社)，日本太平洋問題調査会訳『現代アジアの展望』(1953・岩波書店) などで知られ，『戦後五年中国関係図書目録』(1950・国会図書館) もある．当時の文献では軍大政治部編『現中国的両種社会』が貴重で，発展する解放区と没落する国統区の対比を試みている．経済問題では，陳伯達『中国四大家族』，許滌新『官僚資本論』などのほか，渡辺長雄『中国資本主義と戦後経済』(1950・東洋経済新報社) があるが，全慰天『従旧中国到新中国：第三次国内革命戦争時期経済史略』(1957・新知識出版社) がよい．論文では古島和雄「中国革命と人民民主統一戦線」(『歴史学研究』293)，加藤祐三「土地改革と基層政権の成立過程」(同 313) がある．なお，劉少奇『新中国の土地改革』(1951・中国研究所) や，『中国解放地区土地改革関係資料』(1949・農林省農地部) が出され，中華人民共和国の成立後の農業問題では，北京政法学院民法教研室編『中華人民共和国土地法参考資料』(1957・法律出版社) があり，また『土地改革手冊』の正続2冊と『土改的経験与心得』をふくめた『土地改革関係資料』がちかごろ極東書店で復刻されている．そして旗田巍「中国土地改革の歴史的性格」(『東洋文化』4)，池田誠「中国人民革命と土地改革一，二」(『立命館法学』13, 14)，野間

清「中国の土地改革に関する若干の問題と資料」(『国際問題研究所紀要』34) その他,多くの論文が書かれている.中国でも数多くの論文が出されているが,夏東元「第三次国内革命勝利的最基礎条件:徹底的土地改革」(『歴史教学問題』1958-5) や蘇星「土地改革以後,我国農村社会主義和資本主義両条道路的闘争」(『経済研究』1965-8・9) といった論考もある.

史料文献目録

(1) 第1部の研究文献目録に準じて作成した．

〈日本語文献〉

飯島渉・田中比呂志編　2006『21世紀の中国近現代史研究を求めて』研文出版
市古宙三ほか編　1974『近代中国研究入門』東京大学出版会
井上裕正・村上衛　2006「第10章　近代」礪波護・岸本美緒・杉山正明編『中国歴史研究入門』名古屋大学出版会
岩井茂樹・加藤直人・谷井俊仁　2006「第9章　清代」礪波護・岸本美緒・杉山正明『中国歴史研究入門』名古屋大学出版会
岡本隆司　2007『馬建忠の中国近代』京都大学学術出版会
外務省編　1938-『日本外交文書』
────編　1964『日本外交年表竝主要文書』原書房（初版は1955年）
外務省通商局編　1907『清国事情』全2輯，外務省通商局
久保亨　1995『中国経済100年のあゆみ：統計資料で見る中国近現代経済史』第2版，創研出版
小島晋治ほか編　1993『近代中国研究案内』岩波書店
佐伯有一・田中一成ほか編註　1975『仁井田陞博士輯　北京工商ギルド資料集』全6冊，東京大学東洋文化研究所附属東洋学文献センター
佐藤元英　1997『日本・中国関係イギリス外務省文書目録』全3冊，クレス出版
斯波義信編　2012『モリソンパンフレットの世界』東洋文庫
島田虔次ほか　1983-84『アジア歴史研究入門』全5巻，同朋舎出版
辛亥革命研究会編　1992『中国近代史研究入門』汲古書院
多賀秋五郎　1972-90『近代中国教育史資料』全5冊，日本学術振興会
高田幸男・大澤肇編　2010『新史料からみる中国現代史：口述（オーラル）・電子化（デジタル）・地域文書（ローカル）』東方書店
田中正俊　1974「社会経済史：論文の出来るまで・一つの実験」坂野正高・田中正俊・衛藤瀋吉編『近代中国研究入門』東京大学出版会
中国企業史研究会　2007『中国企業史研究の成果と課題』汲古書院
角山榮編　1986『日本領事報告の研究』同文館出版
東亜同文会編　1907-12『支那経済全書』全12冊，東亜同文会
────　1917-20『支那省別全誌』全18冊，東亜同文会
西英昭　2009『「台湾私法」の成立過程：テキストの層位学的分析を中心に』九州大学出版会
日本国際問題研究所中国部会編　1963-71『新中国資料集成』全5巻，日本国際問題研究所
────編　1970-75『中国共産党資料集』全12巻，勁草書房
野沢豊編　1978・1980『アジアの変革』上・下，校倉書房
────編　1995『日本の中華民国史研究』汲古書院
野村浩一ほか編　1990『岩波講座　現代中国　別巻2　現代中国研究案内』岩波書店
濱下武志　1998『中国近代経済史研究』汲古書院
濱下武志・久保亨ほか編　1983-89『中国経済関係雑誌記事総目録』(1)〜(5)，東京大学東洋文化研究所附属東洋学文献センター
濱下武志・李焯然・林正子・張士陽編　1990『山西票号資料　書簡編(1)』東京大学東洋文化研究所附属東洋学文献センター
坂野正高　1974「政治外交史：清末の根本資料を中心として」坂野ほか編『近代中国研究入門』東京大学出版会

みすず書房　1962-80『現代史史料』みすず書房
──　1982-94『続・現代史史料』みすず書房
毛里和子ほか編　1994-96『原典　中国現代史』全9巻，岩波書店
山根幸夫編　1983『中国史研究入門』上・下，山川出版社
──編　1992『近代日中関係史研究入門』研文出版
臨時台湾旧慣調査会編　1910『臨時台湾旧慣調査会第一部調査第三回報告書　台湾私法』臨時台湾旧慣調査会

〈中国語文献〉

包楽史（Leonard Blussé）・庄国土主編　2002-『公案簿』厦門大学出版社
陳翰笙主編　1980-85『華工出国史料匯編』全11冊，中華書局
陳旭麓・顧廷龍・汪熙主編　1979-2002『盛宣懷檔案資料選輯』全11冊，上海人民出版社
陳真・姚洛共編　1957-61『中国近代工業史資料』全6冊，生活・読書・新知三聯書店
重慶海関総税務司署統計科　2011『重慶海関税務司貿易冊』全15冊，国家図書館出版社
宓汝成編　1963『中国近代鉄路史資料 1863-1911』全3冊，中華書局
福建師範大学歴史系　1997『明清福建経済契約文書選輯』人民出版社
国史館史料処編　1982『中華民国海関華洋貿易総冊』全83巻
何培夫主編　1993-99『台湾地区現存碑碣図誌』全16冊，国立中央図書館台湾分館
──　1999『金門・馬祖地区現存碑碣図誌』国立中央図書館台湾分館
黄富三他編　1997『清末台湾海関歴年史料』全2冊，中央研究院台湾史研究所籌備處
科大衛・陸鴻基・呉倫霓合編　1986『香港碑銘彙編』全3冊，香港市政局
李金龍・孫興亜主編　2007『北京会館史料集成』全3冊，学苑出版社
李文治・章有義編　1957『中国近代農業史資料』全3冊，生活・読書・新知三聯書店
聶宝璋編　1983『中国近代航運史資料　1840-1895』全2冊，上海人民出版社
──　2002『中国近代航運史資料　1895-1927』全2冊，中国社会科学出版社
彭沢益編　1957『中国近代手工業史資料　1840-1949』全4冊，生活・読書・新知三聯書店
上海博物館図書資料室編　1980『上海碑刻資料選輯』上海人民出版社
盛宣懷　1975a『愚齋存稿』全4冊，文海出版社
──　1975b『愚齋未刊信稿』文海出版社
孫毓棠編　1957『中国近代工業史資料　1840-1895』全4冊，科学出版社
蘇州歴史博物館・江蘇師範学院歴史系・南京大学明清史研究室合編　1981『明清蘇州工商碑刻集』江蘇人民出版社
譚棣華・曹騰騑・冼剣民編　2001『広東碑刻集』広東高等教育出版社
天津市檔案館・天津社会科学院歴史研究所・天津市工商業聯合会編　1989『天津商会檔案匯編　1903-1911』全2冊，天津人民出版社
王国平・唐力行主編　1998『明清以来蘇州社会史碑刻集』蘇州大学出版社
王檜林・朱漢国主編　1992『中国報刊辞典（1815-1949）』書海出版社
汪敬虞編　1957『中国近代工業史資料　1895-1914』全2冊，科学出版社
王鈺欣・周紹泉主編　1991『徽州千年契約文書　清・民国編』全20冊，花山文藝出版社
舒新城　1961『中国近代教育史資料』全3冊，人民教育出版社
厳中平等編　1955『中国近代経済史統計資料選輯』科学出版社
楊瑞六・侯厚培編　1931『六十五年来中国国際貿易統計』国立中央研究院社会科学研究所
姚賢鎬編　1962『中国近代対外貿易史資料』全3冊，中華書局
章有義編　1957『中国近代農業史資料』全3冊，生活・読書・新知三聯書店
張謇研究中心・南通市図書館編　1994『張謇全集』全7冊，江蘇古籍出版社
章開沅等編　1991『蘇州商会檔案叢編　第1輯（1905-1911）』華中師範大学出版社
鄭振満・丁何生（Kenneth Dean）編　1995『福建宗教碑銘彙編　興化府分冊』福建人民出版社
──　2003『福建宗教碑銘彙編　泉州府分冊』全3冊，福建人民出版社

中共中央文献研究室編　1992-97『建国以来重要文献選編』全20冊，中央文献出版社
中国第二歴史檔案館　1979-2000『中華民国史檔案資料彙編』第1～5輯，江蘇古籍出版社
中国第二歴史檔案館編　2001『中国旧海関史料　1859-1948』全170冊，京華出版社
中国国民党中央委員会　1953-『革命文献』第1輯～，中央文物供応社
中華民国重要史料編輯委員会　1981-88『中華民国重要史料初編：対日抗戦時期』緒編～第7編，全26冊，中国国民党中央委員会党史委員会
中央檔案館編　1989-92『中共中央文件選集』全18冊，中共中央党校出版社
中央研究院近代史研究所編　1957-80『中国近代史資料彙編』中央研究院近代史研究所
中国人民銀行山西省分行・山西財経学院『山西票号史料』編写組・黄鑑暉編　2002『山西票号史料』山西経済出版社
中国人民銀行総行参事室編　1991『中国清代外債史資料　1853-1911』中国金融出版社
中国人民銀行総行参事室金融史料組　1964『中国近代貨幣史資料　1840-1911』全2冊，中華書局

〈英語文献〉

CMC 1948, *Survey of The Trade of China, 1941-45*.
Davids, Jules ed., 1973, *American Diplomatic and Public Papers: The United States and China, Series 1- The Treaty System and the Taiping Rebellion*, 21 vols., Wilmington: Scholarly Resources.
Davids, Jules ed., 1979, *American Diplomatic and Public Papers: The United States and China, Series 2- The United States, China, and imperial rivalries, 1861-1893*, 18 vols., Wilmington: Scholarly Resources.
Davids, Jules ed., 1981, *American Diplomatic and Public Papers: The United States and China, Series 3-, the Sino-Japanese War to the Russo-Japanese War 1894-1905*, 14 vols., Wilmington: Scholarly Resources.
Harvard University, 1970, *Chinese Maritime Customs, Publications*, micro, 100 Reel.
Hsiao, Liang-Lin, 1974, *China's Foreign Trade Statistics, 1864-1949*, Harvard University Press.
Irish University Press, Area Studies Series, 1972, *British Parliamentary Papers, China*, 42 vols., Shannon: Irish University Press.
King, Frank H. H. and Clarke, Prescott, 1965, *A Research Guide to China-Coast Newspapers, 1822-1911*, Cambridge, Mass.: East Asian Research Center, Harvard University.
Morse, H. B., 1926, 1929, *The Chronicles of the East India Company Trading to China, 1635-1834*, 5 vols., Oxford: Clarendon Press.
The Second Historical Archives, China, 2004, *China and the West: The Maritime Service Archive*, micro, Unit 1 to 7.
Toyo Bunko, 1972, *A Classified Catalogue of Pamphlets in Foreign Language in the Toyo Bunko, Acquired during the Year 1917-1971*, Tokyo: Toyo Bunko.

〈海関統計〉

①中国海関編：旧分類（1859-1931）
No.1 日報（上海のみ刊行）
　1866-1932. 3. 31. *Shanghai Customs Daily Returns*
No.2 季報
　1869-1913. *Customs Gazette*
　1886-1902. *Fines and Confiscations*
　1914-31. *Quarterly Returns of Trade*
No.3 年報
　1859-64. *Annual Returns of Trade*

1865-81. *Returns of Trade*
（1865-81，No. 3 統計と No. 4 報告に分冊）
1882-1919. *Returns of Trade and Trade Reports*
（1882 から報告と統計合冊．1913 から中国語版 No. 5 合冊）
1920-31. *Foreign Trade of China*
1920-31. *Annual Trade Reports and Returns*
（1920-22，No. 2 *Quarterly Returns of Trade* 10-12 と合冊．1923-31，No. 2 と分冊）
No. 4 年報（統計を含まず）
1865-81. *Reports on Trade*
（1882 から No. 3 へ合冊）
No. 5 年報中国語版
1875-1912.（1913 から No. 3 へ合冊）
No. 6 十年報
Decennial Reports 1882-91, First Issue
Decennial Reports 1892-1901, Second Issue
Decennial Reports 1902-11, Third Issue
Decennial Reports 1912-21, Fourth Issue
Decennial Reports 1922-31, Fifth Issue
No. 7 常関統計
1902. *Native Customs Trade Returns: Tientsin*
1903. *Native Customs Trade Returns: Foochow*
1902-06. *Quinquennial Reports and Returns, 1902-06*

②中国海関編：新分類（1932-49）
No. 1 年報　全国
1932-43. *The Trade of China*
（1932. 7 以降，東北各港を含まず．1942 以降，国民政府支配地域を含まず．1943，国内貿易統計のみ）
1944-45. 休刊
1946-48. *The Trade of China*
（東北各港・山東各港をほぼ含まず．台湾を含む）
No. 2 年報　上海
1932-42. *Shanghai Annual Returns of Foreign Trade*
No. 8 月報　全国
1931. 9-42. 12. *Monthly Returns of the Foreign Trade of China*
（外国貿易のみ．1932. 7 から東北各港を含まず．1942. 12 から国民政府支配地域を含まず）
1943. 1-45. 8. *Monthly Returns of the Trade of China*
（国内貿易統計を含む．国民政府支配地域を含まず）．
1945. 9-46. 6. 休刊
1946. 7-49. 3. *Monthly Returns of the Foreign Trade of China*
（外国貿易のみ．東北各港および山東各港をほぼ含まず．台湾を含む）
No. 9 月報　上海
1934. 8-42. 12. *Shanghai Monthly Returns of Foreign Trade*（外国貿易のみ）
1943. 1-43. 12. *Monthly Returns of Trade of Shanghai*（国内貿易を含む）
1944. 1-1946. 10. 休刊
1946. 11-46. 12. *Shanghai Monthly Returns of Foreign Trade*（外国貿易のみ）

③満洲国財政部編（1938 より経済部）
1　年報　1932-42『満洲国外国貿易統計年報』

2　月報　1933. 1-43. 12『満洲国外国貿易統計月報』

④津海関編（1939. 6 より華北海関）
1　年報　1939-42『華北海関進出口貿易統計年報』／1943-44『華北六港外国貿易統計年報』
2　月報　1938. 10-39. 5『津海関進出口貿易統計月報』／1939. 6-42. 12『華北海関進出口貿易統計月報』／1943. 1-45. 5『華北六港外国貿易統計月報』

⑤粤海関編
1　年報　1933-35『粤海関進出口貿易統計年報特刊』
2　月報　1936. 1-36. 12『粤海関進出口貿易統計月報』

⑥重慶総税務司編　1942-45「土貨統計出口統計表」及び「洋貨統計進口統計表」／1945「中華民国海関進出口貿易統計民国三十四年」（商品別詳細なし）

⑦上海総税務司
1942『中国国内貿易統計半年報』上・下

⑧満鉄上海事務所編
1　全国　1938『支那外国貿易統計年報』
2　華北　1917-30『北支那貿易年報』／1930-39『北支那外国貿易統計年報』
3　華中・華南　1936-37『中南支那外国貿易統計年報』／1939『中支那外国貿易統計年報』／1939『南支那外国貿易統計年報』／1941『上海転口貿易統計半年報』上・下

⑨北支那開発株式会社編
1940-41『北支那外国貿易統計年報』／1940『北支那内国貿易統計年報』

⑩東亜研究所編
1936『中南支那外国貿易詳細統計』／1937『支那地域別商品輸出入額相手国別表』（中支及南支ノ部）

⑪中央人民政府編
1949-50『中国外国貿易統計年報』

⑫その他
1919・1927-31　蔡謙・鄭友揆編『中国各通商口岸対各国進出口貿易統計』1936, 商務院書館／1936-40　韓啓桐編『中国埠際貿易統計 1936-1940』上・下 1951, 中国科学院社会研究所

第3部 統計史料

3-1a 人口の推移 (2-1949)

年(元号年)	年(西暦)	人口(万人) 曹樹基	人口(万人) Ping-ti Ho
前漢・元始 2	2	6,000	—
前漢・更始 2	24	3,500	—
後漢・永和 5	140	6,000	—
魏・黄初元	220	2,300	—
晋・永康元	300	3,500	—
隋・大業 5	609	6,000	—
唐・武徳 5	622	2,500	—
唐・天宝 14	755	7,000	—
宋・太平興国 5	980	3,540	—
宋・大観 4	1110	14,000	—
宋・建炎 4	1130	9,000	—
宋・嘉定 3	1210	14,500	—
元・至元 27	1290	7,500	—
元・至順元	1330	8,500	—
元・至正元	1341	9,000	—
明・洪武 24	1391	7,160	—
明・崇禎 3	1630	19,250	—
明・崇禎 17	1644	15,250	—
清・康熙 18	1679	16,000	—
清・乾隆 41	1776	31,150	26,824
清・嘉慶 25	1820	38,310	35,338
清・道光 30	1850	—	42,993
清・咸豊元	1851	43,610	—
清・光緒 6	1880	36,450	—
清・宣統 2	1910	43,600	—
民国・38	1949	54,170	—

出典：曹樹基『中国人口史』第 5 巻，復旦大学出版社，2001 年，831-32 頁．
Ping-ti Ho（何炳棣），*Studies on the Population of China, 1368-1953*, Harvarad University Press, 1959, pp. 281-82.

3-1b　人口の推移 (1949-2010)

（年）	総人口（万人）	（年）	総人口（万人）
1949	54,167	80	98,705
50	55,196	81	100,072
51	56,300	82	101,654
52	57,482	83	103,008
53	58,796	84	104,357
54	60,266	85	105,851
55	61,465	86	107,507
56	62,828	87	109,300
57	64,653	88	111,026
58	65,994	89	112,704
59	67,207	90	114,333
60	66,207	91	115,823
61	65,859	92	117,171
62	67,295	93	118,517
63	69,172	94	119,850
64	70,499	95	121,121
65	72,538	96	122,389
66	74,542	97	123,626
67	76,368	98	124,761
68	78,534	99	125,786
69	80,671	2000	126,743
70	82,992	01	127,627
71	85,229	02	128,453
72	87,177	03	129,227
73	89,211	04	129,988
74	90,859	05	130,756
75	92,420	06	131,448
76	93,717	07	132,129
77	94,974	08	132,802
78	96,259	09	133,450
79	97,542	10	134,091

注：現役軍人を含む数値．
出典：『中国統計年鑑 1983』103 頁．『中国統計年鑑 2011』表 3-1, 93 頁．

3-2 国土と土地利用 (2011)

		面積(万 km^2)	%
国土の総面積		**960**	100.00
地形別	山　地	320	33.33
	高　原	250	26.04
	盆　地	180	18.75
	平　野	115	11.98
	丘　陵	95	9.90
形態別	農耕地	121.72	12.68
	樹林帯	305.90	31.86
	河川湖沼	17.47	1.82
	草　地	392.83	40.92
	その他	122.08	12.72

注：(1) 従来の調査に基づく数値．
　　(2) 耕地面積は国土資源部による 2008 年末の数値．
出典：『中国統計年鑑 2011』12-2 表，394 頁．

3-3a 近代的鉱工業生産の推移 (1912-48)

年	工業生産指数 1933=100	工業生産額 (100万元) 1933年価額	綿糸 1,000梱	綿布 1,000疋	生糸 トン	絹織物 1,000疋	小麦粉 1,000袋	セメント 1,000トン	銑鉄 1,000トン	石炭 1,000トン
1912	18.4	256	468	1,919	3,576	—	23,301	90	8	5,166
13	21.0	292	527	1,948	4,204	—	26,423	81	98	5,678
14	23.0	321	598	2,267	3,432	—	27,640	110	130	7,974
15	25.3	353	608	2,299	3,821	—	37,210	112	166	8,493
16	26.7	372	651	2,906	4,143	20	35,313	105	199	9,483
17	30.4	423	650	2,983	4,445	37	48,445	125	188	10,479
18	32.6	454	743	3,083	3,950	98	56,471	133	158	11,109
19	37.0	516	808	3,534	5,523	112	66,964	144	237	12,805
20	40.7	567	980	4,816	3,482	132	73,223	142	259	14,131
21	42.5	592	1,427	4,559	5,398	154	45,327	161	229	13,350
22	47.6	664	1,783	7,417	5,567	241	30,591	306	231	14,060
23	49.2	685	1,716	8,136	4,859	247	37,494	349	171	16,973
24	60.8	847	2,073	8,854	5,244	483	67,348	356	190	18,525
25	71.3	993	2,326	10,974	6,907	929	78,253	364	193	17,538
26	70.2	979	2,225	11,465	7,159	945	79,357	496	228	15,617
27	69.7	972	2,211	11,955	7,032	1,326	67,742	498	258	17,694
28	77.3	1,077	2,334	16,399	8,351	1,504	76,354	608	298	17,980
29	79.8	1,113	2,381	16,423	8,279	1,539	80,116	755	301	18,854
30	79.3	1,105	2,393	16,975	6,951	1,816	69,445	691	376	19,892
31	93.3	1,301	2,556	22,205	6,268	2,354	112,154	687	345	21,093
32	90.0	1,254	2,590	24,441	3,482	1,864	91,357	621	413	20,213
33	100.0	1,394	2,715	25,260	4,524	2,868	105,000	727	471	22,075
34	102.7	1,432	2,780	28,215	3,173	2,306	99,506	838	521	25,801
35	110.4	1,539	2,635	29,462	4,160	2,197	108,105	1,027	648	30,093
36	121.1	1,688	2,920	35,978	3,690	2,578	90,127	1,243	670	33,794
37	88.1	1,228	1,447	25,341	3,739	1,533	79,256	1,072	831	31,387
38	92.5	1,289	1,773	28,534	2,267	969	62,516	1,236	910	27,703
39	119.6	1,667	1,979	43,688	3,360	1,760	102,991	1,337	1,124	36,156
40	113.3	1,579	1,764	43,690	3,182	1,113	36,609	1,482	1,156	40,728
41	105.6	1,472	1,620	26,695	2,290	988	11,913	1,534	1,345	48,747
42	98.3	1,370	1,036	11,536	627	473	3,709	1,953	1,803	49,956
43	97.5	1,359	809	8,532	148	438	28,814	1,882	1,897	48,581
44	82.8	1,154	590	5,335	116	357	22,910	1,491	1,395	46,011
45	48.9	682	411	2,610	107	330	16,718	839	316	28,690
46	80.0	1,115	1,543	37,210	777	463	80,341	292	29	16,342
47	94.3	1,315	1,974	47,625	638	850	55,080	749	34	17,538
48	81.4	1,135	1,680	35,561	548	1,132	54,895	550	40	12,420
49	79.9	1,114	1,803	30,178	363	1,120	6,954	661	246	30,984

出典:久保亨『20世紀中国経済史の探究』信州大学人文学部,2009年,88-99頁.

3-3b 産業別生産額の推移 (1949-82)

(単位:億元)

年	社会総生産額	農工業総生産額	農業	工業	建築業	運輸業	商業
1949	557	466	326	140	4	19	68
50	683	575	384	191	13	19	76
51	820	684	420	264	24	24	88
52	1,015	810	461	349	57	35	113
53	1,241	960	510	450	85	42	154
54	1,346	1,050	535	515	82	48	166
55	1,415	1,109	575	534	86	50	170
56	1,639	1,252	610	642	146	56	185
57	1,606	1,241	537	704	118	60	187
58	2,138	1,649	566	1,083	202	90	197
59	2,548	1,980	497	1,483	235	121	212
60	2,679	2,094	457	1,637	248	131	206
61	1,978	1,621	559	1,062	90	76	191
62	1,800	1,504	584	920	74	62	160
63	1,956	1,635	642	993	97	66	158
64	2,268	1,884	720	1,164	151	72	161
65	2,695	2,235	833	1,402	177	91	192
66	3,062	2,534	910	1,624	197	102	229
67	2,774	2,306	924	1,382	155	86	227
68	2,648	2,213	928	1,285	132	83	220
69	3,184	2,613	948	1,665	222	99	250
70	3,800	3,138	1,058	2,080	271	117	274
71	4,203	3,482	1,107	2,375	311	128	282
72	4,396	3,640	1,123	2,517	323	136	297
73	4,776	3,967	1,226	2,741	335	144	330
74	4,859	4,007	1,277	2,730	376	142	334
75	5,379	4,467	1,343	3,124	437	160	315
76	5,433	4,536	1,378	3,158	435	155	307
77	6,003	4,978	1,400	3,578	462	179	384
78	6,846	5,634	1,567	4,067	569	205	438
79	7,642	6,379	1,896	4,483	645	209	409
80	8,496	7,077	2,180	4,897	748	231	440
81	9,048	7,580	2,460	5,120	729	234	505
82	9,894	8,291	2,785	5,506	868	257	478

注:価格は「当年価格」(物価変動の影響は考慮されていない).
　　農工業総生産額は農業生産額と工業生産額の合計.
　　社会総生産額は農業・工業・建築業・運輸業,商業の各生産額の合計.
出典:『中国統計年鑑1983』13頁,16頁.

表 3-3c 主な農産物の生産量の推移（1914-2010） 　　　　　　　　（単位：万トン）

年	米	小麦	トウモロコシ	大豆	綿花	落花生	ゴマ
1914-18	7,381	1,979	734	549	80	227	34
1931-37	6,956	2,310	1,022	843	94	263	91
1950	5,510	1,450	…	744	69	174	29
60	5,973	2,217	…	639	106	80	15
70	10,999	2,919	3,303	871	228	215	26
80	13,991	5,521	6,260	794	271	360	26
90	18,933	9,823	9,682	1,100	451	637	47
2000	18,791	9,964	10,600	…	442	1,444	81
10	19,576	11,518	17,725	…	597	1,564	59

注：1914-18 と 1931-37 の数値は，各期間中における年平均生産量．
出典：1914-18, 1931-37; D. Perkins, *Agricultural Development*, 1969. pp. 216, 276-77, 281-83.
　　　1950-80；『統計年鑑'83』158-59頁，1990-2010；『同 2011』表 13-15，477-79 頁．
　　　ただし 1990 の大豆の数値のみ『統計摘要'94』63 頁．

3-3d 国内総生産の推移 (1978-2010)

(単位:億元)

年	国内総生産	第1次産業	第2次産業			第3次産業	1人当たり国内総生産額(元)
				工 業	建築業		
1978	3,645.2	1,027.5	1,745.2	1,607.0	138.2	872.5	381.2
79	4,062.6	1,270.2	1,913.5	1,769.7	143.8	878.9	419.3
80	4,545.6	1,371.6	2,192.0	1,996.5	195.5	982.0	463.3
81	4,891.6	1,559.5	2,255.5	2,048.4	207.1	1,076.6	492.2
82	5,323.4	1,777.4	2,383.0	2,162.3	220.7	1,163.0	527.8
83	5,962.7	1,978.4	2,646.2	2,375.6	270.6	1,338.1	582.7
84	7,208.1	2,316.1	3,105.7	2,789.0	316.7	1,786.3	695.2
85	9,016.0	2,564.4	3,866.6	3,448.7	417.9	2,585.0	857.8
86	10,275.2	2,788.7	4,492.7	3,967.0	525.7	2,993.8	963.2
87	12,058.6	3,233.0	5,251.6	4,585.8	665.8	3,574.0	1,112.4
88	15,042.8	3,865.4	6,587.2	5,777.2	810.0	4,590.3	1,365.5
89	16,992.3	4,265.9	7,278.0	6,484.0	794.0	5,448.4	1,519.0
90	18,667.8	5,062.0	7,717.4	6,858.0	859.4	5,888.4	1,644.0
91	21,781.5	5,342.2	9,102.2	8,087.1	1,015.1	7,337.1	1,892.8
92	26,923.5	5,866.6	11,699.5	10,284.5	1,415.0	9,357.4	2,311.1
93	35,333.9	6,963.8	16,454.4	14,188.0	2,266.5	11,915.7	2,998.4
94	48,197.9	9,572.7	22,445.4	19,480.7	2,964.7	16,179.8	4,044.0
95	60,793.7	12,135.8	28,679.5	24,950.6	3,728.8	19,978.5	5,045.7
96	71,176.6	14,015.4	33,835.0	29,447.6	4,387.4	23,326.2	5,845.9
97	78,973.0	14,441.9	37,543.0	32,921.4	4,621.6	26,988.1	6,420.2
98	84,402.3	14,817.6	39,004.2	34,018.4	4,985.8	30,580.5	6,796.0
99	89,677.1	14,770.0	41,033.6	35,861.5	5,172.1	33,873.4	7,158.5
2000	99,214.6	14,944.7	45,555.9	40,033.6	5,522.3	38,714.0	7,857.7
01	109,655.2	15,781.3	49,512.3	43,580.6	5,931.7	44,361.6	8,621.7
02	120,332.7	16,537.0	53,896.8	47,431.3	6,465.5	49,898.9	9,398.1
03	135,822.8	17,381.7	62,436.3	54,945.5	7,490.8	56,004.7	10,542.0
04	159,878.3	21,412.7	73,904.3	65,210.0	8,694.3	64,561.3	12,335.6
05	184,937.4	22,420.0	87,598.1	77,230.8	10,367.3	74,919.3	14,185.4
06	216,314.4	24,040.0	103,719.5	91,310.9	12,408.6	88,554.9	16,499.7
07	265,810.3	28,627.0	125,831.4	110,534.9	15,296.5	111,351.9	20,169.5
08	314,045.4	33,702.0	149,003.4	130,260.2	18,743.2	131,340.0	23,707.7
09	340,902.8	35,226.0	157,638.8	135,239.9	22,398.8	148,038.0	25,607.5
10	401,202.0	40,533.6	187,581.4	160,867.0	26,714.4	173,087.0	29,991.8

注:(1) 価格は「当年価格」(物価変動の影響は考慮されていない).
　　(2) 2010年は暫定推計値.
出典:『中国統計年鑑2011』表2-1, 44頁.

3-4a 輸出入額・輸出入指数の推移（1864-1948）

（1864-1932，海関両．1933-41，1945，国幣元．1942-44，連銀元．1946-47，1,000 新国幣元．1948，金元．）

年度	貿易額（1,000 未満切捨）		指数（1913=100）			
			物価指数		数量指数	
	輸入 CIF	輸出 FOB	輸入	輸出	輸入	輸出
1864	40,724	56,413	…	…	…	…
1865	49,271	62,938	…	…	…	…
1866	59,434	58,870	…	…	…	…
1867	55,151	60,761	85	83	11	18
1868	55,794	71,938	74	88	13	20
1869	59,181	70,223	70	80	15	21
1870	55,915	64,762	67	78	15	20
1871	61,617	78,453	69	80	16	24
1872	59,186	88,244	67	82	15	26
1873	58,434	80,947	66	84	16	24
1874	56,308	78,457	63	71	16	27
1875	59,426	80,880	62	70	17	28
1876	61,572	94,010	60	80	18	29
1877	64,225	79,349	62	70	18	28
1878	61,953	79,488	62	68	18	28
1879	71,194	84,925	62	69	20	30
1880	69,448	91,848	62	69	20	33
1881	80,825	84,990	64	68	22	30
1882	67,919	80,215	60	64	20	30
1883	64,325	82,983	57	65	20	31
1884	63,598	79,669	58	60	19	33
1885	77,308	77,499	57	61	24	31
1886	76,689	91,433	56	64	24	35
1887	88,167	100,209	57	61	27	40
1888	108,240	107,191	58	62	33	43
1889	96,028	112,091	59	63	29	44
1890	109,600	101,168	56	65	34	38
1891	115,124	116,820	56	66	36	43
1892	116,918	118,249	58	64	35	45
1893	129,369	113,204	62	66	37	42
1894	140,008	146,505	66	67	37	54
1895	150,244	162,158	71	66	37	60
1896	177,630	148,266	73	72	43	50
1897	177,915	183,455	78	79	40	56
1898	184,487	178,852	76	79	42	55

年度	貿易額（1,000未満切捨）		指数 (1913=100)			
			物価指数		数量指数	
	輸入 CIF	輸出 FOB	輸入	輸出	輸入	輸出
1899	233,954	219,536	79	87	52	62
1900	185,870	178,722	81	81	40	54
1901	237,872	189,879	82	78	51	59
1902	300,909	238,531	77	88	68	66
1903	310,453	239,015	84	97	65	60
1904	344,061	242,932	87	95	69	63
1905	447,101	231,143	82	93	96	61
1906	410,270	239,843	75	92	95	64
1907	416,401	268,268	77	99	95	66
1908	394,505	280,869	87	95	79	72
1909	418,298	344,285	88	99	84	85
1910	463,072	386,482	97	99	84	95
1911	471,655	383,010	100	103	82	91
1912	473,281	376,579	100	98	83	94
1913	570,278	409,625	100	100	100	100
1914	569,361	361,825	110	99	90	89
1915	454,615	426,026	115	101	69	102
1916	516,629	489,167	121	109	75	110
1917	549,893	469,344	129	105	75	109
1918	555,317	491,950	146	114	67	105
1919	647,426	638,753	145	113	78	137
1920	762,519	547,514	165	118	81	114
1921	906,980	608,294	174	122	91	121
1922	945,828	661,697	156	132	107	123
1923	924,150	760,931	167	141	97	132
1924	1,019,143	779,745	163	140	110	136
1925	948,477	785,631	159	145	104	133
1926	1,124,929	875,874	156	152	127	141
1927	1,013,786	933,205	159	153	112	149
1928	1,196,453	1,006,394	157	156	134	158
1929	1,266,092	1,031,669	157	159	142	159
1930	1,309,929	928,367	179	157	128	144
1931	1,433,495	964,851	199	152	126	155
1932	1,049,247	573,633	178	128	103	109
1933	1,345,567	642,374	233	188	101	83
1934	1,029,665	569,246	200	173	90	80
1935	919,211	605,345	193	176	84	84
1936	941,545	742,594	181	203	91	89

年度	貿易額（1,000未満切捨）		指数（1913=100）			
			物価指数		数量指数	
	輸入 CIF	輸出 FOB	輸入	輸出	輸入	輸出
1937	953,386	880,010	204	240	82	89
1938	886,200	787,100	230	245	68	78
1939	1,333,654	1,052,817	225	353	104	73
1940	2,027,143	2,012,453	328	639	108	77
1941	2,400,361	2,911,872	425	1,032	99	69
1942	651,065	1,499,686	545	1,973	21	19
1943	1,046,633	1,209,521	2,301	1,819	8	16
1944	1,456,038	1,371,130	4,641	2,864	6	12
1945	4,199,025	4,484,981	…	…	…	…
1946	1,501,165	419,408	960	608	27	17
1947	10,681,327	6,377,307	7,914	3,954	24	39
1948	1,159,601	1,398,457	1,012	512	20	67

注：
1) 1932年9月から1945年まで，東北各港を含まず．
2) 1896年から1945年まで，台湾を含まず．
3) 1942年から1944年まで，国民政府支配地区を含まず．
4) 1942年から1944年まで，資料では連銀元と儲備銀元の2通貨建て表記されている．それを次のレートで換算．儲備銀元：連銀元，1942年1：1，1943年1：3，1944年18：100．
5) 1945年は，1月から8月までの日本軍支配地区を含まず．
6) 1946年から1948年まで，共産党支配地区（東北及び山東のほぼ全域）を含まず．
7) 1941年から1945年までの輸出額には輸出税及び付加税を含まず．
8) 1947年から1948年までの輸出額には付加税を含まず．
9) 1941年の輸入額は，［Hsiao 1974］の誤植を原資料から修正．

出典：
1) 貿易額
　1861-1941，1946-48年，［Hsiao 1974：268-69］による修正貿易額．
　主な修正点．
　　① 1861-1903年，市場価格をCIF/FOBに換算．換算率は［Hou 1965：231-32］に依拠．
　　② 1890-94年，対朝鮮貿易を追加．
　　③ 1909-31年，ジャンク貿易を追加．
　　④ 1932-41年，1946-48年，輸出税及び付加税の追加．
　1942年，中国海関編［年報1942］．
　1943年，中国海関編［月報1943.12］．
　1944年，中国海関編［月報1944.12］．
　1945年，重慶総税務司編［1945］．
2) 指　数
　木越義則の推計．物価指数は，フィッシャー式値．海関統計から推計の後，Hsiaoによる貿易額の修正に合わせて指数も調整．数量指数は，貿易額を物価指数で除したもの．

3-4b 貿易総額の推移 (1950-2010)

年	人民幣（億元）				米ドル（億ドル）			
	輸出入総額	輸出総額	輸入総額	差額	輸出入総額	輸出総額	輸入総額	差額
1950	41.5	20.2	21.3	−1.1	11.3	5.5	5.8	−0.3
51	59.5	24.2	35.3	−11.1	19.6	7.6	12.0	−4.4
52	64.6	27.1	37.5	−10.4	19.4	8.2	11.2	−3.0
53	80.9	34.8	46.1	−11.3	23.7	10.2	13.5	−3.3
54	84.7	40.0	44.7	−4.7	24.4	11.5	12.9	−1.4
55	109.8	48.7	61.1	−12.4	31.4	14.1	17.3	−3.2
56	108.7	55.7	53.0	2.7	32.1	16.5	15.6	0.9
57	104.5	54.5	50.0	4.5	31.0	16.0	15.0	1.0
58	128.7	67.0	61.7	5.3	38.7	19.8	18.9	0.9
59	149.3	78.1	71.2	6.9	43.8	22.6	21.2	1.4
60	128.4	63.3	65.1	−1.8	38.1	18.6	19.5	−0.9
61	90.7	47.7	43.0	4.7	29.4	14.9	14.5	0.4
62	80.9	47.1	33.8	13.3	26.6	14.9	11.7	3.2
63	85.7	50.0	35.7	14.3	29.2	16.5	12.7	3.8
64	97.5	55.4	42.1	13.3	34.7	19.2	15.5	3.7
65	118.4	63.1	55.3	7.8	42.5	22.3	20.2	2.1
66	127.1	66.0	61.1	4.9	46.2	23.7	22.5	1.2
67	112.2	58.8	53.4	5.4	41.6	21.4	20.2	1.2
68	108.5	57.6	50.9	6.7	40.5	21.0	19.5	1.5
69	107.0	59.8	47.2	12.6	40.3	22.0	18.3	3.7
70	112.9	56.8	56.1	0.7	45.9	22.6	23.3	−0.7
71	120.9	68.5	52.4	16.1	48.4	26.4	22.0	4.4
72	146.9	82.9	64.0	18.9	63.0	34.4	28.6	5.8
73	220.5	116.9	103.6	13.3	109.8	58.2	51.6	6.6
74	292.2	139.4	152.8	−13.4	145.7	69.5	76.2	−6.7
75	290.4	143.0	147.4	−4.4	147.5	72.6	74.9	−2.3
76	264.1	134.8	129.3	5.5	134.3	68.5	65.8	2.7
77	272.5	139.7	132.8	6.9	148.0	75.9	72.1	3.8
78	355.0	167.6	187.4	−19.8	206.4	97.5	108.9	−11.4
79	454.6	211.7	242.9	−31.2	293.3	136.6	156.7	−20.1
80	570.0	271.2	298.8	−27.6	381.4	181.2	200.2	−19.0
81	735.3	367.6	367.7	−0.1	440.3	220.1	220.2	−0.1
82	771.3	413.8	357.5	56.3	416.1	223.2	192.9	30.3
83	860.1	438.3	421.8	16.5	436.2	222.3	213.9	8.4
84	1,201.0	580.5	620.5	−40.0	535.5	261.4	274.1	−12.7
85	2,066.7	808.9	1,257.8	−448.9	696.0	273.5	422.5	−149.0
86	2,580.4	1,082.1	1,498.3	−416.2	738.4	309.4	429.0	−119.6
87	3,084.2	1,470.0	1,614.2	−144.2	826.6	394.4	432.2	−37.8
88	3,822.0	1,766.7	2,055.3	−288.6	1,028.0	475.2	552.8	−77.6
89	4,155.9	1,956.0	2,199.9	−243.9	1,116.8	525.4	591.4	−66.0
90	5,560.1	2,985.8	2,574.3	411.5	1,154.4	620.9	533.5	87.4
91	7,225.8	3,827.1	3,398.7	428.4	1,357.0	719.1	637.9	81.2
92	9,119.6	4,676.3	4,443.3	233.0	1,655.3	849.4	805.9	43.5
93	11,271.0	5,284.8	5,986.2	−701.4	1,957.0	917.4	1,039.6	−122.2
94	20,381.9	10,421.8	9,960.1	461.7	2,366.2	1,210.1	1,156.1	54.0
95	23,499.9	12,451.8	11,048.1	1,403.7	2,808.6	1,487.8	1,320.8	167.0
96	24,133.8	12,576.4	11,557.4	1,019.0	2,898.8	1,510.5	1,388.3	122.2
97	26,967.2	15,160.7	11,806.5	3,354.2	3,251.6	1,827.9	1,423.7	404.2

年	人民幣（億元）				米ドル（億ドル）			
	輸出入総額	輸出総額	輸入総額	差額	輸出入総額	輸出総額	輸入総額	差額
98	26,849.7	15,223.6	11,626.1	3,597.5	3,239.5	1,837.1	1,402.4	434.7
99	29,896.2	16,159.8	13,736.4	2,423.4	3,606.3	1,949.3	1,657.0	292.3
2000	39,273.2	20,634.4	18,638.8	1,995.6	4,742.9	2,492.0	2,250.9	241.1
01	42,183.6	22,024.4	20,159.2	1,865.2	5,096.5	2,661.0	2,435.5	225.5
02	51,378.2	26,947.9	24,430.3	2,517.6	6,207.7	3,256.0	2,951.7	304.3
03	70,483.5	36,287.9	34,195.6	2,092.3	8,509.9	4,382.3	4,127.6	254.7
04	95,539.1	49,103.3	46,435.8	2,667.5	11,545.5	5,933.3	5,612.3	320.9
05	116,921.8	62,648.1	54,273.7	8,374.4	14,219.1	7,619.5	6,599.5	1,020.0
06	140,974.0	77,597.2	63,376.9	14,220.3	17,604.4	9,689.8	7,914.6	1,775.2
07	166,863.7	93,563.6	73,300.1	20,263.5	21,765.7	12,204.6	9,561.2	2,643.4
08	179,921.5	100,394.9	79,526.5	20,868.4	25,632.6	14,306.9	11,325.7	2,981.2
09	150,648.1	82,029.7	68,618.4	13,411.3	22,075.4	12,016.1	10,059.2	1,956.9
10	201,722.1	107,022.8	94,699.3	12,323.5	29,740.0	15,777.5	13,962.4	1,815.1

注：1979年以前は「外貿業務統計」の数値．1980年以降は「海関進出口統計」の数値．
出典：『中国統計年鑑1991』615頁，『中国統計年鑑2011』表6-3, 220頁．

あとがき

　中国に接していると,「日本と似ているな」という思いと「全く違う」という思いとが,こもごも去来する．経済史を振り返ってみても同様である．たぶん,そのあたりの事情をお互いに深く理解することが大切なのであろう．

　本書は,初めて中国経済史について学ぼうとする学生,社会人にとって平易な入門書になるとともに,日本経済史・西洋経済史・アジア経済史の研究者にとっても便利な一冊になることを願って編集された．そのため,基礎的な情報から相当に専門的な話までが盛りだくさんに詰め込まれている．総論12頁にも記したとおり,時と場合に応じて活用していただきたい.

　従来このような本は存在しなかった．多くの日本人にとって,中国経済の歴史など,あまり必要のない情報だったからである．その意味で,中国経済史研究は,いわば限られた専門家だけの世界だったといってよい．しかし,これからは違う．日本経済も含め世界経済の行方を左右する存在になった中国経済が,目下,どのような課題を抱えており,今後,どのような方向に向かって進もうとしているのか,世界中の人々が注目している．そして,そのような考察を深めるために最も価値ある認識方法の一つが,歴史的なアプローチにほかならない．中国経済は,どこから来て,どこに向かうのか,本書の内容を踏まえながら,読者諸氏とともにさらに思索を深めていければ幸いである．

　とはいえ本書が提供する情報は,けっして十分なものではない．台湾経済史や香港経済史に関する専論は掲載されていないし,労働問題への論及はほとんど見られず,国民経済計算に関する議論も欠落している（ただし台湾,香港などの語を索引で引いて本文の叙述を追っていけば,ある程度の情報を得ることはできる）．また,そもそも『中国経済史入門』と称しながら,前近代の経済史について語っている部分は,ごくわずかである．さらにいえば,各章の叙述においても言及すべくして言及できなかった文献が少なくないし,評価や説明に偏りが生じるのは避け難かった．関係各位の御海容を願うとともに,編者としては次の機会を期したい.

本書の基礎となった諸論稿は，『近きに在りて』第 59 号〔近現代中国経済史研究の成果と課題特集号〕（汲古書院，2011 年）に掲載された．それを書き改め本書へ収録するに当たり，編者の注文に応えさまざまな加筆修正に協力して下さった執筆者の方々に対して，またその執筆陣の中でも，原稿整理，校正，索引点検をはじめとして，本書編集に関わり多くの労をとって下さった今井就稔，加島潤，木越義則，富澤芳亜，村上衛，吉田建一郎の各氏の努力に対して，改めて謝意を表す次第である．

　そして，いつもながら東京大学出版会の皆さんには大変お世話になった．編集の山本徹氏，製作の高木宏氏らとの緊密な共同作業なくして本書は生まれ得なかった．さいごに，心より御礼申しあげる．

2012 年 8 月

　　　　　　　　　　　　　　　　　　　　　　　　　　編者　久保　亨

索　引

あ 行

アジア交易圏　20, 22-24, 39
アジア的生産様式　10, 291
アヘン　7, 18, 21, 23, 34, 106-108, 167, 210
アメリカ　16, 21, 33, 112, 124, 132, 152, 157, 272, 279, 286
アメリカ棉　→長繊維棉花
厦門（アモイ）　20-21, 40, 88, 168
安徽　35, 103, 193
鞍山製鉄（昭和製鋼，鞍山鋼鉄）　62, 70, 147, 150, 153, 182
イギリス　15-18, 23, 26, 41, 77, 87, 124, 132, 203, 207, 272, 279, 286
維新政府　170-171
移民　21, 30, 41, 82, 138-142, 148, 271
印僑　41-42
仁川（インチョン）　34, 39-40
インディカ種米　103
インド綿糸　89-91
ウエスタン・インパクト　43, 291
雲南　290
雲南鉄道　77
永安紡　53, 55
栄家企業　57, 113
営口　20, 143-146, 205
永泰製糸　112
英米タバコ　3
永利化学　114, 119
粤漢（えっかん）鉄道　80, 82
沿海州　141
閻錫山　79
円借款　62, 69
塩税　124, 127, 132, 134, 170
オイルシェール　153-154, 158-159
汪精衛　103, 170-171, 278
大倉組　147

か 行

改革開放　15, 67, 69, 71, 176, 178, 180-184, 209, 212-213, 228-229
開港場間貿易　20
外国銀行　21, 117, 122, 124, 145, 210-211
外国資本　2, 4-5, 48-50, 64, 66, 76, 78, 116, 120, 148, 224, 289
会社法　44, 55, 60, 115, 119-120
海南島　79, 168
開放体制　65
化学工業　30, 114, 153-155, 159-160, 179, 182, 224
華僑，華商　20-22, 34, 38-43, 77, 119
革命史　50, 66, 99, 109, 276, 278
下降分解　100
華商紗廠連合会　56
過小農化　100
華新紡　53, 55
華中　65, 82, 86, 102-103, 166-167, 283
華中蚕糸　113, 173
華中鉄道　168
合作社　35, 108, 217, 293
華南　16, 21, 82, 87, 89, 103, 168, 206, 283
河南　55, 167, 193, 215, 290
鐘紡（公大紡）　54, 56
株式会社制度　5, 43-44
華北　6, 21, 51, 70, 79, 81-82, 86-87, 89-90, 94, 98, 102, 105-107, 109, 115, 118, 125, 147, 166-171, 205, 207, 214, 224, 283
河北　55, 105, 193, 215
華北交通　79, 168
華北電信電話　169
華洋義賑会　192
過爐銀　145
灌漑　6, 185-189, 191-194, 198, 202
漢奸　170
管業来歴慣行　43
官銀号　122, 143, 145
乾繭　112
漢口　16, 20, 32, 87, 91-92, 205
甘蔗　103-104
官荘　141, 147
関税　35, 124, 127, 132-135, 170, 206-207, 287
関税自主権　3, 8, 132-133, 204, 208, 225
間接税　127, 129, 132, 134
関東軍　149, 155, 157-158
関東州　138, 154, 207
広東　88, 134
関内　30, 61, 139, 143-144, 166
漢方薬　40

318――索　引

関務署　135
漢冶萍公司　61, 65, 68-70
漢陽鉄廠(漢陽製鉄)　3, 19, 61-62, 68
官利　55
管理通貨　4, 44
官僚資本　50, 61, 67, 125, 211, 287, 292, 294
生糸　19, 21, 28-29, 86
祁門(キーマン)茶　35
器械製茶　112
機械製綿糸　47, 54, 88-95, 102
企業史　36, 40, 50, 54, 57-58, 111, 113, 117, 119, 168, 275
企業者史　53, 55, 119
貴州　107-108
技術革新　60, 186
技術者　35, 52, 55-56, 58-59, 66, 80-81, 112, 120, 157, 159-160, 169, 192-193, 195
旗人　141
汽船　3, 22, 44, 73, 117, 221, 274
北支那開発　168
北四行　125
旗地　141
吉林　141, 147, 159
吉林機器局　147
絹織物　40
牛皮　30
共産党(政権)　65, 125, 131, 157-162, 166, 176, 194-197, 216-217, 277-279, 288
郷紳　120, 139
郷鎮企業　97-98, 110, 216
共同関係　190
共同体論　190
居留民　169
基隆(キールン)　40
ギルド　6, 22, 29, 64, 269
金貨　41
銀貨(銀，銀元，銀両)　7, 9, 21, 23, 39-40, 86, 121, 124, 144, 210-211, 288
銀号　122, 125, 143, 145
金城銀行　123, 125
銀銭二貨制　42, 45
銀通貨圏　124
銀票　144
金本位制　29, 45
苦力(クーリー)　21, 215
虞治卿　34, 119, 173
繰綿機　86
グローバル・ヒストリー　9
軍需産業　150, 158-160

軍票　167
計画経済(期)　1, 157-158, 175-176, 178-184, 211-212, 228
恵渠(涇恵渠を含む)　192-194
経済団体　154-155
経済秩序　11, 28, 37-39, 41-43, 46, 96
経済封鎖　172
京張鉄道　76
鶏卵　26-27, 31-32, 35, 113
建設委員会(国民政府)　192, 221
現物徴収　135
興亜院　166, 168-169, 174, 282
黄河　5-6, 192-193, 195-197
黄海交易圏　41
工業集積　159
航空　80, 117-118, 134, 158
合股　11, 53, 112
膠済(こうさい)鉄道(山東鉄道)　77-78, 81
鉱山採掘権　76
広州　33, 122, 163, 271, 283
孔祥熙　134, 292
光緒新政　19, 23-24
工場調査　156, 169
広西　82, 108, 290
江西　102-103, 109, 134, 193
江蘇　33, 35, 101-102, 106, 116-117, 134, 170, 188, 193, 290
高速鉄道　74, 80
江蘇省農民銀行　108
公大紡　→鐘紡
交通銀行　210-212
江南　6, 85-87, 89-90, 93-94, 96, 104, 108, 143, 170-171, 173, 200
抗日根拠地　173, 214, 276, 293, 294
工部局　116, 171
神戸　40, 59
合名会社　55
国営企業　5, 126, 180, 292
国地画分　131-132, 135-136
国民経済　9, 37-39, 44, 176, 204
国民経済計算　128, 176-177, 204
国民党(政権)，国民党政府　65-68, 102, 125, 132, 134-135, 176, 223-225, 278-279
　南京国民政府　35, 44, 66-67, 78, 81, 97-98, 112, 118, 124, 127, 131-134, 188, 192-193, 198, 201, 211, 226-227, 275-276
　重慶国民政府　35, 166, 282
　戦後国民政府　136, 155, 157-158
滬杭甬鉄道　76-77

索　　引──319

湖糸（湖州産生糸）　21, 28
国家計画委員会（人民共和国）　181, 221
湖南　28, 65, 86, 90, 103, 107, 193
湖北　6, 69, 86, 89-90, 94, 101, 103, 124, 131, 193, 196, 285
胡麻　30
小麦　35, 97, 101, 103, 107, 167, 187
米　7, 20, 33-36, 39-40, 86, 101-103, 107-108, 173
墾殖公司　104
公司条例　119

さ　行

在華日本紡績同業会　56-57, 59
在華紡　3, 48-60, 114, 133, 168
財政経済委員会　157, 221
在来綿業（土布業を含む）　19, 83-96, 102, 106, 144
沙船　22
雑穀　103, 107, 167
砂糖　21, 33, 35, 207
三峡ダム　195-199
産業立地　114, 179
蚕糸業　28, 35, 102, 112, 173
山西　6, 55, 67, 68, 70, 79, 98, 107, 122, 167, 190, 193, 277
三線建設　71, 181
産地買付　92, 94
山東　6, 32, 86, 102-103, 109, 113, 116, 138, 142, 167, 193, 201, 205, 215
山東鉄道　→膠済（こうさい）鉄道
三農問題　110, 213
三門峡ダム　195, 197
直輸出入（じきゆしゅつにゅう）　39
資源委員会（国民政府）　4, 65, 67-68, 158, 289
市場圏　7, 73, 87, 121-122, 204, 205
市場構造論　54-55
市場秩序　12, 37-38, 40, 42-46
四川　65, 89-90, 107, 118, 182
私帖　146
「実業計画」（孫文）　191
実業部（国民政府）　67
紙幣　6, 45, 121, 143, 145-146
自辦鉄路　76
四明銀行　122
下関条約　49
ジャーディン・マセソン商会　22, 145
社会主義　175-176, 179-180, 182, 212, 222
社会主義市場経済　175, 213, 228

酌撥　130
社史　57, 126, 154
社隊企業　98
ジャポニカ種米　103
上海　16, 20, 38, 40, 90, 94, 98, 101, 112-119, 126, 136, 144, 167, 170-173, 206, 210-213, 216, 226, 283, 286-289
上海機器織布局　3, 19, 49, 52-53
上海商業儲蓄銀行　123, 278
上海日本商工会議所　169
上海ネットワーク　39, 41
上海紡　56
重化学工業化　4, 5, 178
獣骨　32
修正公司法　115
首都鋼鉄　62
手紡糸　86, 88-90, 102
焼鍋　147
商会　19, 22, 33, 145, 271
蒋介石　278-279, 287-288, 292
商業秩序　17, 23, 43
商業的農業　30, 101, 106, 141, 143
淞滬鉄道　75
醸造業　113, 147
荘頭　141, 147
小農標準化　99
小農民経営　98
消費税　127, 133
商部（清朝）　19
条約体制　18
昭和製鋼　→鞍山製鉄
植民地銀行　21
所得税　127-128
辛亥革命　33, 69, 76-78, 130, 276, 286
新疆　74, 118
申新紡　55, 274
深圳　15
清朝　7, 18, 23, 33-34, 74-76, 78, 121-122, 139, 141-142, 144, 210, 220-221, 270
人民共和国　4, 59, 62, 136, 158, 182, 194-195, 198
人民公社　98, 104, 218
新裕紡　55
水運　117-118, 193, 200
水車　6, 189
水利施設　185-189, 194
錫　41
スワイア商会　33
税関制度　208

清郷工作　170
製糸業　19, 28, 112-113, 119, 167, 224
盛宣懐　61, 271
西部大開発　68
製粉業　113, 116, 224
税務司　18, 23, 281
世界恐慌　35-36, 50, 106-107, 112, 288, 291
石炭　3, 63, 70, 79, 115-116, 149, 156-157, 167, 169
石炭液化　155, 159
石景山製鉄　66, 167
浙贛鉄道　78, 80, 82
浙江　35, 79, 101-102, 134, 188, 193
浙江興業銀行　122
浙江財閥　171, 287
セメント　114, 182, 191, 194-195, 224, 274
繊維機械工業(紡織機械工業)　58, 114
善後会議　132
戦後恐慌　32, 50
全国経済委員会(国民政府)　35, 192-193, 201, 290
戦時建設　65
戦時動員　161-162
陝西　107, 187, 192, 193, 290
銭荘　108, 112, 121-124, 210, 212-213, 225
銭票　43, 144
宋子文　134-135, 192, 278, 292
増値税　127
搶米　33
租界　58-59, 116, 171
租廠制　112, 119
ソ連　70, 80, 118, 150, 156-157, 159, 179, 195, 287
孫文　78, 191-192, 276

た　行

泰益号　21, 39-40, 146
太古糖房(精糖業)　33
大豆　25-26, 39, 107, 140-144, 147-148, 161
大豆粕　28, 30, 103, 143-144
大豆三品　28, 30-31, 154
大豆油　28, 30
大生紡　19, 53, 55
大成紡　55
対ソ貿易　161
大渡口鋼鉄廠　68
大日本紡(大康紡)　54
大躍進　62, 66, 70-71, 162, 176, 194, 212, 216
大冶鉄廠　155

大連　32, 138, 146, 149, 159-160
大連取引所　30, 143
大連埠頭　153, 157
台湾　7, 20, 40, 66-67, 102, 269-270, 272-273, 275, 278-279
ダム　156, 185-186, 192-202
炭鉱，炭鉱業　63, 79, 114-116, 147, 149
短繊維棉花(在来棉，中国棉)　87, 89, 93-94
攤派　130
地域間決済通貨　45
地質調査所(中華民国)　64
地質調査所(満鉄)　115, 150
地籍制度　134
チベット　33, 74
茶　19-21, 28-29, 35, 122
中央銀行　211-212
中央鋼鉄廠　65, 68
中央試験所(満鉄)　150, 154-155
中央農業実験所(国民政府)　105
中華帝国経済　37-38, 42, 45-46
中華民国北京政府　121, 131-132, 276
中国銀行　55, 122-123, 125, 210-212, 278
中国国際信託投資公司　126
中国商人　29, 33, 38-42, 144
中国人民銀行　123, 212, 221
中国侵略　4, 50, 167, 174, 293
中国紡織建設公司　58
中東鉄道(東清鉄道)　77, 81
張学良　142-143, 146
張嘉璈(公権)　78, 150, 154, 158, 278, 293
張謇　19, 53, 116, 119, 192, 271
長江　5-7, 19, 30, 65, 86, 108, 118, 120, 143, 197, 199, 201, 205, 214, 226
朝貢貿易，朝貢体制　18, 20
張作霖　143, 145-147, 157
朝鮮　20, 22, 34, 39-40, 78, 157, 160, 169, 205
長繊維棉花(アメリカ棉，米棉)　87, 93-94, 106
朝鮮銀行　145
朝鮮戦争　4, 128, 160, 162
潮汕鉄道　77
朝鮮人参　40
鎮　19, 21, 95, 97-98, 110, 201, 214, 216
陳公博　170
青島　26, 32, 53-56, 77, 113, 116-117, 283
通海墾牧公司　19
定期市　83, 94-95
鼎記号　40
定県　90, 100, 105-106, 214

索　引 —— 321

停滞論（中国の社会経済に関する）　8-9, 105-106
手織綿布　7, 84-93, 102
鉄道建設　69, 74-76, 78-82, 168
鉄道部（国民政府）　78, 81
鉄道利権　76
天原電化（化学工業）　114
天津　16, 20, 33, 51, 55, 76, 119, 125-126, 205-206, 277, 282-283, 289
天津条約（1858 年）　28
天津日本商工会議所　169
電力産業　3, 116-117, 156, 168-169, 224
ドイツ　30, 65, 77-78, 287
東亜研究所　174, 287, 293
東亜同文書院　51, 273
同郷　190, 226
東三省兵工廠　147, 158
同順泰　22, 40
唐胥鉄道　75
東清鉄道　→中東鉄道
統税　56, 132-134, 170
銅銭　6, 23, 121, 210
同族　187, 190
東北　4, 7, 28, 30-31, 61, 70, 80-82, 89, 103-104, 107, 109, 114-115, 117, 126, 137-150, 152-163, 224
桐油　30, 32
東洋荘　40
東洋紡　54
東洋棉花　56
道路　80, 117-118, 167, 194, 229
土地改革　108, 161-162, 216, 222, 294
土地税　127, 131-132, 134-135
土布（業）　→在来綿業
土法生産　61-62, 64, 71
度量衡　6, 44

な 行

内外綿　54, 56, 59
長崎　21, 39-40, 146
中支那振興　168
南京条約（1842 年）　15, 36, 87
南京木綿（江南綿布）　86
南潯鉄道　77
難民救済　173
二十一ヵ条要求　77, 286
日銀券（日本銀行券）　41
日満商事　156
日露戦争　30, 77, 138-140, 144-145, 149

日清戦争　33-34, 39-40, 49, 76, 144
日中戦争　4, 8, 65, 68, 112, 128, 163, 165-166, 170-172, 275
日本商社　92, 94
日本綿糸　49, 89-91
二毛作　6
農家経営　100-101, 104, 218
農業集団化　182, 217
農工商部（中華民国北京政府）　19
農村慣行調査　190
農村金融　108, 214, 217
農村経済調査　190
農村の工業化　98, 102
農村復興委員会（国民政府）　290

は 行

賠償　157
買辦　23
馬建忠　75, 271
函館　40
八旗制　141, 148
范旭東　119
半植民地半封建社会（論）　8-9, 65, 211, 230
攀枝花（はんしか）鋼鉄廠　71
帆船貿易　16, 22
ビール工業　113
引揚　155, 157
百貨店　117, 171
票号　122, 210-211, 271
品種改良　102, 104, 194
封禁政策　142
武漢　3, 69, 80, 82, 196, 226
福新製粉　113
撫順炭鉱　147, 152-153, 155, 159
物価　176, 204, 206, 211, 222, 274, 288, 293
福建　77, 122, 143, 193
不平等条約特権　23, 43
阜豊製粉　113
フランス　77, 112, 132, 201, 287
プランテーション　41
ブロック化政策　42
平漢鉄道　82
平綏鉄道　106
幣制改革　35, 121, 124-125, 146, 211, 288
北京　15, 122, 163, 269
北京条約（1860 年）　28, 137
辺区　104, 293-294
「包」　11, 22, 43
貿易統制　35, 168

封建制　　8, 10
宝鋼集団(宝山鋼鉄)　　62, 69, 71
紡織機械工業　→繊維機械工業
奉天　　31, 79, 86, 138, 147, 154, 156, 158-160
奉天票　　143, 146
豊満ダム　　156
本渓湖煤鉄公司　　70, 147, 155
香港　　7, 15-16, 20-21, 34, 40, 163, 168, 207, 269, 272
香港上海銀行(滙豊銀行, HSBC)　　3, 124-126, 145

ま 行

マニュファクチュア　　64
満洲　　21, 31, 34, 61, 77-78, 137, 140, 149-162, 169
満洲化学　　153, 159
満洲国　　79, 125, 137, 140, 149-158, 161-163, 182, 205, 207, 225, 281-282
満洲産業開発計画　　150
満洲自動車　　155
満洲事変　　30, 116, 139-140, 143-144, 149, 167, 275
満洲重工業　　155
満洲飛行機　　158
満鉄(南満洲鉄道株式会社)　　73, 77, 79-81, 137, 143, 149-159, 293
満鉄付属地　　138, 146
三井物産　　31, 143, 155, 168
ミッチェル報告書　　18, 87
密貿易　　207
民間銀行　　123, 125
民生公司(汽船業)　　118
民族資本　　50, 57, 79, 143, 211, 221, 285, 289, 292-293
民法　　44, 294
無錫　　55, 109, 112, 173
綿織物　　40, 83, 147
棉花, 木棉, 原棉　　21, 30, 32, 47, 51-54, 56-58, 83, 86-96, 102, 107, 169, 172
綿糸　　20, 29, 32, 47, 49, 54, 88-95, 102, 133
綿製品　　47, 50-52, 59, 83-87, 95-96, 144, 161

綿紡織業(機械紡織)　　19, 49, 52-53, 57-58
蒙疆　　167-169
毛沢東　　52, 182, 195-196, 198, 277
蒙古連合自治政府　　170
茂昌公司(鶏卵加工業)　　26, 32
茂新製粉　　113
モンゴル　　6, 109, 137-138, 148, 170

や 行

八幡製鉄所　　69
有限責任制　　43-44
輸入代替工業化　　3, 8
油房　　147
徭役　　131
洋務派　　19, 53, 61, 69
羊毛　　20, 33
ヨーロッパ中心史観　　97
横浜正金銀行　　145

ら 行

落花生　　32
利益率　　53, 55, 58
李儀祉　　192-193, 195, 198
釐金　　132, 143
李鴻章　　75
劉国鈞　　119
龍骨車　　189
留日本人　　58, 70, 157
臨時政府　　170-171
輪船招商局　　117-118
ルーブル　　145-146
零細兼業農家　　99-100
零細自作農　　101
労働問題　　51, 153
労務管理　　50, 54, 56, 60, 119, 159
盧作孚　　118
ロシア　　77, 122, 137, 139-141, 145, 149, 216
魯大公司(炭鉱業)　　116

わ 行

和記洋行(イギリス)　　32

執筆者紹介 (執筆順)

久保 亨（くぼ とおる）＊編者
　信州大学人文学部教授．『戦間期中国〈自立への模索〉：関税通貨政策と経済発展』（東京大学出版会，1999年），『現代中国の歴史：両岸三地100年のあゆみ』（共著，東京大学出版会，2008年）．

村上 衛（むらかみ えい）
　京都大学人文科学研究所准教授．「沿海社会と経済秩序の変容」飯島渉ほか編『シリーズ20世紀中国史1　中華世界と近代』（東京大学出版会，2009年），「閩南商人の転換：19世紀末，厦門におけるアヘン課税問題」籠谷直人・脇村孝平編『帝国とアジア・ネットワーク』（世界思想社，2009年）．

吉田建一郎（よしだ たていちろう）
　大阪経済大学経済学部専任講師．「占領期前後における山東タマゴの対外輸出」本庄比佐子編『日本の青島占領と山東の社会経済1914-22年』（（財）東洋文庫，2006年），「向井龍造と満蒙殖産の骨粉製造，1909-31年」富澤芳亜ほか編『近代中国を生きた日系企業』（大阪大学出版会，2011年）．

古田和子（ふるた かずこ）
　慶應義塾大学経済学部教授．『近代東アジアと上海ネットワーク』（東京大学出版会，2000年），「中国における市場・仲介・情報」三浦徹ほか編『比較史のアジア：所有・契約・市場・公正』（東京大学出版会，2004年）．

富澤芳亜（とみざわ よしあ）
　島根大学教育学部教授．『近代中国を生きた日系企業』（久保亨・萩原充との共編，大阪大学出版会，2011年），「近代的企業の発展」飯島渉ほか編『シリーズ20世紀中国史3　グローバル化と中国』（東京大学出版会，2009年）．

萩原 充（はぎわら みつる）
　釧路公立大学経済学部教授．『中国の経済建設と日中関係：対日抗戦への序曲　1927-1937年』（ミネルヴァ書房，2000年），『近代中国を生きた日系企業』（富澤芳亜・久保亨との共編，大阪大学出版会，2011年）．

瀬戸林政孝（せとばやし まさたか）
　福岡大学経済学部准教授．「20世紀初頭，上海電力市場の形成と取引慣行の確立過程」『社会経済史学』77 (3)（2011年），「揚子江中流域の中国棉花取引における不正の発生と解消のメカニズム：20世紀初頭の水気含有問題」『社会経済史学』76 (3)（2010年）．

執筆者紹介

弁納才一（べんのう　さいいち）
　金沢大学経済学経営学系教授．『近代中国農村経済史の研究：1930年代における農村経済の危機的状況と復興への胎動』（金沢大学経済学部，2003年），『華中農村経済と近代化：近代中国農村経済史像の再構築への試み』（汲古書院，2004年）．

塚瀬　進（つかせ　すすむ）
　長野大学環境ツーリズム学部教授．『中国近代東北経済史研究』（東方書店，1993年），『満洲の日本人』（吉川弘文館，2004年）．

飯塚　靖（いいつか　やすし）
　下関市立大学経済学部教授．『中国国民政府と農村社会：農業金融・合作社政策の展開』（汲古書院，2005年），「満鉄中央試験所と満洲化学工業」岡部牧夫編『南満洲鉄道会社の研究』（日本経済評論社，2008年）．

今井就稔（いまい　なるみ）
　日本学術振興会特別研究員（PD）．「戦時上海における敵産処理の変遷過程と日中綿業資本」髙綱博文編『戦時上海　1937-45年』（研文出版，2005年），「抗戦初期重慶国民政府の経済政策と上海租界――禁運資敵物品運滬審核辦法の成立過程」『東洋学報』第90巻第3号（2008年）．

加島　潤（かじま　じゅん）
　東京大学社会科学研究所現代中国研究拠点特任研究員．『現代中国の電力産業：「不足の経済」と産業組織』（共著，昭和堂，2008年），『中国セメント産業の発展：産業組織と構造変化』（共編著，御茶の水書房，2010年）．

川井　悟（かわい　さとる）
　プール学院大学国際文化学部教授．『データでみる中国近代史』（共著，有斐閣選書，1996年），『概説　近現代中国政治史』（共編著，ミネルヴァ書房，2012年）．

木越義則（きごし　よしのり）
　関西大学政策創造学部非常勤講師．『近代中国と広域市場圏：海関統計によるマクロ的アプローチ』（京都大学学術出版会，2012年），「近代中国における市場形成」堀和生編著『東アジア資本主義史論Ⅱ：構造と特質』ミネルヴァ書房，2008年）．

陳　争平（Chen Zhengping）
　清華大学人文学院教授．『1895-1936年中国国際収支研究』（中国社会科学出版社，1996年），『中国近代経済史，1895-1927』（人民出版社，2000年）．

中国経済史入門

2012年9月20日　初　版

［検印廃止］

編　者　久保　亨
　　　　（くぼ　とおる）

発行所　財団法人　東京大学出版会

代表者　渡辺　浩
113-8654 東京都文京区本郷 7-3-1 東大構内
http://www.utp.or.jp/
電話 03-3811-8814　Fax 03-3812-6958
振替 00160-6-59964

印刷所　株式会社精興社
製本所　矢嶋製本株式会社

Ⓒ 2012 Toru Kubo, editor
ISBN 978-4-13-022025-5　Printed in Japan

Ⓡ〈日本複製権センター委託出版物〉
本書の全部または一部を無断で複写複製（コピー）することは，著作権法上での例外を除き，禁じられています．本書からの複写を希望される場合は，日本複製権センター（03-3401-2382）にご連絡ください．

著者	書名	判型	価格
久保 亨・土田哲夫 高田幸男・井上久士 著	現代中国の歴史	A5判	2800円
姫田光義ほか 著	中国20世紀史	A5判	2800円
劉傑 川島真 編	1945年の歴史認識	A5判	3200円
劉傑 三谷博 楊大慶 編	国境を越える歴史認識	A5判	2800円
岡本隆司 川島真 編	中国近代外交の胎動	A5判	4000円
園田節子 著	南北アメリカ華民と近代中国	A5判	7400円
貴志俊彦 谷垣真理子 深町英夫 編	模索する近代日中関係	A5判	5800円
川島真・清水麗 松田康博・楊永明 著	日台関係史 1945-2008	A5判	2800円
岡本隆司 吉澤誠一郎 編	近代中国研究入門	A5判	3200円
飯島渉 久保亨 村田雄二郎 編	シリーズ20世紀中国史 [全4巻]	A5判	各3800円

ここに表示された価格は本体価格です．御購入の際には消費税が加算されますので御了承下さい．